应用型本科院校"十三五"规划教材/经济管理类

Commodity Science

商品学

主　编　马　翔　徐洪涌
副主编　黄秀梅　杜　宇　初天天

哈尔滨工业大学出版社
HARBIN INSTITUTE OF TECHNOLOGY PRESS

内 容 简 介

本书以商品体为基础,以商品质量为中心,以企业经营为主线,系统全面地阐述了现代商品学的基本知识、基本理论和基本技能。全书共分12章,第1~8章为总论部分,主要内容包括:商品学概述,商品分类与编码,商品标准与质量认证,商品质量与质量管理,商品质量监督与维护,商品检验,商品包装,商品养护;第9~12章为分论部分,主要介绍纺织品、服装与皮革制品,食品,日用消费品,家用电器等商品的基本知识和应用技能。展示了在新技术革命的历史背景下,商品学研究领域中的新动态和新进展。

本书坚持理论与实践相结合,突出"理论够用,技能实用"的特点,内容丰富,案例新颖,贴近现实生活和商品经营实践。既可作为高等院校经济管理类专业,本科及大专学生使用,也可作为成人教育或企业管理人员学习或培训参考用书。

图书在版编目(CIP)数据

商品学/马翔,徐洪涌主编. —哈尔滨:哈尔滨工业大学出版社,2011.7(2017.8 重印)
应用型本科院校"十三五"规划教材
ISBN 978-7-5603-3302-1

Ⅰ.①商… Ⅱ.①马…②徐 Ⅲ.①商品学 Ⅳ.①F76

中国版本图书馆 CIP 数据核字(2011)第 111057 号

策划编辑	赵文斌 杜 燕
责任编辑	翟新烨
出版发行	哈尔滨工业大学出版社
社　　址	哈尔滨市南岗区复华四道街10号　邮编150006
传　　真	0451-86414749
网　　址	http://hitpress.hit.edu.cn
印　　刷	哈尔滨市经典印业有限公司
开　　本	787mm×960mm　1/16　印张22　字数478千字
版　　次	2011年7月第1版　2017年8月第3次印刷
书　　号	ISBN 978-7-5603-3302-1
定　　价	38.40元

(如因印装质量问题影响阅读,我社负责调换)

《应用型本科院校"十三五"规划教材》编委会

主　任　　修朋月　　竺培国

副主任　　王玉文　　吕其诚　　线恒录　　李敬来

委　员　　（按姓氏笔画排序）

　　　　　　丁福庆　　于长福　　马志民　　王庄严　　王建华

　　　　　　王德章　　刘金祺　　刘宝华　　刘通学　　刘福荣

　　　　　　关晓冬　　李云波　　杨玉顺　　吴知丰　　张幸刚

　　　　　　陈江波　　林　艳　　林文华　　周方圆　　姜思政

　　　　　　庹　莉　　韩毓洁　　蔡柏岩　　臧玉英　　霍　琳

序

哈尔滨工业大学出版社策划的《应用型本科院校"十三五"规划教材》即将付梓,诚可贺也。

该系列教材卷帙浩繁,凡百余种,涉及众多学科门类,定位准确,内容新颖,体系完整,实用性强,突出实践能力培养。不仅便于教师教学和学生学习,而且满足就业市场对应用型人才的迫切需求。

应用型本科院校的人才培养目标是面对现代社会生产、建设、管理、服务等一线岗位,培养能直接从事实际工作、解决具体问题、维持工作有效运行的高等应用型人才。应用型本科与研究型本科和高职高专院校在人才培养上有着明显的区别,其培养的人才特征是:①就业导向与社会需求高度吻合;②扎实的理论基础和过硬的实践能力紧密结合;③具备良好的人文素质和科学技术素质;④富于面对职业应用的创新精神。因此,应用型本科院校只有着力培养"进入角色快、业务水平高、动手能力强、综合素质好"的人才,才能在激烈的就业市场竞争中站稳脚跟。

目前国内应用型本科院校所采用的教材往往只是对理论性较强的本科院校教材的简单删减,针对性、应用性不够突出,因材施教的目的难以达到。因此亟须既有一定的理论深度又注重实践能力培养的系列教材,以满足应用型本科院校教学目标、培养方向和办学特色的需要。

哈尔滨工业大学出版社出版的《应用型本科院校"十三五"规划教材》,在选题设计思路上认真贯彻教育部关于培养适应地方、区域经济和社会发展需要的"本科应用型高级专门人才"精神,根据前黑龙江省委书记吉炳轩同志提出的关于加强应用型本科院校建设的意见,在应用型本科试点院校成功经验总结的基础上,特邀请黑龙江省9所知名的应用型本科院校的专家、学者联合编写。

本系列教材突出与办学定位、教学目标的一致性和适应性,既严格遵照学科体系的知识构成和教材编写的一般规律，又针对应用型本科人才培养目标及与之相适应的教学特点，精心设计写作体例，科学安排知识内容，围绕应用讲授理论，做到"基础知识够用、实践技能实用、专业理论管用"。同时注意适当融入新理论、新技术、新工艺、新成果，并且制作了与本书配套的PPT多媒体教学课件，形成立体化教材，供教师参考使用。

《应用型本科院校"十三五"规划教材》的编辑出版，是适应"科教兴国"战略对复合型、应用型人才的需求，是推动相对滞后的应用型本科院校教材建设的一种有益尝试，在应用型创新人才培养方面是一件具有开创意义的工作，为应用型人才的培养提供了及时、可靠、坚实的保证。

希望本系列教材在使用过程中，通过编者、作者和读者的共同努力，厚积薄发、推陈出新、细上加细、精益求精，不断丰富、不断完善、不断创新，力争成为同类教材中的精品。

前　言

商品学是以自然科学为主，又与其他经济科学、社会科学相互渗透的交叉性学科。商品学研究内容以商品体为基础，以商品-人-环境为系统，以商品质量为中心。

商品是一个动态的概念。人类社会在不同的时期、不同的历史条件下，对商品的内在质量和外在形式都有不同要求。商品本身的发展变化，要求商品学也必须随之不断演进和更新，其研究内容、理论体系、指导思想、研究方法都必须随着人类社会政治、经济、文化、技术环境的变化与时俱进，不断更新，不断地提出新理论、采用新方法、开拓新境界。

当今社会，一方面，科学技术突飞猛进，日新月异，各种新技术、新设计、新材料、新工艺、新经验，源源不断地被引进商品生产领域和流通领域，使面市的商品丰富多彩，层出不穷，为商品学研究提出了更多新课题，拓展了更广阔的探索空间；另一方面，信息时代经济飞速发展，商品竞争日趋激烈，用户对商品质量的要求也越来越高。面对全球竞争加剧，要求企业必须提高整体素质，加强对商品的质量管理，尽快完善质量保证体系。

本书围绕商品质量这个核心问题，及时跟踪、研究当前企业经营、社会消费的热点问题。全书内容充实，资料新颖详实，叙述深入浅出，将理论性、科学性和实用性有机结合，使读者阅读本书后，在熟识商品质量基本知识、基本理论的同时，又能掌握商品质量管理、分析和鉴别的基本技能。

本书由处于教学一线、富有丰富商品学教学经验的教师编写，与同类教材相比，突出实用性、时代性、针对性，具有较鲜明的特色。

1. 体例新颖，案例丰富，将趣味性和实用性有机结合，增强读者学习兴趣，拓展知识空间。

本书内容实用，知识面较宽，体例新颖。每章的"引导案例"采用与生产经营和生活紧密相关的最新案例，提出问题，引起兴趣；在知识讲解过程中穿插了"知识链接"，介绍学生感兴趣的新产品、新技术，拓宽知识面；"延伸阅读"对最新发生的有影响力的社会典型事例深入剖析，有利于对知识的深入理解；课后"案例分析"选取社会热点问题，启发学生的思维，加强学生对知识点的理解和记忆，强化学生分析问题、解决问题的能力以及动手操作能力。

2. 脉络清晰，体系设计符合企业实际，从商贸流通类企业经营管理工作的实际需要出发组织教材内容。本书内容阐述从商品学研究对象与方法开始，依据商品经营的逻辑思路，首先明确经营商品的类别，认识商品编码与识别技术；其次在生产环节强调要依据标准生产商品，以确保质量达标;为确保商品质量的持续稳定,企业还必须获得相关认证;为加强流通领域商品质量的管理,商品在出厂或验收环节应采用正确方法进行检验;再次,商品质量管理不仅仅只存在于企业的产供销环节,政府、企业、消费者应合力维护商品质量,因此还需掌握一定的识别与防范假冒伪劣商品的技术与方法。最后,应明确认识商品质量不仅是生产环节决定的,还要注重流通环节的保护,因此要合理包装,并在储存与运输环节做好养护工作。

3. 内容推陈出新,紧跟时代步伐,引入热点商品,重视科技动态。

在分论部分,对商品大类内容安排上,针对近期频繁出现质量问题的食品类商品进行了重点阐述,使商品学的教学真正服务于实践,应用于实践;同时针对商品品种的飞速发展,消费水平的不断提高,选取人们关注的珠宝玉器等商品,以及信息时代越来越多的电子商品进行了知识阐述。在商品技术上,除条码技术外,还介绍了商品防伪新技术,商品检验新技术,商品环保新技术等。

本书由哈尔滨德强商务学院的马翔、哈尔滨广播电视大学的徐洪涌担任主编,具体分工如下:第一章和第十二章由哈尔滨德强商务学院的李勇编写;第二章、第三章和第八章由哈尔滨德强商务学院的马翔编写;第四章和第六章由黑龙江外国语学院的初天天编写;第五章由哈尔滨德强商务学院的马翔和黑龙江八一农垦大学的周丹联合编写;第七章和第九章由哈尔滨德强商务学院的黄秀梅编写;第十章由哈尔滨德强商务学院的杜宇编写;第十一章由哈尔滨广播电视大学的徐洪涌编写。全书由马翔统撰和定稿。

本书坚持理论与实践相结合,突出理论够用,技能实用的特点,内容丰富,案例新颖,贴近现实生活和商品经营实践。本书可作为普通高等院校的市场营销、物流管理、电子商务、国际贸易、企业管理等经管类专业的教材,特别适合应用型本科院校学生使用,也可作为商检、海关、质检、工商、外贸、物流等部门或企业管理人员学习或培训参考书。

在本书的编写过程中,编者翻阅、参考了大量国内外专家学者的论著和文献资料,引用、采纳了其中鲜明精辟的观点和见解,在此向各位专家学者表示诚挚的感谢。

由于编者水平有限,疏漏和不足之处在所难免,敬请各位专家学者以及广大读者批评指正。

编 者

2011 年 6 月

目 录

第一章 绪论 ... 1
第一节 商品与商品学 ... 2
第二节 商品学的研究内容 ... 4
第三节 商品学的发展 ... 8
第四节 资源、环境与商品 ... 13

第二章 商品分类与编码 ... 21
第一节 商品分类概述 ... 22
第二节 商品分类的标志与方法 ... 25
第三节 商品目录与商品分类体系 ... 29
第四节 商品编码与条码技术 ... 42

第三章 商品标准与质量认证 ... 59
第一节 商品标准与标准化 ... 60
第二节 商品标准的分级 ... 69
第三节 商品质量认证 ... 78

第四章 商品质量与质量管理 ... 93
第一节 商品质量概述 ... 94
第二节 商品质量的基本要求 ... 99
第三节 影响商品质量的因素 ... 103
第四节 商品质量管理 ... 107

第五章 商品质量监督、提升与维护 ... 117
第一节 商品质量监督 ... 119
第二节 假冒伪劣商品 ... 125
第三节 商品质量提升与维护 ... 130

第六章 商品检验 ... 143
第一节 商品检验概述 ... 144
第二节 商品抽样 ... 151

  第三节 商品检验的方法 ································· 155
  第四节 商品品级 ····································· 160

第七章 商品包装
  第一节 商品包装概述 ································· 165
  第二节 商品包装材料与包装技术 ······················· 171
  第三节 商品包装标志 ··································· 179
  第四节 商标 ·· 191

第八章 商品养护
  第一节 商品养护概述 ································· 201
  第二节 商品质量变化及影响因素 ······················· 203
  第三节 储存期间的商品养护 ······························ 211
  第四节 商品养护技术 ································· 216

第九章 纺织品、服装与皮革制品
  第一节 纺织品 ·· 231
  第二节 服装 ·· 238
  第三节 皮革制品 ····································· 245

第十章 食品商品
  第一节 食品的营养与卫生 ································ 257
  第二节 代表性食品 ····································· 264
  第三节 绿色食品 ·· 277

第十一章 日用消费品
  第一节 化妆品 ·· 284
  第二节 陶瓷制品 ····································· 290
  第三节 珠宝玉石 ····································· 295
  第四节 金银饰品 ····································· 302

第十二章 电子产品
  第一节 办公设备 ····································· 312
  第二节 家用电器 ····································· 318
  第三节 计算机与通信产品 ································ 327

参考文献 ··· 338

第一章
Chapter 1

绪 论

【学习目标】

通过本章学习,学生应能够掌握商品的含义和商品的构成;明确商品学研究的对象、任务;理解并会运用商品学的研究方法;通过对商品学的产生和发展的学习,明确商品学的发展趋势。了解商品与环境、资源的关系。

【关键词】

商品 Commodities;商品学 Commodity Science;价值 Value;使用价值 Use Value;环境污染 Environmental Pollution;自然资源 Natural Resource。

【引导案例】

"创新"引领小家电市场发展

随着居民对生活品质要求的不断提高,一些改善生活质量的产品得到市场进一步认可,中国小家电市场发展潜力巨大。

在传统小家电基础上,我国家电制造企业结合中国消费市场特点研发出一大批具有原创特性的小家电,电压力锅、豆浆机和浴霸等产品在国内获得广阔的市场空间,也培育出一批本土特色鲜明的小家电品牌。电压力锅结合了电饭锅和压力锅的特点,成为近年具有成长潜力的厨房小家电,特别在高海拔地区有望成为家庭必备品而得到进一步普及;豆浆机更是借助"牛奶危机"的契机攻城略地,销量直线攀升,已经发展成为颇具规模的新兴产业;为解决秋冬季节洗浴温度低的问题,浴霸应市而生,并得到了市场的认可和消费者的喜爱。

时尚、创新、健康、节能是小家电未来发展趋势。小家电会向着集成式、系列化发展,集成式的厨房设计与嵌入式家用电器结合成为流行趋势,比如咖啡机跟其他厨房电器的结合。而系列化产品设计,在小家电领域,也是一种流行趋势。

> 消费者对于小家电的外观和质感十分关注。《2010年度中国小家电市场消费者调查报告》的调查数据显示,消费者购买小家电的动机,除了最主要的"使用方便、快捷","体现生活品质和时尚"也是他们选购时所考虑的重要因素。
> 资料来源:http://www.xiaojiadian.net/html/hangyezixun/20101112/10147.html(已编辑)

第一节 商品与商品学

一、商品的概念及构成

(一)商品的概念

商品是人类社会生产力发展到一定历史阶段的产物,它是指用来交换、能满足人们某种需要的劳动产品。商品的概念有狭义和广义之分。

狭义的商品,即传统的商品,是指通过市场交换,能够满足人们某种社会消费需要的物质形态的劳动产品,是有形商品。目前世界各国的商品学仍以这类商品为主要研究内容。

广义的商品,是指通过市场交换,能够满足人们某种社会消费需要的所有形态(知识、劳务、资金、物质等形态)的劳动产品。随着现代社会的高度商品化和技术创新的加速,商品的发展呈现出知识化、软件化、服务化等趋势和特点。商品已不满足于"需求"与"经济"相结合的形式,开始向"技术"与"文化"相结合的方向发展。这些都推动了商品学研究内容和深度的拓展。

作为特殊劳动产品的商品具有以下特征:
(1)商品是具有使用价值的劳动产品。
(2)商品是供他人消费的劳动产品。
(3)商品是必须通过交换才能到达别人手中的劳动产品。

(二)商品的构成

商品是能够被顾客理解的,并能满足其需求的、由企业营销人员所提供的一切。消费者购买商品,本质是购买一种需要,这种需要,不仅体现在商品消费时,而且还表现在商品购买和消费的全过程。商品应当是有形物质属性和无形消费利益的组合体和最佳统一方式,商品能给人们带来的实际利益和心理利益部分,构成了商品整体概念,即商品的核心部分、形式部分和延伸部分。

1. 核心部分

核心部分,即商品能够给消费者带来的实际利益。或者说是指商品的功能和效用,是消费者购买商品的目的所在。消费者购买商品,都是为了购买商品所具有的功能和效用,希望从中获得消费利益。如购买化妆品的顾客不是在购买化妆品的物理、化学属性及其实体,而是在购买美容的希望。核心部分表达的是商品实质,是商品构成中最基本、最主要的部分。

2. 形式部分

形式部分,即商品的具体形态,是消费者通过自己的眼、耳、鼻、舌、身等感觉器官可以接触到、感觉到的有形部分。主要包括商品的成分、结构、外观、质量、商标、品牌、使用说明书、标识、包装等。形式部分是商品的外在形式,是商品使用价值形成的客观物质基础。

3. 延伸部分

延伸部分,即人们在购买商品时所获得的附加利益和服务。如商品信息咨询、送货上门、免费安装调试、免费培训、提供信贷、售后保证与维修服务等。企业应善于开发和利用商品的延伸部分,当竞争中企业的商品在形式部分没有明显差别的情形下,企业设计有效的商品延伸部分能使企业在激烈的市场竞争中立于不败之地。表1.1是从三个层次来分析以下几类商品的构成。

表1.1 几类商品的三个层次分析

商品	核心部分	形式部分	延伸部分
钢、铁	建筑用、制造用	钢号(成分)、质量、品牌	使用指导、送货、培训
设备	加工零件	型号、质量、品牌、包装	使用指导、送货、培训
电视	视觉、听觉满足	质量、型号	服务、保修
服装	保暖	质量、款式	免费干洗
食品	充饥、营养	营养含量、包装	制作方法
药品	治病、保健	成分、服用方法	服用说明、服药后表现
金融产品	收益、保值增值	保单、存单、卡	售前咨询、售后服务

二、商品的基本属性

商品是用来交换的劳动产品,具有价值和使用价值两个基本属性。

商品的价值,是指凝结在商品中的抽象劳动。商品的价值是商品的本质属性,反映了人与人之间的社会关系。

商品的使用价值,是指商品能够以自身自然属性来满足人们某种需要的属性,是商品的效用,即商品的有用性。一方面商品具有能满足人们某种需要的自然属性,另一方面商品的有用性包含着它的社会有用性,即在一定条件下为社会需要的属性。

商品自然属性包括成分、结构、理化性质和生化性质等,它是构成商品有用性的物质基础。商品的社会属性是由商品自然属性派生的,主要包括社会、经济、文化和艺术多方面的内容。

商品是按照人与社会的需要创造出来的,这种需要包括个人与社会的、个人与群体的、物质与精神的。人的需要是商品的出发点与商品生产的动因,满足人的需要是商品的归宿和目的,所以商品体本身只是商品功能和消费者追求利益的客观载体,商品体(客观性)与人的需要(主观性)相互作用的过程使商品使用价值得到实现。商品功能寓于商品体之中,并由商品体本身属性所决定,不以人的意志为转移,但可以为人所利用。所以说,商品属性有自然属性和社会属性,这些属性是客观存在的。

第二节 商品学的研究内容

一、商品学的研究对象

商品学研究的客体是商品,商品学是研究商品使用价值及其实现的一门科学。

商品的使用价值是指商品对其消费(使用)者的有用性或效用,是商品本身能满足人们的某种需要的属性所决定的(如粮食可充饥、衣服可御寒、钢铁可制造器械等)。研究商品的使用价值,不仅要研究商品的外形、结构、成分、化学性、生物学性质和物理学性质等商品的自然属性,还要研究商品的流行性、时代感、地区性、民族性和经济性等社会经济属性,满足人和社会在商品方面的物质需要和精神需要。

商品的使用价值是随着科学技术的发展和人们经验的不断丰富,而陆续被发现的。商品的使用价值是一个动态的、综合性的概念。准确而全面地理解商品的使用价值,运用商品的使用价值学说指导商品的生产、经营和消费,对我国商品生产和经济发展具有重大的现实意义。

二、商品学的研究任务

商品学是一门将自然科学、技术科学、经济管理科学与人文社会科学相融合的交叉型、应用型的技术经济科学,主要侧重于流通、消费领域的商品(以生活资料商品为主)使用价值的研究,是为企业经营者、市场消费者及经济管理者服务的边缘性科学。它的任务是站在商品流通的角度,通过为商品流通服务促进工农业生产乃至整个国民经济的发展,指导社会对商品使用价值的消费。其任务如下:

(一)阐述商品的有用性和适用性

商品的有用性和适用性是构成商品使用价值的最基本条件,离开了对商品有用性和适用性的研究,就无从谈起商品的使用价值。只有对商品有用性和适用性进行全面阐述,才能发现和明确商品的用途和利用方法,从而扩大商品的适用范围。

(二)为评价商品质量奠定基础

商品质量是企业的生命,是关系到消费者的切身利益。通过商品成分、结构和性质的分析,探讨与研究商品质量特性和检验商品质量的方法及方法的选择,可以更好地为制定、修订商品质量标准和商品检验标准提供依据,从而为评价商品质量奠定良好的基础。

(三)分析商品质量变化规律

商品质量虽然是在生产过程中形成的,但也会受到各种外界因素的影响,从而发生不同的质量变化。商品学不仅要研究商品质量变化的类型及其表征,更重要的是分析质量变化的原因,从中找到抑制商品质量劣变的有效办法。

(四)研究商品的科学系统分类

商品经营管理的目的不同,商品分类体系也不相同。通过对商品分类原则和商品分类方法的研究,提出明确的分类目的,选择适当的分类标志,才能进行科学系统的商品分类,将分类的商品集合体形成适应需要的商品分类体系、商品目录和商品代码。

(五)指导商品使用价值的形成,促进商品使用价值的实现

通过对商品各种属性的研究,给企业提供有效的商品需求信息,提出对商品质量的改进方法,保证市场商品适销对路。商品经营管理者学习研究商品学,不仅可以掌握有关理论知识,经营管理好各种商品,实现商品使用价值的交换,而且可以向消费者大力普及商品知识;消费者学习研究商品学,会更加认识和了解商品,学会科学地选购和使用商品,掌握正确的消费方式和方法,促进使用价值的最终实现。

(六)研究商品生产与环境保护的关系

商品的使用价值表现为物的效用,即指能满足人们的某种需要的有用的物。这种物的效用,必须是为社会、为人类提供健康有利的效用。这里主要研究的是物效用的后效应问题。物效用的后效应也是同样对社会、对人类健康产生有利的影响和效用。这种对人类健康产生有利的影响和效用,是通过人与环境直接表现的。随着社会的发展,人口的不断增加、资源的不断减少,整个生态系统的环境保护问题,已成为人类普遍关注的问题。因此,商品学要把环境保护、生态环境的保护同商品的自然属性和商品的社会效应之间相互依存、相互影响的问题,作为商品学研究的重要课题。研究商品生产与环境保护的关系,不仅关系到国家的可持续发展战略,也关系到科学发展观的真正落实。

从商品学的角度,研究商品生产与环境保护的关系,要重点研究以下几个方面的问题:

1. 商品与人体健康

在当今社会里,人们的商品意识很强,人们的价值取向、消费观念以及消费结构都发生了很大变化,对商品的欲望追求层面也相应地发生了很大的变化。主要表现在选购商品时,过于注重商品的外观、款式、形态和色彩搭配,而忽略了商品的内在品质,不注重商品的质量。在这种情况下,一些食品商品如酒、糖、茶、饮料等生产厂家,为了能够刺激消费,获得高额利润,在生产过程中竭力对商品的外观、款式、形态和色彩搭配进行美化,例如在食品中添加添加剂或辅助原料增加色彩以达到较好的视觉效果。这些添加剂或辅助原料中的多数成分对人体都是有害的,或多或少地危害着人们的健康。又如化纤织品和服装中的许多化学成分对人体皮肤

都是有刺激作用的,长期穿用也是会影响人体健康的,尤其是皮肤的健康。所有这些问题的出现,都在提醒我们要注重物与人体健康的研究、商品与人体健康的研究。

2. 商品中残留毒物对人体健康的影响

现代化农业生产为了提高单位面积的粮食、作物、蔬菜等的产量,大量施用各类化肥;为了防止农作物被害虫侵袭,大量施用各种各样的化学农药,虽然害虫被消灭了,但是大量的农药也被农作物吸收了,这些残留毒物对人畜健康的危害也是非常大的。而许多食品商品,如粮食、蔬菜、水果在生产过程中由于在大量农药、化肥的作用下,不仅使农药成分受到严重破坏和改变,而且大量的毒物仍残留在这些食品商品里。若是这些粮食、蔬菜、水果在加工过程中对残留的毒物处理得不够彻底,潜在危害仍然存在,一旦被人畜食用,就会直接危害其健康。为了避免残留毒物对人畜健康的影响和危害,在生产过程中对作物施用化肥、农药一定要采用合理的方法,严格控制药剂的用量。防治作物的病虫害,尽量采用对人畜健康危害小和影响不大的农药;在加工过程中尽量彻底地消除残留的毒物;在食用这些施过农药的粮食、蔬菜、水果前,一定要认真清洗、消毒。

3. 商品对环境的污染

在现今的社会中,人们追求高质量的生活,高效率的工作,完美的生活方式,品牌的意识在不断加强,喜欢方便简洁的用具。为了满足人与社会的需要,大量的一次性包装的商品、一次性的餐具以及各种各样的一次性生活用品等纷纷涌向了社会。相应的,这些一次性商品中的绝大部分是不可回收、不可降解的,这些垃圾和废物已经直接污染了社会环境、自然环境,严重影响着生态环境。为了保护生态环境、自然环境和人类健康,必须研究开发对废弃物进行科学消化处理的方法和综合利用途径,研发更多的绿色环保的商品。

4. 商品包装物对环境的污染

随着商品生产的发展,商品流通领域范围的扩大,商品包装物的研究研发越来越引起商品生产者和消费者的重视。商品包装对于商品美感的提升、对于指导消费、美化商品起着不可忽略的作用,越来越受到重视。但目前对于商品包装中出现的多层包装、复式包装、复杂包装等现象,既浪费了材料,又浪费了能源,同时又加大了商品的成本,而且包装废弃物对环境污染的范围也越来越大,污染的程度也越来越高,已经成了社会公害。因此,研究商品包装物对环境的影响已成为商品学及相关学科研究的重要课题。

【延伸阅读1-1】

竹产品:生态、低碳与环保产品的代表

发展低碳经济靠节能减排,也靠植树造林生养吸碳竹子、松柏等四季常青的林木,更主要的是生产出更多低碳生活产品,来满足人们日益追求的低碳生活用品的需求,竹产品完全适合这个时代的发展需要!

宋代苏轼曾云:"食者竹笋,庇者竹瓦,载者竹筏,炊者竹薪,衣者竹皮,书者竹纸,履者竹鞋,真可谓不可一日无此君也。"可见,竹进入了中华民族的生活中,在各方面发挥了巨大的作用,深刻地影响了中国的文字、科技、文艺、日常生活。

由于科技的发展,竹子产品越来越受到世人的关注和爱戴,它可以设计成古香古色的风格,也可塑造成现代风格的生活饰品,如竹建筑、竹棚、竹桥、地板、竹帘、竹床、竹席等其他家具和各种乐器、工艺品、玩具等等。特别是新科技产品"竹纤维"的发展给人类展现了它最柔软的一面,越来越接近人们的深层次生活,"竹纤"这种被科技界形容为"会呼吸"的纤维,因为天然的清新柔软、抗菌抑菌、防虫防蛀、防紫外线等新型功能,从诞生日开始,就迅速掀起火爆全球的"竹纤维"产品热,包括一股强劲的"竹纤维"服装潮流。如今已有毛巾、睡衣、内衣。

其实,竹材利用之广是不胜枚举的。由于现代人生活中许许多多的用具中都含碳,而竹子是一个彻底的生态低碳、环保产品,越来越深受人们的欢迎。

资料来源:http://yansky16.blog.163.com/blog/static/29234394200911110105159755/

三、商品学的研究方法

由于商品的使用价值是商品的自然有用性和社会适用性的统一。因此,商品学的研究方法是按照研究的具体课题,采用不同的形式进行的。

(一)科学实验法

科学实验法是一种在实验室内或一定试验场所,运用一定的实验仪器和设备,对商品的成分、构造、性能等进行理化鉴定的方法。这种实验方法,大多在实验室内或特定条件下进行,对控制和观察都要有良好的条件,所得的结论正确可靠,是分析商品成分、鉴定商品质量、研制新产品的常用方法。

(二)现场研究法

现场研究法是一些商品学专家或有代表性的消费者群,凭人体的直觉,对商品的质量及其商品有关的方面作出评价的研究方法。这种方法的正确程度受参加者的技术水平和人为因素的影响,但运用起来简便易行,适于很多商品的质量评定。

(三)技术指标法

技术指标法是一种在分析实验基础上,对一系列同类产品,根据国内或国际生产力发展水平,确定质量技术指标,以供生产者和消费者共同鉴定商品质量的方法。

(四)社会调查法

商品的使用价值是一种社会性的使用价值,全面考察商品的使用价值需要进行各种社会调查,特别是在商品不断升级换代,新产品层出不穷的现代社会里,这方面的调查就更显得更加实际和重要,其具有双向沟通的重要作用,在实际调查中既可以将生产信息传递给消费者,又可以将消费者的意见和要求反馈给消费者。社会调查法主要有现场调查法、调查表法、直接面谈法和定点统计调查法。

(五)对比分析法

对比分析法是将不同时期、不同地区、不同国家的商品资料收集积累,加以比较,从而找出提高商品质量,增加花色品种,扩展商品功能的新途径,运用对比分析法,有利于经营部门正确识别商品和促进生产部门改进产品质量,实现商品的升级换代,更好地满足广大消费者的需要。

(六)系统分析比较法

商品的研究还需要考虑到商品与环境、商品与人、商品与国民经济的关系,是一项复杂的、系统的工程。但从一个方面或几个方面来研究,有时难免有一些偏差。只有把商品作为一个小系统,放在社会这个大系统中加以分析、研究和考察,才能得出一个全面、公正的结论。

第三节　商品学的发展

一、国外商品学发展概况

在国外,在未开设商品学这门课程之前,有关商品的研究和著述是作为商业的一部分来进行的。据西方和日本文献记载,现存世界上最早的商业著作,是9世纪至10世纪间身居大马士革的阿拉伯人阿里·阿德·迪米斯基著的《商业之美》,该书的副标题是"关于优质商品和劣质商品的鉴别方法及对商品骗子伪货的识别指南"。从一千余年前世界上早期的商业发展来看,识别商品质量优劣、真伪已成为当时经商人所必备的知识和技能。因此,广泛和深入的商品知识,作为培养与造就精明能干商人的基础理论,日益扩展到商业研究中来。在此之后,当时欧洲的商业中心,意大利各城市的商人也著述了大量内容近似的著作。

16世纪中叶,欧洲兴起了许多新的工业部门,如造纸、火药、制糖、棉织、军工和造船等。随着蒸汽机的出现、新技术的应用,自然科学在理论方面也取得了重大突破。社会化大生产和随之而来的新的生产关系极大地促进了商品生产和商品交换。在这种条件下,商品研究和商业研究更密不可分地结合起来,出现了意大利普那裴特药剂师著的药物商品学——《生药学》;俄罗斯也出现了首批商品学书籍,叙述了商品及贸易的有关知识;法国官员沙瓦利著有《完美商人》,这是一部系统的并享有盛名的商业业务指导书,书中记述了关于纤维制品和染料为主的各种商品的产地、销路、包装和贮藏方法等。

18世纪,德国人约翰·贝克曼教授,于1780年在德国格廷根大学首先开设了商品学课程,并于1793~1800年出版了《商品学导论》。因此约翰·贝克曼教授被西方称为《商品学》的创始人,他所创立的《商品学》被誉为"贝克曼商品学"。在东方,日本商品学的发展也经历了一个相当长的过程,可追溯到江户时代的物产学、物产志等,到明治二十四年日本人户田翠香编著了《日本商品学》,并规定为学校的教材。

19世纪中叶,由于自然科学和技术的飞速发展,不少学者运用物理、化学等方面的研究成果,开展了对商品学的研究,把研究商品的内在质量、确定质量标准、拟定检验和鉴定方法,作为商品学研究的主要内容,在建立商品学的自然科学体系方面取得了显著成果。

第二次世界大战以后,商品学的研究又有了新的发展,在西欧形成了"经济学体系"的商品学,在前苏联及东欧各国则形成了自然科学和技术科学的学派。此后,以美国、日本、意大利为代表,又形成了"经营商品学"这个新的理论体系。

1976年10月8日在奥地利的萨尔斯堡成立了国际商品学会,以德文缩写"IGWT"为会徽标志,会刊为《商品论坛——科学与实践》,活动中心设在维也纳经济大学。从此,商品学在世界范围内建立起稳固的地位。

二、我国商品学发展简史

在我国,商品学是一门既古老而又年轻的学科。

我国是一个具有悠久历史的文明古国,商品经济曾一度比较发达,为商品学的诞生奠定了物质基础。春秋时期的《禽经》、唐朝的《茶经》、宋朝的《荔枝谱》,以及明朝的《本草纲目》和清代的《商贾便览》等,都记载了与商品经营有关的知识。其中,公元780年陆羽所著的《茶经》一书,可以说是商品学的萌芽。该书共三卷十篇,从学术角度,详细论述了各种茶叶的形状、品质、产地、采制、烹饮方法及用具。书中还对茶叶的评审、用途及贮藏方法等方面的知识作了专门介绍。

到了近代,清朝末年废除科举之后,学校式的商业教育肇始,一些学校在商业课程上就列有商品学。此外这期间,还出现了盛在珣于1925年撰写的《商品学》,1932年刘冠英的《现代商品学》,1937年方嘉东著的《商品研究通论》等,这些都是我国近代商品学研究中的早期著作。

新中国成立后,随着国民经济建设的发展,商品学学科也得到了蓬勃发展,许多高等院校相继开设了商品学课程。中国人民大学曾出版《商品学总论》等五个分册;黑龙江商学院出版《日用工业品商品学》、《食品商品学》、《五金商品学》;各有关商业、财经院校与商业部门共同编写了《纺织品商品学》、《针织品商品学》、《百货商品学》、《棉花商品学》、《茶叶商品学》等多种专业商品学。20世纪60年代初,商业部系统还召开了全国商品学学术讨论会。此后,上海、北京、天津、广州等大型商业企业出版了定期的商品知识刊物,这对我国商品学的研究和发展,起到了积极的推动作用。自1983年以来,天津、西安、黑龙江、内蒙、河南、上海等省、自治区、直辖市相继成立了商品学会。1995年中国商品学会成立,标志着我国商品学已经进入一个崭新的发展时期。

【知识链接1-1】
中国商品学会(CSCS)

中国商品学会(CSCS)是教育部主管的全国性商品学界最高级学术团体,成立于1995年7月。主要由全国高等院校、科研院所、商检、海关、质量监督检验检疫、工商行政管理和消费者协会等部门的专家和部分优秀企业家组成。学会的主要宗旨是:推动和发展商品学的理论及应用研究,承接国家相关部委商品领域的科研项目,制定和发布相关商品的技术标准,指导商品质量的研究与分析,指导高新技术商品的开发与应用及商品质量监督管理的研究与认证。举办各种展览会、研讨会、培训班及服务于社会、服务于企业的相关活动,向有关政府部门、企事业单位提供政策法规、经营决策、技术转让、市场信息、投资合作、人才培训等服务，组织我国企业与国际商品学会各成员国进行科技交流、经贸联系以及中国商品学会组织的各种国内外交流、考察活动。

表1.2 中国商品学会历届学术论坛(研讨会)简况

届次	时间	地点	主题
第一届	1995年9月	北京市	市场经济与现代商品学的发展
第二届	1997年7月28~30日	湖南省张家界市	商品的可持续发展
第三届	2000年1月18~21日	北京市	21世纪社会主义市场经济条件下的商品质量
第四届	2001年1月13~15日	北京市	全球未来产品的商品学——技术、质量和环境
第五届	2002年1月27~29日	黑龙江省哈尔滨市	商品质量与国际贸易
第六届	2002年12月7~9日	山西省太原市	21世纪的绿色选择与绿色营销
第七届	2004年8月25~29日	北京市	聚焦新世纪——商品·贸易·环境(第十四届国际商品学会中国论坛)
第八届	2005年7月23~25日	内蒙古锡林浩特市	绿色经济和商品发展
第九届	2006年7月15~17日	北京市	商品学发展与教育
第十届	2008年1月19~21日	辽宁省沈阳市	商品学基础理论研究与企业发展实践
第十一届	2008年6月6~7日	山东省青岛市	第一届全国中药商品学学术大会
第十二届	2009年8月15~16日	北京市	商品学发展与教育
第十三届	2010年1月9~10日	黑龙江省哈尔滨市	大流通环境下商品学新发展

【知识链接1-2】

国际商品学会(IGET)

国际商品学会(IGET)是国际商品学界及相关领域的唯一的国际性学术团体，成立于1976年，总部设在奥地利的维也纳，主要由从事与商品学及其应用有关的专家、学者、企业家和管理人员组成。会员分部在美洲、欧洲和亚洲的20多个国家。国际商品学会定期由各会员国轮流主办学术研讨会，为商品学的发展发挥了重要的作用。

表1.3 历届国际商品学会学术讨论会简况

届次	时间	地点	主题
第一届	1978年7月6~8日	奥地利	各国和国际商品学的发展、现况与目标
第二届	1979年9月19~21日	比利时	商品包装与现代商品学
第三届	1981年9月20~23日	波兰	消费需求与商品学的合作领域
第四届	1983年9月26~29日	意大利	未来的商品开发与商品学的发展

续表 1.3

届数	时间	地点	主题
第五届	1985年10月1~3日	瑞士	商品质量保证与现代商品学
第六届	1987年8月25~28日	日本	与高度变革时代相适应的商品学研究课题
第七届	1989年8月4~6日	韩国	21世纪的商品
第八届	1991年8月19~22日	德国	变化中的欧洲商品与技术
第九届	1993年8月23~27日	匈牙利	对环境安全的商品与工艺技术
第十届	1995年9月4~8日	中国(北京)	市场经济与现代商品学的发展
第十一届	1997年8月26~9月1日	奥地利	商品学与可持续发展
第十二届	1999年9月5~11日	波兰	21世纪的质量
第十三届	2001年9月2~8日	斯洛文尼亚	全球未来产品的商品学——技术、质量、和环境
第十四届	2004年8月25~29日	中国(北京)	聚焦新世纪——商品·贸易·环境
第十五届	2006年9月13~17日	乌克兰	全球商品安全、环境、生活品质
第十六届	2008年8月18~22日	韩国	数字融合时代追求卓越的商品和服务

三、商品学学派与发展趋势

(一)商品学学派介绍

由于世界上各国的政治制度和经济体制不同,商品学教育和研究的目的和内容也有明显的差别。在商品学发展过程中,各国商品学者对商品学学科的性质及研究对象、任务、内容等问题的认识,始终存在着不同的观点,学科发展的决策和方向也有所不同,因而,也就形成了不同的学科体系。当今世界商品学界存在三大学派:

1. 技术学派

科学方面研究商品的使用价值、质量及其变化规律。

2. 经济学派

以日本、西欧各国为代表,认为应以销售经济、消费经济、市场经济、企业经济等经济科学的观点进行商品学的教学和研究,主张从社会科学方面研究商品的使用价值。

3. 融合学派

以日本商品学学者水野良教授所提出的观点为代表,认为商品学是一门边缘科学,既研究商品的自然属性,又研究商品的社会属性,是两者融合起来的综合性应用科学,主张从技术和经济两方面来研究和评价商品的使用价值。

随着国际与国内学术交流的加深,技术派、经济派已有了相互渗透、相互融合的发展趋势。

(二) 当代商品学的发展特点

当代商品学的发展特点是普遍化、多样化和融合化。

1. 普遍化

表现在目前世界上已有几十个国家开展商品学的科研和教学工作。有些国家,如日本有50多所大学开设了商品学专业或商品学课程,有600所中专性质的商业学校开设商品学课程。

2. 多样化

表现在世界各国开设的商品学是多种多样的,内容丰富多彩。如有《普通商品学》、《专业商品学》、《商品科学》、《商品经济学》、《销售商品学》、《消费商品学》、《技术学与商品经济学》等几十种。

3. 融合化

表现在社会科学与自然科学互相渗透、文理合一,是当代科学发展的一个重要动向,并得到越来越多的商品学工作者的重视。研究商品学不能离开经济因素、社会因素。理论与实践证明,研究商品质量必须从提高经济效益出发,而要获得经济效益,就必须研究商品的质量,并使两者有机融合起来。

【延伸阅读1-2】

不闪式3D电视开启市场新方向

2010年,3D电视开始风生水起,而偏高的价格和不成熟的技术让很多消费者望而却步。但这一年的3D电视,无论是市场还是技术都以前所未有的速度推进着。就在日前,以健康护眼性能见长的新一代3D技术不闪式3D硬屏问世,打响了2011年的第一炮,为3D市场开启了新的方向。

据了解,在3D电视最初问世的时候,在家就能欣赏3D电影成了很多人的愿望。但后来很快发现,画面重影、容易引起头晕恶心、眼镜笨重有闪烁等问题一直让广大消费者心存顾虑,绝大多数消费者都保持着观望。随着画质效果好、同时解决了眼睛负担和眼镜笨重不宜佩戴等问题的新的3D电视品类——不闪式3D电视的登场,让消费市场眼前一亮,市场的观望气氛正在打破。

据业界专家介绍,首先,不闪式3D最主要的特点是,眼镜和观看的3D画面没有闪烁现象。让3D电视的画面效果更加流畅清晰,不会出现重影的现象,也就降低了发生头晕恶心等不适症状的几率。

另外一个特点是,不闪式3D的眼镜非常轻便而且便宜,且应用广泛,任何品牌的不闪式3D电视眼镜都可以通用。特别需要介绍的是,因为不闪式3D的成像与IMAX影院的模式是基本一致的,因此人们甚至可以戴着不闪式3D眼镜进电影院看3D电影。

不闪式3D的第3个明显特点是眼镜不需要电力驱动,对消费者来说更方便、没有电磁波对眼睛和大脑的辐射,健康指数更高。

资料来源:http://www.chinatt315.org.cn/zlts/zlts_detail_2158.htm

第四节 资源、环境与商品

随着商品生产和消费规模的迅速扩大,能源紧缺、资源供应不足、环境压力加大等问题越来越引起人们的重视。合理利用资源,降低对环境的污染,已成为评价商品质量和发展商品的重要条件之一,成为商品学研究的一个重要问题。

一、资源的概念和分类

(一)资源的概念

《辞海》对自然资源的定义为:指天然存在的自然物(不包括人类加工制造的原材料)如土地资源、矿产资源、水利资源、生物资源、气候资源等,是生产的原料来源和布局场所。

联合国环境规划署的定义为:在一定的时间和技术条件下,能够产生经济价值,提高人类当前和未来福利的自然环境因素的总称。

我们通常认为,自然资源是指自然环境中与人类社会发展有关的、能被利用来产生使用价值并影响劳动生产率的自然诸要素。自然资源仅为相对概念,随社会生产力水平的提高与科学技术的进步,部分自然条件可转换为自然资源。如随海水淡化技术的进步,在干旱地区,部分海水和咸湖水有可能成为淡水的来源。

(二)资源的分类

自然资源通常按照再生性质、空间分布、数量及质量的稳定性等进行分类。

1. 按照再生性质分为:可再生资源、不可再生资源

可再生资源是指可以用自然力保持或增加蕴藏量的自然资源,它在合理使用的前提下,可以自己生产自己,例如鱼、树、森林等。

不可再生资源又称可耗竭资源。它不具备自我繁殖能力,是不能运用自然力增加蕴藏量的自然资源,初始禀赋是固定的,用一点少一点。它可分为可回收的非再生资源和不可回收的非再生资源,前者主要指金属等资源,后者主要指石油、煤、天然气等能源资源,煤、铁等矿藏是典型的非再生资源。

2. 按照空间分布分为:地下资源、地表资源、海洋资源

地下资源赋存于地壳之中,也可称作地壳资源,主要包括矿物资源、空间资源和能源。

地表资源赋存于地球外表层,主要包括空间地貌和植被等因素构成的风景资源和土地资源、由地表水和地下水构成的水资源、由各种动物和植物构成的生物资源。

海洋资源指的是与海水水体及海底、海面本身有着直接关系的物质和能量,也是生物资源的组成部分,如海洋生物、海底矿产、海水、潮汐等。

3. 按照数量和质量的稳定性分为:恒定资源、亚恒定资源

恒定资源是指那些被利用后,在可以预计的时间内不会导致其储量的减少,也不会导致其枯竭的资源。如太阳能、潮汐能等,这些资源的数量和质量在较长时期内基本稳定。

亚恒定资源是指数量和质量经常变化的资源,如矿产等资源。

二、环境的概念和分类

(一)环境的概念

我国《环境保护法》对于环境的定义是"环境,是指影响人类生存和发展的各种天然的和经过人工改造的自然因素的总体,包括大气、水、海洋、土地、矿藏、森林、草原、野生生物、自然遗迹、人文遗迹、自然保护区、风景名胜区、城市和乡村等"。

(二)环境的分类

对于环境的分类一般可以按照环境要素的属性和环境要素等依据来划分。

1. 按照环境要素的属性,可分为自然环境和社会环境

自然环境是指人类生存和发展所依赖的各种自然条件的总和;社会环境是指人类生存及活动范围内的社会物质和精神条件的总和。

2. 按照环境要素,可分为大气环境、水环境、地质环境、土壤环境、生物环境

大气环境是指生物赖以生存的空气的物理、化学和生物学特性;水环境是指生物赖以生存的水资源环境;地质环境是整个生态环境的基础,是自然资源主要的赋存系统,是人类最基本的栖息场所、活动空间及生活、生产所需物质来源的基本载体;土壤环境是指陆地表面具有肥力、能够生长植物的疏松表层,其厚度一般在2米左右;生物环境是指环境因素中其他的活着的生物,这是相对于由物理化学的环境因素所构成的非生物环境而言,与有机环境同义。

三、商品生产和消费带来的资源问题

商品属于人的社会环境中生活环境范畴。商品的数量、质量、品种是否能充分满足人们的要求,直接反映出生活的质量。人们在经济发展的过程中,过于偏重于商品对人类需求的满足,而忽略了对资源的利用,从而引发了商品生产和消费所带来的资源问题。具体表现在以下几方面。

1. 森林面积减少

森林被誉为"地球之肺"、"大自然的总调度室",是人类生存所需要的生活资料和劳动资料的供应者之一,在整个系统中还起着涵养水源、调节气候、保持水土、防土固沙、净化环境的作用。森林还是野生动物的栖息地,能保护野生动物的生存和发展。但近100年来,由于人类一味的向地球索取,乱砍滥伐,使森林面积不断减少,粮农组织2005林资源评估报告指出,在2000~2005年间,每年森林消失的净面积是730万公顷,占全世界森林总面积的0.18%。森林减少导致土壤流失、水灾频繁、全球变暖、物种消失等,已将生存的地球退到了一个十分危险的境地。

2. 耕地减少，土地沙漠化

土地是人类赖以生息繁衍的基础。据统计，人类所需食物能量的98%是直接或间接地来自于土地。但是，随着人类过度耕种、过分放牧和狂砍滥伐森林，使土地变得贫瘠、植被遭到破坏、水土流失严重，而带来了沙漠化对人类的威胁。据联合国公布的资料，目前全球有110多个国家、10亿多人受到沙漠化威胁，其中1.35亿人面临流离失所的危险。联合国的研究还表明，气候变暖导致占全球41%的干旱地区土地不断退化，全球沙漠面积正在逐渐扩大。目前养活着21亿人口的干旱地区中有10%~20%的土地已无法耕种，丧失了经济价值，沙漠化正在威胁着人类的生存。

3. 水资源危机

地球上的总水量约为13.8亿立方公里，其中96.5%是海水，用以维持地球上陆栖生物和人类生存发展的淡水仅占3.5%，随着经济的发展和人口数量的增长，世界用水量在迅速增加，全球许多国家都出现了严重的水资源危机，除了全球气候异常导致部分地区发生水资源短缺外，人类对水资源的过度开发、浪费和破坏，是造成全球水危机的主要原因。我国也是一个干旱缺水严重的国家。淡水资源总量为28 000亿立方米，占全球水资源的6%，仅次于巴西、俄罗斯和加拿大，居世界第四位，但人均只有2 200立方米，仅为世界平均水平的1/4、美国的1/5，在世界上名列121位，是全球13个人均水资源最贫乏的国家之一。

4. 生物物种不断灭绝

生物多样性是生物及其环境形成的生态复合体以及与此相关的各种生态过程的总和，由遗传（基因）多样性，物种多样性和生态系统多样性等部分组成。而物种的多样性是生物多样性的关键，它既体现了生物之间及环境之间的复杂关系，又体现了生物资源的丰富性。但是，由于环境的恶化、人类的猎杀等原因，生物物种不断灭绝。总部位于瑞士格朗的世界自然保护联盟2007年9月12日公布了2007年濒危物种"红色名单"，称目前全球有1.6万多个生物物种有灭绝危险。

5. 矿产资源耗竭

矿产资源指经过地质成矿作用，使埋藏于地下或出露于地表并具有开发利用价值的矿物或有用元素的含量达到具有工业利用价值的集合体。矿产资源是重要的自然资源，是社会生产发展的重要物质基础，现代社会人们的生产和生活都离不开矿产资源。矿产资源属于非可再生资源，其储量是有限的。目前世界已知的矿产有1 600多种，其中80多种应用较广泛。产业革命以来的200多年间，矿产资源的消耗速度越来越快，特别是近些年，有些矿产资源的储量已大为减少，有的甚至趋于枯竭。

四、商品生产和消费带来的环境问题

人类与自然有着不可分割的密切关系，人类的商品生产和消费活动强烈地影响着自然环境系统的动态平衡。人类在商品生产、消费中排放的废水、废气、废物，人类过度的砍伐森林、开垦荒地、过分开采等行为,造成水土流失、土地沙漠化、资源枯竭、物种濒危、水质污染等现象,正在破坏着我们赖以生存的地球。商品生产和消费对环境的主要污染有如下几类。

1. 大气污染

大气污染是指大气中污染物浓度达到有害程度,超过了环境质量标准的现象。凡是能使空气质量变坏的物质都是大气污染物,大气污染物主要分为有害气体(二氧化硫、氮氧化物、一氧化碳、碳氢化物、光化学烟雾和卤族元素等)及颗粒物(粉尘和酸雾、气溶胶等),它们的主要来源是商品生产过程中燃料的燃烧和工业生产过程中所排出的废气。

大气污染由自然因素(如森林火灾、火山爆发等)和人为因素(如工业废气、生活燃煤、汽车尾气、核爆炸等)引起,但主要为后者,大气污染直接危害着人类的生存环境,它使植物生理机制受抑制,生长不良,抗病抗虫能力减弱,甚至死亡;它对气候产生不良影响,如降低能见度,减少太阳的辐射(据资料表明,城市太阳辐射强度和紫外线强度要分别比农村减少 10% ~ 30% 和 10% ~ 25%)而导致城市佝偻病发病率的上升;大气污染物能腐蚀物品,影响产品质量;近十几年来,不少国家发现酸雨,雨雪中酸度增高,使河湖、土壤酸化、鱼类减少甚至灭绝,森林发育受影响,这与大气污染是有密切关系的。

2. 水污染

人类的活动会使大量的工业、农业和生活废弃物排入水中,使水体受到污染。1984 年颁布的《中华人民共和国水污染防治法》中为"水污染"下了明确的定义,即水体因某种物质的介入,而导致其化学、物理、生物或者放射性等方面特征的改变,从而影响水的有效利用,危害人体健康或者破坏生态环境,造成水质恶化的现象称为水污染。

水的污染有两类:一类是自然污染,另一类是人为污染。当前对水体危害较大的是人为污染,其中工业生产是水污染的重要因素,比如化工、造纸、印染、制革、电镀炼油、炼焦、放射物、采矿等生产过程中产生的排泄物都能对水体造成污染。

3. 土壤污染

土壤污染是指由于具有生理毒性的物质或过量的植物营养元素进入土壤而导致土壤性质恶化和植物生理功能失调的现象。土壤处于陆地生态系统中的无机界和生物界的中心,不仅在本系统内进行着能量和物质的循环,而且与水域、大气和生物之间也不断进行物质交换,所以人们在生活生产过程中,向外界环境排出废水、废气、废物在水域、大气和生物三者之间相互传递,作物从土壤中吸收和积累的污染物再通过食物链传递再作用于人类。

商品的生产和消费对土壤的污染主要有:

(1)化学污染物。

化学污染物包括无机污染物和有机污染物。前者如汞、镉、铅、砷等重金属,过量的氮、磷植物营养元素以及氧化物和硫化物等;后者如各种化学农药、石油及其裂解产物,以及其他各类有机合成产物等。

(2)物理污染物。

物理污染物是指来自工厂、矿山的固体废弃物,如尾矿、废石、粉煤灰和工业垃圾。

(3)生物污染物。

生物污染物指带有各种病菌的城市垃圾和由卫生设施(包括医院)排出的废水、废物以及厩肥等。

(4)放射性污染物。

放射性污染物主要存在于核原料开采和大气层核爆炸地区,以锶和铯等在土壤中生存期长的放射性元素为主。

此外,在商品生产和消费过程中,对环境还能造成噪声污染、电磁污染、光污染等。目前这些问题已受到国内外的广泛关注。为加强环境保护,每年6月5日定为世界环境日,以加强宣传,提高认识。

【知识链接1-3】

中国环境标志产品的特点

获得环境标志的产品都是经过严格的认证程序,并完全符合中国环境标志产品技术要求。

一般来说,环境标志产品具有两个共性:首先产品在生产过程中,企业对周围环境排放的污染物必须达到国家或地方有关污染物的排放标准。其次,产品的质量和安全性能必须符合国家质量和安全标准。

环境标志产品除上述两个共性外,环境标志产品技术要求根据不同产品的特点还制订有一些具体要求,这些要求包括三个方面:第一,对全球环境的保护(主要是对大气臭氧层的保护)。如氟化碳替代产品,主要产品有冰箱和发胶等。第二,对区域环境的保护。如无磷洗涤产品和可降解餐盒。第三,对人体健康的保护。如水性涂料、节能低排放燃气灶具、低辐射彩电、木色植物纤维纺织品。第四,节能、低噪声。如低噪声洗衣机和节能、低噪声房间空调器等。

资料来源:http://www.nhyz.org/yxx/jxzy/hbzs/index.htm

五、企业的绿色战略

绿色战略是指企业以消除和减少产品对生态环境的影响为前提,以满足消费者需要为中心,为实现企业目标而展开的一系列活动。其实质就是企业在进行经营活动时,应该努力把经济效益、社会效益和环境效益结合起来,在维持经济增长的同时,努力保持人类与环境的和谐,发送人类的生存环境。绿色战略具体包括:绿色设计、绿色生产、绿色消费、绿色管理、绿色营销等方面。

1. 绿色设计

绿色设计是由绿色产品的诞生所引申的一种设计方法,也叫生态设计,就是从未来着手构思、开发和制造产品,以便在产品的使用寿命结束时,有的部件可以翻新和重复使用,有的可以安全地被处理掉,以减少对环境的污染和资源的消耗。

2. 绿色生产

绿色生产也叫清洁生产,是指不断采取改进设计、使用清洁的能源和原料、采用先进的工艺技术与设备、改善管理、综合利用等措施,从源头削减污染,提高资源利用效率,减少或者避免生产、服务和产品使用过程中污染物的产生和排放,以减轻或者消除污染物对人类健康和环境的危害。

3. 绿色消费

绿色消费,也称可持续消费,是指一种以适度节制消费,避免或减少对环境的破坏,崇尚自然和保护生态等为特征的新型消费行为和过程。绿色消费,不仅包括绿色产品,还包括物资的回收利用,能源的有效使用,对生存环境、物种环境的保护等。

4. 绿色管理

绿色管理是指企业把环境保护的思想融于企业的经营管理和生产营销活动中,努力采用先进技术和管理手段,注重环境保护的一种经营管理模式。即把环保作为企业的决策要素之一,确定企业的环境对策和环保措施。

5. 绿色营销

所谓绿色营销,是指企业以环境保护观念作为其经营哲学思想,以绿色文化为其价值观念,以消费者的绿色消费为中心和出发点,力求满足消费者绿色消费需求的营销策略。

实施绿色战略管理既可使企业获得综合的环境效益,又可减少来自社会和政府的压力。它对于促进社会资源的合理配置,有效缓释资源稀缺对人类发展带来的压力,促进生态社会的建立,实现人类社会的可持续发展 有着及其重要的意义,实施全方位的绿色战略管理势在必行。

图 1.1　部分国家和地区环境保护标志

本章小结

商品是用来交换的劳动产品,具有使用价值和价值两个基本属性。商品的整体是由核心部分、形式部分和延伸部分构成的。

商品学是伴随着商品生产的发展而产生和发展的。商品学从商品的使用价值来研究商品。

商品学的研究任务是指导商品使用价值的形成、评价、维护和实现。

商品学研究的方法有科学实验法、现场研究法、技术指标法、社会调查法、对比分析法和系统分析比较法。

随着商品生产和消费规模的迅速扩大,能源紧缺、资源供应不足、环境压力加大等问题越来越引起人们的重视。合理地利用资源,降低对环境的污染,已成为评价商品质量和发展商品的重要条件之一,也成为商品学研究的一个重要问题。

思考题

1. 如何理解商品的概念?
2. 依据商品的二重性,分析商品价值、使用价值的含义?
3. 现代商品由几部分构成?以具体商品为例,分析商品的构成,并阐述它们之间的关系?
4. 从商品学研究商品使用价值角度出发,理解商品学研究的对象和任务?
5. 商品学研究的具体方法有哪些?
6. 商品生产和消费带来的资源问题有哪些?
7. 肉类是人们常食用的一类食物,而对素食主义者来说,却无食用价值;中山服原来为我国的国服,而现在流行的是休闲服、西服等;灯具已大大突破了照明这一效用,成为美化生活的一部分。以上事例,使你对商品使用价值的理解有哪些新的思考?

实训项目

1. 深入进行社会调查,收集因消费对象不同而对商品使用价值要求不同的实际案例。
2. 查找商品生产和消费带来的环境与资源问题的具体事例,写出分析报告。

案例分析

海尔鲜风空调扯起健康大旗

2006年"十一"黄金周,从全国主流市场及主流渠道到空调销售数据显示,在崇尚理性和追求健康的消费趋势带动下,高端健康空调需求剧增,而在众多空调品牌的角逐中,海尔"07鲜风宝"空调凭借创造A级空气质量的高差异化卖点,满足消费者对健康家居环境的一致需求,销量不断攀升,占据高端市场35%以上的份额。

由于沙尘天气的频繁和"空调病"患者的增多,能否改善室内空气质量成为消费者选购空调最重视的因素。海尔"07鲜风宝"空调就是从消费者的需求出发,从室内空气含氧度、洁净度和清新度三方面对健康空调的效果进行了严格定义。以消费者对"不用开窗、保温加氧、四季清新"的需求为基点,从空调换风、净化、负离子三项技术对实现的含氧度、洁净度和清新度进行了A、B、C三个等级的划定。其中A为最高等级,是以双向换风、空气净化和负离子三项技术实现为最高标准。

海尔"07鲜风宝"空调以专利"双新风"、"AIP电离净化"、"负离子"等健康技术,实现21%左右的A级新风含氧度、净化率95%以上的A级空气洁净度和106个负离子/立方厘米的A级清新度,创造了A级空气质量,是目前行业内唯一达到A级鲜风等级的健康空调。

其实,不研究消费者需要什么,即使你的产品价格再便宜,产品也永远是产品,而不会成为被消费者买走的商品。海尔空调的高明之处是把更多的精力集中在消费者需求的调研上,除尘、加氧、定温除湿的鲜风宝空调就是未来空调市场消费需求的真实反映。如果解决不了消费者要什么空调的问题,而是想当然地去给消费者送空调,那是没有任何作用的,因为任何空调产品不是被公司卖掉的,而是被消费者买走的。

消费者购买商品购买的是一种需要,企业研究商品的价值,应从研究消费者需要入手。

资料来源:http://www.cmmo.cn/home.php? mod = space&uid = 105568&do = blog&id = 61656

案例思考题

1. 从商品学研究商品使用价值的角度分析海尔集团产品开发的思路和商品使用价值的实现途径。

2. 通过本案例的分析,你对现代商品开发有何认识?

Chapter 2

商品分类与编码

【学习目标】

本章主要介绍了商品分类、商品编码、商品目录和商品条形码的一些内容,要求学生了解商品分类的概念与作用、常见的商品分类标志,掌握商品分类的原则和方法、了解商品编码的含义和作用,熟悉商品编码的种类和方法、EAN·UCC 代码系统与结构,熟知商品条码的应用。

【关键词】

商品分类 Commodity Classification;商品分类标志 Commodity Classification Indication;商品编码 Commodity Code;商品条码 Bar Code。

【引导案例】

零售经营中的商品分类

目前在零售经营中,商品分类并没有统一固定的标准。各超市公司可根据市场和自身的实际情况对商品进行分类。但商品分类应该以方便顾客购物、方便商品组合、体现企业特点为目的。一般可将经营商品分为大类、中类、小类、单品4个层次。大类是粗线条分类,主要依据生产来源或方式、处理保存方式等商品特征来划分。如食品超市的大类有水产、畜产、果蔬、日配加工食品、一般食物。中类着重于以功能、用途、制造方式、方法、产地等特征来划分,如日配加工食品大类中包含牛奶、豆制品、冰品、冷冻食品等中类。小类是单品管理之前的最小单位、最细的分类,如中类牛奶中包含鲜乳、调味乳、发酵乳等小类。单品是商品分类中不能进一步细分的、完整独立的商品品项,如355毫升听装可乐、1.25升瓶装可乐、2升瓶装可乐等。

科学的商品分类应该以方便顾客购物,体现企业特点为目的。对商品进行科学、系统的分类,最终编制出各种简便实用的商品目录,以满足各方面需要,是商品经营管理的重要工作之一。

资料来源:汪永太,万融《商品学》北京:电子工业出版社,2007.1

第一节　商品分类概述

分类在自然科学和社会科学的理论研究和实际工作中，是最普遍采用的一种方法。人们运用分类可以按一定的系统和秩序，深入研究各个类群的共同点、特异点，以及它们与总体之间的各种联系和发展规律，因此说，科学的分类可以把看来杂乱无章的事物系统化、条理化，从而深化人们的认识能力，能够有效地探讨和研究事物的发生、发展规律，推动人类社会、科学不断地向前发展。

商品分类是商品经济发展的必然结果，它是深入研究商品使用价值，探讨商品使用价值实现规律的前提。

一、商品分类的概念

商品分类是指根据一定的目的，为满足商品生产、流通、经济管理以及人们生活的需要，选择适当的标志或特征，将商品集合总体按照一定的标志（特征）科学、系统地逐次地划分为总类、大类、类别、组别、品目、规格、花色等细目的过程，详见表2.1。

表2.1　商品分类的排列程序及其应用实例

商品类目名称	应用实例	
商品门类	消费品	消费品
商品大类	食品	日用工业品
商品中类	食粮	家用化学品
商品小类	乳和乳制品	肥皂、洗涤剂
商品品类或品目	奶	肥皂
商品种类	牛奶	浴皂、洗衣皂
商品亚种	饮用牛奶	香皂
商品品种	全脂饮用牛奶	力士香皂
质量等级	125毫升全脂饮用牛奶	50毫克力士香皂

我国通常将商品分成大类、中类、小类、品目、品种、规格、品级、花色等细目。

商品大类最能体现商品生产和流通领域的行业分工，它既要同生产行业对口，又要与流通组织相适应。例如，商品可分为食品、纺织品、五金、百货等。

商品品目是指具有若干共同性质或特征的商品总称，包括若干商品品种。例如，纺织品可分为针织品、棉织品、塑料制品等。

商品品种是指按商品的性能、成分等方面特征来划分，指具体的商品名称。例如：电视机、洗衣机、电冰箱等。

细目是对商品的详尽区分,包括商品的规格、花色、质量等级等特征,能更具体区分和反映出商品的特征。如玻璃花瓶按外形、结构、容量大小的不同,可分为平边、卷边、翻口、深形、圆形、方形等类型。

二、商品分类的作用

随着生产力的发展,科学技术水平的提高,商品品种逐渐增多,市场竞争越来越激烈,为提高企业经营管理水平,商品分类的作用愈来愈重要。商品分类涉及国民经济各个领域、各个生产部门,它既是商品学研究的重要内容之一,又是商业现代化管理的重要手段。

(一) 商品分类是国民经济核算、统计的需要

商品的生产与消费涉及国民经济的各个部门,直接影响国民经济发展,并为国民经济的总体规划提供了可靠的依据,从而有利于生产力的合理布局,有利于新产品的开发与研究。

(二) 商品分类有利于合理组织商品流通

商品在购、销、运、存中需根据商品特征进行分类,以便采取相应的运输条件与储存设施,保证商品在运输和储存中的质量。同时,在经营销售中根据消费需要,按商品分类的原则和方法,指导商业网点布局、柜台设置、橱窗陈列、为编制进销计划、妥善安排经营品种结构创造条件,从而促进流通,加速周转,提高企业的经济效益。

(三) 商品分类有助于消费者了解商品性能和特征

商品种类繁多,特征、用途各异,通过对商品分类,便于了解各类商品的性能。商品经营、管理人员都应该熟悉自己所主管的商品特性、研究商品质量变化的规律,才能有助于科学地保管和养护商品,有效地促进商品使用价值的实现。对于消费者(用户)来说,如果商品分类清楚明了,那么就能顺利地选购较为理想的商品,达到"买得放心,用得称心"。

(四) 商品分类有助于编制"商品目录"和"商品编码",提高现代化管理水平

商品流通企业的现代化管理离不开计算机在管理中的应用。而计算机在商品流通企业管理上的应用,主要依靠的是"商品目录"和"商品编码"。通过分类建立统一的商品分类门类、目录和配套代码或条形码,可以促进商品名称、类别统一化和系统化,有利于安排生产和组织商品流通,有利于推进企业管理现代化的步伐。在生产单位包装商品时,将商品编号印刷在外包装上,生产者—仓储公司—批发商—零售商之间的货物转交,就可以完全由计算机调节、控制。而如果商品分类不科学、编号不准确,就很可能发生货物转移错误。

三、商品分类的原则

商品分类原则是进行科学商品分类的重要依据。为了使商品分类能满足特定的目的和需要,在分类时必须遵守以下原则。

(1) 科学性原则。根据商品分类的具体目的,选择商品最本质和最稳定的属性或特征,作为分类的主要标志。

(2) 适用性原则。商品分类体系应具有适用性,能满足分类的目的和要求,如进行商品分类,就必须为每一种产品赋予一个标志。

(3) 系统性原则。以选定的商品属性或特征为标识,将商品总体按一定排列顺序予以系统化形成一个合理的科学分类系统。

(4) 唯一性原则。在商品分类体系中的每一个分类层次即每一次划分,只能采用一个分类标识,不准同时采用两个或多个分类标识。否则,会造成子项的逻辑混乱。

(5) 可扩延原则。也称后备性原则,能划分规定范围内所有的商品,即事先设置足够的后备类目,可为不断补充新商品留有余地。

(6) 兼容性原则。商品分类既要求与国家政策及相关标准协调一致,又要与原有的商品分类保持一定的连续性和可转换性。

(7) 综合实用性原则。在满足国家总任务、总要求的前提下,尽可能满足各部门、各系统内各有关单位的实际需要。

【延伸阅读 2-1】

卡斯美的商品分类

日本卡斯美目前拥有 102 家超级市场,年销售额约为 1 480 亿日元,折合人民币 123 亿元,经营品种约为 1.2 万种。卡斯美的商品分类做法主要有:

1. 确定商品分类表。开办超市,首先要做的工作就是决定卖什么商品,即把商品的大分类、中分类及小分类确定下来,这就要根据当地的消费水平、消费习惯来确定商品分类表。由于各地区生活习惯的差别,各地超市的商品分类表也不相同。比如说南方地区由于天气炎热,饮料可作为一个大类来经营。在商品的经营和管理上,卡斯美有一套根据自家的理解而设定的分类框架。通常的做法是,按照使用者的用途或 TPOS(时间、场所、动机、生活方式)设定商品分类。分类框架设定好后,再筛选、找寻应备齐的具体商品品种,最后建立起自己的 MD 体系(商品体系)。

日本超级市场的商品分类框架一般设定为 5 个梯度(五段分位法),即部门、品群、小分类、品种、品目。根据当地实际编制出的商品分类表是推行标准化的内容之一,作用极大。一是界定所经营的商品范围,二是便于对经营业绩按商品结构进行分析。做商品分类后,计算机系统也同时对卖场进行分类管理,分析销售额、毛利率、损耗率、费用额、客单价、卖场销售效率、周转天数的变更。

2. 确定大众品和实用品。根据业态理论,超市经营居民日常生活需要的食品和日用品,也就是高消耗、高周转的大众品和实用品。大众品不是指便宜的商品,而是一般老百姓日常生活要吃或要用的东西。实用品是指用完了还要周而复始地去购买的东西。就具体的小分类来讲,适合居民日常生活消费的特定商品,例如酒类,市场上最便宜的酒假设是 3 元 1 瓶、二锅头酒是 5 元 1 瓶,最贵的酒是洋酒。根据中国目前的收入水平,15 元 1 瓶的酒应当作为大众品,这样在安排商品备齐的时候,15 元 1 瓶的酒品目数应当最大、品种最全。

3. 确定小分类的适当规模。在确定商品陈列面表时,卡斯美首先从理论上认为,商品陈列的货架越多、展示越充分,所实现的销售额也就越大。但是摆放多少货架总有个度,什么是适当规模、各个小类引进多少个名目、摆在多少个货架上最出效益呢?并没有现成的计算方法,需要采购员对每个小类的陈列面与销售额进行对比、分析。确定各个小分类的适当规模的原则是：要满足一般老百姓生活需求的品目数的80%；了解其他商场各个小分类的布局情况；容易陈列，方便顾客选择购买。卡斯美的酱油和奶酪分别有45个品目和69个品目，都是用2个货架摆放。

资料来源：http://www.cflp.org.cn/cflp/newss/content1/201008/771_33354.html（有删减）

第二节 商品分类的标志与方法

一、商品分类标志

（一）商品分类标志的概述

商品分类标志是表明商品特征，用以识别商品不同类别的记号。分类标志是编制商品分类体系和商品目录的重要依据和基准。对商品进行分类，可供选择的分类标志很多，主要有商品的用途、原材料、加工方法、化学成分、使用状态等最基本的属性和特征。

（二）选择商品分类标志的基本原则

在选择分类标志时，应遵循如下原则。

(1) 目的性。选择商品分类标志必须满足分类体系的目的和要求，否则便没有实用价值。

(2) 区分性。分类标志本身含义明确，必须保证从本质上把不同类别的商品明显区分开。

(3) 包容性。选择的商品分类标志要使该分类体系能够包容拟分类的全部商品，并有继续补充新商品的余地。

(4) 唯一性。分类标志的选择必须保证每个商品只能在体系内的一个类别中出现，不得在同类型中反复出现；体系内的同一层级范围只能采用同一种分类标志，不得同时采用几种分类标志。

(5) 逻辑性。在遵守唯一性原则同时，分类标志的选择还必须使商品分类体系中的下一层级分类标志成为上一层级分类标志的合乎逻辑的继续和具体的自然延伸，从而保证体系中各商品类目有明晰的并列、隶属关系。

(6) 简便性。选择商品分类标志必须使商品分类在实际运用中具有易操作性，有利于采用编码和运用电子计算机进行处理。

（三）常用商品分类标志

商品分类标志实质是商品本身固有的种种属性。目前还未发现一种能贯穿商品分类体系始终，对所有商品类目直到品种和细目都适用的分类标志。因此，在一个分类体系中，常采用几种分类标志，往往在每一个层次用一个适宜的分类标志。商品分类实践中，常见的分类标志有如下几种。

1. 以商品的用途作为分类标志

商品用途是体现商品使用价值的重要标志，以商品用途作为分类标志，不仅适合于对商品大类的划分,还适合于对商品类别、品种的进一步划分。例如,商品按用途可分为生活资料和生产资料,生活资料按用途的不同可分为食品、衣着类用品、日用品等。日用品按用途又可分为器皿类、玩具类、洗涤用品类、化妆品类等,化妆品按用途还可继续划分为护肤用品、美容美发用品等。

以商品的用途作为分类标志,便于分析和比较同一用途商品的质量和性能,从而有利于生产部门改进和提高商品质量,开发商品新品种,生产适销对路的商品,也便于商业部门经营管理和消费者按需要选择商品。但对于多用途的商品,不宜采用此分类标志。

2. 以原材料作为商品分类标志

商品的原材料是决定商品质量、使用性能、特征的重要因素之一。例如,纺织品按原料不同可分为棉织品、毛织品、麻织品、丝织品、化学纤维织品等;鞋类商品可分为布鞋、皮鞋、塑料鞋、人造皮革鞋等。以原材料作为商品分类标志,不但使商品分类清楚,而且能从本质上反映出每类商品的性能、特点、使用及保管要求。特别是对于那些原材料替代种类多,且原材料对性能影响较大的商品比较适用。但对那些由两种以上原材料所构成的商品,采用此标志进行分类会产生一定困难。

3. 以商品的加工方法作为分类标志

很多不同的商品,往往是用同一种原材料制造的,就是因为选用了不同的加工方法,最后便形成质量特征截然不同的商品种类。因此,这种分类标志对那些可以选用多种加工方法,且质量特征受加工工艺影响较大的商品最为适用。例如,按加工方法上的区别,茶叶有全发酵茶、半发酵茶和不发酵茶;酒则有配制酒、蒸馏酒和发酵原酒。那些加工方法虽不同,但对质量特征不会产生实质性影响的商品,则不宜采用此种标志来分类。

4. 以商品的化学成分作为分类标志

很多情况下,商品的主要成分是决定其性能、质量、用途或储运条件的重要因素。对这些商品进行分类时,应按主要成分做分类标志。例如,化肥可分为氮肥、磷肥、钾肥等。有些商品的主要化学成分虽然相同,但是所含的特殊成分不同,可形成性质和用途完全不同的商品,对这类商品分类时,可以其中的特殊成分做分类标志。例如,玻璃的主要成分是二氧化硅,但根据其中一些特殊成分,可将玻璃分为钠玻璃、钾玻璃、铅玻璃、硼硅玻璃等。

5. 以商品的使用期长短作为分类标志

(1)消耗性商品:使用一次或次数不多,其使用价值即消失的商品。例如,日用品中的食品、燃料及某些卫生用品、文具。

(2)耐用性商品:能使用很多次或连续使用较长时间的商品。例如自行车、家用电器、衣料、家具等。

二、商品分类的方法

在任一次商品分类中,可将任一商品集合总体逐次划分为包括大类、中类、小类、品类在内的完整的、具有内在联系的类目系统。这个类目系统即为商品分类体系。

(一)线分类法及线分类体系

线分类法也称层级分类法,是商品分类中常采用的方法,它是将拟分类的商品集合总体,按选定的属性或特征作为划分基准或分类标志,逐次地分成相应的若干个层次类目。

按线分类法所建立起的体系即为线分类体系。线分类体系的一般表现形式是大类、中类、小类等级别不同的类目逐级展开,如表2.2体系中,各层级所选用的标志可以不同,各个类目之间构成并列或隶属关系。

线分类体系的主要优点是:层次性好,能较好地反映类目之间的逻辑关系,符合传统应用习惯,既适合于手工处理又便于计算机处理。主要缺点是分类结构弹性差。

表2.2 线分类示意

大类	中类	小类
家具制造业产品	木制家具制造业产品 金属家具制造业产品 塑料家具制造业产品 竹藤家具制造业产品	床 椅 凳 桌 床 椅 凳 桌 箱 架 橱柜 其他

(二)面分类法及面分类体系

面分类法又称平行分类法,在实际运用中,一般把面分类法作为线分类法的补充。面分类法是把拟分类的商品集合体,根据其本身固有的属性或特征,分成相互之间没有隶属关系的面,每个面都包含一组类目。将每个面中的一种类目与另一个面中的一种类目组合在一起,即组成一个复合类目。

按面分类法所建立起来的分类体系即为面分类体系,例如表2.3。

服装的分类按面分类法组配,把服装用的面料、式样和款式分为三个互相之间没有隶属关系的"面",每个"面"又分成若干个类目,使用时,将有关类目组配起来,便成为一个复合类目,如纯毛男式中山装、中长纤维女式西装等。

表 2.3　面分类示意

面料	式样	款式
纯棉 纯毛 涤棉 毛涤 中长纤维	男式 女式	中上装 西装 猎装 夹克 连衣裙

面分类体系的主要优点是：分类体系结构弹性好，可以大量地扩充新类目，不必预先确定好最后的分组，适用于计算机管理；主要缺点是组配结构太复杂，不便于手工处理，其容量也不能充分利用。

我国在编制《全国工农业产品(商品、物资)分类与代码》国家标准时，采用的是线分类法和面分类法相结合，以线分类法为主的综合分类法。

【知识链接2-1】
运用我国《全国工农业产品(商品、物资)分类与代码》分类的案例

【例1】针织品分类
(1)按编织方法分类，可分为以下两类。
①纬织物类，主要用于内外衣和成型产品。主要包括：汗布、棉毛布、罗布、绒布、单面提花布、双面提花布、毛巾布、人造皮毛、羊毛衫、袜子、手套、围巾等。
②经编织物类。主要用于外衣、装饰等。主要包括：双梳和多针织布、提花针织布、长毛绒、皮毛、装饰布、仿灯芯绒、彩条、花边等。
(2)按商品用途分类，可分为以下两类。
①成型及服装类。各种纤维的内外衣、羊毛衫、袜子、手套、毛巾等。
②坯布类。主要有各种纤维的经编针织如染布、提花布、装饰布、人造皮毛、灯芯线、丝绒、天鹅绒、鹿皮绒等。

【例2】丝织品的分类
我国丝绸产品品种繁多，因此分类方法也较多。按其组织结构、结合织造工艺和织品风格的原则分类，是当前工业、贸易中经常采用的一种分类方法。
(1)按炼染工艺流程分类，可分为以下两类。
①生绸缎，是在织造之后再经炼染整理。
②熟绸缎，是在织造前，先炼染丝线，再进行织。
(2)按用途分类，可分为以下四类。
①服装用料，有绸、缎、绫、罗、纺、葛、绨等。
②装饰用品，有天鹅绒、绸、乔其纱、窗帘纱、丝绒等。
③工业用品，有绝缘绸、滤绸、防水绸和筛绢等。
④国防用品，有降落伞绸、机翼绸等。

(3)按贸易分类,可分为七类:桑蚕绸缎类、合纤绸缎类、柞丝绸缎类、绸缎类、纯人造丝绸缎类、交织绸缎类、被面绸缎类。

(4)按传统习惯及丝织品风格特征分类,可分为以下十四类:纺类、绉类、绸类、缎类、绢类、绫类、罗类、纱类、绡类、葛类、呢类、绒类、绨类、哔叽类。

第三节 商品目录与商品分类体系

一、商品目录

(一)商品目录的概念

商品目录是指国家或部门所经营管理的商品总明细目录,即总明细表。在编制商品目录的过程中,必须先将商品按一定标志进行定级分类,因此商品目录也称商品分类目录或商品分类体系。

商品分类是编制商品目录的基础和前提,商品目录是商品分类成果的具体体现和推广运用的工具。或者这样说,只有在商品科学分类的基础上编制商品目录才能做到层次分明,标准化程度高,才有利于经营管理科学化。

(二)商品目录的类型

(1)按编制商品目录的目的和作用不同,分为计划商品目录、统计商品目录、经营商品目录、必备商品目录、价格管理商品目录、物资分配目录等。

(2)按商品的产销地区不同,可分为生产资料商品目录、消费商品目录、食品目录、化工原料商品目录、交电商品目录等。

(3)按商品目录的适用范围不同,可分为国际商品目录、国家商品目录、部门商品目录、地区商品目录、企业商品目录等。

①国际商品目录是指国际组织地区性国家集团制订的商品目录,例如,《海关合作理事会商品分类目录》(CCCN)、《联合国国际贸易标准分类目录》(SITC)、《商品名称与编码协调制度》(HS)等。

②国家商品目录,是指由国家和指定专门机构编制的,是国民经济各部门进行计划、统计、财务、税收、物价等工作时必须一致遵守的全国性统一分类目录,如国家统计局所编制并发布公报的商品目录,《海关进出口税则》、《对外贸易业务统计商品目录》都归属此类。

③部门商品目录,是指有本行业主管部门编制,是该部门从中央到基层企业共同遵守的准则。

④企业单位的商品目录是由本企业或本单位自己编制的,一般只适用于本企业或本单位使用。它应当既符合国家或部门商品目录提出的分类原则,又能满足本企业或单位工作需要。此商品目录比前述两类商品目录的类别相对要少,但品种划分更细。

二、国际贸易商品分类

国际贸易商品分类的目的主要是便于各类贸易组织、部门进行业务活动管理,保证商品流通的正常进行;加速商品信息和经济信息的传递等。目前在国际上公认并广泛采用的国际贸易商品分类体系有三个,即《海关合作理事会分类目录》(Customs Co-operation Counci Nomenclature,简称 CCCN)、《联合国国际贸易标准分类》(United Nations Standard International Trade Classification,简称 SITC)和《商品名称及编码协调制度》(Harmonized Commodity Description and Coding System,简称 HS)。它们均由有关的国际组织主持编制、发布和实施,具有相当高的科学性和完整性。

(一)海关合作理事会的分类目录

《海关合作理事会分类目录》也称《海关合作理事会税则目录》(Customs Co-operation Counci Nomenclature,简称 CCCN),是国际上使用最广泛的商品分类体系之一。海关合作理事会于 1950 年 12 月 15 日在比利时首都布鲁塞尔成立,其税则目录于 1959 年正式生效。此后于 1965 年、1972 年和 1978 年分别进行了 3 次系统的修订。到 1987 年,世界上约有 150 个国家和地区采用了 CCCN 商品分类体系并据此编制本国的海关税则。我国海关于 1985 年 3 月起正式采用该分类体系并编制税则。

(二)联合国国际贸易标准分类

为便于对世界经济发展进行统计,促进国际贸易,并使海关手续合理化,联合国秘书处于 1950 年起草了《联合国国际贸易标准分类》,也称《国际贸易标准分类》(Standard International Trade Classification,简称 SITC),并在 1951 年的国际会议上获得通过,推荐给各国采用。联合国及其所属机构每年都按照国际贸易标准分类编制有关的国际贸易统计资料,以便对世界贸易进行系统的研究,各个成员国也按照这个分类体系发表各自的贸易数据。

在 1974 年的修订本里,该国际贸易标准分类把国际贸易商品共分为 10 大类(section)、63 章(division)、233 组(group)、786 个分组(sub-group)和 1 924 个基本项目(item)。这个商品分类体系采用 4 位数字编码,即每个分组编制一个 4 位数字代码,即每个分组编制一个 4 位数字代码,每位数字表示分类的一个层级。在国际贸易中,一般习惯把 0~4 类商品称为初级产品,把 5~8 类商品称为制成品。前 10 大类商品的章次及其名称见表 2.4。

表 2.4 1974 年修订本的《联合国国际贸易标准分类》类、章及其名称

0 类	食品及主要供食品用的活动物
第 00 章	主要供食品用的活动物
第 01 章	肉及肉制品
第 02 章	乳品及禽蛋
第 03 章	鱼、甲壳及软体类动物及其制品

续表 2.4

	第 04 章	谷类及其制品
	第 05 章	蔬菜及水果
	第 06 章	糖、糖制品及蜂蜜
	第 07 章	咖啡、茶、可可、调味料及其制品
	第 08 章	饲料(不包括未碾磨的谷类)
	第 09 章	杂项食品
1 类	饮料及烟草	
	第 10 章	饮料
	第 11 章	烟草及其制品
2 类	非食用原料(燃料除外)	
	第 21 章	生皮及未硝毛皮
	第 22 章	油籽及含油果实
	第 23 章	生橡胶(包括合成橡胶及再生橡胶)
	第 24 章	软木及木材
	第 25 章	纸浆及废纸
	第 26 章	纺织纤维(毛条除外)及其废料
	第 27 章	天然肥料及矿物(煤、石油及宝石除外)
	第 28 章	金属矿渣及金属废料
	第 29 章	其他动、植物原料
3 类	矿物燃料、润滑油及有关原料	
	第 32 章	煤、焦炭及煤砖
	第 33 章	石油、石油产品及有关原料
	第 34 章	天然气及人造气
	第 35 章	电流
4 类	动植物油、脂及蜡	
	第 41 章	动物油、脂
	第 42 章	植物油
	第 43 章	已加工的动植物油、脂及动植物蜡
5 类	化学品及有关产品	
	第 51 章	有机化学品
	第 52 章	无机化学品
	第 53 章	染料、鞣料及颜料
	第 54 章	医药品
	第 55 章	精油、香料及盥洗、光洁制品

续表 2.4

	第 56 章	制成废料
	第 57 章	炸药及烟火品
	第 58 章	人造树脂、塑料、纤维素酯及醚
	第 59 章	其他化学原料及产品
6 类	按原料分类的制成品	
	第 61 章	皮革、皮革制品及已硝毛皮
	第 62 章	橡胶制品
	第 63 章	软木及木制品（家具除外）
	第 64 章	纸及纸板；纸浆、纸及纸板制品
	第 65 章	纺纱、织物、制成品及有关产品
	第 66 章	非金属矿产制品
	第 67 章	钢铁
	第 68 章	有色金属
	第 69 章	金属制品
7 类	机械及运输设备	
	第 70 章	动力机械及设备
	第 71 章	特种工业专用机械
	第 72 章	金工机械
	第 73 章	金工机械
	第 74 章	通用工业机械设备及零件
	第 75 章	办公用机械及自动数据处理设备
	第 76 章	电讯器材、收音、录音及重放装置设备
	第 77 章	电力机械、电器及其配件
	第 78 章	陆路车辆（包括气垫式）
	第 79 章	其他运输设备
8 类	杂项制品	
	第 81 章	卫生、水道、供热及照明装置
	第 82 章	家具及其配件
	第 83 章	旅行用品、手提包及类似品
	第 84 章	服装及衣着附件
	第 85 章	鞋类
	第 87 章	专业、科学及控制用仪器和装置
	第 88 章	摄影器材、光学物品及钟表
	第 89 章	杂项制品
9 类	没有分类的其他商品	

(三) 商品名称和编码协调制度

《商品名称与编码协调制度》(Harmonized Commodity Description and Coding System，简称"协调制度"或 HS)，是由原海关合作理事会(现世界海关组织)主持制定的一部供海关、统计、进出口管理及与国际贸易有关各方共同使用的商品分类编码体系。"协调制度"是在《海关合作理事会分类目录》(CCCN)和《联合国国际贸易标准分类目录》(SITC)的基础上，融全世界上多种商品分类体系的优点编制而成的国际贸易商品分类体系，1988 年在国际上正式开始实施，是一部世界统一的、系统的、标准的、多用途的国际贸易商品分类专著，也是目前国际上应用最为广泛的国际贸易商品分类目录。HS 代码主要用于商品与物资分类、宏观统计、国际贸易、海关实务、EDI 报文等。1992 年 1 月 1 日我国全部采用和实施了《协调制度》，同年 6 月加入了协调商品名称和编码制度公约。

HS 具有以下突出特点：

(1)《商品名称与编码协调制度》是一部多功能、多用途的商品分类目录。HS 是国际上多个商品分类目录协调的产物，是各国专家长期努力的结晶。正如 HS 公约所阐明，HS 的编制充分考虑了与贸易有关各方面的需要，是国际贸易商品分类的一种"标准语言"。

(2)《商品名称与编码协调制度》是世界上最广泛采用的商品分类目录。世界上已有 150 多个国家使用 HS，全球贸易总量 90% 以上的货物都是以 HS 分类的。

(3)作为一个国际上政府间公约的附件，国际上有专门的机构、人员进行维护和管理，HS 委员会决定，每四年对 HS 作一次全面审议和修订。

HS 的主要优点体现在"完整、系统、通用、准确"。

"完整"是由于它将目前世界上国际贸易主要品种都分类列出。同时，为了适应各国征税、统计等商品目录全向型的要求和将来技术发展的需要，它还在各类、各章中列有起"兜底"作用的"其他"项目，使任何进出口商品，即使是目前无法预计的新产品，都能在这个体系中找到其适当的位置。

"系统"则是因为它的分类原则既遵循了一定的科学原理和规则，将商品按人们所了解的生产部类、自然属性和用途来分类排列，又照顾了商业习惯和实际操作的可行性，因而容易理解、易于归类和方便查找。

"通用"，一方面指它在国际上有相当大的影响，已为上百个国家使用，这些国家的海关税则及外贸统计商品目录的项目可以相互对应转换，具有可比性；另一方面，它既适于作海关税则目录，又适于作对外贸易统计目录，还可供国际运输、生产部门作为商品目录使用，其通用性超过以往任何一个商品分类目录。

"准确"，则是指它的各个项目范围清楚明了，绝不交叉重复。由于它的项目除了靠目录条文本身说明外，还有归类总规则、章注、类注和一系列的辅助刊物加以说明限定，使得其项目范围准确无误。

HS 的总体结构有三部分:一是归类总规则,共六条,规定了分类原则和方法,以保证对 HS 使用和解释的一致性,使某一具体商品能够始终归入一个唯一编码;二是类(Section)、章(Chapter)、目(Heading)和子目(Sub-Heading)注释,严格界定了相应的商品范围,阐述专用术语的定义或区分某些商品的技术标准及界限;三是按顺序编排的目与子目编码及条文,采用六位编码,将所有商品分为 21 类、97 章,章下再分为目和子目。编码前两位数代表"章",前四位数代表"目",五、六数代表"子目"。HS 的类、章及其名称(节选)见表2.5。

表 2.5 《协调制度》的类、章及其名称

1 类	活动物,动物产品
第 1 章	活动物
第 2 章	肉及食用杂碎
第 3 章	鱼类、甲壳动物、软体动物及其他水生无脊椎动物
第 4 章	乳品、蛋品、天然蜂蜜,其他食用动物产品
第 5 章	其他动物产品
2 类	植物产品
第 6 章	活树及其他活植物,鳞茎、根及类似品,插花及装饰用簇叶
第 7 章	食用蔬菜、根及块茎
第 8 章	食用水果及坚果,甜瓜或柑橘属水果的果皮
第 9 章	咖啡、茶、马黛茶和香辛料
第 10 章	谷物
第 11 章	制粉工业产品,麦芽、淀粉、面筋
第 12 章	含油子仁及果实,杂项子仁及果实,工业用或药用植物,稻草、秸秆及饲料
第 13 章	虫胶,树胶、树脂及其他植物液、汁
第 14 章	编结用植物材料,其他植物产品
3 类	动、植物油、脂及其分解产品。精制的食用油脂。动、植物蜡
第 15 章	动、植物油、脂及其分解产品,精制的食用油脂,动、植物蜡
4 类	食品、饮料、酒及醋。烟草及烟草代用品的制品
第 16 章	肉、鱼、甲壳动物、软体动物及其他水生无脊椎动物及其制品
第 17 章	糖及糖果制品
第 18 章	可可及可可制品
第 19 章	谷物、粮食粉、淀粉或乳制品,糕点制品
第 20 章	蔬菜、水果、坚果或植物其他部分的制品
第 21 章	杂项食品
第 22 章	饮料、酒及醋

续表 2.5

第 23 章	食品工业的残渣及废料,配制的动物饲料
第 24 章	烟草、烟草及烟草代用品的制品
5 类	矿产品
第 25 章	盐、硫磺、泥土及石料,石膏料、石灰及水泥
第 26 章	矿砂、矿渣及矿灰
第 27 章	矿物燃料、矿物油及蒸馏产品,沥青物质,矿物蜡
6 类	化学工业及其相关工业的产品
第 28 章	无机化学品,贵金属、稀土金属、放射性元素及其同位素的有机及无机化合物
第 29 章	有机化学品
第 30 章	药品
第 31 章	肥料
第 32 章	鞣料浸膏及染料浸膏,鞣酸及其衍生物,染料、颜料及其他着色料,油漆及清漆,油灰及其他类似胶粘剂,墨水、油墨
第 33 章	精油及香膏,芳香料制品及化妆盥洗品
第 34 章	肥皂、有机表面活性剂,洗涤剂、润滑剂、人造蜡、调制蜡、光洁剂、蜡烛及类似品,塑形用膏,牙科用蜡及牙科用熟石膏制剂
第 35 章	蛋白类物质,改性淀粉,胶,酶
第 36 章	炸药,烟火制品,火柴,引火合金,易燃材料制品
第 37 章	照相及电影用品
第 38 章	杂项化学产品
7 类	塑料及其制品
第 39 章	塑料及其制品
第 40 章	橡胶及其制
8 类	生皮、皮革、毛皮及其制品,鞍具及挽具,旅行用品、手提包及类似品,动物肠线(蚕胶丝除外)制品
第 41 章	生皮(毛皮除外)及皮革
第 42 章	皮革制品,鞍具及挽具,旅行用品、手提包及类似容器,动物肠线(蚕胶丝除外)制品
第 43 章	毛皮、人造毛皮及其制品
9 类	木及木制品,木炭,软木及软木制品。稻草、秸秆、针茅或其他编结材料制品。篮筐及柳条编结品
第 44 章	木及木制品,木炭
第 45 章	软木及软木制品
第 46 章	稻草、秸秆、针茅或其他编结材料制品,篮筐及柳条编结品
10 类	木浆及其他纤维状纤维素浆。回收(废碎)纸或纸板.纸、纸板及其制品
第 47 章	木浆及其他纤维状纤维素浆,回收(废碎)纸或纸板
第 48 章	纸或纸板,纸浆、纸或纸板制品

续表2.5

第49章	书籍、报纸、印刷图画及其他印刷品,手稿、打字稿及设计图纸
11类	纺织原料及纺织制品
第50章	蚕丝
第51章	羊毛、动物细毛或粗毛,马毛纱线及其机织物
第52章	棉花
第53章	其他植物纺织纤维,纸纱线及其机织物
第54章	化学纤维长丝
第55章	化学纤维短纤
第56章	絮胎、毡呢及无纺织物,特种纱线、线、绳、索、缆及其制品
第57章	地毯及纺织材料的其他铺地制品
第58章	特种纺织物,簇绒织物,花边,装饰毯,装饰带,刺绣品
第59章	浸渍、涂布、包覆或层压的纺织物,工业用纺织制品
第60章	针织物及钩编织物
第61章	针织物或钩编的服装及衣着附件
第62章	非针织或非钩编的服装及衣着附件
第63章	其他纺织制成品,成套物品,旧衣着及旧纺织品,碎织物
12类	鞋、帽、伞、杖、鞭及其零件。已加工的羽毛及其制品、人造花
第64章	鞋靴、护腿和类似品及其零件
第65章	帽类及其零件
第66章	雨伞、阳伞、手杖、鞭子、马鞭及其零件
第67章	已加工羽毛、羽绒及其制品,人造花
13类	石料、石膏、水泥、石棉、云母及类似材料的制品,陶瓷产品。玻璃及其制品
第68章	石料、石膏、水泥、石棉、云母及类似材料的制品
第69章	陶瓷产品
第70章	玻璃及其制品
14类	天然或养殖珍珠、宝石或半宝石、贵金属、包责金属及其制品,仿首饰,硬币
第71章	天然或养殖珍珠、宝石或半宝石、贵金属、包贵金属及其制品,仿首饰,硬币
15类	贱金属及其制品
第72章	钢铁
第73章	钢铁制品
第74章	铜及其制品
第75章	镍及其制品
第76章	铝及其制品
第77章	(保留为协调制度将来所用)

续表 2.5

第 78 章	铅及其制品
第 79 章	锌及其制品
第 80 章	锡及其制品
第 81 章	其他贱金属,金属陶瓷及其制品
第 82 章	贱金属工具、器具、利口器、餐匙、餐叉及其零件
第 88 章	航空器、航天器及其零件
第 89 章	船舶及浮动结构体
18 类	光学、照相、电影、计量、检验、医疗或外科用仪器及设备。精密仪器及设备、钟表、乐器,以及上述物品的零件、附件
第 90 章	光学、照相、电影、计量、检验、医疗或外科用仪器及设备,精密仪器及设备,上述物品的零件、附件
第 91 章	钟表及其零件
第 92 章	乐器及其零件、附件
19 类	武器、弹药及其零件、附件
第 93 章	武器、弹药及其零件、附件
20 类	杂项制品
第 94 章	家具、寝具、褥垫、弹簧床垫、软坐垫及类似的填充制品,未列名灯具及照明装置,发光标志、发光名牌及类似品,活动房屋
第 95 章	玩具、游戏品、运动用品及其零件、附件
第 96 章	杂项制品
21 类	艺术品、收藏品及古物
第 97 章	艺术品、收藏品及古物
22 类	特殊交易品及未分类商品
第 98 章	特殊交易品及未分类商品
第 99 章	(保留为协调制度将来所用)

(四)商标注册用商品和服务的国际分类

为了便于商标注册和管理,商标管理机关根据一定的标准,将所有商品划归为若干类,按一定的顺序排列编成表册。目前世界上的这种商品分类表有两类:一类是一国独立实行的商品分类表;另一类是国际统一的商品分类表:如《尼斯协定》中所订立的商品分类表。

《尼斯协定》全称《有关商标注册用商品和服务国际分类的尼斯协定》(Nice Agreement Concerning with International Classification of Goods and Service for the Purpose of the Registration of Marks),于 1957 年 6 月 15 日由一些发达国家在法国尼斯外交会议上正式签订,于 1961 年 4 月 8 日生效,截至 2004 年 12 月 31 日,《尼斯协定》缔约方总数为 74 个国家。中国于 1988 年正式使用尼斯国际商品分类,于 1994 年 5 月 5 日加入该协定,并于同年 8 月 9 日生效。

《尼斯协定》建立的国际分类于1987年印制成册,称为《商标注册用商品和服务国际分类表》。随着新的商品的出现及新的服务项目的问世,尼斯协定的成员国大约每4~5年修改一次《尼斯分类表》,至今已进行过9次修改,目前实行的是2006年6月公布、2007年1月1日生效的第九版《尼斯分类表》。

尼斯分类表包括两部分,一部分是按照类别排列的商品和服务分类表,一部分是按照字母顺序排列的商品和服务分类表。

按照类别排列的分类表将商品和服务按照1~45类的顺序排列。每类有一个类别号和标题,每类的标题概括了本类所包含商品的特征及范围,最后列出了本类包括的所有商品或服务项目,每项商品或服务均有一个顺序号,以便查找。另外,每一类有一个注释,对本类主要包括哪些商品,本类与相关类别的商品如何区别,如何划分边缘商品的类别作了说明,这个注释对划分一些易混淆商品的类别有很大帮助。

另一部分是按字母顺序排列的商品和服务分类表。世界知识产权组织出版了按英文、法文顺序排列的商品和服务分类表。我国商标主管机关也编排印制了按汉语拼音顺序排列的商品和服务分类表。使用这个表查阅一般商品的类别就像查字典一样方便。如,某一生产食品的企业要在牛奶和冰淇淋上申请商标注册,借助该表,也可以很快查到这两种商品分别属于第29类(牛奶)和第30类(冰淇淋)。

表2.6 第九版《商标注册用商品和服务国际分类》(2007年版)部分示例

第三类:
洗衣用漂白剂及其他物料,清洁、擦亮、去渍及研磨用制剂,肥皂,香料,精油,化妆品,发水,牙膏(21)
【注释】
本类主要包括洗涤用品和化妆品。
尤其包括:
——个人用除臭剂;
——化妆用卫生制剂。
尤其不包括:
——清洁烟囱用化学制品(第一类);
——生产过程中用的去渍用品(第一类);
——非个人用除臭剂(第五类);
——磨石和砂轮(手工具)(第八类)。
·0301　肥皂,香皂及其他人用洗洁物品,洗衣用漂白剂及其他物料(21)
·0302　清洁、去渍用制剂(22)
·0303　抛光、擦亮制剂(23)
·0304　研磨用材料及其制剂(23)
·0305　香料,香精油(23)
·0306　化妆品(不包括动物用化妆品)(24)
·0307　牙膏,洗牙用制剂(25)
·0308　熏料(25)
·0309　动物用洗涤剂,化妆品(25)

(五) 国际危险货物分类

在国际贸易货物运输中,有时也需要对所运输的商品进行科学的界定和分类,以保证运输过程的安全性,保证国际贸易的顺利进行。为了对海上运输危险货物进行管理,国际海事组织(International Maritime Organization,简称IMO)于1965年制定了《国际海上危险货物运输规则》(International Maritime Dangerous Goods Code,简称IMDG Code),即通常所说的"国际危规"或"国际海运危规"。它是以联合国《关于危险货物运输的建议书(橙皮书)》的规定为原则,形成的涉及国际贸易危险货物收目最多、分类最细,对包装、积载规定最详尽明确的国际文件和商品目录。

为加强对危险货物的管制,国际海事组织决定,自1991年起,在世界贸易范围内全面强制执行国际海运危规。

中国于1973年加入了国际海事组织,自1982年开始就执行国际海运危规,并参照该规则制定了中国的《海运出口危险货物包装检验管理办法》,在1985年发布和实施。

在国际海上危险货物明细表中,根据危险货物性质的不同,把危险货物分为九类,共计2 500多种。每种货物都列出了品名、联合国国际贸易标准分类编码、化学分子式、类别、爆炸极限、闪点、特性、标志、注意事项、包装类别、包装方法、每个容器内装净重、每个包装件总重、积载等项目。

三、我国商品分类

(一) 国家标准商品分类

为适应现代化经济管理的需要,以国家标准形式对商品、产品、物资进行科学的、系统的分类编码,称为国家标准商品分类。国家标准商品分类的主要目的是:便于进行国民经济计划、统计及各项业务活动;有利于实行商品分类编码标准化;有助于建立现代化的、统一的商品信息系统,以实现经济管理现代化,提高经济管理水平。我国在1987年发布和实施了商品分类国家标准《全国工农业产品(商品、物资)分类与代码》(GB 7635—87)。该商品分类编码体系是国民经济统一核算和国家经济信息系统的重要基础,各部门、各地区在进行计划、统计、会计等工作时,必须按本标准以及有关使用要求整理上报材料,以保证信息交流和资源共享。

《全国工农业产品(商品、物资)分类与代码》按照工农业产品(商品、物资)的基本属性分类,并适当兼顾部门管理的需要,把我国生产的所有工农业商品、物资划分为99个大类(其中有12大类留空,供增补用)、1 000多个中类,7 000多个小类,总计360 000多个品种,并考虑了各部门延拓和细分的需要。该商品分类体系采用8位数字编码,为4层次代码结构,每层次均以2位阿拉伯数字表示,各层次代码一般从"01"开始,按顺序排列,最多编至"99",并留有适当空码,以备增加或调整类目用。为便于检索,本分类体系设置了门类,用英文字母表示其顺序。

(二)商品贸易分类

为满足贸易工作提出的某些要求而进行的各种商品分类,统称为商品贸易分类。商品贸易分类的主要目的是便于贸易部门进行业务活动,保证商品流通正常进行;加快商品信息和经济信息的传递,提高经营管理水平。按照分类对象所包括的范围,商品贸易分类可分为国内贸易商品分类、对外贸易商品分类和国际贸易商品分类。国际贸易商品分类上面已作阐述,下面介绍国内和对外贸易商品分类目录。

1. 国内贸易商品分类

为便于商业部门组织和进行商品购、销、调、存以及商业计划、统计、会计等业务活动,需要对国内贸易商品进行科学分类,并根据不同要求和业务特点的需要编制商品目录。例如,为满足商品销售需要的商品经营目录;满足储运需要的储运商品目录;为各级领导、商业部门了解情况和制定政策,编制和检查计划,促进生产安排市场和指导业务提供资料的商品统计目录等。

国内贸易商品分类,应在国家标准商品分类的基础上进行编制,其分类原则不得违背国家标准商品分类的类组划分,其类组代码和行业代码也必须与国家标准相一致。但商业部门可根据自己的业务特点,适应本单位工作的要求,对国家标准商品分类中的商品类组进行延拓和细分。

2. 对外贸易商品分类

随着我国对外经济贸易的发展,在进出口业务、海关管理、外贸统计、国际商情分析、市场及关税的研究、利用普惠制度扩大出口等方面的活动,均涉及国际贸易商品分类问题,因此需要根据国际商品分类制度编制我国的对外贸易商品分类目录和分类体系。我国已制定和颁布实施了《对外贸易出口业务统一商品目录》、《中华人民共和国海关进出口税则》、《中华人民共和国海关统计商品目录》和《商检机构实施检验的进出口商品种类表》。

(1)对外贸易出口业务统一商品目录。该目录主要根据商品的属性及用途,参照《联合国国际贸易标准分类目录》,并适当照顾外贸专业公司的经营分工,将外贸经营商品分为农副产品、纺织品、轻工业品、五金矿产品、化工医药品、机械设备和其他七大部分,共38类。

(2)中华人民共和国海关进出口税则和统计商品目录。该税则和目录按照 HS 的归类原则和方法,把我国进出口商品划分为21类、97章、6 000税目或品目,采用8位数字商品编码,前6位数码及其商品名称与 HS 完全一致,第7,8位数码是根据我国关税、统计和贸易管理的需要增设的。进出口货物的收、发货人或其代理人报关时,必须在报关单上填报8位数字的商品编号或税则以及目录规定的计量单位。

(3)商检机构实施检验的进出口商品种类表。该《种类表》包括两部分内容:第一部分由商检序号(Serial No.)、《商品名称与编码协调制度》的编码(HS Code)、《海关合作理事会商品分类目录》的编码(CCCN Hedion No.)、联合国《国际贸易标准分类目录》的编码(SITC item-No.)、《对外贸易进出口业务统一商品目录》的编码(MFERT Code)、中英文对照商品名称和计量单位等七个栏目组成;第二部分是按照商品目录制定的商检内部管理要求,由监管方式、检验签证周期、检验有效期、证书限制、检验标准代号等五个栏目组成。全部内容都编成了应用软件,为现代化管理奠定了基础。《种类表》按照 HS 的分类原则和方法,将进口商品分为 17 大类,303 个品种,出口商品分为 17 大类、589 个品种,共计 892 种商品。

【延伸阅读2-2】

进出口商品归类的海关行政管理

海关商品归类是海关执行国家关税政策、贸易管制措施和编制海关进出口统计的基础。因此,正确进行商品归类在进出口货物的通关中具有十分重要的意义。

(一)进出口货物的商品归类依据

《海关法》规定,进出口货物的商品归类按照国家有关商品归类的规定确定;《关税条例》规定,纳税义务人应当按照《税则》规定的目录条文和归类总规则、类注、章注、子目注释以及其他归类注释,对其申报的进出口货物进行商品归类,并归入相应的税则号列。具体来说,对进出口货物进行商品归类的依据主要应包括以下两个方面:

1. 主要依据

(1)《海关法》;

(2)《关税条例》,包括作为其组成部分的《税则》《统计商品目录》);

(3)《中华人民共和国海关进出口货物征税管理办法》(以下简称《征税管理办法》);

(4)海关总署公布下发的关于商品归类的有关规定,包括总署的文件、归类决定、归类行政裁定、归类技术委员会决议以及总署转发的世界海关组织归类决定等;

(5)《海关进出口税则——统计目录商品及品目注释》;

(6)《中华人民共和国进出口税则—统计目录本国子目注释》;

(7)国家其他有关商品归类的公开规定。

其他部委、部门的文件、出版物中以《协调制度》编码表示的商品归类与海关规定不符的,应以海关的归类为准。

2. 其他依据

在进出口商品归类过程中海关可以要求进出口货物的收发货人提供进口货物的发货人提供商品归类所需的有关资料并将其作为商品归类的依据;必要时,海关可以组织化验、检验,并将海关认定的化验、检验结果作为商品归类的依据。

(二)进出口货物的归类申报要求

《关税条例》规定,纳税义务人应当依法如实向海关申报,并按照海关的规定提供进行商品归类所需的资料,具体来说,报关人员在归类申报时应注意以下几点:

1. 如实申报

《征税管理办法》规定,纳税义务人应当按照法律、行政法规和海关规章关于商品归类的有关规定,如实申报进出口货物的商品名称、税则号列(商品编号)、规格型号等。如实申报是归类申报的最基本要求,纳税义务人员如被发现有归类申报不实的情况,则应依法承担因此而引发的行政处罚等各类相应的法律责任。

2. 提供归类所需资料

《征税管理办法》规定,纳税义务人应当依法向海关办理申报手续,按照规定提交有关单证。海关认为必要时,纳税义务人还应当提供确定商品归类所需的相关资料。商品归类是一项技术性很强的工作,因此,申报的货物品名、规格、型号等必须要能够满足归类的要求,报关人员应向海关详细提供归类所需要的货物的形态、性质、成分、加工程度、结构原理、功能、用途指标和技术参数等,尤其要注意提供:

(1)农产品、未列名化工品等的成分和用途;

(2)材料性商品的成分和加工方法、加工工艺;

(3)机电仪器产品的结构、原理和功能。

3. 补充申报

《征收管理办法》规定,为审核确定进出口货物的商品归类,海关可以要求纳税义务人按照有关规定进行补充申报。纳税义务人认为必要时,也可以主动要求进行补充申报。由于报关单本身可填写的申报内容有限,对一些较为复杂,需要较多资料说明才能满足归类需要的商品,则需要通过补充申报的方式来确定归类申报的完整性和准确性。

资料来源 刘北林,白世贞《海关商品学》北京:中国物资出版社,2007.4

第四节 商品编码与条码技术

【延伸阅读2-3】

应用条码技术,使商品物流通畅顺

如同个人身份证一样,商品条码是每个物品具有的全球唯一性的"身份证"。在这个自动识别技术的"身份证"上,标识着国家、地区、企业、产品的数据代(编)码等质量跟踪信息,愈来愈被广泛用于商品的物流配送和贸易结算中。如果不使用条码技术,就不方便商品的配送、储存、销售和结算,而且一旦出现商品质量问题,也无法从生产源头上去查找。因此,许多商家规定没有条码的商品不能进货上柜。过去经过加工包装的武昌鱼由于没有商品条码,曾经历过大多在当地菜市场"提篮小卖"的尴尬境地。

自从应用了条码技术后,年产数万吨的武昌鱼不但走向全国10多个省市的商场超市,还实现了外贸出口,其年销售额也由240万元增加到2 400万元。保健酒生产商劲牌有限公司在5年前,该企业的年销售额不过350万元,其制约产销的主要因素在于产品没有条码,不适应现代物流的技术要求。自从采用了条码技术后,市场销售连年递增30%,2005年突破了10亿元。现在,企业建成了覆盖全国各地的营销网络和物流配送系统,成为一家高标准、大规模的保健酒生产基地。现在条码技术日益受到众多企业的重视,将其纳入提高产品质量和实施名牌战略的重要内容。

资料来源 刘北林,白世贞《海关商品学》北京:中国物资出版社,2007.4

一、商品编码的概念与原则

(一)商品代码与商品编码

商品代码又称货号,或商品代号,是一个或一组有序的代表某类、某种商品便于计算机和人识别与处理的符号,通常用字母与阿拉伯数字组成。

商品编码即编制商品代码,具体是指在商品分类的基础上,对各类、各种商品赋予一定规律性的商品代码的过程。

(二)商品编码的原则

1. 唯一性原则

代码结构必须保证每一个编码对象仅有一个唯一的代码,也就是说,一个代码应与指定的类目一一对应。

2. 合理性原则

商品代码结构要与商品科学分类体系相适应,要与产品经营业务的需要相适应。

3. 可扩充性原则

编码时必须留有适当的后备容量(足够的备用代码),以便适应因新产品的出现而对代码不断扩充的需要。

4. 简明性原则

代码尽可能简单,即尽可能使代码的长度最短,便于手工处理,减少差错,减少计算机的处理时间和存贮时间。

5. 规范性原则

在同一套商品分类编码集中里,代码的类型、代码的结构及代码的编写格式,必须统一规范。

二、商品编码的种类与方法

(一)商品编码的种类

1. 按照编码的用途可以分成三类

(1)商品分类编码。商品分类编码是全部编码中最重要的编码,商品核算、经营分析、统计报表等都需要使用商品分类编码进行处理。

(2)商品销售识别码。商品销售识别码包括条形码、店内码、代用码、联销码等,其共同特点是此类编码不能区分商品的自然属性,不能作为经营统计的分类码。

(3)辅助编码。辅助编码包括供应商编码、地区编码、部门代码、仓库代码、库存批次代码、凭证编码、报表编码及操作权限代码等。此类编码与商品间接相关,但往往与企业的经营管理直接相关。辅助编码有时也称管理代码。

2. 按其所用的符号类型可分为三类

(1)数字型代码。数字型代码是用一个或若干个阿拉伯数字表示分类对象(商品)的代码,其特点是结构简单,使用方便,易于推广,便于利用计算机进行处理,是目前大多数国家采用的一种代码。

(2)字母型代码。字母型代码是用一个或若干个字母表示分类对象的代码。特点是便于记忆,适合人们的使用习惯,可提供便于人们识别的信息,但不便于机器处理信息,常用于分类对象较少的情况,在商品分类编码中很少使用。

(3)混合型代码。混合型代码是由数字和字母混合组成的代码,它兼有数字型代码和字母型代码的优点,结构严密,具有良好的直观性,同时又有使用上的习惯。但是,由于组成形式复杂,给计算机输入带来不便,录入效率低,错码率高。因此,在商品分类编码中并不经常使用。

(4)条形码。条形码是将宽度不等的多个黑条和空白,按照一定的编码规则排列,用以表达一组信息的图形标识符。条形码通过光电扫描输入电脑,从而判断出某件商品的生产国、制造厂、品名规格、价格等一系列产品信息,大大提高商品的管理效率。

(二)商品编码的方法

1. 顺序编码法

顺序编码法是按商品类目在分类体系中先后出现的次序,依次给予顺序代码。通常为了满足信息处理的要求,多采用等长码,即每个代码标志的数列长度(位数)完全一致。顺序编码法通常用于容量不大的编码对象集合体,编码时可以留有"空号"(储备码),以便随时增加类目。系列顺序编码法适用于分类深度不大或特征划分为系列。集合体的每一系列,通常按顺序登记获得代码,在每个系列中留有后备码。

2. 层次编码法

层次编码法即代码的层次与分类层级相一致。这独编码法常用于线分类(层级分类)体系。由于分类对象是按层级归类的,所以在给类目赋予代码时,编码也是按层级依次进行,分成若干个层次,使每个分类类目按分类层级,一一赋予的代码。从左至右的代码,第一位代表第一层级(大类)类目,第二位代表第二层级(中类)类目,依此类推。层次编码法的优点是逻辑性较强,能明确地反映出分类编码对象的属性或特征及其相互关系,便于机器汇总数据;缺点是结构弹性较差,为延长其使用寿命,往往要用延长代码长度的办法,预先留出相当数量的备用号,从而出现代码的冗余。

3. 平行编码法

平行编码法多用于面分类体系,每一个分类面,确定一定数量的码位。平行编码法的优点是编码结构有较好的弹性,可以比较简单地增加分类面的数目,必要时还可更换个别的面,可用全部代码,也可用部分代码;缺点是代码过长,冗余度大,不便于计算机管理。

4. 混合编码法

混合编码法是层次编码法和平行编码法的合成,代码的层次与类目的等级不完全相适应。当把分类对象的各种属性或特征分列出来后,其某些属性或特征用层次编码法表示,其余的属性或特征则用平行编码法表示。这种编码方法吸取了两者的优点,效果往往较理想。

三、商品条码技术

(一)商品条码的概念与特点

1. 商品条码的概念

商品条码是在流通领域中用于标识商品的全球通用的条码,它由一组规则排列的条、空及其对应字符组成,表示一定信息。商品条码的条、空组合部分称为条码符号,对应符号部分由一组阿拉伯数字组成称为条码的代码。条码符号和条码代码相对应,表示的信息一致。

2. 商品条码技术的特点

条码作为向电子计算机输入数据的一种特殊代码,有以下主要优点:

(1)输入速度快:与键盘输入相比,条码输入的速度是键盘输入的5倍,并且能实现"即时数据输入"。

(2)可靠性高:键盘输入数据出错率为三百分之一,利用光学字符识别技术出错率为万分之一,而采用条码技术误码率低于百万分之一。

(3)采集信息量大:利用传统的一维条码一次可采集几十位字符的信息,二维条码更可以携带数千个字符的信息,并有一定的自动纠错能力。

(4)灵活实用:条码标识既可以作为一种识别手段单独使用,也可以和有关识别设备组成一个系统实现自动化识别,还可以和其他控制设备连接起来实现自动化管理。

另外,条码标签易于制作,对设备和材料没有特殊要求,识别设备操作容易,不需要特殊培训,且设备也相对便宜。

(二)商品条码系统

1. EAN·UCC 系统

EAN·UCC 全球统一标识系统(以下简称"EAN·UCC 系统")是以对贸易项目、物流单元、位置、资产、服务关系等的编码为核心,集条码和射频等自动数据采集、电子数据交换、全球产品分类、全球数据同步、产品电子代码(EPC)等技术系统为一体的,服务于物流供应链的开放的标准体系。

EAN·UCC 系统由国际物品编码协会与美国统一代码委员会共同开发和维护,其标准在全球兼容,不受国家、地区、市场、行业、商品和应用系统的限制,可以提高贸易的效率,更加快速地反映客户的需求。

目前 EAN·UCC 系统的主要组成有:编码系统(ID Coding System)、条码符号系统(Symbology)、应用标识符(Application Identifier)、EDI/EANCOM 系统(EDI Communication System)。

编码系统用于有形商品贸易用的 EAN·UCC 系统主要分为三个部分:全球贸易项目标识代码(Global Trade Item Number,GTIN)、系列货运包装箱代码(Serial Shipping Container Code,SSCC)、全球位置码(Global Location Number,GLN)。

EAN/UCC 代码实现了在全球范围内商品条码的唯一性。其原因是:采用了三层次代码结构,即:①由 EAN 组织向 EAN 会员国(地区)编码机构分配前缀码;②由会员国(地区)的编码机构向商品生产厂家分配厂商代码;③再由商品生产厂家对自己的产品分配商品项目代码。

2. ANCC 系统

中国物品编码中心(Article Numbering Center of China,ANCC)是经国务院批准成立,负责统一组织、协调、管理我国条码工作。研究推广条码技术的专门机构。1991 年,该组织代表我国参加国际物品编码协会。

ANCC 系统是中国物品编码中心根据国际物品编码协会制定的 EAN·UCC 系统规则和我国国情,研究制定并负责在我国推广应用的一套全球统一的产品与服务标识系统。

ANCC 系统的核心是编码体系,是对流通领域中所有的产品与服务,包括贸易项目、物流单元、资产、位置和服务关系等的标识代码及附加属性代码,如图 2.1 所示:

ANCC 系统的条码符号主要有 EAN/UPC 条码、ITF-14 条码和 UCC/EAN-128 条码 3 种。

ANCC 系统以条码符号、射频标签等可自动识别的载体承载编码信息,从而实现流通过程中的自动数据采集。

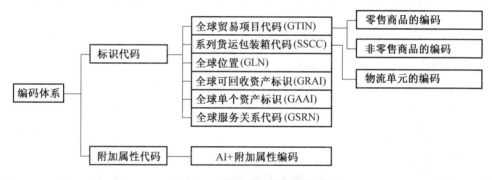

图 2.1 ANCC 系统的编码体系

(三)商品代码结构

1. EAN/UCC 代码

(1) EAN/UCC-13 代码

EAN/UCC-13 代码由 13 位数字组成,以我国为例,其结构形式如下:

以 690,691 为前缀码的 EAN/UCC-13 的代码结构:

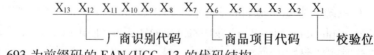

$X_{13}\ X_{12}\ X_{11}\ X_{10}\ X_9\ X_8\ X_7\ X_6\ X_5\ X_4\ X_3\ X_2\ X_1$

厂商识别代码   商品项目代码   校验位

以 692,693 为前缀码的 EAN/UCC-13 的代码结构:

$X_{13}\ X_{12}\ X_{11}\ X_{10}\ X_9\ X_8\ X_7\ X_6\ X_5\ X_4\ X_3\ X_2\ X_1$

$\underbrace{\qquad\qquad\qquad}_{\text{厂商识别代码}}\ \underbrace{\qquad\qquad}_{\text{商品项目代码}}\ \underbrace{\quad}_{\text{校验位}}$

①前缀码。前缀强由 2~3 位数字($x_{\circ\circ}\ x_{\circ}$ 或 $x_{\circ\circ}\ x_{,:}x_{\circ}$)组成,是 EAN 编码组织分配给不同国家所属编码组织的代码。参见表 2.7。

表 2.7 EAN 已分配的前缀码(部分)

前缀码	分配的国家或地区	前缀码	分配的国家或地区
00~13	美国和加拿大	690~695	中国
20~29	店内码	73	瑞典
30~37	法国	76	瑞士
40~44	德国	880	韩国
45~49	日本	888	新加坡
460~469	俄罗斯	890	印度
471	中国台湾	90、91	奥地利
489	中国香港	93	澳大利亚
50	英国	94	新西兰
520	希腊	955	马来西亚
600、601	南非	958	中国澳门
64	芬兰		

注 1:各国家地区编码组织负责指导本国或本地区范围内对前缀码 20~29、980、981、982、99 的应用。
注 2:以上信息截止 2002 年 2 月。

②厂商识别代码。厂商识别代码(包括前缀码在内)由 7~9 位数字组成,厂商识别代码由中国物品编码中心负责分配与管理,具有企业法人营业执照或营业执照的厂商可以申请注册厂商识别代码。

③商品项目代码。商品项目代码由 3~5 位数字组成,用以表示商品的代码。商品项目代码由厂商自行编制。在编制商品项目代码时,厂商必须遵守商品编码的基本原则:对同一商品项目的商品必须编制相同的商品项目代码;对不同的商品项目必须编制不同的商品项目代码,保证商品项目与其一一对应。

④校验码。校验码用以校验 X_{13}-X_2 的编码正确性,校验码是根据 X_{13}-X_2 的数值按一定的数学算法计算出来的,商品条码系统成员在对商品项目编码时,不必计算校验码的值,该值在制作条码原版胶片或直接打印条码时可自动生成。

(2) EAN/UCC-8 代码

EAN/UCC-8 代码用于标识小型商品。它由 8 位数字组成,其结构为:

$$X_8\ X_7\ X_6\ X_5\ X_4\ X_3\ X_2\quad X_1$$

└──商品项目识别代码──┘　└校验位

EAN/UCC-8 代码为两层次的代码结构,由 7 位商品项目识别代码与 1 位校验码组成。在 7 位商品项目识别代码中,$X_8X_7X_6$ 为前缀码。前缀码与校验码的含义同 EAN/UCC-13 代码。计算校验码时只需在 EAN/UCC-8 代码前添加 5 个"0",然后按照 EAN/UCC-13 代码中的校验码计算即可。

(3) UCC-12 代码

UCC-12 代码可以用 UPC-A 商品条码和 UPC-E 商品条码的符号表示。

通常情况下,不选用 UPC 商品条码。只有当产品出口到北美地区并且客户指定时,才申请使用 UCC-12 代码(用 UPC 条码表示)。中国厂商如需申请 UPC 商品条码,须经中国物品编码中心统一办理。

UPC-A 商品条码所表示的 UCC-12 代码由 12 位(最左边加 0 可视为 13 位)数字组成,其结构如下:

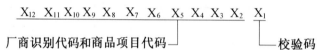

└──厂商识别代码和商品项目代码──┘　└校验码

UPC-E 商品条码所表示的 UCC-12 代码由 8 位数字组成,是将系统字符为 '0' 的 UCC-12 代码进行消零压缩所得。UPC-E 是 UPC-A 码的简化形式,其编码方式是将 UPC-A 码整体压缩成短码,其可用于给商品编码的容量非常有限,因此厂商如确有实际需要才能使用。

2. GTIN 代码

全球贸易项目代码(Global Trade Item Number,GTIN)是编码系统中应用最广泛的标识代码。贸易项目是指一项产品或服务。GTIN 是为全球贸易项目提供唯一标识的一种代码(称代码结构)。GTIN 有四种不同的代码结构:GTIN-13、GTIN-14、GTIN-8 和 GTIN-12(如下图)。这四种结构可以对不同包装形态的商品进行唯一编码。标识代码无论应用在哪个领域的贸易项目上,每一个标识代码必须以整体方式使用。完整的标识代码可以保证在相关的应用领域内全球唯一。

对贸易项目进行编码和符号表示,能够实现商品零售(POS)、进货、存补货、销售分析及其他业务运作的自动化。

GTIN 的四种代码结构如图 2.2 所示:

3. SSCC 代码

系列货运包装箱代码(Serial Shipping Container Code,SSCC)是为物流单元(运输和/或储藏)提供唯一标识的代码,具有全球唯一性。物流单元标识代码由扩展位、厂商识别代码、系列号和校验码四部分组成,是 18 位的数字代码。它采用 UCC/EAN-128 条码符号表示,编码结构见表 2.8:

GTIN-14 代码结构	包装指示符	包装内含项目的 GTIN（不含校验码）	校验码
	N_1	N_2 N_3 N_4 N_5 N_6 N_7 N_8 N_9 N_{10} N_{11} N_{12} N_{13}	N_{14}

GTIN-13 代码结构	厂商识别代码	商品项目代码	校验码
	N_1 N_2 N_3 N_4 N_5 N_6 N_7	N_8 N_9 N_{10} N_{11} N_{12}	N_{13}

GTIN-12 代码结构	厂商识别代码	商品项目代码	校验码
	N_1 N_2 N_3 N_4 N_5 N_6	N_7 N_8 N_9 N_{10} N_{11}	N_{12}

GTIN-8 代码结构	商品项目识别代码	校验码
	N_1 N_2 N_3 N_4 N_5 N_6 N_7	N_8

图 2.2　GTIN 的代码结构

表 2.8　SSCC 的代码架构

结构种类	扩展位	厂商识别代码	系列号	检验码
结构一	N_1	N_2 N_3 N_4 N_5 N_6 N_7 N_8	N_9 N_{10} N_{11} N_{12} N_{13} N_{14} N_{15} N_{16} N_{17}	N_{18}
结构二	N_1	N_2 N_3 N_4 N_5 N_6 N_7 N_8 N_9	N_{10} N_{11} N_{12} N_{13} N_{14} N_{15} N_{16} N_{17}	N_{18}
结构三	N_1	N_2 N_3 N_4 N_5 N_6 N_7 N_8 N_9 N_{10}	N_{11} N_{12} N_{13} N_{14} N_{15} N_{16} N_{17}	N_{18}
结构四	N_1	N_2 N_3 N_4 N_5 N_6 N_7 N_8 N_9 N_{10} N_{11}	N_{12} N_{13} N_{14} N_{15} N_{16} N_{17}	N_{18}

4. GLN 代码

全球位置码(GLN)是进入计算机文件的关键字,用于指明实体(货物、纸张信息、电子信息)、位置(物理的或职能的)或团体。

全球位置码同物品编码一样是唯一的、无含义的,国际通用并有严格的定义规则。

全球位置码(GLN)通常有如下特征:数字型的;13 位,长度固定;有一个校验位。

全球位置码的结构如下:

EAN·UCC 厂商识别代码	位置参考	校验位
N_1 N_2 N_3 N_4 N_5 N_6 N_7 N_8	N_9 N_{10} N_{11} N_{12}	N_{13}

GLN 可以用 UCC/EAN-128 符号表示。附在货物单元上的 EAN 标签包含有该信息,它正确标识了参与各方,从而帮助流水线管理过程。在物流单元用来标识运输过程中的参与方(发货方、收货方);标识物理位置,比如:交付地点、出发地点和储存地点。

(四)商品条码符号

商品条码是由国际物品编码协会(EAN)与统一代码委员会(UCC)规定的、用于表示商品标识的条码。包括 EAN 商品条码(EAN-13 商品条码和 EAN-8 商品条码)和 UPC 商品条码(UPC-A 商品条码和 UPC-E 商品条码)。

1. EAN/UCC 条码符号结构

(1)EAN-13 商品条码的符号结构。EAN-13 商品条码是由左侧空白区、起始符、左侧数据符、中间分隔符、右侧数据符、校验符、终止符、右侧空白区及供人识别字符构成,如图 2.3 所示。虚线内为一个完整的 EAN-13 商品条码的符号。

图 2.3　EAN-13 商品条码的符号结构

(2)EAN-8 商品条码的符号结构。EAN-8 商品条码的符号结构与 EAN-13 商品条码的符号结构基本相同,如图 2.4 所示。虚线内为一个完整的 EAN-8 商品条码的符号。

图 2.4　EAN-8 商品条码的符号结构

(3)UPC 商品条码的符号结构。UPC 商品条码分为 UPC-A 商品条码和 UPC-E 商品条码。

UPE-A 商品条码是由左侧空白区、起始符、系统字符、左侧数据符、中间分隔符、右侧数据符、校验符、终止符、右侧空白区以及识别字符组成,如图 2.5 所示。虚线内为一个完整的 UPC-A 商品条码的符号。

图 2.5　UPC-A 商品条码的符号结构

UPC-E 不同于 UPC-A 和 EAN 商品条码,它不含中间分隔符,由左侧空白区、起始符、数据符、终止符、右侧空白区及供人识别字符组成。

如图 2.6 所示。虚线内为一个完整的 UPC-E 商品条码的符号。

图 2.6　UPC-E 商品条码的符号结构

2. UCC/EAN-128 条码的符号结构

UCC/EAN-128 条码由起始符号、数据字符、校验符、终止符、左、右侧空白区及供人识读的字符组成。UCC/EAN-128条码可表示变长的数据,条码符号的长度依字符的数量、类型和放大系数的不同而变化,并且能将若干信息编码在一个条码符号中。该条码符号可编码的最大数据字数为48个,包括空白区在内的物理长度不能超过165mm。UCC/EAN-128条码不用于POS零售结算,用于标识物流单元。

应用标识符(AI)是一个2~4位的代码,用于定义其后续数据的含义和格式。使用AI可以将不同内容的数据表示在一个UCC/EAN-128条码中。不同的数据间不需要分隔,既节省了空间,又为数据的自动采集创造了条件。图2.7中UCC/EAN-128条码符号示例中的(02)、(17)、(37)和(10)即为应用标识符。

图2.7 UCC/EAN-128条码的符号结构

3. ITF-14条码的符号结构

ITF-14条码只用于标识非零售的商品。ITF-14条码对印刷精度要求不高,比较适合直接印制(热转印或喷墨)在表面不够光滑、受力后尺寸易变形的包装材料上。因为这种条码符号较适合直接印在瓦楞纸包装箱上,所以也称"箱码"。

ITF-14条码由矩形保护框、左侧空白区、条码字符、右侧空白区组成。见图2.8。

图2.8 ITF-14条码的符号结构

当采用ITF-14条码标识13位的标识代码时,需要在13位的代码前添加一位"0",以满足ITF-14条码标识14位标识代码的需要。

每个完整的非零售商品包装上至少应有一个条码符号,该条码符号到任何一个直立边的间距应不小于50mm。运输过程中的包装项目上最好使用两个条码符号,放置在相邻的两个面上——短的面和长的面右侧各放一个。条码符号的放置见图2.9。

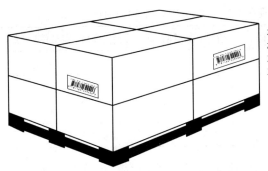

图 2.9　UCC/EAN-128 条码与 ITF-14 条码符号位置示例

四、商品条码的应用

（一）条形码在零售中的应用

有些商品，例如新鲜蔬菜、水果、粮食、鱼、肉、熟食等散装商品，在销售过程中都是以随机质量销售，每一位顾客购买这些商品的质量、价格可能都不同，这些没有包装的商品，自然也不可能有预先印刷在商品外包装上的商品条码。提高对散装商品快速结算对于方便顾客采购、扩大商场的经营领域、提高商场的销售额都起到重要作用。而这些商品的销售信息要输入商场电脑管理系统，就必须使用店内码。店内码是为完善商业自动化管理而设计的只能在商店内部使用的条码标识，它是对规则包装商品上所使用商品条码的一个重要补充。

店内码一般都在自己店内部使用。通常将这类条码称为商店条码，又叫店内码。店内码可分为两类，一类是用于变量消费单元的店内码，如鲜肉、水果、蔬菜、熟食品等商品按基本计量单位计价，以随机数量销售的，其编码的任务不宜由厂家承担，只由零售商完成。零售进货后，要根据顾客需要包装商品，用专用设备对商品称并自动编码和制成店内码，然后将其粘贴或悬挂到商品外包装处；另一类是用定量消费单元的店内码。这类商品是按商品件数计价销售的，应由生产厂家编条码，但厂家生产的商品未申请使用条码或其印刷的条码不能被识读，为便扫描结算，商店必须制作使用店内码。

店内码前缀码（$X_{13}X_{12}$）由两位数字组成，其值为 20, 21，用于指示该 13 位数字代码为商店用于标识商品变量消费单元的代码，专用于该系统。

EAN-13 店内码代码结构与 EAN/UCC-13 代码结构不同，EAN-13 店内码除前缀码 $X_{13}X_{12}$ 及校验符 X_1 之外，中间 10 位代码可由零售商根据其 POS 系统的特点以不同的方法构成，用于表示商品种类代码、价格（度量值）代码及其校验码。为了提高 EAN-13 店内码打印设备的通用性，国际物品编码协会与设备供应商、零售商协商达成一致，推荐四种含有商品价格信息的代码结构作为 EAN-13 店内码的代码结构，见表 2.9。

表2.9　含有商品价格信息 EAN-13 店内码的代码结构

结构	前缀码	商品种类代码	价格(度量值)校验码	价格(度量值)代码	校验码
结构 1	$X_{13}X_{12}$	$X_{11}X_{10}X_9X_8X_7X_6$	无	$X_5X_4X_3X_2$	X_1
结构 2	$X_{13}X_{12}$	$X_{11}X_{10}X_9X_8X_7$	无	$X_6X_5X_4X_3X_2$	X_1
结构 3	$X_{13}X_{12}$	$X_{11}X_{10}X_9X_8X_7$	X_6	$X_5X_4X_3X_2$	X_1
结构 4	$X_{13}XX_{12}$	$X_{11}X_{10}X_9X_8$	X_7	$X_6X_5X_4X_3X_2$	X_1

每一份随机质量销售的商品都有一个店内码与之相对应,也就是说,每一个店内码都是不同的。它不同于规则包装的商品,同种、同规格的商品使用同一个商品条码。因此,店内码的制作也需要专用设备,这种设备就是具有店内码打印功能的智能电子秤,它可以在散装商品称重时直接打印出该商品的店内码标签,从而实现随机质量销售商品的条码标识,满足商业 POS 系统的正常动作要求。

（二）条形码在图书、连续出版物中的应用

图书作为一种商品,具有商品的一般属性,同时又具有特殊性。图书不同于其他消费品,它除了经过流通环节进行消费外,更多的是作为一种信息载体长期地在社会中流传并发挥作用。因此,给图书、期刊一个条码标识有着双重作用,即一是为商业 POS 系统服务;二是为图书馆图书管理系统服务。为此,EAN 分别与国际标准书号中心 ISBN(International Standard Book Number)和国际标准连续出版物号中心 ISSN(International Standard Serial Number)达成协议,把图书作为特殊商品,将"978"、"979"作为国际标准书号(ISBN)条码的专用前缀码,将"977"作为国际标准连续出版物号(ISSN)条码的专用前缀码,对连续出版物进行编码。目前,国际标准书号条码的前缀码只启用了"978"。

根据 EAN 规范规定,图书、连续出版物的 EAN 商品条码可以用两种不同的代码结构表示:一种是把图书、期刊视为一般商品,然后按 EAN 商品条码编码方法进行编码;另一种是利用书刊本身的 ISBN 号和 ISSN 号,使用专用前缀码"977"或"978"进行编码。

各国采用何种编码方法,国际物品编码协会不作规定,各国可根据本国的实际情况进行选择。由于我国已加入了国际 ISBN 组织和国际 ISSN 组织,因此,在书刊条码的使用上,我国选择的是利用书刊本身的 ISBN 组织和 ISSN 号,使用专用前缀码"977"或"978"进行编码。

（三）条形码在物流作业中的应用

条形码的物流应用包括配送中心的订货、进货、存放、拣货和出库。

1. 便利店的订货簿作业

连锁总部定期将订货簿发给各便利店,订货簿上有商品名称、商品货号、商品条形码、订货点、订货单位、订货量等,工作人员拿着订货簿巡视各商品以确认所剩陈列数,记入订货量;或到办公室后,用条形码扫描器扫描预定商品的条形码并输入订货量,再用调制器传出订货数据。

2. 配送中心的进货验收作业

对整箱进货的商品,其包装箱上有条形码,放在输送带上经过固定式条形码扫描器的自动识别,可接受指令传送到存放位置附近。

对整个托盘进货的商品,叉车驾驶员用手持式条形码扫描器扫描外包装箱上的条形码标签,利用计算机与射频数据通信系统,可将存放指令下载到叉车的终端机上。

3. 补货作业

基于条形码进行补货,可确保补货作业的正确性。有些拣货错误源于前项的补货作业错误。商品进货验收后,移到保管区,需适时、适量的补货到捡货区;避免补货错误,可在储位卡上印上商品条形码与储位码的条形码,当商品移动到位后,以手持式条形码扫描器读取商品条形码和储位码条形码,由计算机核对是否正确,这样就可保证补货作业的正确性。

4. 拣货作业

拣货有两种方式:一种是按客户进行拣取的摘取式拣货;另一种是先将所有客户对各商品的订货汇总,一次拣出,再按客户分配各商品量,即整批拣取,二次分拣,成为播种式拣货。对于摘取式拣货作业,再拣取后用条形码扫描器读取刚拣取商品上的条形码,即可确认拣货的正确性。对于播种式拣货作业,可使用自动分货机,当商品在输送带上移动时,有固定条形码扫描器判别商品货号,指示移动路线与位置。

5. 交货时的交点作业

交货时的交点作业通常分为两种形式,一种是由配送中心出货前即复点数量,另一种是交由客户当面或事后确认。对于配送中心出货前的复点式作业,由于在拣货的同时已经以条形码确认过,就无需进行此复点作业了。对于客户的当面或事后确认,由于拣货时已用条形码确认过,无需交货时双方逐一核对。

6. 仓储配送作业

其实商品的自动辨识方法还可以采用磁卡、IC 卡等其他方式来达成。但就物流仓储配送作业而言,由于大多数的储存货品都具备条形码,所以用条形码作自动识别与资料收集是最便宜、最方便的方式。商品条形码上的资料经条形码读取设备读取后,可迅速、正确、简单地将商品资料自动输入,从而达到自动化登录、控制、传递以及沟通的目的。

【知识链接2-2】

GDS/GDD

全球数据同步(GDS)/全球数据字典(GDD)是 EAN·UCC 系统为目前国际盛行的 ebXML 电子商务的实施所提出的整合全球产品数据的全新理念。它提供了一个全球产品数据平台,通过采用自愿协调一致的标准,使贸易伙伴彼此间在供应链中连续不断的协调产品数据属性,共享主数据,保证各数据库的主数据同步及各数据库之间协调一致。EAN·UCC 编码体系的 GTIN、GLN、GDD、GPC 等标准使全球供应链中产品的标识、分类和描述一致性成为可能,而 GDS 提供了实施这一目标的最佳途径。

资料来源:http://www.ancc.org.cn/Knowledge/article.aspx? id=111

本章小结

商品分类是根据一定的目的,选择恰当的标志,将任何一个商品集合总体逐级进行划分的过程。商品分类基本方法有线分类法和面分类法;与之相应的分类体系分别是线分类体系和面分类体系。两种分类方法各有长短,实际中常结合使用。

分类标志是编制商品分类体系和商品目录的重要依据和基准。商品分类标志的选择必须遵循相应的原则。商品的自然属性或社会经济属性都可用作分类标志。常用的商品分类标志有商品用途、商品加工方法、原材料、化学成分等。

商品目录,是以特定方式系统记载相关商品集合总体类目、品种等方面信息的文件资料。商品分类是编制商品目录的基础和前提,商品目录是商品分类成果的具体体现和推广运用的工具。世界上常用的商品目录有:《海关合作理事会商品分类目录》(CCCN)、《国际贸易标准分类目录》(SITC)、《商品名称和编码协调制度》(HS)和《有关商标注册用商品和服务国际分类的尼斯协定》等。

商品编码是赋予分类体系中不同类目的商品以统一的代表符号的过程。编码中所用的标识商品的代表符号称商品代码。最常用的代码为数字形代码,常用编码方法有层次编码、平行编码和混合编码。

EAN·UCC 系统由国际物品编码协会与美国统一代码委员会共同开发和维护,其标准在全球兼容,不受国家、地区、市场、行业、商品和应用系统的限制。ANCC 系统是中国物品编码中心根据国际物品编码协会制定的 EAN.UCC 系统规则和我国国情,研究制定并负责在我国推广应用的一套全球统一的产品与服务标识系统。

商品条码是由一组规则排列的"条"、"空"符号及其对应的数字代码组成的商品标识,是用光电扫描阅读设备识读并实现数据计算机处理的特殊代码。条码技术广泛应用于商场超市、仓储运输、书刊等领域,大大加快了商品流通的速度。

思考题

1. 商品分类必须遵循哪些基本要求?
2. 商品分类的作用有哪些?
3. 选择分类标志的原则有哪些?
4. 常见的商品分类标志有哪些?举例说明。
5. 商品代码编码方法有哪些?举例说明。
6. 什么是商品目录?常用的商品分类体系有哪些?
7. 什么是商品代码与商品编码?商品编码应遵循哪些原则?
8. 常用的商品编码方法有哪些?
9. 什么是商品条码?它有哪些特点?

10. 商品条码主要用在哪些方面？具体是如何运用的？

实训项目

1. 搜集商品的自带码和企业的店内码，结合所学知识分析其结构。
2. 在本校图书馆，了解图书的分类方法。
3. 对两家或以上互为竞争对手的零售企业进行现场调查，比较企业或某柜（组）商品结构的异同，并写出报告。

案例分析

全球统一标识系统——全球通用的食品追溯语言

在超市冷鲜柜里，整块的牛肉被分割成一个个见方的肉丁。如果消费者买回后发现牛肉有问题，只要带着粘贴在包装上的商品条码标签，就可以溯源到这头肉牛来自哪里？是谁饲养的？养殖过程注射了哪些疫苗？吃过什么饲料？用过何种药物？由哪个屠宰场屠宰的？哪个肉联厂分割加工的？如果你当场就怀疑牛肉有问题，只要通过手机拨打商品条码标签上的数字，会立刻知道你的怀疑是否成立？

GS1 系统已成为一种解决食品安全问题的重要技术手段之一。它是以商品条码为基础的全球统一标识系统，是建立食品安全追溯体系，实现食品生产全过程跟踪与追溯的技术保障。

食品安全可追溯制度，是管理和控制食品安全问题的有效手段之一，近年来众多相关行业和部门都在积极投入到这项工作中，分头实施食品安全追溯，并建立了各自独立的数据库和信息查询平台。遗憾的是，由于没有采用全球统一标识系统，各个行业、部门的数据库不统一、不兼容，形成了一个个信息"孤岛"。因此，在全球采用以商品条码、物品编码及射频等识别技术为核心的 GS1（全球统一标识系统）进行食品安全追溯工作，建立一套行之有效的追溯体制和"快速预警系统"，不仅是提高百姓生活质量的必然要求，也是参与全球贸易竞争，提高食品企业产品质量管理水平和应对技术壁垒的迫切需要。

据专家介绍，GS1 系统是目前世界上应用最广的供应链管理标准系统，它是在商品条码的基础上发展而来，以公开、公认、简单为原则。其中"GS"代表全球标准(Standard)、系统(System)、解决方案(Solution)、服务(Service)及标准化组织；"1"则表示全球统一。它由编码体系、可自动识别的数据载体和电子数据交换标准协议组成。这三部分之间相辅相成，紧密联系。编码体系是核心部分，实现了对不同物品的唯一编码；数据载体是将供肉眼识读的编码转化为可供机器识读的载体；然后通过自动数据采集技术及电子数据交换，以最少的人工介入，实现自动化操作。

GS1 系统通过具有一定编码结构的代码实现对相关项目及其数据的标识，该结构保证了在相关应用领域中代码在世界范围内的唯一性。在提供唯一的标识代码的同时，GS1 系统还提供附加信息的标识，例如有效期、系列号和批号，这些都可以用条码来表示。

据悉，以商品条码为基础的全球统一标识系统已经在商业、物流、食品安全、医疗卫生、出版、金融保险和服务等行业得到了广泛应用,并成为全球通用的商务语言。目前,全世界已有 100 多个国家和地区的超过 100 万家企业加入到该系统,已有 40 多个国家和地区采用 GS1 系统,对食品的生产过程进行跟踪与追溯,并获得了良好的效果。

采用 GS1 系统进行食品安全跟踪与追溯的好处主要体现在:第一,提高企业效率。在商业贸易中通过自动数据采集和电子数据处理,减少了手工输入和处理不可避免的错误,大大提高了食品企业的生产效率,降低了基于纸面的管理和相关费用。第二,缩小影响范围。通过可追溯系统控制受问题食品影响的产品范围,最大程度的降低所召回的问题食品对其他产品的不良影响。此外,通过对产品进行正确分离和明确标识,在产品召回过程中,保证无关产品不受影响。第三,提高消费者满意度。采用商品条码、射频等标识技术,对整个供应链全过程进行跟踪与追溯,促使食品行业有能力及时确定和召回可能存在安全隐患的产品,增强消费者的购买信心。

资料来源:http://www.ancc.org.cn/Applied/article.aspx? id=5409

案例思考题

1. GS1 系统为什么能够进行全球统一识别?
2. GS1 系统运用了哪些条码技术?
3. 除食品外,你还能说出哪些条码技术在其他行业的应用事例?

Chapter 3

商品标准与质量认证

【学习目标】

通过本章的学习,了解商品标准和商品标准化的相关知识,如商品标准的概念、作用、分类、分级、内容和商品标准化的概念与工作;掌握商品标准的分类和分级、能够运用商品标准和标准化相关知识解决实际问题。掌握商品质量认证的概念和作用,熟悉常见的商品质量认证,了解质量体系认证以及认证程序。

【关键词】

标准 Standard;商品标准 Product Standard;标准化 Standardization;商品标准化 Standardization of Goods;产品质量认证 Product Quality Certification。

【引导案例】

中国鞋企首次参与国际标准制订

据悉,温州康奈、奥康、红蜻蜓、泰马、奥古斯都5家鞋企近日参与了国际鞋业 ISO/TC216 技术标准中有关鞋子的抗菌、鞋底弯曲、有害物质限量等6项标准的起草制定,这是中国鞋企首次参与国际标准的制订。

随着温州制造业的发展,许多温州企业已不再是一个技术标准的跟随者,而是积极参与制修订国内外各类标准。目前全市规模以上企业采标率高达85.1%(采标是采用国际标准和国外先进标准的简称),高出全省平均水平。从地方标准到行业标准,从国家标准到国际标准,温州企业通过将创新技术转化为标准,在技术标准层面渐渐拥有了更多的话语权,从而提升了"温州制造"的整体水平,也取得了良好的经济效益。

除上述5家鞋企外,温州正泰集团、大虎打火机等制造企业也已先后参与了30多项国际标准的制修订。而近五年来,温州相关组织主持、参与制修订的国家、行业、地方标准,也已达

357项,其中主导制定标准为47项。尤其去年一年,温州参与制修订的标准就达184项,总数超过了前四年的总和。

温企不仅在参与标准制修订的数量上领先,质量上也有好口碑。市质监局表示,温州的康奈、奥康两家企业荣获"中国标准创新贡献奖",全市荣获省标准创新型企业达28家。全市标准化良好行为企业试点工作中,拥有国家级4A的5家、省级3A的53家、市级2A的593家。

在鼓励和推进企业实施技术标准方面,市政府一直注重引导,专门出台了《温州市实施技术标准战略若干意见》,将实施技术标准战略成果统一纳入了"质量与品牌"奖励。良好的环境氛围使得5个国家级标准化技术组织的秘书处已相继落户温州,其中包括全国制鞋标准化技术委员会皮鞋分技术委员会、全国教学仪器标准化技术委员会生物学仪器分技术委员会、全国印刷机械标准化技术委员会立式模切机工作组、全国质量监管重点产品检验方法标准化技术委员会鞋类产品检验方法专业工作组等。另外,省阀门标准化技术委员会、浙江省低压电器标准化技术委员会的秘书处也花落温州。这批专业标准化技术委员会机构的设立和国家标准制订活动,极大地提高了企业标准化意识,为自主创新和产业可持续发展提供了技术支撑。

与此同时,温州还以实施标准化重点项目的方式,以联盟标准为手段,促进块状产业质量提升。全市先后在汽摩配(滤清器)、阀门、皮鞋、低压电器(小型断路器)、无动力类小型游乐设施、印刷包装塑料膜袋等产业,推进标准化重点项目质量提升工作。在金融器具的捆钞机,汽摩配的滤清器,低压电器的小型断路器、漏电断路器和保护开关,阀门,制鞋的皮鞋、胶鞋等10个产业制定实施了24个联盟标准。今年温州又申报了环保型电线电缆、日用电器、太阳镜和合成革节能等4个块状产业标准化重点项目,并围绕温州主导产业、特色产业等,先后编制了食品、鞋类、低压电器、汽摩配件等30个产业技术标准体系。

资料来源:中国日报 www.chinadaily.com.cn/hqcj/zxqxb/2010-09-20/content_899507.html 2010.09.20)

第一节　商品标准与标准化

一、标准的概念

国家标准《标准化基本术语》(GB 3935.1—83)第一部分对标准作如下定义:"标准是对重复性事物和概念所做的统一规定。它以科学、技术和实践经验的综合成果为基础,经有关方面协商一致,由主管机构批准,以特定形式发布,作为共同遵守的准则和依据。"

理解标准的概念,应把握以下几个要点:

(1)标准的对象是需要协调统一的重复性事物和概念。重复性是指事物的反复性特征,只有当他们反复出现和应用时,对该事物才有制定标准的必要。

(2)制定标准的依据是科学技术和实践经验的综合成果。一方面标准是新技术、新工艺、新材料等科学技术进步创新的结果;另一方面标准又是人们在实践中不断总结和吸取带普遍性和规律性经验的成果。

(3)标准制定的程序要经有关方面充分协商。

(4)标准文件有着自己的一套格式和制定发布的程序,具有一定的严肃性和法规性。

(5)标准的本质特征是统一,这种统一规定是作为有关各方"共同遵守的准则和依据"。

(6)制定标准的出发点是建立最佳秩序和取得最佳效益。

二、商品标准的概念与作用

(一)商品标准的概念

商品标准是对商品的质量、品种、规格、技术性能、检验规则、试验方法、包装、运输、贮存等方面所做的技术规定,是设计、生产、检验商品质量的技术依据,是生产和流通领域中鉴定商品质量、评定商品等级的技术准则和客观依据。商品标准是标准的一部分。商品标准是对商品质量和与质量有关的各个方面所规定的准则,是商品生产、经营和消费者评定商品质量的共同依据。

(二)商品标准的作用

1. 商品标准可保证和提高商品质量

商品的种类繁多、质量千差万别,如何判断商品质量的好坏,其依据就是商品标准,尤其是产销双方、销售与使用双方对商品质量发生争议时,标准是仲裁的统一准则和依据。生产部门按技术标准生产;质量检验部门按技术标准对商品质量检验。此外,商品标准在制定和修订过程中,将科研新成果、技术进步新成就及实践中的先进经验,经过分析、比较和选择,然后加以综合,纳入标准。这样,可使商品质量不断得到提高。

2. 商品标准能促进商品质量的提高

商品标准体现了一个国家的技术经济政策,能反映一个国家生产力发展水平的高低。制定标准的过程是科学的反映过程,使商品的设计、生产、加工、流通都建立在科学的基础之上,都能"有章可循","有法可依",从而使商品质量得到了基本保证。

3. 商品标准有利于贸易的顺利进行

随着关税的不断降低,非关税壁垒已成为各国贸易保护的重要手段,发达国家凭借其先进的技术,制定各种名目繁多、苛刻的技术标准,使发展中国家的产品出口受到严重影响。近年来,中国许多大类产品,如食品、纺织品、玩具、陶瓷品、机电产品、建材等传统出口商品,均在出口时因技术壁垒的问题而严重受阻。如果产品在生产时采用国际先进标准,就获得了进入国际市场的通行证,从而促进对外贸易的发展。

4. 商品标准有利于资源利用和环境保护

商品标准的制定和贯彻有利于合理利用国家资源和节约资源。此外,在组织专业化生产、合理发展商品新品种、节约能源和保证安全等方面也具有重要作用。

【延伸阅读3-1】

第38届世界标准日祝词——标准造福人与社会

国际电工委员会(IEC)、国际标准化组织(ISO)、国际电信联盟(ITU)

2007年10月14日

地球村的居民们享受着广泛的权利,同时承担着相应的义务。这些权利包括人身安全、公共安全、健康以及自由地获取信息。义务则包含保护环境以及尊重他人的人身安全、财产权利和隐私权。标准有助于公众享受权利并履行义务。例如,标准通过为消费者提供信息和信息保护,通过保证产品和服务的质量与安全,通过对环境方面以及对如社会公正、健康、安全、信息、交流和公平贸易等与公众息息相关的各个方面制定要求或提供指南来帮助公众享受权利和履行义务。

没有标准,世界的运行将戛然而止。运输与贸易将中断。互联网也会停止工作。成千上万依靠信息和通信技术运行的系统——从政府、银行到卫生保健从空中交通管制、应急服务、灾害救助乃至国际外交等——将变得缓慢甚至终止。现代社会的许多方面都极大地依赖标准。

标准在我们日常生活中的重要性无论怎样强调也不为过。就阅读这篇祝词而言,如果你是在电脑屏幕前阅读,那么就有数百项标准正在为电脑的正常工作发挥作用,为其提供互联网接入,以至定义文本自身的字体和格式等;如果你是在阅读纸质文本,那么纸张大小就要符合一定的标准,以简化印刷和流通程序。计算机或打印机、照明、取暖和空调,所有这一切的能源系统,都在一定程度上依赖于标准。

可以设想,如果没有标准,开展日常工作将非常困难,甚至发生危险。机械安全标准为我们的工作和娱乐提供保护。家居生活中,标准使家用电器能适用并连接到国家电力网络,并确保冰箱、空调符合环保要求,防止全球变暖。我们使用的音频系统、电视机和DVD播放机、手机以及WIFI都符合相应标准以使它们与其他系统兼容。从移动视频和音乐到在线教育、远程医疗、电子银行、汽车及飞机的卫星导航系统等,可以试想,在一个越来越网络化的世界里,如果没有了标准,我们将处于何种境地?

IEC、ISO和ITU制定国际标准的工作保证了市场开放,也实现着环境保护、人身安全、公共安全、健康和自由获取信息。国际标准化越来越有助于打破贫穷和富裕国家间的壁垒,有助于促进供应商之间的公平竞争,有助于提高产品质量和降低成本,有助于消费者在购买设备或服务时获得更多的信息。

国际标准化工作已经开展了近150年。如今,各行业已经认识到标准在促进技术创新和扩展市场中的重要作用并为标准化投入了数十亿美元的资金。标准鼓励健康贸易和公平价格。通过开放程序和各利益方协商一致的方式制定的国际标准已成为产品进入国际市场的金钥匙。

随着我们向新时代的迈进,IEC、ISO和ITU的工作将继续促进新技术的发展和传播,为推动世界经济的发展、谋求全球公众更多的利益做出巨大贡献。

资料来源:国际工程建设标准化信息网:http://www.ccsn.gov.cn/Norm/Flfg/ShowInfo.aspx?ID=3574

三、商品标准的分类

(一)按表达形式分类

商品标准按其表达形式,分为文件标准和实物标准两类。

(1)文件标准是指用特定格式的文件,通过文字、表格、图样等形式,表达全部或部分商品质量有关方面技术内容的统一规定。目前,绝大多数商品标准是文件标准。

(2)实物标准指用实物作为标准样品,对某些难用文字准确表达的色、香、味、形、手感、质地等质量要求,由标准化机构或指定部门用实物做成与文件标准规定的质量标准完全或部分相同的标准样品,按一定的程序发布,作为文件标准的补充,是一种经过权威机构确认可以作为标准的制品,如棉花、茶叶实物标准。实物标准又分为全国基本标准和地方仿制标准。标准样要每年更新。

(二)按对象特征分类

按照标准化对象特征分类,通常把标准分为技术标准、管理标准和工作标准三大类。

(1)技术标准是对标准领域中需要协调统一的技术事项所制定的标准。它是从事生产、建设工作以及商品流通的一种共同技术依据。凡正式生产的工业产品、主要的农产品、各类工程建设、环境保护、安全和卫生条件以及其他应当统一的技术要求,都必须制定技术标准。

(2)管理标准是指对标准化领域中需要协调统一的管理事项所制定的标准。一般包括技术管理标准、生产管理标准、经济管理标准、行政管理与业务管理标准等。

(3)工作标准是指对工作的责任、权利、范围、质量要求、程序、效果、检查方法和考核办法所制定的标准,是对标准化领域中需要协调统一的工作事项所制定的标准。工作标准一般包括部门工作标准和岗位(个人)工作标准,通常包括基础工作、工作质量、工作程序和工作方法等方面的标准。

(三)按约束力分类

商品标准按其约束性,有强制性标准和推荐性标准两类。

(1)强制性标准,又称法规性标准,是国家通过法律的形式明确要求对于一些标准所规定的技术内容和要求必须执行,不允许以任何理由或方式加以违反、变更的标准。强制性标准具有法律属性。强制性标准一经颁布,必须贯彻执行。否则对造成恶劣后果和重大损失的单位和个人,要受到经济制裁或承担法律责任。我国《标准化法》规定,保障人身健康,人身、财产安全的标准以及法律和行政法规强制执行的标准,均属于强制性标准。

以下几方面的技术要求均为强制性标准:

①药品标准、食品卫生标准、兽药标准;
②产品及产品生产、储运和使用中的安全、卫生标准,劳动安全、卫生标准,运输安全标准;
③工程建设的质量、安全、卫生标准及国家需要控制的其他工程建设标准;
④环境保护的污染物排放标准和环境质量标准;
⑤重要的通用技术述语、符号、代号和制图方法;
⑥通用的试验、检验方法标准;
⑦互换配合标准;
⑧国家需要控制的重要产品质量标准;

省、自治区、直辖市政府标准化行政主管部门制定的工业产品的安全,卫生要求的地方标准,在本行政区域内是强制性标准。

(2)推荐性标准,又称为自愿性标准。推荐性标准是指国家鼓励自愿采用的具有指导作用而又不宜强制执行的标准,即标准所规定的技术内容和要求具有普遍的指导作用,允许使用单位结合自己的实际情况灵活选用。推荐性标准是除强制性标准以外的其他标准,企业自愿采用,国家采取优惠措施,鼓励企业采用推荐性标准。推荐性标准的实施以自愿采用为原则,不要求强制执行,但是在下列几种情况下,推荐性标准必须严格执行。

①一项推荐性标准一旦纳入国家法律、法规或指令性文件规定,在一定范围内该项标准便具有强制推行的性质。

②一项推荐性标准被企业作为认证所采用的标准时,经过按此标准认证的产品,必须严格执行该项标准。

③企业向公众明示其产品符合某项推荐性标准时,应当严格执行其所明示的推荐性标准。

④某项推荐性标准被购销双方引用为交货依据时,双方应当严格执行该项标准。

对于以上情况所采用的推荐性标准,标准化行政部门对贯彻执行该项标准的情况有权实施监督检查。

(四)按熟练程度分类

1. 正式标准

绝大多数商品的标准为正式标准。

2. 试行标准

与正式标准具有同等法律效力,一般试行二、三年后进行修订,待成熟时转为正式标准。

(五)按标准化的对象和作用分类

根据标准化的对象和作用分类,标准可分为基础、产品、方法、安全、卫生、环境保护等标准。

(1)基础标准是指在一定范围内作为其他标准的基础并普遍通用,具有广泛指导意义的标准。如:名词、术语、符号、代号、标志、方法等标准;计量单位、公差与配合、形状与位置公差、表面粗糙度、螺纹及齿轮模数标准;优先数系列、基本参数系列、系列型谱等标准;图形符号和工程制图等标准;产品环境条件及可靠性要求等标准。

(2)产品标准指为保证产品的适用性,对产品必须达到的某些或全部特性要求所制定的标准,包括:品种、规格、技术要求、试验方法、检验规则、包装、标志、运输和贮存要求等。

(3)方法标准指以试验、检查、分析、抽样、统计、计算、测定、作业等各种方法为对象而制定的标准。

(4)安全标准指以保护人和物的安全为目的而制定的标准。

(5)卫生标准指为保护人的健康,对食品、医药及其他方面的卫生要求而制定的标准。

(6)环境保护标准指为保护环境和有利于生态平衡对大气、水体、土壤、噪声、振动、电磁波等环境质量、污染管理、监测方法及其他事项而制定的标准。

(六)按照适用领域和有效范围不同分类

按照适用领域和有效范围不同,商品标准可分为不同的层次、级别,如国际标准、区域标准、国家标准、行业标准、地方标准、企业标准。

(七)其他分类

此外,按商品标准的适用范围分为出口商品标准和内销商品标准;按保密程度分为公平标准和内部标准;按其使用要求分为生产型标准和贸易型标准等。

四、商品标准的内容

商品标准是一种具有法规性的文件,为便于使用和管理,国内外对其封面格式、内容编排以及符号等都有统一规定。商品标准包含的内容很多,一般是由概述、正文和补充三个部分组成。

(一)概述部分

商品标准的概述部分概括地说明了标准的对象、技术特征和适用范围。其主要内容包括封面与首页、目次、标准名称和引言。

1. 封面与首页

封面列有标准名称、编号、分类号、批准发布单位、发布和实施日期等。合订本内的标准只有首页,首页上的内容与封面相近。

2. 目录

当商品标准的内容较长、结构复杂、条文较多时,一般应编写目次。

3. 标准名称

标准名称一般是由标准化对象的名称和标准所规定的技术特征两部分组成。可用商品名称作为标准名称,也可用商品名称和"技术条件"(或"规范")作为标准名称。标准名称明确规定标准的主题及其所包括的方面,指明该标准或其他部分的使用限制,包括本标准适用何种原料、何种工艺生产、作何用途的何种商品等内容。

4. 引言

引言主要阐述制定标准的必要性和主要依据,历次复审、修订的日期,修订的主要内容,废除和被代替的标准以及采用国际标准的程度。一般不写标题,也不编号。

(二)正文部分

商品标准的正文部分是商品标准的实质性内容,包括主体内容、适用范围、引用标准、术语、符号、代号、商品分类、技术要求、试验方法、检验规则、标志、包装、运输和储存等方面。

1. 主题内容与适用范围

该部分简要说明标准的主要内容及其适用范围。有的商品标准在必要时还明确指出该标准不适用的范围。在商品标准中，首先要说明这项标准适用于何种商品，以及这种商品的原料、生产工艺、分类及分级等等，并写明直接引用的标准和与本标准配套使用的标准。

2. 引用标准

引用标准主要说明标准中直接引用的标准和本标准必须配套使用的标准，并列出标准的编号和名称。

3. 术语、符号和代号

标准中采用的术语、符号和代号，在现行国家标准、行业标准中尚无规定，一般在标准中给出定义或说明。其定义或说明集中写在标准技术内容部分的前面，或分别写在有关章、条的前面。有关该商品的名词术语和符号代号，凡在国家基础标准中未作统一规定的，都应在标准中作出规定。

4. 商品分类

商品分类是在商品标准中规定商品种类和形式，确定商品的基本参数和尺寸，作为合理发展商品品种、规格以及用户选用的依据。

商品分类的内容包括商品的种类、结构形式与尺寸、基本参数、工艺特征、型号与标记、商品命名和型号编制方法等。在商品分类中，为协调同类商品和配套商品之间的关系，常按一定数值规律排列成科学的系列标准化形式。

5. 技术要求

技术要求是商品标准的中心内容，包括物理性能、化学性能、感官性能、稳定性、可靠性、耗能指标、材料要求、工艺要求、环境条件、有关质量保证、卫生、安全和环境保护方面的要求以及质量等级等。技术要求是指导商品生产、流通、使用消费以及进行质量检验和评价的主要依据。列入商品标准的技术要求应当是决定商品质量并可以评价的主要指标。

技术要求是为了保证商品使用要求而必须具备的产品技术性能方面的规定，在规定技术要求时，必须同时规定产品的工作条件。在某些标准中，还需要规定该商品附有注意事项、用户须知或安装指南等。

6. 试验方法

试验方法是评定商品质量的具体做法，是对商品质量是否符合标准而进行检测的方法、程序和手段所作的统一规定。试验方法一般包括试验原理、试样的采取、所用试剂或标样、试验用仪器和设备、试验条件、试验步骤、试验结果的计算、分析评定、试验的记录和试验报告等内容。

7. 检验规则

检验规则是对商品如何进行验收而作的具体规定。它是商品制造厂将商品提交质量检验部门进行检验的规定，也是商品收购部门检查商品质量的依据，其目的是保证商品质量达到标准要求。检验规则一般包括检验的类别和项目、抽样或取样方法、检验方法、检验结果的评定和复检规则等。

8. 标志、包装、运输和储存

标志、包装、运输和储存是为使商品从出厂到交付使用的过程中不致受到损失,标准中必须对商品的标志、标签、包装制定合理的统一规定。

（三）补充部分

补充部分是对标准条文所作的必要补充说明和提供使用参考的资料。它包括附录和附加说明两项内容。

1. 附录

根据实际需要,一个标准可以有若干个附录,以其性质分为补充件和参考件两种。

(1) 补充件是标准条文的补充,是标准技术内容的组成部分,与标准条文具有同等效力。

(2) 参考件用来帮助使用者理解标准的内容,如某些条文的参考资料或推荐性方法,标准中重要规定的依据等,它不是标准条文的组成部分,仅供参考。

2. 附加说明

附加说明是指制定和修订标准中的一些说明事项,分段写在标准终结符号下,其内容主要有:标准提出单位、归口单位、负责起草单位和标准主要起草人;标准首次发布,历次修改和重新确认的年月;标准负责解释单位以及其他附加说明等。

五、商品标准化

（一）商品标准化的含义

商品标准化是指在经济、技术、科学及管理等社会实践中,对重复性事物和概念,通过制定、发布和实施标准,达到统一,以获得最佳程序和社会效益。

标准化的概念可以从以下几个方面进行理解:

(1) 标准化不是一个孤立的概念,而是一个活动过程。这个过程包括制定、贯彻、修订标准,循环往复,不断提高。

(2) 标准化是一个相对的概念,"化"是在程度上没有止境,是在一定的条件下的最佳程度。无论是对一项标准或是整个标准系统而言,都在向更深的层次发展,不断提高,不断完善。

(3) 标准化概念的相对性还包括标准与非标准的相互转化。

(4) 实施标准是标准化活动的核心环节。即标准化的效果只有当标准在社会实践中实施以后才能表现出来。

(5) 标准是标准化活动的产物。即制定、修订、贯彻标准是标准活动的主要任务。

(6) 标准化领域可以在一切有人类智慧活动的地方开展。

商品标准化的内容包括:名词术语统一化、商品质量标准化、商品零部件通用化、商品品种规格系列化、商品质量管理与质量保证标准化、商品检验与评价方法标准化、商品分类编码标准化、商品包装、储运、养护标准化等。

（二）商品标准化的作用

商品标准化的水平是衡量一个国家或地区生产技术和管理水平的尺度，是现代化的一个重要标志。现代化水平越高就越需要商品标准化。

商品标准化的作用主要体现在以下几方面：
(1)标准化是组织现代化商品生产和发展专业化协作生产的前提条件；
(2)标准化是实现现代化科学管理和全面质量管理的基础；
(3)标准化是提高商品质量和合理发展商品品种的技术保证；
(4)标准化是合理利用国家资源、保护环境和提高社会经济效益的有效手段；
(5)标准化是推广应用新技术，促进技术进步的桥梁；
(6)标准化是国际经济,技术交流的纽带和国际贸易的调节工具。

（三）商品标准化的形式

标准化工作，在整体上看，它是一个对标准化的对象加以优化、简化、统一、协调、扩散、积累和提高的不断循环、上升的过程。

标准化的主要形式有：简化、统一化、系列化、通用化和组合化。

1. 简化

简化就是为了经济有效地满足需要,对标准化对象的结构、形式、规格或其他性能进行筛选提炼,剔除其中多余的、低效能的、可替换的环节,精炼并确定出能满足全面需要所必要的高效能的环节,保持整体构成精简合理,使之功能效率最高。

简化是标准化的初级形式，也是实际中应用较广泛的一种形式。简化即在一定范围内缩减对象(事物)的类型数目，使之在即定时间内满足一般需要的标准形式。简化能控制复杂性,防止多样性自由泛滥。

2. 统一化

统一化是指把同类事物两种以上的表现形式归并为一种或限定在一定的范围内。使产品零部件规格、尺寸统一化、标准化，目的是消除由于不必要的多样化而造成的混乱。统一化是标准化活动中内容最广泛，开展最普遍的一种形式。

3. 系列化

系列化是对同一类商品中的一组商品同时进行标准化的一种形式。它是标准化的高级形式。通过对同一类商品发展规律的分析研究,国内外产品发展趋势的预测,结合我国的生产技术条件,经过全面的技术经济比较,对商品的主要参数、形式、尺寸、基本结构等作出合理的安排与规划,以协调同类商品和配套商品之间的关系。因此,也可以说系列化是使某一类商品系统的结构优化、功能最佳的标准化形式。

4. 通用化

通用化是指在互换性的基础上尽可能地扩大同一标准化对象的使用范围,互换性是通用化的前提。互换性是指在同一规格零部件中不需做任何挑选或再加工及调整就可装上机器,且达到使用性能的要求。具有互换性特征的零部件称为通用件,即使用上具有重复性,结构上具有先进性。通用化的目的是最大限度地减少零部件在设计和制造过程中的重复劳动,有利于组织专业化生产和扩大零部件的使用范围,提高产品通用化水平,增强企业竞争能力,提高企业经济效益。

5. 组合化

组合化是指重复标准单元或通用单元并合成可以满足各种不同需要的具有新功能产品的标准化形式。组合化的理论基础是建立在产品系统的分解与组合上,组合化的目的可以节约费用和缩短生产准备周期。目前组合化的原理和方法正广泛应用于机床、仪器仪表、家具制造、工艺装备的制造与使用,并显示出明显的优越性。

第二节 商品标准的分级

标准按照其适用领域和有效范围不同,可分为不同的层次,其目的是为了适应不同技术水平、不同管理水平以及满足不同的经济要求,以便更有效地促进商品质量的提高和管理的改善。从世界范围来说,标准通常被分为国际标准、区域标准、国家标准、行业或专业团体标准以及公司(企业)标准五级;中国的商品标准自1989年《标准化法》实行后分为国家标准、行业标准、地方标准和企业标准四个等级。

一、我国商品标准的分级

(一)国家标准

国家标准是指由国家标准化主管机构批准发布,在全国范围内统一的标准。我国《标准化法》规定,对需要在全国范围内统一的技术要求,应当制定国家标准。国家标准(包括标准样品)主要包括:有关互换、配合、通用技术术语的标准;有关保障人体健康和人身、财产安全的标准;基本原料、燃料、材料标准;通用基础件标准;通用的试验、检验方法标准;国家需要控制的其他重要产品的通用标准或质量分等标准等。

按照《国家标准管理办法》的规定,我国强制性国家标准的代号由"国标"二字的汉语拼音第一个字母组成,为"GB";推荐性国家标准的代号为"GB/T"。国家标准的编号由发布的顺序号和年号构成。

例如:GB 18168 — 2000 表示 2000 年发布的第 18168 号强制性国家标准。

又如:GB/T 12113 — 1996 表示 1996 年发布的第 12113 号推荐性国家标准。

强制性国家标准表示方法如下:

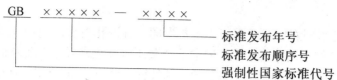

推荐性国家标准表示方法如下：

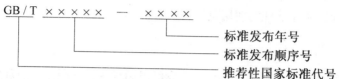

（二）行业标准

行业标准即专业标准，是指在没有国家标准的情况下，由专业标准化主管机构或专业标准化组织批准发布、在某个行业范围内统一使用的标准。行业标准不能与有关国家标准相抵触。有关行业标准之间应保持协调、统一，不得重复。

我国的行业标准是由国务院有关行政主管部门编制计划，统一审批、编号、发布，并报国务院标准化行政主管部门备案。行业标准也分为强制性标准和推荐性标准。全国专业标准化技术委员会在国家技术监督局领导下，承担本行业的国家标准和行业标准的制定和审查。

行业标准表示方法如下：

例如：NY 1234—1994 表示 1994 年发布的第 1234 号强制性农业行业标准。又如：JB/T 4192—1996 表示 1996 年发布的第 4292 号推荐性机械行业标准。

表 3.1　中国行业标准代号表

序号	行业标准名称	行业标准代号	主管部门
1	农业	NY	农业部
2	水产	SC	农业部
3	水利	SL	水利部
4	林业	LY	国家林业局
5	轻工	QB	国家轻工业局

续表 3.1

序号	行业标准名称	行业标准代号	主管部门
6	纺织	FZ	国家纺织工业局
7	医药	YY	国家药品监督管理局
8	民政	MZ	民政部
9	教育	JY	教育部
10	烟草	YC	国家烟草专卖局
11	黑色冶金	YB	国家冶金工业局
12	有色冶金	YS	国家有色金属工业局
13	石油天然气	SY	国家石油和化学工业局
14	化工	HG	国家石油和化学工业局
15	石油化工	SH	国家石油和化学工业局
16	建材	JC	国家建筑材料工业局
17	地质矿产	DZ	国土资源部
18	土地管理	TD	国土资源部
19	测绘	CH	国家测绘局
20	机械	JB	国家机械工业局
21	汽车	QC	国家机械工业局
22	民用航空	MH	中国民航管理总局
23	兵工民品	WJ	国防科工委
24	船舶	CB	国防科工委
25	航空	HB	国防科工委
26	航天	QJ	国防科工委
27	核工业	EJ	国防科工委
28	铁路运输	TB	铁道部
29	交通	JT	交通部
30	劳动和劳动安全	LD	劳动和社会保障部
31	电子	SJ	信息产业部
32	通信	YD	信息产业部

续表 3.1

序号	行业标准名称	行业标准代号	主管部门
33	广播电影电视	GY	国家广播电影电视总局
34	电力	DL	国家经贸委
35	金融	JR	中国人民银行
36	海洋	HY	国家海洋局
37	档案	DA	国家档案局
38	商检	SN	国家出入境检验检疫局
39	文化	WH	文化部
40	体育	TY	国家体育总局
41	商业	SB	国家国内贸易局
42	物资管理	WB	国家国内贸易局
43	环境保护	HJ	国家环境保护总局
44	稀土	XB	国家计发委稀土办公室
45	城镇建设	CJ	建设部
46	建筑工业	JG	建设部
47	新闻出版	CY	国家新闻出版署
48	煤炭	MT	国家煤炭工业局
49	卫生	WS	卫生部
50	公共安全	GA	公安部
51	包装	BB	中国包装工业总公司
52	地震	DB	国家地震局
53	旅游	LB	国家旅游局
54	气象	QX	中国气象局
55	外经贸	WM	对外经济贸易合作部
56	海关	HS	海关总署
57	邮政	YZ	国家邮政局

(三) 地方标准

地方标准是指在没有国家标准和行业标准情况下，由地方制定、批准发布，在本行政区域范围内统一使用的标准。

我国《标准化法》规定,对没有国家标准和行业标准而又需要在省、自治区、直辖市范围内统一的工业产品的安全、卫生要求的情况下,可以制定地方标准。地方标准由省、自治区、直辖市标准化行政主管部门编制计划、组织制定、审批、编号和发布,并报国务院标准化行政主管部门(国家技术监督局)和国务院有关行政主管部门备案。地方标准在相应的国家标准或者行业标准发布实施后,即行废止。工业产品的卫生安全要求的地方标准是强制性标准。地方标准可以补充国家标准和行业标准的不足,使同一地区多家生产的无国家标准和行业标准的产品有统一的技术依据,有利于地方经济的发展。

地方标准表示方法如下：

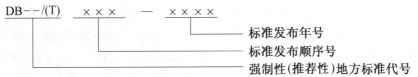

其中,地区代码各省、自治区、直辖市行政区划代码的前两位为数字,如 11 表示北京市,12 表示天津市,13 表示河北省,14 表示山西省等。

例如：DB 11/068—1996 表示 1996 年发布的第 068 号强制性北京地方标准。又如：DB 34/T166—1996 表示 1996 年发布的第 166 号推荐性安徽省地方标准。

（四）企业标准

企业标准由企业组织制定、批准、发布,在该企业范围内统一使用的标准,并按省、自治区、直辖市人民政府的规定备案。

企业标准的制定必须贯彻上级有关的标准规定,并且接受上级标准化管理部门的监督与检查。企业标准作为对外贸易交货依据的商品标准或超出本企业范围使用时,需要由企业的上级主管单位审批、发布。

例如,Q/WfJ 0204—1995 表示 1995 年发布的安徽芜湖缝纫机厂第 2 类第 4 号缝纫机技术企业标准。

企业标准表示方法如下：

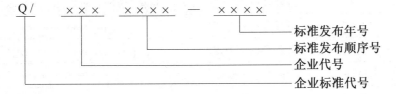

二、国际商品标准的分级

(一)国际标准

国际标准是由国际标准化组织采用的标准或是在某些情况下由国际标准化团体采用的技术规范。世界上最大的标准化组织是国际标准化组织(ISO)、国际电工委员会(IEC)、国际电信联盟(ITU)。ISO、IEC、ITU标准为国际标准。此外,被ISO认可的其他国际组织制定的标准也视为国际标准。

国际标准化组织标准由国际标准化组织(ISO)制定,每隔5年审定一次。ISO通过它的2 856个技术机构开展技术活动。其中技术委员会(简称TC)共185个,分技术委员会(简称SC)共611个,工作组(WG)2 022个,特别工作组38个。ISO的2 856个技术机构技术活动的成果(产品)是"国际标准"。截止到2004年2月,ISO已制定国际标准共13 700个,主要涉及各行各业各种产品(包括服务产品、知识产品等)的技术规范。例如,ISO 9000和ISO 14000国际标准。

ISO 9000和ISO 14000系列标准都是ISO组织制定的针对管理方面的标准,都是国际贸易中消除贸易壁垒的有效手段。两套标准最大的区别在于面向的对象不同,ISO 9000标准是对顾客承诺,ISO 14000标准则是对政府、社会和众多相关方(包括股东、贷款方、保险公司等等);ISO 9000标准缺乏行之有效的外部监督机制,而实施ISO 14000标准的同时,就要接受政府、执法当局、社会公众和各相关方的监督。

国际标准编号的格式是:ISO+标准号+[杠+分标准号]+冒号+发布年号(方括号中的内容可有可无),例如:ISO 8402:1987和ISO 9000—1:1994,分别是某一个标准的编号。

表3.2 部分国际性标准化组织

序号	英文缩写	组织全称	官方网址
1	BIPM	国际计量局	http://www.bipm.fr/
2	BISFA	国际人造纤维标准局	http://www.bisfa.org/
3	CIE	国际照明委员会	http://www.cie.co.at/cie/home.html
4	EIA	世界电气工业协会	http://www.eia.org/
5	IAEA	国际原子能机构	http://www.iaea.or.at/
6	IATA	国际航空运输协会	http://www.iata.org/
7	ICAO	国际民航组织	http://www.icao.org/
8	IDF	国际乳品业联合会	http://www.fil-idf.org/

续表3.2

序号	英文缩写	组织全称	官方网址
9	IEC	国际电工委员会	http://www.iec.ch/
10	IIR	国际制冷学会	http://www.iifiir.org/
11	IMO	国际海事组织	http://www.imo.org/
12	ISO	国际标准化组织	http://www.iso.ch/iso/en/ISOOnline.frontpage
13	JTC1	国际标准技术联合会	http://www.jtc1.org/
14	OIML	国际法定计量组织	http://www.oiml.org/
15	OIV	国际葡萄与葡萄酒局	http://www.oiv.org/
16	UNESCO	联合国教科文组织	http://www.unesco.org/
17	UWC	全球无线通讯协会	http://www.uwc.org/
18	WHO	际卫生组织	http://www.who.int/en/
19	WIPO	国际知识产权组织	http://www.wipo.int/
20	WTO	世界贸易组织	http://www.wto.org/

【知识链接3-1】

食品包装全球新标准——ISO 22000

国际标准化组织 ISO 在 HACCP 安全管理体系标准的基础上通过图像处理,制定出 ISO 22000 标准——《食品(包装)安全管理体系——对食品链中任何组织的要求》。

该标准由来自食品行业的专家、国际专业化机构和食品法典委员会的代表,以及联合国粮农组织和世界卫生组织联合建立的机构共同制定。该标准可作为技术性标准为全球对企业建立有效的食品安全管理体系提供指导,并促使全球的企业以更加简单、一致的方式实施 HACCP,避免因为国家不同或者食品产品不同而有所差异。

ISO 22000 是一个自愿采用的国际标准。该标准对全球食品安全管理体系提出了一个统一标准,我国食品及食品包装生产企业应未雨绸缪喷绘机,尽快熟悉和掌握该标准,按标准建立健全食品安全管理体系。有关部门亦应根据该标准对进口食品的生产企业提出相应的要求。

ISO 22000 引用了食品法典委员会提出的五个初始步骤和七个原理。五个初始步骤包括:建立 HACCP 小组,产品描述,预期使用,绘制流程图套印,现场确认流程图。七个原理包括:危害性分析,确定关键控制点,建立关键限值,建立关键控制点,当监视体系显示某个控制点失控时确立应当采取的纠正措施拼版,建立验证程序以确认 HACCP 体系运行的有效性,建立文件化的体系。ISO 22000 明确了食品安全管理中的共性要求,而不是针对食品链中任何一类组织的特定要求。ISO 22000 是食品安全管理体系的新标准,它旨在确保食品供应链中没有薄弱的链接。

ISO 22000 采用了 ISO 9000 标准体系结构,在食品危害风险识别、确认以及系统管理方面版材,参照了仪器法典委员会颁布的《食品卫生通则》中有关 HACCP 体系和应用部分。ISO 22000 的使用范围覆盖了食品链的全过程,即种植、养殖、初级加工、生产制造、分销,一直到消费者使用,其中也包括餐饮。另外,与食品生产密切相关的行业也可以采用这个标准建立食品安全管理体系可变数据印刷,如杀虫剂、兽药、食品添加剂、储运、食品设备、食品清洁服务、食品包装材料等。该标准可以单独采用,也可以与其他管理体系标准如 ISO 9001:2000 联合采用。

资料来源:标准网:http://www.standardcn.com/article/show.asp?id=28339

(二) 区域标准

随着世界区域经济体的形成,区域标准化日趋发展。区域标准是指由世界区域性集团的标准化组织制定和发布的标准。这种区域性集团,有的是由于地理原因,有的则是由于政治经济原因而形成。

制定区域标准的主要目的在于促进区域性集团成员国之间的贸易,便于该地区的技术交流与合作,协调该地区与国际标准化组织的关系。但是这类标准也有弊端,弄不好容易造成贸易障碍。

表3.3 部分区域标准代号

标准代号	标准名称	负责机构
ARS	非洲地区标准	非洲地区标准化组织(ARSO)
ASMO	阿拉伯标准	阿拉伯标准化与计量组织(ASMO)
EN	欧洲标准	欧洲标准化委员会(CEN)
ETS	欧洲电信标准	欧洲电信标准学会(ETSI)
PAS	泛美标准	泛美技术标准委员会(COPANT)

(三) 国家标准

国家标准是指由国家标准机构通过并公开发布的标准,在一国范围内使用。

表3.4 部分国家标准代号

标准代号	标准名称	标准代号	标准名称	标准代号	标准名称
SNU	瑞士国家标准	CSA	加拿大国家标准	KS	韩国国家标准
ANSI	美国国家标准	DS	丹麦国家标准	S·I	以色列国家标准
BS	英国国家标准	NEN	荷兰国家标准	UNE	西班牙国家标准
DIN	德国国家标准	NBN	比利时国家标准	UNI	意大利国家标准
NF	法国国家标准	SIS	瑞典国家标准	GOST	俄罗斯国家标准

(四)行业或专业团体标准

行业或专业团体标准是国际上通行的团体标准,该类标准是指某些国家的标准化团体所制定的有一定影响的标准。如美国材料与试验协会标准(ASTM)、美国石油学会标准(API)、美国电子工业协会标准(EIA)、美国军用标准(MIL)、美国电气与电子工程师协会标准(IEEE)、美国航空航天学会标准(AIAA)、美国全国电气制造商协会标准(NEMA)。

(五)公司(企业)标准

国际公认的企业标准也非常先进,如美国 IDM 公司、美国 HP 公司、芬兰诺基亚公司、瑞士钟表公司等企业标准。

三、我国采标情况

国际标准和国外先进标准是世界各国均可采用的共同技术。通过采用国际标准,不仅可以获得世界生产技术、商品质量水平的重要情报,而且可以为消除贸易技术壁垒,促进外贸事业的发展提供必要的条件,对于促进本国的技术进步,提高商品质量,开发新商品和发展出口贸易都有十分重要的作用。因此,我国把积极采用国际标准作为重要的技术经济政策和技术引进的重要组成部分。

我国标准采用国际标准的程度,分为等同采用和修改采用。

等同采用国际标准是指技术内容完全相同,不作或稍作编辑性修改,加上国家标准编号;等效采用是指技术内容有小的差异,编写上不完全相同;参照采用是指技术内容根据我国实际,做了某些变动,但性能和质量水平与被采用的国际标准相当,在通用、互换、安全、卫生等方面与国际标准协调一致。采用国际标准的程度仅表示我国标准与国际标准之间的异同情况,而不表示技术水平的高低。

我国标准采用国际标准的程度代号为:

IDT:等同采用(identical);MOD:修改采用(modified);NEQ:非等效采用(not equivalent)。

采用国际标准的我国标准的编号表示方法如下:

等同采用国际标准的我国标准采用双编号的表示方法,

示例:GB ×××××-××××/ ISO ×××××:××××。

修改采用国际标准的我国标准,只使用我国标准编号。

需要指出的是,目前国际上只承认等同、等效采用,对非等同、等效采用则要作出说明。所以,在采标时,应尽可能选用等同或等效这两种形式直接采用国际标准,以避免造成技术壁垒。我国于 1993 年等同采用 ISO 9000 系列国际标准,发布实施了《质量管理和质量保证》(GB/T 19000—87)等国家标准。

第三节　商品质量认证

一、产品质量认证

(一)产品质量认证的概念与意义

1. 概念

"认证"一词的英文原意是一种出具证明文件的行动。ISO/IEC 指南 2:1986 中对"认证"的定义是："由可以充分信任的第三方证实某一经鉴定的产品或服务符合特定标准或规范性文件的活动。"

产品质量认证也称产品认证，合格认证。我国《产品质量认证管理条例》第二条所下定义为：产品质量认证是依据产品标准和相应技术要求，经认证机构确认并通过颁发认证证书和认证标志来证明某一产品符合相应标准和相应技术要求的活动。

产品认证分为强制认证和自愿认证两种。一般来说，对有关人身安全、健康和其他法律法规有特殊规定者为强制性认证，即"以法制强制执行的认证制度"。其他产品实行自愿认证制度。

产品质量认证的定义包括以下几项基本概念：

(1)产品质量认证的依据是标准。标准是对重复性事物和概念所作的统一规定。它以科学、技术和实践经验的综合成果为基础，经有关方面协商一致，由主管机构批准，以特定形式发布，作为共同遵守的准则和依据。由于它是发展生产、提高质量、促进贸易的衡量准则，自然成为质量认证的基础。

(2)产品质量认证的对象是产品。按照国际标准化组织的规定，将产品分为两类，即有形产品(通常人们使用的产品或商品)和无形产品(包括工艺性作业。例如：电镀、热处理、焊接以及各类形式的服务)。

(3)产品质量认证的批准方式是颁发认证证书和/或允许产品使用认证标。

(4)产品质量认证是贯彻标准和相应技术要求的一项质量监督活动。

(5)产品质量认证活动是由认证机构领导并实施的。按照国际标准化组织的要求，认证机构必须具备不受第一方(生产方)和第二方(使用方)经济利益所支配的第三方公正地位。

2. 意义

第一，通过产品质量认证标志指导消费者的购买方向。经过认证的产品，企业可以获得认证证书，并且有权在产品、包装物、产品合格证、产品使用说明书上使用认证标志，为消费者购买到满意的商品提供信誉指南和质量信息。

第二，获准认证的产品具有较强的市场竞争力，增加企业的知名度。因为获准认证的产品质量符合国家标准的严格要求，证明企业可以连续生产合格产品，自然会受到消费者的好评，更有利于企业参与激烈的市场竞争,获得较好的经济效益。

第三,享受免检的优惠待遇。经过认证的产品,不光是在国内市场上受到消费者的信赖,在国际市场上也会抬高身价。特别是经过国际认证的产品,它经过了国际间相互认可认证的产品,其产品得到各个成员国的普遍认证,可以享受免检等优惠待遇。

(二)产品质量认证的类型

(1)按认证的范围分类可以分为国家认证、区域性认证和国际认证。国家认证是指国家对国内产品施行的认证;区域性认证是指由若干国家和地区按照自愿的原则组织起来,按照共同的标准和技术规范进行认证,如欧洲标准化组织"CEN"的"CE"认证;国际认证是指参与国际标准化组织 ISO 和国际电工委员会 IEC 等的认证组织按照 ISO 和 IEC 标准开展的认证。

(2)按照认证的性质分类。商品质量认证按照认证的性质分类可以分为安全认证和合格认证两类。国家为了保障人民生命与财产的安全,对许多产品制定了安全标准。根据安全标准进行认证或只对标准中安全项目进行认证的,称为安全认证。合格认证是依据国家标准或行业标准的要求,对商品的全部性能所进行的质量认证,又称为综合认证或全性能认证。合格认证一般属于自愿性认证。

(三)产品质量认证的形式

产品质量认证的主要类型,ISO 出版的《认证的原则与实践》一书,将国际上通用的认证形式归纳为以下八种:

第一种:型式试验。按照规定的试验方法对产品样品进行试验,来检验样品是否符合标准或技术规范。这种认证只发证书,不允许使用合格标志,只能证明现在的产品符合标准,不能保证今后的产品符合标准。

第二种:型式检验加认证后监督——市场抽样检验。这是一种带监督措施的型式检验。监督的办法是从市场上购买样品或从批发商、零售商的仓库中抽样进行检验,以证明认证产品的质量持续符合标准或技术规范的要求。

第三种:型式检验加认证后监督——工厂抽样检验。与第二种认证型式的区别在于,以工厂样品随机检验或成品库抽样检验代替市场样品的核查试验。

第四种:型式检验加认证后监督——市场和工厂抽样检验。这种认证制是第二、三两种认证制的综合。从产品样品核查试验来看,样品来自市场和工厂两个方面,因而要求更加严格。

第五种:型式检验加工厂质量体系评定加认证后监督——质量体系复查加工厂和市场抽样检验。这一型式的认证,既对产品作型式试验,又对与产品有关的供方质量体系进行评定。评定内容包括供方的质量体系对其生产设备、材料采购、检验方法等能否进行恰当的控制,能否使产品始终符合技术规范。

第六种:评定供方的质量体系。这种认证类型,是对供方按既定标准或技术规范要求对提供产品的质量保证能力进行评定和认可,而不对最终产品进行认证,故又称质量保证能力认证。这一认证型式已逐渐被国际上所接受。

第七种：批量试验。这是依据统计抽样试验的方法对某批产品进行抽样试验的认证。其目的在于帮助买方判断该批产品是否符合技术规范。这一认证型式，只有在供需双方协商一致后方能有效地执行。一般说来，这种型式的认证较少被采用。

第八种：全数试验。对认证产品作百分之百的试验后发给认证证书，允许产品使用合格标志。在某些国家只有极少数与人民的身体健康密切相关的产品进行全数试验。

以上八种认证型式中，第六种是质量体系认证，第五种认证型式是最复杂、最全面的产品认证型式，这两种是各国普遍采用的。但是，上述八种类型的质量认证制度所提供的信任程度都是相对的，即使是比较完善的质量认证制度也会受到客观条件的限制。

（四）产品质量认证的程序

以中国质量认证中心为例：

申请人应通过中国质量认证中心的网站(www.cqc.com.cn)或通过文件(传真或邮寄)的方式向中国质量认证中心提交意向申请和寄送相关的技术文件。意向申请的内容一般应包括：申请人、制造商、生产者、申请产品等的相关信息。具体流程如图3.1所示。

（五）产品质量认证的标志

认证证书是证明产品质量符合认证要求和许可产品使用认证标志的法定证明文件。认证委员会负责对符合认证要求的申请人颁发认证证书，并准许其使用认证标志。

证书持有者可将标志标示在产品、产品铭牌、包装物、产品使用说明书、合格证上。使用标志时，须在标志上方或下方标出认证委员会代码、证书编号、认证依据的标准编号。

产品质量认证标志，是指产品经法定的认证机构按规定的认证程序认证合格，准许在该产品及其包装上使用的表明该产品的有关质量性能符合认证标准的由特定图案、文字或者字母组合的一种标志。

产品上带有认证标志，不仅可以把准确可靠的质量信息传递给用户和消费者，对企业而言，还起到质量信誉证的作用，表明该产品经过公正的第三方证明，符合规定标准。带有认证标志产品的生产企业要接受认证机构的监督复查，确保出厂的认证产品持续稳定符合规定标准要求，这样就可以起到维护消费者利益，保证消费者的安全的作用。

认证标志图案的构成，许多国家是以国家标准的代码、标准机构或国家认证机构名称的缩写字母为基础而进行艺术创作形成的。部分国际认证标志如图3.2所示。

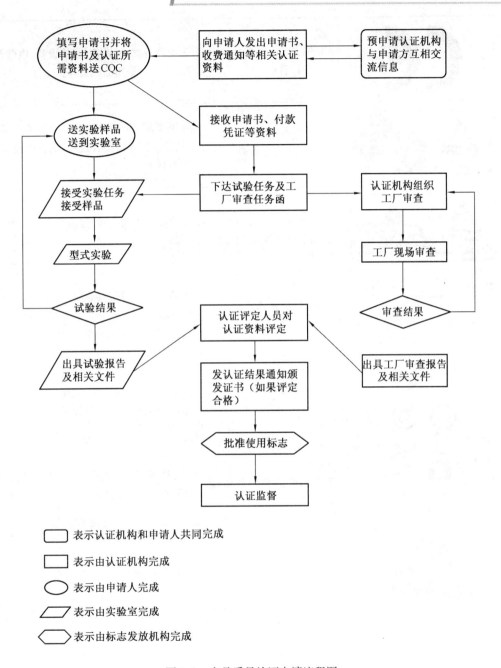

图 3.1　产品质量认证申请流程图

	标志名称	适用范围
CE	CE 标志 欧洲通用标记	工业设备、机械设备、通信设备、电气产品、个人防护用品玩具等。
GS (TÜV Rheinland)	GS 标志 德国安全认证标志	家用产品、音像设备、灯具、电动工具、手工工具、通信办公设备、机械产品、健身器材等。
EMC (TÜV Rheinland)	EMC 标志 德国电磁兼容认证标志	各类电子电气产品，包括家用工业用的产品
TÜV CERT	ISO9000 体系认证标志	各类企业的质量保证体系认证。同时也是美国 QS9000 及德国 VDA6.1 的认证机构
S N FI D	Nordic 标志 北欧四国安全认证标志	产品范围同 CB 标志，对电工产品安全性能进行测试，分布发证书
PCT	GOST 标志 俄罗斯产品合格认证标志	家电产品，机械产品，通讯设备，玩具，化学制品，食品，纺织品等。
S	S 标志 日本产品安全认证标志	家用产品、通讯产品、电气零部件等

图 3.2　部分国际认证标志

二、主要体系认证

(一)质量体系认证

1. 质量体系认证的概念

质量体系认证是指第三方(社会上的认证机构)对供方的质量体系进行审核、评定和注册活动,其目的在于通过审核、评定和事后监督来证明供方的质量体系符合某种质量保证标准,对供方的质量保证能力给予独立的证实。质量体系认证在国际上亦称为企业认证、质量体系注册、质量体系评审、质量体系审核等。

在我国,质量体系认证指由国家技术监督局认可并授权的认证机构依据国家"质量管理和质量保证"系列标准,对申请认证的单位进行审核确认,并以注册及颁发认证证书的形式,证明其质量体系和质量保证能力符合要求。

2. 质量体系认证的特点

独立的第三方质量体系认证诞生于 20 世纪 70 年代后期,它是从产品质量认证中演变出来的。质量体系认证具有以下特点:

(1)认证的对象是供方的质量体系。
(2)认证的依据是质量保证标准。
(3)认证的机构是第三方质量体系评价机构。
(4)认证获准的标志是注册和发给证书。
(5)认证是企业自主行为。

表 3.5 产品认证和质量体系认证的比较

项 目	产品认证	质量体系认证
对象	特定产品	企业的质量体系
获准认证条件	①产品质量符合指定标准要求; ②质量体系符合指定的质量保证标准(一般是 GB/T 19002)及特定产品的补充要求	质量体系符合申请的质量保证标准(GB/T 19001 或 19002 或 19003)和必要的补充要求
证明方式	产品认证证书,认证标志	体系认证证书,认证标记
证明的使用	证书不能用于产品,标志可用于获准认证的产品上	证书和标记都不能在产品上使用
性质	自愿;强制	自愿
两者关系	相互充分利用对方质量体系审核的结果	

3. ISO 质量体系认证

质量体系认证通常以 ISO 9000 族标准为依据,也就是经常提到的 ISO 9000 质量体系认证。

国际标准化组织(ISO)的前身是国际标准化协会(ISA),成立于1926年,1942年因第二次世界大战而解体。1946年10月14日,美、中、英、法、苏等25个国家的代表在伦敦开会,决定成立新的标准化机构——ISO,10月14日被定为世界标准化日。1947年2月23日,国际标准化组织ISO正式成立。

ISO/T C176是ISO组织中专门制定"质量管理与质量保证标准"的技术委员会,ISO/T C176技术委员会制定的所有国际标准,即为ISO 9000族标准。1987版ISO 9000族标准至1994版标准制定了16个标准,至1999年末标准数量增加到27个,为了使ISO 9000族标准结构更通用、简练、适用和协调,ISO/T C176技术委员会修订了2000年ISO 9000族标准,将系列标准进行了大量的精简。精简后的ISO 9000族标准有四个核心标准,一项其他标准和技术报告和小册子。

ISO 9000质量管理和质量保证系列标准自诞生以来,受到世界各国的普遍重视。很多国家和国际组织采用这套标准并建立起质量体系认证制度。ISO 9000系列标准已经成为国家从事质量管理、指导企业建立和完善质量体系的国际性通用标准。我国1992年正式发布等同采用这套标准。

企业通过ISO 9000认证的意义:

(1)通过认证使企业具有走向市场的通行证。

(2)增进国际贸易,消除技术壁垒,与国际先进管理惯例接轨,融入一体化国际经济体系。

(3)规范内部管理,强调全员参与,增强员工质量意识,提高运行效率和整体业绩。

(4)增强质量管理的稳定性,保证产品质量的一致性,优化质量成本,减少质量损失,提高经济效益。

(5)以顾客为关注焦点,满足顾客不断变化的要求和法律法规要求,提高市场占有份额。

(6)强调持续改进,全面提高企业综合素质和整体水平,使企业不断发展壮大。

(二)环境管理体系认证

现代企业除了创造经济效益之外,对环境的保护负有不可推卸的责任。环境管理体系认证是由获得认可资格的环境管理体系认证机构依据审核准则,对受审核方的环境管理体系通过实施审核及认证评定,确认受审核方的环境管理体系的符合性及有效性,并颁发证书与标志的过程。

环境管理体系认证使用的标准是ISO 14000标准。这一标准是由国际标准化组织于1996年9月1日正式颁发的。ISO 14000是一个系列的环境管理标准,它包括了环境管理体系,环境审核,环境标志,生命周期分析等国际环境管理领域内许多焦点问题,旨在指导各类组织(企业,公司)取得和表现正确的环境行为。ISO 14000系列标准共分七个系列,即,环境管理体系(EMS)。环境审核(EA)、环境标志(EL)、环境行为评估(EPE)、生命周期评估(LCA),术语和定义(T&A),产品标准中的环境指标。ISO 14000系列标准共预留100个标准号,其标准号从 14001 至 14100,共 100 个标准号,统称为 ISO 14000 系列标准。

该体系适用于任何类型与规模的组织,并适用于各种地理、文化和社会条件。标准要求组织在其环境方针中作出遵守有关法律法规和持续改进的承诺。标准的其他条款中没有提出组织环境绩效的绝对要求,不包含任何环境质量、污染治理技术与水平的内容。因此,组织的技术水平和环境绩效水平可根据组织自身状况确定,因而两个从事类似活动,却具有不同环境绩效的组织,可能都满足本标准的要求。

ISO 14000 是企业自愿采用的、自我约束性的标准,它的管理对象是某一具体组织运行活动的外部存在,是与该组织的活动、产品或服务发生相互作用的微观生态环境及其要素。但是,由于在其发展过程中受到市场、法律和政治、企业自身经济利益等多种力量的驱动,ISO 14000 这个国际标准已逐渐成为一种国际语言,在国际贸易中的影响尤为突出。我国企业采用 ISO 14000,一方面可以突破发达国家和地区的环境贸易壁垒,另一方面,可以提高企业的国际竞争力。

(三) 食品安全 HACCP 认证

HACCP 是危害分析关键控制点(英文 Hazard Analysis Critical Control Point)的简称。它作为一种科学的、系统的方法,应用在从初级生产至最终消费过程中,通过对特定危害及其控制措施进行确定和评价,从而确保食品的安全。

HACCP 在国际上被认为是控制由食品引起疾病的最经济的方法,并就此获得 FAO/WHO 食品法典委员会(CAC)的认同。它强调企业本身的作用,与一般传统的监督方法相比较,其重点在于预防而不是依赖于对最终产品的测试,它具有较高的经济效益和社会效益。被国际权威机构认可为控制由食品引起的疾病的最有效的方法。

HACCP 是用于分析和测定关键控制点的一项专门技术,它不是一个死板的体系,必需根据产品的生产加工及设备等因素相应制定。HACCP 是一个动态的、详细的体系。HACCP 需要其他质量管理措施及卫生规范的支持,如供应商质量保证,统计质量控制及良好实验室操作规范等。这些均与 ISO 9000 原理相连,使企业向全面质量管理方面发展。

国际标准化组织(ISO)2005 年 9 月 1 日发布最新国际标准,ISO 22000:2005,《食品安全管理体系—食物链中各类组织的要求》。它使全世界的组织以统一的方法执行关于食品卫生的危害分析与关键控制点(HACCP)系统更加容易,它不会因国家或涉及的食品不同而不同。ISO 22000 的目的是让食物链中的各类组织执行食品安全管理体系,其范围从饲料生产者、初级生产者、食品制造商、运输和仓储工作者、转包商到零售商和食品服务环节以及相关的组织,如设备、包装材料生产者、清洗行业、添加剂和配料生产者。

三、我国的质量认证

我国目前开展的产品认证可以分为:国家强制性产品认证和非强制性产品认证。

（一）强制性产品认证

1. 强制性产品认证制度

我国强制性产品认证制度是以《产品质量法》、《商检法》、《标准化法》为基础建立的。强制性产品认证制度的对象涉及人体健康、动植物生命安全、环境保护、公共安全、国家安全的产品。国家认监委负责按照法律法规和国务院的授权，协调有关部门按照"四个统一"的原则建立国家强制性产品认证制度，拟定、调整《强制性产品认证目录》并与国家质检总局共同对外发布。指定的认证机构在授权范围内承担具体产品的认证业务，向获证产品颁发 CCC 认证证书；地方质量技术监督局和各地出入境检验检疫局负责对列入《目录》内产品的行政执法监督工作，确保对那些列入《目录》内的产品并且没有获得认证的，不得进入本行政区域内。

"四个统一"，即统一目录，统一标准、技术法规、合格评定程序，统一认证标志，统一收费标准。四个统一实现了对国内外企业一视同仁，遵循了 WTO/TBT 国民待遇原则。强制性产品认证遵循国际认证通行准则，认证制度的建立和运作、认证/检测/检查机构的运作和认证实施规则程序皆遵循 ISO/IEC 有关国际指南和标准。

2. 强制性产品认证：CCC 认证

2001 年 12 月，国家质检总局发布了《强制性产品认证管理规定》，以强制性产品认证制度替代原来的进口商品安全质量许可制度和电工产品安全认证制度。即用国家强制性产品认证"CCC"标志，取代原来实行的"长城"标志和"CCIB"标志。国家质检总局授权中国进出口质量认证中心（CQC）开展产品认证（CCC 标志）的有关工作。

CQC 是国家质检总局根据《中华人民共和国进出口商品检验法》及其《实施条例》设置的具有第三方公正性质的专业认证机构。CQC 分已加入了国际认证联盟（IQNET）和国际电工委员会电工产品合格测试与认证组织（IECEE）并成为中国国家认证机构（NCB）。

"中国强制认证"，英文名称为"China Compulsory Certification"，缩写为 CCC。

截至 2009 年，实施强制性认证的产品目录内产品种类已发展到 23 大类 172 种。

目前的"CCC"认证标志分为四类（如图 3.3 所示），分别为：

（1）CCC+S——安全认证标志

（2）CCC+F——消防认证标志

（3）CCC+S&E——安全与电磁兼容认证标志

（4）CCC+EMC——电磁兼容类认证标志

（二）非强制性产品认证

非强制性产品认证是对未列国家认证目录内产品的认证，是企业的一种自愿行为，称为"自愿性产品认证"。

中国进出口质量认证中心（CQC）按照 ISO/IEC 导则 65 评定认可开展非强制性产品认证。加施 CQC 标志表明产品符合有关质量、安全、环保、性能等标准要求，认证范围涉及 500 多种

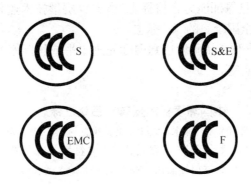

图 3.3 "CCC"认证标志

产品,旨在保护消费者人身和财产安全,维护消费者利益;提高国内企业的产品质量,增强产品在国际市场上的竞争力;也使国外企业的产品能更顺利地进入国内市场。

(三)我国的主要认证标志

(1)无公害农产品标志:使用该标志的食用农产品上市时,不得检出超标的农药残留物。

(2)有机产品认证标志:该标志证明其在生产和加工过程中,绝对禁止使用农药等人工合成的化学物质。

(3)绿色食品标志:允许有限制地使用农药、化肥、激素(生长调节剂)、食品添加剂、防腐剂等人工合成的化学物质,由省级绿色食品管理机构审核实施。

(4)食品市场准入标志:表明食品符合质量安全的基本要求,由国家质量监督检验检疫总局审核颁发。

(5)纯羊毛标志:凡纯羊毛制品达到国际羊毛局制定的诸如强力、色牢度、耐磨、可洗性等品质要求,经核准可使用纯羊毛标志。

(6)国家免检产品标志:获得此标志的产品免予政府部门实施的质量监督检查,由国家质量监督检验检疫总局审核发布。

(7)中国强制认证标志:英文名称缩写为"CCC",是我国政府为保护消费者人身安全和动植物生命安全、保护环境、保护国家安全、依法实行的产品合格评定制度。

(8)中国名牌产品标志:由国家质检总局审核发布。

(9)中国质量环保产品认证标志:由中国质量认证中心(CQC)开展、企业可自愿参与的认证业务。该标志表明产品质量合格,且符合特定的环保要求。

(10)中国质量认证中心产品认证标志:由 CQC 开展,可对 21 类产品实施该项认证。

(11)原产地认证标志:表示该产品的原产地已经官方注册认定。

(12)中国实验室国家认可标志:由中国国家实验室认可委员会颁发,其检测报告和准证书具有法定效力。

（13）定量包装商品计量保证能力合格标志：由省级质量技术监督局检查合格，可在其生产的定量包装商品上使用全国统一的"C"标志。

（14）采标标志：是企业对产品质量达到国际先进水平或国际水平的自我声明形式，由各地市质量技术监督局发布实施。

【知识链接3-2】
中国环境标志低碳产品认证标志

标志图形由外围的 C 状外环和青山、绿水、太阳组成。标志的中心结构表示人类赖以生存的环境；外围的 C 状外环是碳元素的化学元素符号，代表低碳产品。整个图像向人们传递了一种通过倡导低碳产品来共同保护人类赖以生存的环境的含义。

2010年11月25日，首批中国环境标志低碳产品获证企业颁证仪式在北京举行。为推动低碳经济与节能减排工作，环境保护部于2010年9月27日发布了家用制冷器具、家用电动洗衣机、多功能复印设备和数字式一体化速印机等首批4项中国环境标志低碳标准。在企业自愿申请的基础上，经严格审查、评定，首批共有11家企业的292种型号的产品通过中国环境标志低碳产品认证

中国环境标志低碳产品认证，立足于中国环境标志认证，以综合性的环境行为指标为基础，低碳指标为特色，促进国家节能减排目标的实现，服务于国家低碳经济发展。中国环境标志低碳产品认证，一方面对生产领域中各类产品的温室气体排放设定相关限值标准，可以帮助生产商和销售商更好地传播产品在保护气候方面的信息，对于产业自身节能减排、提高本身竞争力有很大作用；另一方面低碳产品认证可以成为联系公众与可持续发展战略的纽带，帮助消费者在消费过程中进行判断和选择，为社会树立良好的消费价值导向，有助于构建全方位的生态消费体系和形成新的消费价值观，推动我国低碳和可持续消费，引导消费者为保护气候做出应有的贡献。

资料来源：广西中小企业网 http://smegx.gov.cn/gxsme/2009/zwpt/article.jsp？id=338912010.12,,2010.12.24

本章小结

商品标准是对商品质量和与质量有关的各个方面所作的技术规定。商品标准一经正式颁布执行，就具有法律效力。

从世界范围来说，标准通常被分为国际标准、区域标准、国家标准、行业或专业团体标准以及公司（企业）标准五级；中国的商品标准自1989年《标准化法》实行后分为国家标准、行业标准、地方标准和企业标准四个等级。

标准化是沟通国际贸易和国际技术合作的技术纽带，通过标准化能够很好地解决商品交换中的质量、安全、可靠性和互换性配套等问题，是在经济、技术、科学及管理等社会实践中，对重复性事物和概念，通过制定、发布和实施标准，达到统一，以获得最佳程序和社会效益。

商品质量认证是对商品符合标准的一种证明活动，由可以充分信任的第三方证实某经鉴定的产品或服务符合特定标准或其他技术规范的活动。按认证的范围分类。可以分为国家认

证、区域性认证和国际认证;商品质量认证按照认证的性质分类可以分为安全认证和合格认证两类。

产品质量认证标志,是指产品经法定的认证机构按规定的认证程序认证合格,准许在该产品及其包装上使用的表明该产品的有关质量性能符合认证标准的由特定图案、文字或者字母组合的一种标志。

我国目前开展的产品认证可以分为:国家强制性产品认证和非强制性产品认证。

思考题

1. 我国商品标准如何分级?各级的使用范围有何不同?
2. 制定商品标准时必须包含哪些内容?
3. 如何正确合理地采用国际标准和国外先进标准?
4. 产品认证和质量体系认证有何区别与联系?
5. 简述我国强制性产品认证制度。

实训项目

1. 通过网络资源或图书馆资料查询了解企业获得 ISO 9000 质量体系认证的程序。
2. 以我国近年来发生的某一食品安全事件为例,分析其产生的原因,分组讨论并形成予以预防和控制的有效措施。

案例分析 3-1

欧盟提高家电能效标准,中国冰箱出口面临挑战

据《中国高新技术产业导报》报道 欧盟地区对能源的高利用要求促使欧盟对其能源消耗的相关制度不断做出修订。最近,欧盟还在家电产品的能效等级方面增加 A+++ 级标准,并计划在未来 4 年内逐步提高冰箱产品的市场准入门槛,这将对我国家电产品出口,特别是冰箱产品出口欧盟带来巨大影响。

2003 年 7 月,欧盟委员会对电冰箱的能效标识进行修改,电冰箱 A+、A++ 能效标志浮出水面,将当时欧盟冰箱能效标准等级增加至 9 个,其中 A++ 标准是国际上公认的最高标准。

进入 2010 年,欧盟新近公布的能效标志指令草案,根据欧盟冰箱产品的节能性能对家用制冷器具的能效等级进行调整,增加能效要求更高的 A+++ 级。

据欧盟家电协会秘书长介绍,A+++ 级产品的能源效率指数(EEI)要求小于 22,这将比 A 级产品节能 60%。在欧盟地区,以目前的技术水平能达到最高能效等级的产品也只有 10% 左右。

虽然我国也于 2009 年升级了冰箱能效标准,比原来标准提高了近 20%,但修订后的一级能效水平仅是接近欧盟 A++ 级。

欧盟提高能效标准上限的同时,也在对市场准入的能效最低标准不断加码。

据了解,欧盟于 2009 年发布了家用制冷器具 ErP 指令实施细则,并于 2010 年 7 月 1 日起强制实施。根据这份实施细则的要求,冰箱能源效率指数(EEI)大于 55 的产品将被禁止上市销售,冰箱产品的市场准入等级从 B 级提高到了 A 级。

根据中国海关的相关数据,2009 年,中国冰箱出口量为 1538 万台,从出口的国家来看,美国仍然占据重要位置,但荷兰、法国等欧洲地区增长较快。从中国家电协会 2010 年 7 月、8 月冰箱出口统计数据可以看出,出口地区中意大利增幅最大,出口量同比增幅分别高达 581.48% 和 364.27%,出口额同比增长 421.09% 和 276.82%,意大利已经超越日本成为我国第二大冰箱出口国。另外,欧洲地区的英国、法国、德国也位列我国冰箱出口前十地区。欧盟地区已经成为我国冰箱出口的重要市场,据估算,出口欧盟的冰箱约占我国冰箱出口量的 20%~25%。

(资料来源:中认网:http://www.cait.cn/bzptnew/gjgw/201012/t20101209_69137.shtml 2010-12-09)

案例思考题

欧盟提高家电产品的能效标准对我国家电行业也有何影响?我国家电行业应如何应对?欧盟提高家电产品能效标准的原因有哪些?

案例分析 3-2

蚕丝被新标准呈现九大变化

国家标准 GB/T 24252—2009《蚕丝被》已于 2009 年 6 月 19 日正式发布,并于 2010 年 2 月 1 日开始正式实施。此次蚕丝被产品的标准由行业标准上升为国家标准,在内容上进行了大量的修改和补充,使标准更加完善、合理、科学和严谨,同时注重检测方法的实用性和可操作性,给生产、销售以及消费者和质量监督检验部门提供了一个切实可行的依据。

1. 新标准的变化

国家标准 GB/T 24252—2009《蚕丝被》相比于行业标准的变化主要有以下几个方面:

(1)国标在规范性引用文本中增加了引用标准 GB/T 17529—2006《纺织品禁用偶氮染料的测定》和 GB/T 18401—2003《国家纺织品产品基本安全技术规范》,明确规定了蚕丝被的安全技术指标。

(2)标准增加了术语和定义部分,对产品相关的八个名词术语从科学的、专业的角度作了详细的定义和解释,对蚕丝被的产品名称、填充物所用的原料类别和等级等都进行了统一的规定。

(3)标准在附录中增加了填充物纤维含量的测定方法和桑/柞蚕丝混合填充物的化学测定方法两个规范性附录。

(4)在产品等级分类方面,原行业标准中的产品分为特级品、一级品和二级品;新标准则分为特等品、一等品和合格品。这种分级与其他纺织品的等级分类统一起来,使新标准更加规范化、系统化。

(5)在安全技术方面,考虑到蚕丝被的填充物主要是蛋白质纤维,是弱酸性物质,因此在具体的技术指标中对填充物的pH值的规定为4.0～8.0,其上限要比其他纺织产品低(GB 18401—2003中规定C类产品pH值为4.0～9.0),符合蚕丝纤维的特性。

(6)国家标准填充物的质量偏差合格品的下公差比行业标准中二级品的下公差提高了2.5%(行业标准为-5.0～+10.0,现行国家标准为-2.5～+10.0)。对产品的要求更加严格,保证了消费者的利益。

(7)国家标准产品技术指标中的压缩回弹性的压缩率低于原行业标准的技术指标:优等品大于等于45%,一等品大于等于40%(原行业标准特级品大于等于55%,一级品大于等于45%);而国标要求的回复率均高于原行业标准的技术指标,即:优等品大于等于95%,一等品大于等于90%(原行业标准特级品大于等于80%,一级品大于等于70%)。对这两个技术指标的调整更符合蚕丝纤维的特性和蚕丝被的实际使用情况。

(8)国家标准除在文字上对蚕丝被产品进行明确的定义外,还对其填充物品质和质量规定了量化考核指标,如蚕丝被必须是填充物含桑蚕丝和(或)柞蚕丝50%以上;优等品和一等品的蚕丝含量必须是100%;合格品的填充物蚕丝含量应达到50%以上等。同时对填充物的品质指标也作了细化,新标准放宽了优等品和一等品的蚕丝长度范围,由原行业标准中特级品、一级品必须是纯长丝改为优等品、一等品必须为长丝绵或中长丝绵;合格品对蚕丝的长度没有规定。这样就降低了对原料的限制,扩大了原料的使用范围,增加了产品的品种和档次。

(9)国家标准中产品的外观质量要求和工艺质量要求也比行业标准增加了许多内容,例如:四角、边必须正,角质量差率不大于20%,四边充实等。同时对填充物均匀程度也从量上作了规定,即优等品差异率小于等于10%,一等品差异率小于等于20%,合格品差异率小于等于25%。

2. 标准的不足

本标准兼顾了生产企业和消费者的共同利益,对产品质量有了更加详细、明确的说明和规定,减少了产品销售过程可能出现的产品质量纠纷,但对质量监督检验部门来说仍存在一些不足,有些地方可操作性较差,在具体检验中无法准确掌握和判定。

(1)标准中规定蚕丝被填充物可以是长丝绵、中丝绵、短丝绵,也可以是几种蚕丝/绵的混合物,如产品填充物纤维含量标注为50%柞蚕丝(长丝绵),50%桑蚕丝(中长丝绵),在检验中就无法准确的确定长丝绵和中长丝绵含量。

(2)标准给出了长丝绵、中丝绵和短丝绵三类原料,但对其长度技术指标在标准中没有明确的规定。如果是混合丝绵,对长、中、短丝绵也无法区别。

(3)标准要求填充物应标明蚕丝的种类,但目前在纤维鉴别中没有一个准确的标准和方法进行检测。国家标准在规范性附录B中,规定了桑/柞蚕丝混合填充物的化学测定方法,同时也注明在某些情况下,桑蚕丝无法充分溶解。但试验表明,一般情况下,桑蚕丝和柞蚕丝根本无法准确区别。因此对这方面还需要加以研究,找出一个切实可行的办法。

(资料来源:标准网 http://www.standardcn.com/article/show.asp?id=33366 2010-6-21)

案例思考题

蚕丝被产品的标准由行业标准上升为国家标准是否意味着该标准已达到先进水平?为什么?还存在哪些需要改进的地方?

第四章 Chapter 4

商品质量与质量管理

【学习目标】

通过本章学习,掌握商品质量、质量管理的概念及质量管理的基本活动要素,质量管理的基本工具及特点;了解质量管理的发展历程,掌握商品质量的基本要求,影响商品质量的因素以及全面质量管理。

【关键词】

质量 Quality;商品质量 Product Quality;质量特性 Quality Characteristics;质量管理 Quality Management。

【引导案例】

在质量中求生存,求发展——海尔的质量管理

海尔集团原本是一个生产电动葫芦的集体小企业,通过争取才获得我国最后一个生产冰箱的定点资格。1984年创立于中国青岛。截至2009年,海尔在全球建立了29个制造基地,8个综合研发中心,19个海外贸易公司,全球员工超过6万人。2009年,海尔全球营业额实现1 243亿元,品牌价值812亿元,连续8年蝉联中国最有价值品牌榜首。那么,海尔集团成功崛起的主要原因是什么?回答是肯定的,那就是完善的质量管理。

海尔之所以能创出中国的名牌,除了得益于雄厚的高新技术实力和以高科技新产品创造市场的经营理念作为坚实的基础外,还得益于海尔严格的质量管理。海尔在生产经营中始终向职工反复强调两个基本观点:用户是企业的衣食父母。在生产制造过程中,他们始终坚持"精细化、零缺陷",让每个员工都明白"下道工序就是用户"。这些思想被职工自觉落实到行动上,每个员工将质量隐患消除在本岗位上,从而创造出了海尔产品的"零缺陷"。海尔空调

从未发生过一起质量事故,产品开箱合格率始终保持在100%,社会总返修率不超过千分之四,大大低于国家的规定标准。许多久居海外的华人使用海尔空调后激动万分:中国人制造的家电产品是一流的。再以海尔洗衣机来说:1996年第四季度国家技术监督局全国质量抽查,海尔洗衣机质量荣登榜首,全自动洗衣机无故障运行达到7 000余次,一举改写了中国洗衣机无故障运行5 000次的历史。而这种成绩的取得,正是海尔严格管理的结果。海尔洗衣机生产车间里曾经发生过这样一件事情:一天,一名员工在做下班前的日常清扫时,发现多了一枚螺丝钉。他惊呆了,因为他知道,多了一枚螺丝钉就意味着是哪一台洗衣机少了一枚螺丝钉。这关系到产品的质量,维系着企业的信誉。因此,分厂厂长当即下令:当天生产的1 000余台洗衣机全部复检。而复检的结果:成品机没有什么问题。可原因出在哪里呢?已经很晚了,员工们谁也没走,又用了两个多小时,才查出原来是发货时多放了一枚。正是这种"零缺陷"的质量管理,使得海尔产品的消费"投诉率为零"。

海尔人虽然不在产量争第一,但却人人在质量上争第一。海尔空调在5年间,几乎囊括了国家在空调器上所设立的全部奖项。

摘自:中华管理学习网

第一节　商品质量概述

一、商品质量的概念

人们对质量的认识源于其质量实践活动,并且随着人类生产、科技、文化和其他社会活动的不断进步而逐渐深化。由于人们从不同的实践角度来观察和体验质量的本质及其深刻内涵,因而国内外关于质量的定义各式各样,因人而异。但总体来说,质量的定义可以归纳为两大类。其一是国际标准《质量管理体系基础和术语》(ISO 9000:2000)对质量的定义是:"一组固有特性满足要求的程度。"我国国家标准《质量管理体系基础术语》(GB/T 19000—2000)也采用了国际标准化组织的质量定义。这个质量定义是广义的质量定义。其二是世界质量管理权威朱兰博士明确指出"质量即适用性,所谓适用性是指产品在使用期间能够满足使用者的需要"。适用性是由用户所要求的产品特性决定的。随着经济的发展和社会进步,人们对质量的要求不断提高,质量概念也随之深化发展,具有代表性的有"符合性质量"、"通用性质量"、"广义性质量"等。

ISO 总结不同的质量概念加以归纳提高,并逐步形成人们公认的名词术语,即"质量是一组固有特性满足要求的程度"。这一含义十分广泛,既反映了要符合标准的要求,也反映了要满足顾客的需求,综合了符合性和适用性的含义。21世纪的质量概念、质量意识、质量文化、质量战略以及质量在世界经济与社会发展中的地位和作用都将有深刻的变化。2000版ISO 9000族国际标准给出的关于质量的概念是广义的,代表了当前的最新认识。

【知识链接4-1】

商品质量管理相关术语

商品质量管理是对确定和达到质量要求所必需的职能和活动的管理。也是为保证和提高产品质量或工作质量所进行的质量调整、计划、组织、协调、控制、信息反馈等各项工作的总称。在商品质量管理工作中，经常用到质量方针、质量管理、质量保证、质量控制、质量体系、质量改进、质量环等基本概念。要做好商品质量管理工作，必须正确地理解和使用这些基本概念。

（一）质量方针

质量方针是指组织的最高管理者正式发布的该组织总的质量宗旨和质量方向。

质量方针体现了组织对质量总的追求。对顾客的承诺，是企业质量工作的指导思想和行动指南。质量方针必须由最高管理者批准，并正式颁布执行。质量方针应紧密联系本单位所提供的产品及人员等实际情况合理制定，既要追求高水准，又要能够实现并评价，要保证组织的全体员工对质量方针能正确理解和执行。为了便于全体员工掌握，通常质量方针运用通俗易懂、简明扼要的语言表达。

（二）质量管理

质量管理包括质量策划、质量控制、质量保证和质量改进四个方面，其首要任务是确定组织机构的质量方针、质量目标以及为了实现这一方针和目标所涉及的各种责任。质量管理活动是在质量体系内开展的。也就是说，一切影响质量目标实现的直接或间接的因素均为管理的对象，都在质量管理的范围之内。质量管理是各级管理者的职责，但必须由最高管理者领导，它的实施涉及组织中的所有成员，各级管理人员均有进行质量管理的责任。

（三）质量保证

质量保证的定义为："为了提供足够的信任表明实体能够满足质量要求而在质量体系中实施并根据需要进行证实的全部有计划和有系统的活动。"

质量保证是一项活动，而这项活动是在一个机构内部，在质量体系所覆盖的所有部门、人员和区域中针对某种产品所展开的。质量保证的目的是取得"人们"的信任。质量保证活动是有计划、有系统地实施的。质量保证活动包括影响产品质量的全部阶段、全部因素、所有部门、全部人员和全部过程。根据不同的需要，由第一方（机构自身）、第二方（客户）或第三方（评审机构）进行审核和验证，向"人们"提供信任。

（四）质量控制

质量控制的定义："为达到质量要求所采取的作业技术和活动。"

所谓"控制"，就是通过一系列的方法和手段，使某一事物按照人们预想的方向发展，纠正在此过程中发生的一切偏差，最后实现并完全达到预先设定的目标，其目的在于预防缺陷或问题的再次发生。质量控制贯穿质量环节中的所有环节，即市场调研、设计、规范的编制和产品的开发、采购、工艺准备、生产制造、检验和试验、包装、储存、销售、发运、安装和运行、技术服务和维护、用后处置等环节。在这些环节中，要排除有关技术活动偏离有关规范的现象，使其恢复，达到控制的目的。

（五）质量体系

质量体系的定义："为实施质量管理所需的组织结构、程序、过程和资源。"

所谓"体系"，是指完成某一特定目标的所有事物所构成的一个整体，在这一整体中，事物之间既相互联系，又相互制约，综合地对目标的实现产生影响。"质量体系"则是指对实施质量管理这一目的产生影响的各种因素所构成的一个整体，这些因素包括组织结构、职责、程序、过程和资源等。

(六)质量改进

质量改进的定义:"为向本组织及其顾客提供更多的收益,在整个组织内采取的旨在提高活动和过程的效益和效率的各种措施。"

质量改进的目的是提高本组织的收益,向顾客提供更多的利益,提高质量活动和过程的效益和效率。质量改进是通过改进过程来实现的,采取预防和纠正措施是实现质量改进的重要方法。

(七)质量环

质量环的定义:"从识别需要到评定这些需要是否得到满足的各阶段中,影响质量的相互作用活动的概念模式。"

质量环始于营销和市场调研(对市场的需要进行识别,根据市场的需要进行产品开发和设计),同样也终于营销和市场调研(根据市场对其产品的反馈信息,评价市场的需要是否已得到满足)。所以质量环反映的是一种连续不断、周而复始的过程,通过不断地循环,而实现持续的质量改进。

质量的形式是以识别需要开始,直至通过服务评定这些需要是否已得到满足为止的全过程。在这一过程中,各阶段、各环节全都对质量产生影响,一个循环的结束即为下一个循环的开始,周而复始,螺旋式上升,永无止境。即质量是一个永恒的目标。

二、商品质量构成要素

(一)在表现形式上,商品质量由外观质量、内在质量和附加质量构成

商品的外观质量主要指商品的外部形态以及通过感觉器官能直接感受到的特性,如商品的式样、造型、结构、色泽、气味、食味、声响、规格(尺寸、大小、轻重)等。商品的内在质量指通过仪器、实验手段能反映出来的商品特性或性质,如商品的物理性质、化学性质、机械性质以及生物学性质等。商品的附加质量主要指商品信誉、经济性、销售服务等。商品的外观质量、内在质量和附加质量,对不同种类的商品各有侧重。商品外观质量往往可以反映商品的内在质量,并通过附加质量得到更充分的实现。

(二)在形成环节上,商品质量由设计质量、制造质量和市场质量构成

设计质量指在生产过程以前,设计部门对商品品种、规格、造型、花色、质地、装潢、包装等方面进行设计的过程中形成的质量因素;制造质量指在生产过程中所形成的符合设计要求的质量因素;市场质量指在整个流通过程中,对已在生产环节形成的质量的维护保证和附加的质量因素。设计质量是商品质量形成的前提条件,是商品质量形成的起点;制造质量是商品质量形成的主要方面,它对商品质量的各种性质起着决定性作用;市场质量是商品质量实现的保证。

(三)在有机组成上,商品质量由自然质量、社会质量和经济质量构成

自然质量是商品自然属性给商品带来的质量因素;社会质量是商品社会属性所要求的质量因素;经济质量是商品消费时投入方面所要考虑的因素。自然质量是构成商品质量的基础,社会质量是商品质量满足社会需要的具体体现,经济质量则反映了人们对商品质量经济方面

的要求。

三、商品质量特性和质量指标

(一)商品质量特性

商品质量特性,就是根据一定的准则,将对商品的需要转化为特性,这些特性就称为商品质量特性。这里所谓的准则就说选择那些与需要关系密切的、主要的、能够检测的特性。日本有学者称质量是商品质量的特性之和。

日本的水野相教授把商品质量特性分成六类,见表4.1。

表4.1 商品质量评价要素类型

内部要素	A	性状	尺寸重量	尺寸、重量、容积、毛重	客观的质量要素	使用质量要素	广义市场质量要素
			原料成分	成效成分、含量、辅助成分、填料、杂质水分			
			形态构造	品种、密度、结构、装饰、加工方法、镀层厚度			
			其他性质	色泽、比重、黏度、折光指数、透明度、凝固点、产地、制法			
	B	缺陷	各种外观缺陷、包装缺陷			
	C	性能	强度、延伸率、硬度、弹性、耐久性、功率、传导率、营养率、吸湿性、透气性、色牢度、收缩率、耐水性、阻燃性、保存性、搬运性			
	D	感官	色泽、手感、音色、新鲜度、外观		准客观	
	E	嗜好	图案、图样设计、式样、色调、风味、风格、流行性		主观	
外部要素	F	市场适应性	包装、商标、标签、广告、产地、价格、保管、搬运费用		客观加主观	市场要素

(1)形状要素:商品的静态特性和形状,是构成商品基本功能的物质基础。

(2)缺陷要素:商品的外观缺陷。

(3)性能要素:商品的动态特性,是在外力或者环境作用下表现的特性。

(4)感官要素:是用人的感觉器官评价的质量特性。

(5)嗜好要素:根据人们的爱好去评价的质量特性。

(6)市场适应性要素:适应市场销售的质量特性。

(二)商品质量指标

(1)可用性:商品在规定的条件下完成规定功能的能力。

(2)可靠性:商品在规定的条件下和规定的时间内,完成规定功能的能力。
(3)安全性:商品在制造、储存和使用中,保证人身与环境免遭危害的程度。
(4)维修性:在规定的时间内、按规定的程序和方法进行维修时,保持或者恢复到能完成规定功能的能力。
(5)使用寿命:产品在规定的使用条件下完成规定功能的总工作时间。
(6)储存寿命:在规定的储存条件下商品从开始存储到规定的失效的时间。
(7)合格:满足规定的要求。
(8)不合格:不满足规定的要求。
(9)合格品:满足全部规定要求的商品。
(10)不合格品:不满足规定要求的商品。
(11)缺陷:不满足预期的使用要去。
(12)故障:商品不能在预定的性能范围内工作。
(13)失效:商品丧失规定的功能。

四、保证和提高商品质量的意义

(一)提高商品质量,促进国民经济的发展

商品生产目的是满足人们不断增长的物质和文化生活的需要。人们生活中的吃、穿、用的商品,如果生产和经营不对路、质量不高,就会造成商品流通不畅,这样的商品就很难销售出去。对于企业来说,占压了资金,影响了扩大再生产和扩大经营。企业应把质量视为生命,保证和提高商品质量有利于发展生产,扩大经营,促进流通,有利于国民经济的发展。

(二)保证和提高商品质量,是创造社会财富、满足消费的重要标志

商品的使用价值在一切社会形态中都是构成社会物质财富的内容。质量是商品具有使用价值的保证。质量高,表现为商品性能更好,使用效率更高,寿命周期更长,这样既减少了消耗,又降低了成本,增加盈利扩大积累,而且减少了消费者在该商品上的支付,并为消费者在生产和生活中提供了较好的物质条件。相反,就会造成人力、物力、财力的浪费。因此,保证和提高商品质量有利于国家、企业、消费者,对促进整个社会物质文明和精神文明的发展,有极其重要的作用和意义。

(三)重视和提高商品质量,是促进企业质量管理制度完善的中心环节

企业经营管理水平的提高和经营管理制度的完善,在很大程度上是通过组织本企业或本系统的优质产品的生产过程、销售过程和售后服务等一系列工作过程而逐步建立起来的,企业内部的商品质量管理主要是由两个系列的工作组成,即质量保证和质量控制。这一系列工作是伴随生产过程不断进行的,从企业内部来看,质量控制是质量保证基础。因此,随着企业内部推进商品质量工作的不断完善,就会不断推动质量保证和质量控制的完善,就会不断促进企

业规章制度的完善和经营管理水平的提高。

(四)改进和提高商品质量,是提高市场竞争能力的重要措施

市场的竞争,首先是质量的竞争。质量低劣就无法进入市场。质量是进入市场的"通行证"。因此,只有保证和提高商品质量,才能在国际、国内市场竞争中取得主动权,才能赢得企业和国家的信誉,为企业创造良好的效益,提高产品市场占有率,提高企业的知名度,树立企业良好的形象,为国家创造更多的外汇。

第二节　商品质量的基本要求

商品的用途要满足消费需求,必须对商品质量提出基本要求。商品种类繁多,各有不同用途及决定用途的特点,因此不同用途的商品对其质量的要求也不同。商品质量的基本要求是根据其用途、使用方法、使用目的以及消费者和社会需求提出来的。由于商品种类繁多,性能各异,又有着不同的用途、特点和使用方法,因此,对不同商品质量要求也各不相同。

一、商品质量的总体要求

总体来说,商品的质量应该符合以下几个方面的要求:

1. 使用性

使用性是指商品为满足一定的用途所必须具备的各种性能,它是构成商品使用价值的基本条件。例如,冰箱的制冷保温性能、钟表的准确计时性能、服装的遮体保暖功能、食品的营养功能等。对于原料性商品或半成品,使用性能还意味着易加工性能。使用性除商品用途所要求的基本性能以外,还包括商品在该用途方面应尽量符合人体工程学原理,满足使用方便等要求。例如,商品的结构要与人体尺寸和形状及各个部位相适应;商品要与人的视觉和听觉能力、触觉能力、味觉和嗅觉能力、速度能力、知觉能力以及信息再处理能力相适应;复杂商品的使用操作要符合简单、宜掌握、不易出错等要求。商品的多功能化扩大了商品的适用范围,使用起来更加方便,比单一功能的商品更受欢迎,已成为现代商品的发展趋势。

2. 安全卫生性

安全卫生性是指商品在储存、流通和使用过程中保证人身安全和健康不受伤害的能力。

商品的安全卫生性除包括对商品使用者的安全卫生保障之外,按照现代观念考虑。还应包括不给第三者的人身安全、健康,即社会和人类的生存环境造成危害,如空气污染,水源污染以及噪声、辐射、废弃物等现代化社会问题。在现代社会中,有关安全卫生的社会要求正愈来愈受到人们的重视,环境保护问题已成为当今社会的一大主题。

3. 审美性

审美性是商品能够满足人们审美需要的属性。随着社会进步和商品生产的极大发展,人们已不再仅仅满足于物质需求,而对商品有了极高的精神要求。现代社会中,人们不仅要求商品实用,而且还要求商品能给人以美的享受,体现人们的自身价值,这就要求商品要有物质方面的实用价值与精神方面的审美价值的高度统一,要求商品既实用又美观。商品的审美属性主要表现在商品的形态、色泽、质地、结构、气味、味道和品种多样化等方面。商品的审美性已成为提高商品竞争能力的重要手段之一。

商品的审美性除了商品本身的审美质量以外,还包括其包装装潢的审美性。好的、优质的商品也要有精美的包装,以满足人们对美的需求,同时也可以提高商品的价值,增加商品的竞争力。

4. 经济性

对于消费者来说,总是希望商品的质量特性最好,而其价格又要最低,同时其使用、维护成本也要最低。商品的经济性就是指商品的生产者、经营者、消费者都能用尽可能少的费用获得较高的商品质量,从而使企业获得最大的经济效益,消费者也会感到物美价廉。经济性反映了商品合理的寿命周期费用及商品质量的最佳水平。经济性包括在物美价廉基础上的最适度质量;商品价格与使用费用的最佳匹配。离开经济性孤立的谈质量,没有任何实际意义。

5. 寿命和可靠性

寿命通常指使用寿命,也包括储存寿命。使用寿命是指工业品商品在规定的使用条件下,保持正常使用性能的工作总时间。储存寿命则指商品在规定条件下使用性能不失效的储存总时间。可靠性是指商品在规定条件下和规定时间内,完成规定功能的能力。它是与商品在使用过程中的稳定性和无故障性联系在一起的质量特性,是评价机电类商品质量的重要指标之一。可靠性通常包括耐用性和设计可靠性,有时维修性也包括在内。

6. 信息性

信息性是指应为消费者提供的关于商品的有用信息,主要包括:商品名称、用途、规格、型号、重量、原材料或成分;生产厂名、厂址、生产日期、保质期或有效期;商标、质量检验标志、生产许可证;储存条件;安装使用、维护方法和注意事项;安全警告;售后服务内容等。这些信息的提供有利于消费者了解商品、比较选购、正确使用、合理维护和安全储存商品,并能使消费者在其权益受到侵害时进行自我保护。

二、几大类商品质量的基本要求

(一)食品商品质量的基本要求

食品作为人们日常生活中的重要商品,是为人体提供热量、营养、维持人体生命的物质,是生长发育,保证健康不可缺少的生活资料。对食品质量的基本要求是,具有营养价值;有较好的色、香、味、形;符合卫生要求。

1. 食品的营养价值

营养价值能给人体提供营养物质,这是一切食品的基本特征。其功能是提供人体维持生命活动的营养,保证健康,调节代谢以及延续生命。营养价值是评定食品质量优劣的关键指标,是决定食品质量高低的重要依据。

食品的营养价值包括营养成分、可消化率和发热量三项指标。①营养成分。是指食品中所含蛋白质、脂肪、碳水化合物、维生素、矿物质及水分等。由于每个成分都各自起着它应有的作用。人们可以从各种不同的食品中获得各种营养成分。②可消化率。是指食品在食用后,可能消化吸收的百分率。它反映了食品中营养成分被人体消化吸收的程度。食品中营养成分只有被人们消化吸收后,才能发挥其作用。③发热量。是指食品的营养成分经人体消化吸收后在人体内产生的热量。正如电脑要耗电,卡车要耗油,人体的日常活动也要消耗热量。热量除了给人在从事运动、日常工作和生活所需要的能量外,同样也提供人体生命活动所需要的能量、血液循环、呼吸、消化吸收等。它是评价食品营养价值最基本的综合性指标。

2. 食品的色、香、味、形

食品的色、香、味、形不仅能反映食品的新鲜度、成熟度、加工精度、品种风味及变质状况,同时可直接影响人们对食品营养成分的消化和吸收。食品的色、香、味、形良好,还可以刺激人产生旺盛的食欲。许多食品的色、香、味、形还是重要的质量指标。例如,评价烟、酒、茶等商品的质量时,主要从色泽、香气、滋味等方面进行鉴定。不同的色、香、味、形,决定它本身的档次和等级。

3. 食品的卫生性(无毒害性)

食品的卫生性是指食品中不应含有或超过允许限量的有害的物质和微生物。食品卫生关系到人们的健康与生命安全,有的还影响子孙后代,所以作为食品,卫生、无毒无害、无污染是最起码的条件。影响食品卫生的主要来源,有以下五个方面:①食品自身产生的毒素。②生物对食品的污染。③加工中混入的毒素。④保管不善产生的毒素。⑤环境、化学品造成的污染。

(二)纺织品商品质量的基本要求

纺织品是人们日常中生活不可缺少的生活资料。随着社会的发展,纺织品的款式、品种日趋新颖、丰富,其功能已不再是简单的御寒遮体、维持生活,而增加了对于舒适、卫生安全、美观、大方、流行、具有时代性等的要求。对纺织品质量的基本要求有以下几方面:

1. 材料选择适宜性

纺织品的基本性能及外观特征,主要由其所用的纤维材料决定。不同种类的纤维如棉麻、毛涤纶等,其织品的性能各有不同;即使同种纤维不同品质,其织品也各有特色。因此,纺织品用途不同,所选择的纤维的种类和品质也各不相同。

2. 组织结构合理性

纺织品组织结构主要包括织物组织、重量和厚度、紧度和密度、幅宽和匹长等。纺织品的组织结构影响着织物的外观和机械性能。如纺织品的厚度、紧度等可影响其透气性、保暖性、柔软性等。

3. 良好的服用性

服用性主要是要求织品在穿用过程中舒适、美观、大方。要求其缩水率、刚挺性、悬垂性符合规定标准,具有良好的吸湿性、透气性,不起毛起球,花型、色泽、线条图案应大方富有特色等。

4. 卫生安全性

卫生安全性是指纺织品保证人体健康和人身安全而应具备的性质。主要包括纺织品的卫生无害性、抗静电性等。卫生无害性,不仅要求纺织品纤维对人体无害,还要求纺织品在加工和染色过程中使用的染料、防缩剂、防皱剂、柔软剂、增白剂等化学物质对人体无害。这些化学物质如残留在纺织品表面,就可能造成对皮肤的刺激。

(三)日用工业品商品质量的基本要求

日用工业品包括的面很广,有玻璃制品、搪瓷器皿、铝制品、日用塑料制品、皮革制品、胶鞋、纸张、洗涤剂、化妆品、钟表、家具、电器、服装等。它是人们生活中不可缺少的生活资料。因此,对它们质量的基本要求是:适用性,耐用性,卫生性和外观与结构等。

1. 适用性

适用性是指日用工业品满足主要用途所必须具备的性能或质量要求。不同商品的适用性各有不同要求,如保温瓶必须保温,洗涤剂必须去污,电冰箱必须制冷,钢笔必须书写流利,手表要求走时准确,雨鞋必须防水,化妆品对肌肤无刺激,服装、鞋帽要求保暖、透气、无毒等。即使同一类商品,由于品种不同,用途也各不相同。如印刷用纸对油墨应有良好的吸湿性,而包装用纸则要求有一定的厚度和机械强度;再如,玻璃制品中茶杯,要求耐热性高;镜子要求反映影像逼真;化学仪器要求耐酸、碱性好。商品的多用性扩大了商品的适用范围。因此,适用性是构成商品使用价值的基本条件,也是评价日用工业品质量的重要指标。

2. 耐用性

耐用性是指日用工业品抵抗各种外界因素对其破坏的能力,它反映了日用工业品坚固耐用的程度和一定的使用期限、次数。例如,皮革、橡胶制品和某些纸张常用强度和耐磨耗等指标来评定其耐用性。电器开关可以开关多少次,手机电池可用多长时间,灯管在220伏电压下工作多少小时等,这些都是通过使用寿命来反映其耐用性。提高日用工业品的坚固耐用性,就能延长商品的使用寿命,就等于不用额外消耗原料和劳动力,而提高了产品的质量。所以耐用性是评价绝大多数日用工业品质量主要的依据。

3. 卫生性

卫生性是指日用工业品在使用时不能影响人体健康和人身安全的质量特性。对盛放食物的器皿、化妆品、玩具、太空杯、肥皂、牙膏及包装材料等商品应具有无毒无害性。各种家用电器不漏电、无辐射、安全可靠,在使用过程中不发生危险。玻璃器皿中有毒的重金属元素应在一定的标准内。所以在评价日用品的质量时必须重视它们的卫生性和安全性。

4. 外观

日用工业品的外观,主要是指其表面特征。一方面包括商品的外观疵点,即影响商品外观或影响质量的表面缺陷;另一方面指商品的表面装饰如造型、款式、色彩、花纹、图案等。对商品外观总的要求是式样大方新颖、造型美观、色彩适宜,具有艺术感和时代风格,并且应无严重影响外观质量的疵点。

5. 结构

日用工业品的结构,主要是指其形状、大小和部件的装配要合理,若结构不合理,不仅影响其外观,而且直接影响其适用性和耐用性,例如,服装、鞋帽结构不当,不仅使人感到不舒服,不美观,而且无法穿戴,丧失了使用价值,对于那些起着美化装饰作用的日用工业品,它们的外观造型结构更具有特殊的意义。

【延伸阅读4-1】

苛求质量 创新领先

2005年5月3日,热闹了4天的北京国际家电展落下了帷幕。在西门子家电展区,几款新颖、亮丽、功能独特的产品成为最吸引人的地方。

质量优势和技术领先是西门子公司保持长寿的秘诀。西门子对于质量的追求可以用苛刻两字来形容。一款产品从研发、设计、生产到检验,每一个环节都要用具体的数据来证明达到了要求。此次展出的新款抽油烟机,产品已经出来半年后也没推向市场。因为产品要在慕尼黑的实验中心接受各种各样的环境实验。以耐磨实验为例,用一个机器人高强度地摩擦抽油烟机的外壳,以测试它的材料和外层涂料的耐磨程度。降低残次率是西门子生产过程要控制的关键数据,严格科学的质量管理体系是生产高质量产品的保证。

一般的企业做产品品质检验,是按10%的比例抽验,但西门子对产品是100%的比例抽验,尤其是对新上市的一类产品。一般公司开董事会,董事们往往仅看财务数据,而西门子的董事会要看持续的质量数据。

西门子的管理可以追溯到每一个零部件的质量。比如一台机器由1 000个零部件组成,每一个零部件都有编号。市场上卖出去1 000台以后,通过服务信息反馈,可以知道这个机器上每一个部件的残次率是什么样的一条曲线。企业据此推断出这类产品在市场上的维修周期是多长,这个零部件需要如何改进等等。

资料来源:中国质量报2006年5月25日

第三节 影响商品质量的因素

一、影响日用工业品质量的因素

(一)原材料对商品质量的影响

原材料质量是决定商品质量的重要因素。原材料的质量特性包括化学组成、耐腐蚀性和耐气候性、阻燃性、几何结构特性、热学特性、力学特性、电学特性、光学特性等。

(1)原材料质量不同,生产的工业品商品的质量也不同,如含硅量高的硅砂可制成透明度和色泽俱佳的玻璃制品,而含铁量高的硅砂只能制出透明度和色泽较差的玻璃制品;用不同长度的棉纤维纺出的纱线其外观和强度都有明显的区别;用含蛋白质较多的大麦制造的啤酒,稳定性就不好。

(2)原材料产地不同对商品质量的影响也不同。原材料的品质特性与原材料的产地有直接的关系。自然环境、气候条件对动植物的生长、发育影响很大。生物体和生活条件是统一的,任何种类的动植物都有适宜生存的自然条件和生活环境。由于动植物生存的自然条件和生活环境的不同,形成其品质、特性有很大差异、特别是动植物在不适宜生存的自然条件和生活环境下生存,其固有的品质、特性会发生变化,甚至其结构、成分含量等都会发生很大变化,从而对商品质量产生很大影响。日用工业品、纺织品的商品质量与原材料来源产地有直接关系,特别是食品商品更是如此。例如,云南烟叶质量是其他地方烟叶质量所不可比拟的,就是由云南某些地方的高温、气爽、雨量适中、日照时间长、土质肥沃的特殊气候条件和地利条件所决定的。

(3)原材料生产季节不同对商品质量的影响也不同。动植物受季节的变化,生产发育受到很大影响,特别是成熟程度、结构成分、品质特性均有很大差别。如以春茶为原料制成的绿茶和花茶,其有效成分含量高,色、香、味、形好,对人体健康和提神的功效也大;以老叶为原料制成的茶,则质量就差,口感、味道与春茶相比相差很大。

(4)原料部位对许多种类商品质量的影响也很大。如动物皮的部位对皮鞋鞋面的硬度、光泽、耐磨度、吸水性等影响很大;又如动物体的部位不同对肉制品的质量影响很大。

(5)生产工业产品在选购原材料时,还必须研究原材料的成分、结构和性质对半成品或成品的影响,以确保选择原材料的标准,把好原材料质量验收关。在不影响商品质量的前提下,选用原材料时还应考虑资源的合理使用和综合利用。例如,选用资源丰富的代用原料,可以降低原材料的成本和扩大原材料来源;利用边角余料或适当搭配回收的废旧料以及其他综合利用方法,都有利于提高商品的社会效益和经济效益。

(二)生产工艺对商品质量的影响

生产过程就是产品质量形成过程。生产技术、生产工艺条件是形成产品质量的基础,是影响商品质量的内在因素。对于同品种、同规格、同种用途的产品,如果生产方法不同、生产工艺条件不同,其质量形成过程和质量特征、特性也是不同的。因此,产品加工方法、工艺条件的选择是决定产品质量的关键。许多商品虽然选用的原材料相同,但由于生产、加工的方法不同,赋予商品的品质、特性也是不同的,会形成品质、特性截然不同的商品。如采用同样的原棉,若在棉布生产工艺中增加精梳工序纺出的纱外观和内在质量明显改善,称为精梳纱,用该种纱织造的织物成为精梳织物。

(三)流通过程对商品质量的影响

流通过程是指商品离开生产过程进入消费过程前的整个过程。这个过程包括商品的运输装卸、仓库储存保管和销售等环节,在这些环节中同样存在着影响商品质量的各种因素,这些因素的作用使得商品的质量不断降低。

1. 运输装卸对商品质量的影响

商品进入流通领域，运输是商品流转的必要条件，运输对商品质量的影响与运程的远近、时间的长短、运输的气候条件、运输路线、运输方式、运输工具、装卸工具等因素有关。商品运输可以采用铁路、公路、水运、航空等运输方式。各种运输方式的选择，必须充分考虑商品的性质，运输方式符合商品性质的要求，商品在运输过程中才能避免或减少外界因素的影响，确保商品质量。温度、湿度、运输工具的清洁状况等是商品运输的基本条件。如果运输时温度、湿度不符合商品要求，运输工具清洁状况差，运输时与有影响物质接触，必然引起商品质量变化，只有上述运输条件控制好，才能确保商品质量。商品运输中还得注意不能随意抛扔，不得倒置，防晒、防潮、防挤压、防剧烈震动等。这些问题注意到了，商品质量就会少出现问题。商品在装卸过程中还会发生碰撞、跌落、破碎、散失等现象，这不但会增加商品损耗，也会降低商品质量。

2. 仓库储存保管对商品质量的影响

商品储存是指商品脱离生产领域，尚未进入消费领域之前的存放。商品储存是商品流通的一个重要环节，因为商品由生产到消费存在着一个时间差，在这个时期内商品必须经过储存。商品在储存期间，由于商品本身的性质和储存的外部环境的影响，商品会发生一定的变化。商品在储存期间的质量变化与商品的性质，储存场所的内外环境条件，养护技术与措施、储存期的长短等因素有关。其中，商品本身的特性是商品质量变化的内因，而仓储环境条件（如温湿度、空气成分、微生物及害虫等）是储存期间商品质量变化的外因。商品储存的地点即商品储存的场所应符合商品性质要求，以减少外界因素的影响，避免或减少商品损失或损耗。其中温度、湿度是商品储存的条件，要符合商品性质的要求，商品质量的变化就可避免或减缓；堆码、苫垫等是商品储存放置方法，堆码的形式应符合商品种类、性质和质量变化的要求，商品质量才可得到保证。商品苫垫得当可以防止和减少阳光、风雨对商品质量的影响。商品储存期间的长短是储存期限。商品储存一定要按保存期和保质期保存，贯彻先进先出原则，使商品质量得到保证。

3. 销售服务对商品质量的影响

销售是商品由流通领域进入消费领域的环节，销售服务的质量也是影响消费者所购商品质量的因素。销售服务过程中的进货验收、入库短期存放、商品陈列、提货搬运、装配调试、包装服务、送货服务、技术咨询、维修和退换货服务等项工作质量的高低都将最终影响消费者所购商品的质量。许多商品的质量问题不是商品本身固有的，而往往是由于使用者缺乏商品知识或未遵照商品使用说明书的要求，进行了错误操作或不当操作所引起的。所以，商品良好的售前、售中、售后服务质量已被消费者视为商品质量的重要组成部分。

（四）使用过程对商品质量的影响

商品在消费（使用）过程中，商品的使用范围和条件、商品的使用方法以及维护保养，甚至商品使用后的废弃处理等都影响着商品质量。

1. 商品使用范围对商品质量的影响

任何产品都有一定的使用范围和条件,在使用当中只有遵从其使用范围和使用条件,才能发挥商品的正常功能,否则就会对商品质量造成严重的影响。例如,燃气热水器要区分气源类别;家用电器要区分交流电和直流电以及电源电压值;电脑要注意工作场所的温度、湿度等。商品除有一定的使用范围和条件以外,正确安装也是保证商品质量的因素之一。例如,燃气热水器的分室安装或其烟道的正确安装;有些要求安装地线保护的电器必须按要求正确安装,否则无法保证电器安全,甚至会造成人身伤亡事故。

2. 使用方法和维护保养对商品质量的影响

正确使用和维护保养商品是保证商品质量、延长商品寿命的前提。消费者在使用商品的过程中应了解商品的结构、性能等特点,掌握正确的使用方法,并应具备一定的商品日常维护保养知识。例如,某些电器商品应经常保持清洁,定期添加润滑油等;皮革服装穿用时要避免坚硬物质摩擦或被坚硬物划破等。生产者应该认真编制商品使用(食用)和养护说明书,使消费者能很容易地掌握商品的使用(食用)方法和养护方法,以便在使用过程中更好地保护商品质量。

3. 商品使用后的废弃处理对商品质量的影响

使用过的商品及其包装物作为废弃物被丢弃到环境中,有些废弃物可回收利用;有些废弃物则不能或不值得回收利用,也不易被自然因素或微生物破坏分解,成为垃圾。还有些废弃物会对自然环境造成污染,甚至破坏生态平衡。由于世界各国越来越关注和忧虑环境问题,不少国际组织积极建议,把对环境的影响纳入到商品质量指标体系中。因此,商品及其包装物的废弃物是否容易处理以及是否对环境有害,将成为决定商品质量的又一重要因素。

二、影响农产品质量的因素

(一)动植物品种

动植物品种非常重要,它不仅决定动植物产品的产量,更决定了动植物产品的质量。因此,都把种畜、种子和种苗标准化作为重要工作来抓,有计划地培育优良种子、种畜和种苗。

近些年我国在动植物品种研究上取得了更多可喜的成就。如:把牛的基因移入猪体内,培育出理想的瘦肉型猪源;大豆与水稻细胞融合后形成了高蛋白水稻;通过研究生产出低芥酸或无芥酸的菜子油等,从而使猪肉、水稻和菜子油的质量大大提高。

(二)植物栽培技术

农作物在栽培过程中,如播种、施肥、灌溉等环境都存在着很多技术问题。只有掌握了各种作物的生长发育规律,按照作物特点播种或插秧,依作物需要施底肥和追肥,及时灌溉,才能高产高质。如瓜果类作物施了过量氮肥而缺乏磷肥和钾肥,会使茎叶徒长而所结果实少且质量不好;花生地上开花地下结果,必须在开花授粉后及时封垅等。

还有些农作物的栽培,需要掌握一些特殊技术。如苹果树的剪枝技术,棉花、烟草和番茄的打尖和抹杈技术。这些作物只有科学剪枝、打尖和抹杈,才能产量高、质量好。

(三)动物饲养管理

动物的成长和发育也有自己的规律,不同动物的成长和发育又各具特点。为此,由于动物不同以及饲养动物的目的不同,在饲养过程中必须有针对性的进行科学管理。对种畜、奶畜和肉畜的饲养管理就不能一样,如对猪的饲养,为了提高其瘦肉率,有些饲养者采取"前促后控"的措施进行管理,就取得了良好效果,达到了饲养的目的。

第四节　商品质量管理

【延伸阅读4-2】

突破传统思维定式,联想质量管理再突破

在过去的十几年里,联想一贯秉承"让用户用得更好"的理念,致力于为中国用户提供最新、最好的科技产品,推动中国信息产业的发展。在这个理念指导下,联想的质量工作经过了从"符合标准"、"客户满意"到"质量经营"的跳跃式发展。早期,联想产品以"符合标准"为目标;接下来联想发现,"符合标准"不一定就是受消费者欢迎的产品,于是,联想又以"用户满意"作为衡量产品质量的标准。

现在,联想又正在经历从"客户满意"到全面"质量经营"阶段的发展。在企业文化方面,联想总结了过去发展的经验,凝练了联想"服务客户,精准求实,诚信共享,创业创新"的核心价值观,并把这种价值观作为质量经营的指导思想。2001年11月,联想单独成立了公司级质量管理部,并建立了各层级的监督检查机制与制度。质量部门引导各个环节,将客户的需求转化为各个产品形成环节的关键性能指标。每个环节和部门都有明确的质量、效率和成本指标及其考核办法。

近些年来,日趋完善的"质量经营"帮助联想获得了突出的成绩。2000年联想成为唯一荣获全国质量管理先进企业奖的计算机整机制造企业;2002年,联想被国家质检总局评选为"2002年全国质量管理先进企业"。这次联想获得的"全国质量管理奖"代表了中国质量协会及有关专家对联想的再次肯定。

从"符合标准"到"客户满意",再到"质量经营",联想成为"质量管理"先进概念的积极倡导者和有力实施者,走过了一条坚实而成功的道路。卓越有效的质量管理是联想所提供的完善服务与优质产品的重要保证。

资料来源:万融主编 《商品学》中国人民大学出版社2005年9月第3版

质量管理是企业全部管理职能的一个重要组成部分,应该由企业最高管理者领导,由企业所有员工去实施。质量管理是企业为了使其产品、服务能更好地满足不断变化的顾客要求而开展的计划、实施、检查和审核等管理活动的总和。为了实施质量管理,通常企业要建立质量管理体系。

一、质量管理的含义

质量管理是指在质量方面指挥和控制组织的协调活动。质量管理是组织活动的重要组成部分,是组织围绕质量而开展的各种计划、组织、指挥、控制和协调等所有管理活动的总和。质量管理必须和企业其他方面的管理如生产管理、财务管理、人力资源管理等紧密结合,才能在实现组织经营目标的同时实现质量目标。质量管理通常包括制定质量方针和质量目标,以及质量策划、质量控制、质量保证和质量改进等活动。质量管理涉及企业各个方面,是否有效实施质量管理关系到企业的兴衰。

二、质量管理的发展阶段

质量管理的概念是在20世纪初提出来的,经过100多年的发展,大致经历了三个阶段。

(一)质量检验阶段

在第二次世界大战以前,人们对质量管理的认识只限于对产品质量的检验。在由谁来检验把关方面,也有一个逐步发展的过程。

1. 操作者质量管理

在20世纪以前,生产方式主要是小作坊形式,工人自己制造产品,又自己负责检验产品质量。换句话说,那时的工人既是操作者,又是检验者,制造和检验质量的职能统一集中在操作者身上,因此被称为"操作者质量管理"。

2. 工长质量管理

20世纪初,科学管理的奠基人 F·W·Taylor 提出了操作者与管理者的分工,建立了"工长制",并将质量检验的职能从操作者身上分离出来,由工长行使对产品质量的检验,这一变化分离了操作者的职能,强化了质量检验的职能,称为"工长质量管理"。

3. 检验员质量管理

随着科技进步和生产力的发展,企业的生产规模不断扩大,管理分工的概念被提出来了。在管理分工概念的影响下,企业中逐步产生了专职的质量检验岗位,有了专职的质量检验员,质量检验的职能从工长身上转移给了质量检验员。后来,一些企业又相继成立了专门的质量检验部门,使质量检验的职能得到了进一步的加强,这称为"检验员质量管理"。

质量检验阶段从操作者质量管理发展到检验员质量管理,无论从理论上还是实践上都有很大进步,对提高产品质量有很大的促进作用。但随着社会科技、文化和生产力的发展,逐步显露出质量检验阶段存在的许多不足:

(1)事后检验,没有在制造过程中起到预防和控制的作用,即使检验查出废品,也已是"既成事实",质量问题造成的损失已难以挽回。

(2)全数检验,在大批量的情况下经济上不合理,还容易出现错检漏检,既增加了成本,又不能完全保证检验百分之百的准确。

(3) 全数检验在技术上有时变得不可能,如破坏性检验,判断质量与保留产品之间发生了矛盾。这些问题在第二次世界大战时期显得特别突出,从而推动了质量管理理论的进一步发展。

(二) 统计质量控制阶段

"事后检验"、"全数检验"存在不足引起了人们的关注,一些质量管理专家、数学家开始注意质量检验中的弱点,并设法运用数理统计的原理来解决这些问题。

在20世纪20年代,美国贝尔实验室成立了两个研究组,一个是以W·A·Shewhart博士为首的工序控制组,另一个是以H·F·Dodge博士为首的产品控制组。这两个研究组在20世纪20年代所获得的成果对质量管理从质量检验阶段发展到统计质量控制阶段作出了重要贡献。1924年W·A·Shewhart提出了"事先控制,预防废品"的观念,并且应用数理统计原理发明了具有可操作性的"质量控制图",用于解决事后把关的不足。1931年W·A·Shewhart出版了《Economic Control of Quality of Manufactured Product》一书,总结了他的研究成果,是质量管理发展中划时代的经典著作之一。与此同时,H·F·Dodge和H·G·Romig提出了抽样的概念和抽样的方法,并设计了可以运用的"抽样检验表",用于解决全数检验和破坏性检验所带来的问题。但是,当时由于经济危机的影响,这些方法没有得到足够的重视和应用。

第二次世界大战爆发后,由于战争对大批量军火生产的需要,质量检验的弱点显得特别突出,严重影响军需供应。为此,美国政府和国防部组织了一批数学家来研究和解决军需产品的质量问题,推动了数理统计方法的应用,先后制定了三个战时质量控制标准:AWSZ1.1—1941质量控制指南;AWSZ1.2—1941数据分析用控制图法;AWSZ1.3—1941工序控制图法。这些标准的提出和应用,标志着质量管理在20世纪40年代进入了统计质量控制阶段。第二次世界大战以后,统计质量控制的方法开始得到推广,为企业带来了极好的利润。

从质量检验阶段发展到统计质量控制阶段,质量管理的理论和实践都发生了一次飞跃,从"事后把关"变为预先控制,并很好地解决了全数检验和破坏性检验的问题。但是,由于过多地强调了统计方法的作用,忽视了其他方法和组织管理对质量的影响,使人们误认为质量管理就是统计方法,而且这种方法又高深莫测,让人们望而生畏。这样,质量管理就成了统计学家的事情,从而限制了统计方法的推广和发展。

(三) 全面质量管理阶段

这一阶段是从20世纪60年代开始的。从统计质量控制阶段发展到全面质量管理阶段,除了当时统计质量控制方法存在的不足之外,还有社会因素。主要有以下几个。

(1) 科技进步带来了许多高、精、尖的产品,特别是一些超大规模的产品,如火箭、宇宙飞船、人造卫星等,统计质量管理的方法已不能满足这些高质量产品的要求。

(2) 社会进步带来了观念的变革,保护消费者利益的运动向企业提出了"质量责任"问题。1960年,美国、英国、奥地利、比利时等国的消费者组织在荷兰海牙正式成立了国际消费者组织联盟,并于 1983 年确定每年 3 月 15 日为"国际消费者权益日";1984 年 12 月 26 日,中国消费者协会经国务院批准正式成立。

(3)系统理论和行为科学理论等管理理论的出现和发展,对企业组织管理提出了变革要求,并促进了质量管理的发展。

(4)国际市场竞争加剧,交货期和价格成为顾客判别满足质量要求程度的重要内容等。

这些新情况的出现,都要求质量管理在原有的统计质量控制方法基础上有新的突破和发展。基于这样的历史背景和经济发展的客观要求,美国通用电气公司(GE)质量总经理 A·V·Feigenbaum 和著名的质量管理专家 J·M·Juran 等人在 20 世纪 60 年代先后提出了"全面质量管理"的概念。这一概念的提出,开创了质量管理的新时代,一直影响到今天。

1961 年,A·V·Feigenbaum 撰写出版了《Total Quality Control》一书,指出"全面质量管理是为了能够在最经济的水平上并考虑充分满足用户要求的条件下进行市场研究、设计、生产和服务,把企业各部门的研制质量、维持质量和提高质量的活动构成一体的有效体系"。A·V·Feigenbaum 等人提出的全面质量管理概念,强调了以下的观点。

(1)质量管理仅靠检验和统计控制方法是不够的,解决质量问题的方法和手段是多种多样的,而且还必须有一整套的组织管理工作。

(2)质量职能是企业全体人员的责任,企业全体人员都应具有质量意识和承担质量责任。

(3)质量问题不限于产品的制造过程,解决质量问题也是如此,应该在整个产品质量产生、形成、实现的全过程中都实施质量管理。

(4)质量管理必须综合考虑质量、价格、交货期和服务。而不能只考虑狭义的产品质量。

全面质量管理的理论和实践的发展跨越到了 21 世纪,其观念逐步被世界各个国家所接受,并且在实践中得到了丰富和发展,从 TQC(Total Quality Control)发展为 TQM(Total Quality Management),使管理的概念更全面、更人性化、更具有竞争性,极大地推动了世界经济的发展,为人类进步和生活质量的提高做出了巨大的贡献。

(四)质量管理的新发展

随着时间的进步,在质量管理的实践活动中以及质量管理专家的积极作用下,出现了一些对质量管理的发展和进步产生巨大作用的管理方法。

1. 零缺陷理论

1979 年,美国质量管理专家克劳斯比在《质量免费——确定质量的艺术》一书中提出并确立了"第一次就把事情做对"和"零缺陷"理论。"零缺陷"的四项基本原则是:

(1)明确需求。要了解顾客群体的需求,动态跟进,及时调整,全面分析,及早预测等。

(2)做好预防。预防是严密的策划与实践的互动过程,以顾客需求为目标缩短供给距离。

(3)一次做对这是管理到位和员工到位的结合。管理到位要求各类管理人员抓住重点。消除弱点、疑点、盲点、做好指导性工作;员工到位指员工应该做到明确标准、条件齐备、动作有序、控制关键、不留隐患。两者结合,做到全过程受控、全方位达标,以消除问题的出现。

(4)科学衡量。选择合适的衡量标准计算因质量问题的出现而造成的损失及浪费,帮助各级人员从教训中查出问题根源以根本解决问题,改善分析思路及管理方法等。

2. ISO 9000 族标准

ISO 9000 族标准是国际标准化组织颁布的在全世界范围内通用的关于质量管理和质量保证方面的系列标准,主要是为了促进国际贸易而发布的,是买卖双方对质量的一种认可,是贸易活动中建立相互信任关系的基石。现在许多国家把 ISO 9000 族标准转换为自己国家的标准,鼓励、支持企业按照这个标准来组织生产,进行销售。符合 ISO 9000 族标准已经成为在国际贸易上需方对卖方的一种最低限度的要求,其基本管理思想包括:强调领导在质量管理和质量保证中的作用;强调各级人员责任落实、分工明确、职位统一、协调一致;强调过程因素的控制;强调预防为主;强调质量和效益的统一;强调满足顾客对产品的需求。

3. 六西格玛管理

六西格玛管理是 20 世纪 80 年代由美国摩托罗拉公司为了应对自己的市场被同类日本企业蚕食而创立的一种质量改进方法,在通用电器、联合信号等一些世界级企业中实施并取得了令人瞩目的成就后,广泛被人们接受并应用于实际。六西格玛管理是通过对流程的持续改进,以提高质量水平,提高顾客满意度,降低风险和成本的一种质量改进方法,其目标就是追求完美。

六西格玛管理总结了二十多年来全面质量管理的成功经验,吸纳了近十年来提高顾客满意度以及企业经营绩效方面新的管理理论和方法,将质量与生产力改进的原则有机的贯穿于提高企业核心竞争力的管理体系中,极大的推进了质量管理模式的创新和质量管理水平的提高。六西格玛管理是全面质量管理在质量改进方面的新发展,是对近百年来质量管理特别是质量改进理论的继承性发展。

4. 卓越绩效模式

"卓越绩效模式"是 20 世纪 80 年代后期美国创建的一种世界级企业成功的管理模式,其核心是强化组织的顾客满意意识和创新活动,追求卓越的经济绩效。"卓越绩效模式"得到了企业界和管理界的公认,几乎所有经济发达和强劲发展的国家和地区均建立了各自的卓越绩效(质量奖)模式,以推动所在国家、地区的经营管理进步和核心竞争力提升。最经典的卓越绩效模式是三大质量奖:美国波多里奇国家质量奖、欧洲质量奖和日本戴明奖。其中波多里奇国家质量奖的影响最广泛。

三、全面质量管理

(一)全面质量管理的定义

国际标准 ISO 8402—1994 关于全面质量管理的定义是"一个组织以质量为中心,以全员参与为基础,目的在于通过让顾客满意和本组织所有成员及社会受益而达到长期成功的管理途径。"全面质量管理并不等同于质量管理,质量管理只是组织中所有管理活动之一,与其他管理活动,如生产管理、计划管理、财务管理、人事管理等并存。而全面质量管理则适用于组织的所有管理活动和所有相关方,全面质量管理被称为质量管理的最高境界。具体表现在以下几点。

(1)全面质量管理是一种管理途径,不是某种简单的方法,也不是某种模式和框架。

(2)全面质量管理强调一个组织必须以质量为中心来开展活动,其他管理职能不能取代质量管理的中心地位。

(3)全面质量管理强调组织内最高管理者强有力和持续的领导和参与,同时要求所有部门和所有层次的人员投入到各种质量活动中去。

(4)全面质量管理强调全员教育和培训。

(5)全面质量管理强调让顾客满意,使包括本组织成员在内的所有相关方受益。

(6)全面质量管理强调谋求长期的经济效益和社会效益。

全面质量管理的质量观从传统的质量管理符合性标准上升到以顾客满意为标准,把实施全面质量管理当作一项长期、动态的战略工程。

(二)全面质量管理的特点

全面质量管理的特点就在于"全面"上,所谓"全面"有以下五个方面的含义。

1. 全面质量的管理

所谓全面质量就是指产品质量、过程质量和工作质量。全面质量管理不同于以前质量管理的一个特征,就是其工作对象是全面质量,而不仅仅局限于产品质量。全面质量管理认为应从抓好产品质量的保证入手,用优质的工作质量来保证产品质量,这样能有效地改善影响产品质量的因素,达到事半功倍的效果。

2. 全过程的管理

所谓全过程是相对于制造过程而言的,就是要把质量活动贯穿于产品质量产生、设计和实现的全过程,全面落实预防为主的方针,逐步形成一个包括市场调研、设计开发、采购供应、工艺策划和开发、生产制造、质量检验、包装储存、销售分发、安装运行、技术服务和维修、用后处置等所有环节在内的质量保证体系,把不合格品消灭在质量形成的过程中,做到防患于未然,把管理重点从事后检验转到事前控制上来,形成能稳定生产合格品的生产经营系统。

3. 全员的管理

在全员管理中,处在不同管理层次的人员的质量责任和作用是不同的。企业最高管理层主要负责制定质量方针、目标、完善管理体制、协调各部门、各环节、各类人员的质量管理活动;中层管理人员的主要职责是使质量决策付诸实施,提供管理方法、标准,并对基层进行教育、指导、监督、考核,承上启下;基层人员则侧重于严格按照规定的计划和标准进行生产运作。

4. 全社会推动的管理

全社会推动是指要使全面质量管理深入持久地开展下去,并取得良好的效果,就不能把工作局限于企业内部,而需要全社会的重视,需要质量立法、认证和监督,进行宏观上的控制引导,即需要全社会的推动。这是因为一个完整的产品往往是由许多企业共同协作来完成的,例如,机器产品的制造企业要从其他企业获得原材料,从各种专业工厂购买零部件等。因此,仅靠企业内部的质量管理无法完全保证产品质量;另外,来自于全社会宏观质量活动所创造的社会环境可以激发企业提高产品质量的积极性和认识到它的必要性。

5. 全面运用各种管理方法

在现代化大生产和科学技术的实践中,质量管理形成了大批工具技术和方法,使得对质量管理工作进行定性和定量分析成为可能。全面质量管理中广泛运用各种方法,统计方法是重要的组成部分,如回归分析、方差分析、多元分析、试验设计、时间序列分析等。另外还有很多非统计方法。常用的质量管理方法有所谓的老七种工具,即因果图、排列图、直方图、控制图、散布图、分层图、调查表;还有新七种工具,即关联图法、KJ 法、系统图法、矩阵图法、矩阵数据分析法、PDPC 法、矢线图法。

(三) 全面质量管理的 PDCA 循环方法

1. PDCA 循环的含义

PDCA 循环是全面质量管理的基本方法,最早是由美国质量管理专家戴明提出来的,所以又称为"戴明环"。PDCA 四个字母及其在 PDCA 循环中所代表的含义如下:

P(plan)——计划,确定方针和目标,确定活动计划。

D(do)——执行,实地去做,实现计划中的内容。

C(check)——检查,总结执行计划的结果,注意效果,找出问题。

A(action)——处理,总结处理检查的结果,肯定成功经验并加以推广、标准化,总结失败的教训避免再出现,未解决问题进入下一循环。

PDCA 循环的基本模型如图 4.1 所示。

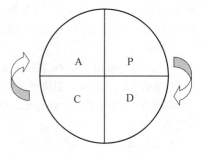

图 4.1 PDCA 循环图

2. PDCA 循环的特点

(1) 大环套小环。如果把整个组织的工作作为大的 PDCA 循环,那么各个部门、小组还有各自小的 PDCA 循环,上一级 PDCA 循环是下一级 PDCA 循环的根据,反过来下一级 PDCA 循环是上一级 PDCA 循环的贯彻落实和具体表现,通过循环把组织各项工作有机联系起来,共同促进。

(2) 阶梯式上升。PDCA 循环不在同一水平上循环,每循环一次,就解决一部分问题,取得一部分成果,质量水平就提高一步。到了下一次循环,又有了新的目标,从而不断阶梯上升。

(3) 科学管理方法的综合应用。PDCA 循环应用以 QC 七种工具为主的统计处理方法以及工业工程(IE)中工作研究的方法作为进行工作和发现、解决问题的工具。

【知识链接4-2】

质量管理改进的七种工具

1. 因果图

因其图形很像鱼骨,所以又称鱼骨图。它主要用于分析质量问题产生的主要原因。导致过程和产品质量的问题可能有很多,通过对这些因素进行全面系统地观察和分析,可以找出其因果关系。通过把握现状、分析原因、寻求措施来促进问题的解决。绘制因果图时,应注意逻辑推理法和发散整理法;确定时应通过大家集思广益,充分发扬民主,以免疏漏;确定原因尽可能具体;质量特性有多少,就要绘制多少张因果。

2. 排列图

排列图又称巴雷特图法,是找出影响产品质量主要问题的一种方法。这种方法是以图表的形式把许多问题或构成问题的许多内容、因素等按照各自所占的份额,用相应高低的长方形依次排列出来,同时,标出各项累计百分比,以指示解决问题的主要目标。影响产品质量的因素往往由少数项目所致,通过区分最重要的和次要的项目,可以用最小代价获得最好效果。

3. 直方图

直方图法又称质量分布图法或频数分布图法。它是把收集到的质量数据整理后,根据分布的情况分成若干组,画出以组距为底边,以频数为高度的许多直方形,再把他们连接起来,形成矩形图,通过观察图形,分析质量现状和趋势,从而提出控制商品质量的方法。

4. 箭线图

箭线图法,又称矢线图法,是网络图在质量管理中的应用。过去普遍使用的甘特图,对于描述粗略的计划或简单的作业确实可行,但它不能把各个作业之间的从属关系表示出来。箭线图就是为此修补而设计改进的方法,它利用了在计划评审法和关键路径法中使用的网络图。箭线图法是确定某项质量工作的最佳日程计划和有效地进行进度管理的一种方法,特别是运用于工序繁多、复杂、衔接紧密的一次生产项目时效果尤为明显。

5. 关联图

关联图法是指用一系列的箭线来表示影响某一质量问题的各种因素之间的因果关系的连线图。对于由复杂因素构成的问题,可以明确其原因——结果、目标——手段的关系,找到恰当的解决对策。通常,在绘制关键图时,将问题与原因用"O"表示,其中要达到的目标和重点项目应重点圈起,箭头表示因果关系,箭头指向结果。

6. 系统图

系统图是为了达到某种目的,从系统上寻求最佳手段的一种方法,使用的是树形图或框图,它将价值工程中的功能分析所用的功能系统图的想法和手段应用到质量管理中的各种问题上来。系统图法可以系统地掌握问题、寻找到实现目的的最佳手段。系统图的具体做法是将把要达到的目的所需要的手段逐级深入,即上一水平手段对于下一水平手段来说是目的。

7. KJ法

KJ法又称亲和图法或A型图解法,由日本专家川喜田二郎创造,KJ是其名字英文打头字母缩写。KJ法针对某一问题广泛收集各种经验知识、想法和意见等语言、文字资料,通过A型图解汇总,并按照资料近似程度、内在联系进行分类整理,抓住事物的本质,找出结论性的解决办法。这种方法是开拓思路、集中集体智慧的好办法,尤其针对未来和未知的问题可以进行不受限制的预见、构思、对质量管理方针计划的制订、新产品新工艺的开发决策和质量保证都有积极的意义。

本章小结

商品质量是指商品的一组固有特性满足规定和隐含的要求(或需求)的程度。商品质量概念的核心是满足消费者的需求、商品的质量是与商品用途有关的属性参数的综合、商品质量具有针对性、相对性、可变性三层含义。对有形商品的质量要求主要有使用性、安全卫生性、审美性、经济性、寿命和可靠性、信息性。

影响工业产品质量的因素主要有原材料、生产工艺、流通过程的运输装卸、仓库储存保管、销售服务等环节。此外商品消费过程中的商品使用范围、使用方法和维护保养、商品使用后的废弃处理对商品质量也有影响。

质量管理是企业全部管理职能的一个重要组成部分。质量管理是指在质量方面指挥和控制组织的协调活动。质量管理通常包括制定质量方针和质量目标,以及质量策划、质量控制、质量保证和质量改进等活动。

质量管理的发展大致经历了质量检验、统计质量控制、全面质量管理三个阶段。全面质量管理是一个组织以质量为中心,以全员参与为基础,目的在于通过让顾客满意和本组织所有成员及社会受益而达到长期成功的管理途径。"全面"有以下五个方面的含义:①全面质量的管理。②全过程的管理。③全员的管理。④全社会推动的管理。⑤全面运用各种管理方法。

思考题

1. 什么是商品质量?商品质量构成要素有哪些?
2. 食品质量的基本要求有哪些?
3. 决定和影响工业商品质量的因素有哪些?
4. 怎样进行流通领域的商品质量管理?
5. 如何理解全面质量管理?全面质量管理有哪些特点?

实训项目

考查日常食品是否有不符合质量的基本要求的,如有的话,是哪些食品。如何使用PDCA循环方法进行全面的质量管理?

案例分析

"零"是最刚性的目标

2006年6月,海尔洗衣机事业部装配车间的质量经理苏宁和抽检经理刘永军的资源存折上双双被输入了一个数字:-80。这是他们俩为一台外包装箱潮湿的海尔小神童洗衣机"买单"的结果,本月的收入将会被扣掉80元。同绝大多数企业一般都会对出现质量问题的责任人进行经济处罚不同的地方在于,在海尔,责任人买单只不过是解决这件质量问题所需要的30多个环节中的一个而已。因为根据从今年起在海尔集团开始推行的新的质量改进方法——FDAR归零化管理的要求,从发现质量问题一开始,一套包括了4个环节的闭环式的质量管理模式就会启动,它的起源可能来自于用户的抱怨,也可能来自于企业的检测,但结果一定是从根本上将这件质量事故的隐患消除。

海尔这套质量改进办法的操作过程,首先是问题反馈阶段(F),主要是对质量问题基本情况的掌握。其次是问题分配阶段(D),除了责任人买单,还主要包括了模拟复现、原因分析、责任人反思等环节。责任人买单要承担质量问题耗费成本的1%,剩下的99%作为负债形式被记录进了当事人的资源存折。这些负债部分只有在当事人在其他工作中取得了成绩被记录进了正激励才会被抵消,否则,将会大大影响当事人年终的考核以及下年度的岗位。第三个环节是问题接收与处理(A),责任人的改进措施、反复的论证、从各个环节对整改办法进行复审等都在这一阶段处理。而最后一个阶段就是问题归零(R),其中包括了对其他人的警示、最多长达6个月的效果跟踪以及问题转化的一致性复审等步骤。当然,也并不是每个质量问题的归零都需要那么久,比如由于残水量超标导致外包装箱被打湿,从发现到完全消除隐患也不过就是一个月的时间。

很多人会问,问题固然是解决了,而且似乎还比较彻底,但是,有必要搞得这么复杂吗?

从表面上看,这套质量改进办法虽然环节比较多,但是,由于海尔从1998年起开始了市场链流程再造工作,海尔的每个人都成了一个微型公司,每个人对问题的处理都已经习惯于从前后工序进行市场化SST(索赔、索酬、跳闸)的运作——如果你提供的服务好,下道工序应该给你报酬;不好的话,下道工序有权向你索赔;如果出问题,就由利益相关的第三方制约并解决问题。当每个人都在这样一个系统下运作的时候,事情反而简单了。而且,由于产能规模越来越大,已经不可能要求对每一个产品进行全面的检验,确保质量的一致性和稳定性,只有依赖于系统的完善和防错机制的建立。

"对于一个以创世界名牌为目标的企业,质量毫无疑问是第一位的。但是,海尔对于质量的理解已经不再局限于一件件单独的产品。海尔今天的全面质量战略包括了3个层次:确保标准要求、追求零缺陷的符合性产品质量;以用户和市场为中心,追求零抱怨的适用性的产品和服务;为用户、股东、员工、合作伙伴和社会创造平衡的价值,追求零差错的市场链全球经营质量。"

其实不仅是质量问题的零缺陷和零差错,由于张瑞敏提出流程再造的根本目的在于解决信息化时代企业管理的效率和效益问题,海尔每个人、每个岗位都定出了"零基目标":质量零缺陷、交货期零延误、产品零库存、与用户零距离、零营运资本、零冗员……哪个环节出了问题,就要把问题"买断",然后解决。他们追求的目标是,不管是意识到还是未意识到的,所有问题都是不该发生的,都应该是零。这是绝对的刚性的目标。

案例思考题

1. 详细说明海尔是如何执行FDAR归零化管理的?
2. 全面质量管理的优势在海尔是如何发挥出来的?

第五章 Chapter 5

商品质量监督、提升与维护

【学习目标】

通过本章的学习,了解商品质量监督的概念和作用;掌握商品质量监督的种类和形式;熟悉我国商品质量监督管理体制;认识假冒伪劣商品的危害,明确假冒伪劣商品的范围,掌握鉴别假冒伪劣商品的要点;理解商品质量提升的内涵与意义,了解商品质量提升的途径以及打击假冒伪劣商品的措施,了解常用的商品防伪技术。

【关键词】

商品质量监督 Commodity Quality Supervision;假冒伪劣商品 Fake and Shoddy Goods;防伪技术 Anti-Counterfeiting Techniques;质量提升 To Promote Qualities。

【引导案例】

全力构筑奥运食品质量安全"防护网"

中国政府高度重视食品安全工作,把确保食品安全作为成功举办2008北京奥运会的重要基础性工作来抓,着力建设食品安全监管长效机制。在中央和各有关地方政府的统一领导下,在奥组委等赛事组织部门的协调配合下,各级质检部门以最科学的方法、最严密的措施、最严格的监管,全力构筑奥运食品质量安全保障"防护网"。主要措施有:

加强奥运食品标准工作。国家质检总局规定,所有供奥运食品必须符合国家强制性标准,都有相应的检测方法和检测标准。同时,参照国际食品法典和发达国家标准,制订出台了涉及食源性兴奋剂项目的检验检测方法标准和技术规范,督促各有关企业和单位严格执行。

实行封闭生产。所有奥运食品生产加工企业都实行了封闭管理、单独生产,指定专人负责奥运食品生产,划出专门的原辅料储存区、成品储存区和独立加工生产线,生产的奥运食品都有明显的标志。供奥运食品的加工原料都来源于定点供应奥运的农产品基地,做到了凡禁用的原辅料都彻底禁用,凡限用的都严格限用,杜绝了违规或不当使用药物及添加剂。绝大多数奥运食品或其原辅料都属有机食品,不使用化学合成的农药、化肥、生长调节剂、饲料添加剂等物质,遵循自然规律和生态学原理,根据有机认证标准生产、加工,完全符合安全、健康、环保的要求。

实施批批检验。对奥运食品,企业必须做到批批检验、批批留样,严格准出,保证出厂产品都是合格的,未经检验和检验不合格的产品一律不得出厂。不合格的产品由质检机构监督企业销毁,绝不允许以其他方式流入市场。

开展驻厂监管。对奥运食品定点生产加工企业,各有关质检机构都派出了强有力的监管小组,全部实施24小时不间断驻厂监管。为了规范驻厂监管,质检总局编制了《奥运食品驻厂监管工作规范》,规定了驻厂监管工作职责、工作要求、驻厂监管小组组成、监管工作依据、监管工作开展、报告制度和工作纪律。各地质量技术监督部门还根据地方实际情况,进一步细化了各项措施要求,明确监管重点内容,强化监管责任,加强监督指导。

实行封闭供应。对所有奥运食品采取了定点供应企业与奥运会场之间"点对点"、"门对门"式封闭供应方式,实现了封闭管理、储存和运输,以减少中间环节和风险。为了保证食品的新鲜和质量,在运输过程中采用了国际上通用的冷链方式,具有杀菌广、消毒时间短、食物表面无残留以及无污染等优点。

实行电子化追溯管理。质检部门加强食品安全可追溯系统建设,通过建设产品质量电子监管网,利用现代信息技术、网络技术和编码技术,对产品质量实施科学监管。监管网为每一件产品都赋予了电子监管码,实现"一件一码"管理,将监管码对应产品的生产、流通、消费等动态信息实时采集到数据库中,通过数据库和客户服务中心,为政府从源头实现质量监管建立电子档案、对市场实现跟踪追溯、索证索票、实施进货检查验收、建立购销电子台账和缺陷产品召回提供了信息电子化保障。奥运食品安全追溯数据中心对奥运食品的安全追溯信息进行归集、查询、分析、评估、跟踪、预警,形成统一、科学的食品安全风险评估和预警报告。同时,结合对运输车辆的GPS定位系统和温度自动记录装置,实现从生产基地经加工企业、物流配送中心到奥运村的全过程控制,确保各个环节安全。

严格违禁药物残留检测。质检总局指定17个省市32家国家质检中心和检验检疫重点实验室,作为供奥运生产加工食品检验机构,承担供奥运食品违禁药物残留检验工作。组织开展了供奥运食品违禁药物残留检测技术培训,统一了奥运食品违禁药物残留检测方法标准,调配了奥运食品违禁药物标准品,制定了《动物源性加工食品抽样及样品管理方案》。对指定的检测机构,明确了承担检测任务的部门和人员,对相关的设备和条件等进行了考核,开展了检测机构比对检查,做到了"定设备、定人员、定方法、定标样",以确保检测结果的准确性。

> 严厉打击假冒奥运食品。除了加大对奥运村、赛场、赛馆、新闻中心等重点区域的食品监控外,奥运主办城市、赛区城市和周边省市的质检部门还加强协调配合和区域联防联动,加大对食品生产企业的抽查力度,加强对食品小作坊的监管,严厉打击假冒奥运食品的违法行为,构筑保障奥运食品安全的立体防御网络。
>
> 资料来源:http://news.xinhuanet.com/theory/2008-08/10/content_9023882.htm(有删改)

第一节 商品质量监督

一、商品质量监督的概念及作用

(一)商品质量监督的概念

商品质量监督是根据国家的质量法规和商品质量标准,由国家指定的商品质量监督机构对生产和流通领域的商品和质量保证体系进行监督的活动。其目的是防止不合格品流入市场,维护国家和消费者利益。

商品质量监督是国家商品质量管理体系和标准化工作的重要组成部分,是保证国家各级标准得以实施的有效措施,对促进企业贯彻执行管理标准和产品技术标准,提高商品质量和企业经济效益、社会效益,促进我国对外经济贸易的发展起着重要作用。

世界上许多国家都对商品质量监督非常重视。法国是市场经济较早发展和较为发达的国家,但是他们还是相当重视对产品质量的监督。他们不仅有法律规定,而且还设有专门机构、行使专门职能来实施对产品质量的监督管理。法国竞争、消费和反诈骗总署就是行使这个职能的管理部门,该署不但监督市场商品,也监督企业生产的商品;不但监督国内商品,也监督进口商品;借助于各种检测手段,监督各种产品的质量问题。监督的方法就是监督抽查和监督检验,而且它的触角延伸到每一个角落,覆盖全国。其他西方发达国家也有类似的机构。

(二)商品质量监督的作用

(1)制裁质量违法行为,规范市场秩序,提高全民质量意识和企业质量意识。

(2)使企业的产品质量和管理体系处于经常性的监控之下,促使企业采取必要的措施和手段保证和提高产品质量。

(3)促使商品的生产方、销售方重视商品质量,特别是对关系人身安全健康和关系国计民生的重要产品加强监督,起到维护国家利益,保护消费者权益的作用。

(4)促使企业强化内部管理,健全质量体系,保障技术法规和质量标准的贯彻实施。

(5)提高我国商品竞争能力,促进我国进出口贸易健康发展。

(6)为社会各方提供重要,准确的商品质量信息。

二、商品质量监督管理的法律依据

《中华人民共和国产品质量法》明确规定,销售的产品质量应当检验合格,生产者、销售者应当对其产品质量各负其责。

(一)生产者应当对其生产的产品质量负责

1. 产品质量应当符合的要求

(1)不存在危及人身、财产安全的不合理的危险,有保障人体健康,人身财产安全的国家标准、行业标准的,应当符合该标准;

(2)具备产品应当具备的使用性能,但是,对产品存在使用性能的瑕疵作出说明的除外;

(3)符合在产品或者其包装上注明采用的产品标准,符合以产品说明、实物样品等方式表明的质量状况。

(4)生产者不得生产国家明令淘汰的产品。

(5)生产者不得伪造产地、不得伪造或者冒用他人的厂名、厂址。

(6)生产者不得伪造或冒用认证标志、名优标志等质量标志。

(7)生产者生产产品不得掺杂,掺假,不得以假充真、以次充好,不得以不合格产品冒充合格品。

2. 产品或者其包装上的标识应当符合的要求

(1)有产品质量检验合格证明;

(2)有中文标明的产品名称、生产厂厂名和厂址;

(3)根据产品的特点和使用要求,需要标明产品规格、等级、所含主要成分的名称和含量的,相应予以标明;

(4)限期使用的产品,标明生产日期和安全使用期或者失效日期;

(5)使用不当,容易造成产品本身损坏或者可能危及人身、财产安全的产品,有警示标志或者中文警示说明。

(6)裸装的食品和其他根据产品的特点难以附加标识的裸装产品,可以不附加产品标识。

(7)剧毒、危险、易碎、贮运中不能倒置以及有其他特殊要求的产品,其包装必须符合相应要求,有警示标志或者中文警示说明标明贮运注意事项。

(二)销售者应当对其销售的产品质量负责

(1)销售者应当执行进货检查验收制度,验明产品合格证明和其他标识。

(2)销售者应采取措施,保持销售产品的质量。

(3)销售者不得销售无效、变质的产品。

(4)销售者销售的产品的标识应当符合产品或者其包装上的标识。

(5)销售者不得伪造产地,不得伪造或者冒用他人的厂名、厂址。

（6）销售者不得伪造或者冒用认证标志、名优标志等质量标志。

（7）销售者销售产品，不得掺杂、掺假，不得以假充真，以次充好，不得以不合格产品冒充合格产品。

【延伸阅读5-1】

2010年第二季度产品质量监督抽查情况（广州）

2010年第二季度，广州市质监局重点对幼儿园絮用纤维制品、服装机械产品、家用电器、休闲服装等62种产品进行了质量监督抽查，共抽查产品1 433批次，合格1 181批次，批次合格率为82.4％。其中电磁灶、电饭锅、电动食品加工器具、电风扇、电灶、电熨斗、冷热饮水机、吸油烟机、验钞机、真空吸尘器、组合音响、锁具、金属家具、水嘴、镇流器、木器漆、危险化学品、瓷质砖、胶粘剂、铝合金型材、水泥、内外墙涂料、装饰用焊接不锈钢管、汽车制动器衬片、服装机械、插头、插座、车用柴油、车用汽油、车用液化石油气、建材钢材、塑料管材等32种产品的实物质量合格率达100％。

一、重点产品监督抽查情况

（一）幼儿园絮用纤维制品质量专项监督抽查。广州市质监局联合市教育局对全市幼儿园絮用纤维制品（被、垫、褥、枕等产品）质量进行了专项监督检查，共抽查了15家幼儿园41批次絮用纤维制品，经检验实物质量合格率为92.7％，总体质量较好，检查中未发现使用工业废料、废旧絮棉、生活垃圾及医用废弃物等"黑心棉"现象。其中，3批次产品的原料不合格，均表现为短纤维含量超标。

（二）服装机械产品质量跟踪抽查。广州市质监局共抽查全市企业生产的工业洗衣机、工业脱水机、工业烘干机等四种服装机械产品33批次，经检验产品合格率达到100％。自2007年以来，针对服装机械行业存在严重质量问题，广州市质监局开展质量兴业活动，通过持续开展产品质量专项整治、帮扶指导企业规范生产、严力打击生产假冒伪劣产品违法行为以及发挥行业协会自律管理等措施，促使全市服装机械产品质量逐年大幅提高，行业质量水平有效提升。

（三）家用电器。广州市质监局抽查了电磁灶、电饭锅等21类家用电器221批次，经检验实物质量合格率为81.9％。其中液体加热器、有源音箱、家用电冰箱和食品冷冻箱、电视机等4种产品质量问题较多。检查中发现，家用电器产品电源线项目不合格情况较为普遍，共有17批次（占不合格批次总数的42.5％），主要表现为电源线横截面积不符合标准要求（按照GB 5023标准规定，软线标称横截面积应根据单位长度铜线的电阻值进行判定）。线径过细的电源线容易断裂造成漏电危险并发热过度造成火灾隐患。不合格主要原因是部分企业未严格按照国家有关产品质量标准及强制性产品认证要求组织生产，生产工艺不过关，甚至为降低成本在生产过程中偷工减料、使用质量低劣原材料、元器件。

（四）休闲服装。广州市质监局共抽查109批次，经检验实物质量合格率为68.8％。经过多年来持续不断的产品质量整治和跟踪抽查，全市服装行业产品质量水平有所提升，但仍存在产品抽查合格率偏低、产品抽检合格率易反弹、质量不稳定等问题，主要原因是行业进入门槛低、生产企业变化快，且以中小型企业为主，家庭作坊占相当比例，多为生产低档次、无品牌产品，企业普遍质量意识淡薄，对国家有关产品标准不了解、不重视，多数企业不具备原辅材料及成品质量把关能力，又不愿意增加成本将产品送有资质的检验机构检测，所以导致服装产品的质量无法保证。

二、广州市质监局的处理措施

对于所有产品质量监督抽查不合格的产品，广州市质监局依法做好后处理：一是责令产品不合格企业查找存在的质量安全隐患、限期进行整改并召回不合格产品,重新生产的产品必须经复查检验合格后方能出厂;二是依法立案查处产品质量严重不合格的企业,对纳入生产许可和强制性产品认证管理的生产企业,依法予以处理,建议有关发证部门重新核查、撤销或注销其生产许可证或3C认证证书;三是依法公布本次抽查部分存在严重质量问题及监督抽查不合格、整改后复检仍不合格的产品及其生产企业名单,引导消费;四是进一步加大对不合格产品的质量跟踪监督抽查力度,规范市场,促进生产企业提高产品质量。

同时,针对幼儿园絮用纤维制品及家用电器产品存在的质量问题,采取以下措施:

(一)会同市教育局落实对不合格幼儿园絮用纤维制品的后处理工作措施:一是通报本次幼儿园絮用纤维制品质量监督抽查情况;二是责令使用不合格产品的幼儿园限期整改,对已发放正在使用及未发放的不合格产品全部予以更换并建立健全内部产品质量管理制度;三是依法查处本地的生产单位并责令限期整改,相关产品必须复查检验合格后方可出厂销售,对外地企业生产的不合格产品则通报企业所在地质监部门进行跟踪处理。

(二)会同中国质量认证中心CQC广州分中心开展广州市家用电器及音视频产品质量专项整治:一是召开全市家用电器及音视频产品质量分析会,向企业派发质量监管告知书;二是会同CQC广州分中心技术专家进行现场检查,重点检查企业产品是否一致性符合及有无使用劣质电源线,严厉查处质量违法行为;三是开展电源线质量溯源跟踪检查,不但追究整机厂的质量违法责任,而且对上游供应商(电源线生产企业)进行追踪检查并追究其质量违法责任;四是充分发挥广州市家用电器及音视频行业协会作用,建立企业知情报情机制,引导家用电器及音视频产品生产企业自觉合法组织生产经营,同时积极配合政府职能部门开展质量监管工作。

资料来源:http://www.gzq.gov.cn/public/news.jsp?catid=19&id=20510

三、商品质量监督的种类和形式

(一)商品质量监督的种类

我国的商品质量监督可分为国家的质量监督、社会的质量监督和用户的质量监督。

1. 国家的质量监督

国家的质量监督,是指国家授权指定第三方专门机构,以公正的立场对商品进行的质量监督检查。

这种法定的质量监督,是以政府行政的形式,对可能危及人体健康和人身、财产安全的商品,影响国计民生的重要工业产品及用户、消费者组织反映有质量问题的商品,实行定期或经常的监督、抽查和检验,公开公布商品质量抽查检验结果,并根据国家有关法规及时处理质量问题,以维护社会经济生活正常秩序和保护消费者的合法权益。

国家的商品质量监督,由国家质量技术监督部门进行规划和组织实施。

2. 社会的质量监督

社会的质量监督,是指社会团体、组织和新闻机构根据消费者和用户对商品质量的反映,对流通领域的某些商品质量进行的监督检查。

这种质量监督,是从市场一次抽样,委托第三方检验机构进行质量检验和评价,将检验结果特别是不合格商品的质量状况和生产企业名单予以公布,以造成强大的社会舆论压力,迫使企业改进质量,停止销售不合格商品,对消费者和用户承担质量责任,实行包修、包换、包退、赔偿经济损失。

中国质量管理协会用户委员会、中国消费者协会、中国质量万里行组织委员会等组织是社会质量监督的组织者和职权的行使者。

3. 用户的质量监督

用户的质量监督,是指内外贸部门或其他使用单位为确保所购商品的质量而进行的质量监督。

这种质量监督包括用户自己派人或委托技术服务部门进驻承制单位实行质量监督;内外贸部门派驻厂人员进行质量监督;以及进货时进行验收检验。

(二) 商品质量监督的形式

商品质量监督的形式种类很多,可以归纳为抽查型质量监督、评价型质量监督和仲裁型质量监督三种。

1. 抽查型质量监督

抽查型质量监督是指国家质量监督机构,通过从市场,生产企业或仓库等地随机抽取样品,按照技术标准进行监督检验,判定其是否合格,从而采取强制措施,责成企业改进产品质量所进行的监督活动。

国家监督抽查分为两种,分别是定期实施的国家监督抽查和不定期实施的国家监督专项抽查。定期实施的国家监督抽查每季度开展一次,不定期的国家监督专项抽查是一种根据产品质量状况及出现质量安全突发事件随时不定期组织实施的检查。

抽查型质量监督形式,一般只抽检商品的实物质量,不检查企业的质量保证体系。抽查的主要对象:一是涉及人体健康和人身、财产安全的商品,如食品、药品、医疗器械、压力容器、易燃易爆产品等;二是影响国计民生的重要工业产品,如农药、化肥、钢筋、水泥等;三是用户,消费者、有关组织反映有质量问题的产品,即社会普遍反映的假冒伪劣产品,投诉、举报的产品等。

抽查型质量监督,是一种强制性的质量监督形式;抽查产品采用地点不限、随机抽查的方式;抽查检测采用科学的方法进行,对产品质量的判断、评价公正;抽查检验的结果公开;对抽查检验不合格的单位限期整改。

"十一五"期间,我国质监部门围绕节能环保、食品安全、农资质量和消费热点等产品,不断加大产品质量监督抽查力度,并配合"家电下乡"等,组织开展了专项监督抽查。2006年至2009年,我国质监部门共对67 316家企业77 689个批次产品开展了产品质量国家监督抽查,通过政府网站和有关新闻媒体,发布了607类产品的国家监督抽查质量公告。4年期间,国家监督抽查产品抽样合格率提高了10.3个百分点。

2. 评价型质量监督

评价型质量监督是指国家质量监督机构通过对企业的产品质量和质量保证体系进行检验和检查,考核合格后,以颁发产品质量证书、标志等方法确认和证明产品已经达到某一质量水平,并向社会提供质量评价信息,实行必要的事后监督,以检查产品质量和质量保证体系是否保持或提高的一种质量监督活动。

评价型质量监督是国家干预产品质量、进行宏观管理的一种重要形式。产品质量认证、企业质量体系认证、环境标志产品认证、评选优质产品、产品统一检验制度和生产许可证发放等都属于这种形式。

3. 仲裁型质量监督

仲裁型质量监督是指质量监督验机构通过对有质量争议的商品进行检验和质量调查,分清质量责任,做出公正处理,维护经济活动正常秩序的一种质量监督活动。

仲裁型质量监督检验的依据是国家法律、法规或国家强制性标准;当事人约定的产品标准或质量要求;没有标准或约定,以提供产品一方所明示的产品质量要求为准。

仲裁型质量监督具有较强的法制性,这项任务由质量监督管理部门承担,应选择经省级以上人民政府产品质量监督管理部门或其授权的部门审查认可的质量监督检验机构作为仲裁检验机构。

四、商品质量监督管理体制

我国的商品质量监督管理工作,已由技术监督和专业监督等系统的质量监督管理机构和质量监督检验机构形成了质量监督管理网络。

1. 技术监督系统

全国的质量监督管理机构是国家质量监督检验检疫总局(简称国家质检总局),负责管理全国商品质量监督工作,组织协调有关部门开展商品质量监督检验工作。县级以上地方质量技术监督部门负责本行政区内的商品质量监督管理工作,组织协调本地区承担质量监督检验任务的单位开展质量监督检验工作。

为适应我国商品监督检验工作的需要,国家在各省、自治区、直辖市工业集中的城市都建立产品质量监督检验机构。其任务是:根据标准进行商品质量监督检验,当产、销双方对商品质量有争议时执行仲裁检验,管理产品质量认证,组织生产许可证发放和参与优质产品审查工作等。

产品质量监督检验机构主要有四种形式:国家级产品质量监督检验测试中心,主要承担国家指定的商品质量监督抽查检验;各部级行业产品质量监督检验测试中心,负责本行业内部企业的产品质量监督检验;全国各地方产品质量监督检验站、所,可代表国家行使商品质量监督检验权,承担地方商品质量监督抽查检验;各省、市综合检验所,负责各专业检验机构未包括的商品质量的监督检验工作。

2. 专业监督系统

我国专业监督系统的监督管理机构和质量监督检验机构包括外贸、卫生、兽药监察、船舶和锅炉等多个子系统。

(1) 外贸子系统。国家出入境检验检疫局是我国主管进出口商品检验的行政执法机构。国家检验检疫局以设在各地的进出口商品检验机构监督管理所辖地区的进出口商品检验。

(2) 卫生子系统。国务院卫生行政部门主管全国的药品监督管理工作,药品检验所负责药品的质量监督检验工作。各级卫生行政部门负责所管辖范围内的食品卫生监督工作,卫生防疫站负责食品卫生监督检验工作。

(3) 兽药监察子系统。各级农牧行政管理机关主管兽药监督管理工作。各级兽药监察机构,协助农牧行政管理机关,分别负责全国和本辖区的兽药质量监督检验工作。

(4) 船舶子系统。由国家船舶检验局及其在有关地区设立的船舶检验机构负责船舶的质量监督管理和检验工作。

(5) 锅炉子系统。由国家劳动人事部和地方劳动人事部门负责锅炉压力容器的安全监督工作。

此外,中国消费者协会、中国质量管理协会等社会团体,也在全国各地设立了质量监督机构。

第二节 假冒伪劣商品

一、对假冒伪劣商品的认识

(一) 假冒伪劣商品的概念

"假冒伪劣商品"是指那些含有一种或多种可以导致普通大众误认的不真实因素的商品。假冒伪劣商品可以分为假冒商品和劣质商品两种类型。

1. 假冒商品

假冒商品是指生产、销售的商品,逼真地模仿别人的产品外形,或未经授权,对已受知识产权保护的产品进行复制和销售,以冒充他人产品的方式,误导用户和消费者的产品。

在当前市场上主要表现为:冒用、伪造他人商标、标志;冒用他人特有的名称、包装、装潢、厂名厂址;冒用优质产品质量认证标志和生产许可证标志的产品。

2. 伪劣商品

伪劣商品是指生产、经销的商品,违反了我国现行法律、行政法规的规定,其质量、性能指标达不到我国已发布的国家标准、行业标准及地方标准所规定的要求,甚至是无标生产的产品。

伪劣商品和正品有严格区别。正品是指符合质量标准的商品,有时可分一等品、二等品、三等品等。相反,达不到质量标准的产品,有明显的外观瑕疵或影响使用价值的次品以及不符合技术标准而不能正常使用的废品等,如果进行销售都属于伪劣商品。

3. 假冒商品和伪劣商品的区别和联系

假冒商品和伪劣商品,既有区别又相互联系,是可以互相转化或相互包含的相同类型的商品。从广义的角度看,假冒商品的内容与名称不相符,也属于伪劣商品的一种。但从狭义的角度看,伪劣商品主要是指质量低劣或者失去了使用价值,与假冒商品也有区别。如上述所指的假冒产地、厂名或认证标志、名优标志、他人注册商标的,属于假冒商品,不属于伪劣商品。伪劣商品有时也假冒其他名牌商品进行销售,则此时它既是伪劣商品,又是假冒商品。

(二)假冒伪劣商品的特点

1. 假冒和劣质品相伴

在多数发展中国家,由于整体的生产技术水平低,假冒者为获取更高的利润,以劣质产品假冒正牌产品,假冒产品所导致的消费者受伤害的事例往往较多。但是,这种情况并非在所有的国家存在。在一些发达国家,一般的生产技术较为普及,设备和技术都能够轻易得到,因而假冒产品与正牌产品的品质差距不是很大,假冒者的利润主要在对正牌产品商标、商誉的侵占上。

2. 产品假冒和防伪标识物假冒相伴

假冒伪劣的泛滥刺激了防伪产业的发展,但几乎市场销售好、市场定位较高的产品或多或少都在使用防伪产品。造假和防伪始终就在相互斗争中存和发展。当前的假冒商品中,身披激光防伪标识等防伪外衣的比比皆是,这成了我国假冒产品的一大特点。

3. 仿造品和仿冒品并存

目前商品市场上,在假冒产品之外还有大量的仿造品和仿冒品存在。这些仿冒品突出的特征是在商标标志和包装上使用与名牌产品相同或极为相似的图案和风格;在商品的品牌上取与名牌产品相近的名称。

二、假冒伪劣商品的范围

假冒产品是指使用不真实的厂名、厂址、商标、产品名称、产品标志等从而使客户、消费者误以为该产品就是被假冒的产品。伪劣产品是指质量低劣或者失去使用性能的产品。假冒伪劣产品主要有以下几种情况:

(1)伪造或者冒用认证标志、名牌产品标志、免检标志等质量标志和许可证标志的。

(2)伪造或者使用的虚假的产地的。

(3)伪造或者冒用他人的厂名、厂址的。

(4)假冒他人注册商标的。

(5)掺杂、掺假,以假充真、以次充好的。

(6)失效、变质的。

（7）存在危及人体健康和人身、财产安全的不合理危险的。
（8）所标明的指标与实际不符的。
（9）国家有关法律、法规明令禁止生产、销售的。

国家质检总局还规定，经销下列产品经指出不予改正的，即视为经销伪劣商品：
（1）无检验合格证或无有关单位允许销售证明的。
（2）内销商品未用中文标明商品名称、生产者和产地（重要工业品未标明厂址）的。
（3）限时使用而未标明失效时间的。
（4）实施生产（制造）许可证管理而未标明许可证编号和有效期的。
（5）按有关规定应用中文标明规格、等级、主要技术指标或成分、含量等而未标明的。
（6）高档耐用消费品无中文使用说明的。
（7）属处理品（含次品、等外品）而未在商品或包装的显著部位标明"处理品"字样的。
（8）剧毒、易燃、易爆等危险品而未标明有关标志和使用说明的。

三、假冒伪劣商品的危害

当前市场秩序混乱，假冒伪劣商品盛行，已成为影响企业正常生产、销售，困扰人民生活消费，阻碍国民经济健康发展的突出问题。其危害涉及面广、程度严重。表现为：

1. 假冒商品使企业蒙受损失

（1）直接的销售额和利润的损失；企业和产品的信誉前景的损失；企业为保护、调查和卷入诉讼所产生的费用的损失。
（2）企业采用防伪技术增加的成本的损失。

2. 假冒商品使国家蒙受损失

假冒商品挫伤了人们对产品研究和开发的积极性和创造精神；挫伤了人们对提高产品质量总体水平的积极性；由于国外有威望的产品不愿意到假冒泛滥的国家和地区去制造它的商品，因此，将失去一部分引进国外先进技术和资金的机会；出口产品信誉受到损失，外汇流失，影响国家利益；政府为对付假冒将要耗费巨额的资金进行打假；容易引起双边、多边或更大范围的贸易纠纷，甚至制裁，或引发政治问题。

3. 假冒商品使社会蒙受损失

消费者高额购买假冒商品，造成物质上的损失；对消费者的安全、健康造成威胁；对正常的市场经济形成严重的冲击；对职业道德和社会公德是一种粗暴的践踏。

四、假冒伪劣商品的鉴别方法与要点

（一）几种主要鉴别方法

（1）对商品商标标识及其包装、装潢等特殊标志真伪进行鉴别；
（2）通过感官品评或其他简易手段进行鉴别；

(3) 按照国家标准对商品理化、卫生等各项指标进行检测;

(4) 利用本部门的专业特长,特别是长期实践积累的经验,对本企业或行业生产或经销的商品进行鉴别。

(二) 鉴别要点

1. 认准商标标识

商标是商品的标记。假冒伪劣商品一般都是假冒名优商品。我国名优商品都使用经国家工商行政管理局登记注册的商标。真品商标为正规厂家印制,商标纸质好,印刷美观,精细考究,文字图案清晰,色泽鲜艳、纯正、光亮,烫金精细。而假冒商标是仿印真品商标,由于机器设备、印刷技术差,与真品商标相比,往往纸质较低差,印刷粗糙、线条、花纹、笔划模糊,套色不正,光泽差,色调不分明,图案、造型不协调,版面不洁,无防伪标记。

已注册的商标应由公安部门所属特种行业管理的正规印刷厂印制,而假冒商标一般出自不正当渠道,这些渠道不正规的印刷技术会使所印商标上出现许多疵点特征。可以通过检验商标上是否有这些疵点特征来确定其真伪。

2. 查看商品标识

根据《产品质量法》第十五条规定,产品或其包装上的标识应符合下列要求:

(1) 有产品质量检验合格证明;

(2) 有中文标明的产品名称,生产厂厂名和厂址;

(3) 根据产品的特点和使用要求,需要标明产品规格、等级、所含主要成分的名称和含量的,都应予以标明;

(4) 限期使用的产品,要标明生产日期和安全使用期或者失效日期;

(5) 使用不当,容易造成产品本身损坏或者可能危及人身、财产安全的产品,应有警示标志或者中文警示说明。

假冒伪劣商品的标识一般不是正规企业生产,外包装标识或残缺不全,或乱用乱写,或假冒优质奖标记,欺骗消费者。

3. 检验商品特有标记

部分名优商品在其特定部位还有特殊标记,如飞鸽、凤凰、永久三大国产名牌自行车,在车把、车铃、车座、车圈等处均有特殊标记。

部分名优烟、酒包装上的商品名称系用凹版印刷,用手摸有凹凸感,而假冒产品名称在包装上字体较平,无凸凹感。

4. 检查原产地域命名产品的生产地域

原产地域命名产品,指的是用一特定地域的名称来命名的产品,以标志该产品产自该特定区域,而且产品的质量、特色或声誉取决于该地域以内在的自然因素和人文因素所构成的地理特征。我国《原产地域产品保护规定》已于1999年7月30日实施。这一规定,对保护我国民族历史精品具有重要意义。我国的西湖龙井茶、绍兴黄酒等均已正式申请原产地域保护。

5. 检查商品包装

名优产品包装用料质量好,装潢印刷规范,有固定颜色和图案,套印准确,图案清晰,形象逼真。伪劣商品一般包装粗糙,图案模糊,色彩陈旧,包装用料材质差。用真假商品对比,可以辨认。

大多数名优商品包装封口,均采用先进机械封口,平整光洁,内容物不泄漏。而假冒伪劣商品无论是套购的真品包装,还是伪造、回收的包装,封口多手工操作,不平整,常有折皱或裂口,仔细检查封口处,大都能发现破绽。如使用回收真酒瓶装假酒,酒瓶常有污垢,封口不圆整,在同一包装箱内的酒出厂日期、生产批号不一。

6. 利用感官鉴别

感官鉴别,就是运用眼、鼻、口、耳、手等器官,从视觉、嗅觉、味觉、听觉和感觉五个方面对商品的外形、色泽、气味、口感、透明度、耐力性和商品在外力作用下发出的声音,呈现出的软硬,以及商品的结构、包装、装潢等方面的识别、判断商品是否符合要求的一种方法。

7. 检查商品认证标志

对实施认证的商品,可以从是否使用认证标志上进行识别。

如中国皮革工业协会在国家工商行政管理局注册的真皮标志,是针对中、高档优质皮革制品的证明标志。真皮标志适用于天然皮革和天然毛皮制作的产品,包括皮鞋、旅游鞋、皮革(毛皮)服装、皮箱、皮包袋、其他皮件、皮具等产品。佩挂该标志的产品必须是由天然皮革制作而成,产品应符合有关行业标准和国家标准,并达到真皮标志技术手册的有关规定,而且产品还必须有良好的售后服务。

8. 检查商品供货渠道

国家规定部分商品只能由特定部门经销。如国务院规定:各级农资公司是化肥流通主渠道,农业植保站、土肥站、农技推广站(简称"三站")和化肥生产企业自销为化肥流通辅助渠道,其他任何单位和个人,一律不得经营化肥。

经销农作物种子要有"三证一照"。"三证"是检验种子质量的检验合格证、种子经营许可证和调入种子检疫证,以及经销单位的营业执照。经销食盐、香烟要有专卖许可证。

【知识链接5-1】
伪劣食品鉴别"七字法"

判别食品优劣,相当重要的是靠人的感官识别。一般来说,凡是色、香、味和组织形态等感觉有异常的食品就有"低劣"的嫌疑了。这里介绍防范"七字法":防"艳、白、反、长、散、低、小"。

1. 防外表过于"艳"丽

对颜色过分艳丽的食品要提防,如目前上市的草莓像蜡果一样又大又红又亮、咸菜梗亮黄诱人、瓶装的蕨菜鲜绿不褪色等,你要留个心眼,它是不是在添加色素上有问题。

2. 防不正常"白"色

凡是食品呈不正常不自然的白色,十有八九会有漂白剂、增白剂、面粉处理剂等化学品的危害。还有一种更大的危害是违法乱用有毒害的漂白化学品,常见的有甲醛次硫酸钠(俗称"吊白块")和甲醛(俗称"福尔马林"),目前在农贸市场仍发现有用甲醛漂白和保鲜牛百叶、水发蹄筋等水发产品;被称为"万能漂白剂"的"吊白块"常用于粉丝、腐竹和各种需白的食品漂白;银耳、竹荪、笋干、黄花菜常用硫黄熏白加工。

3. 防"反"季节食品

"反"就是反自然生长的食物。"塑料大棚+化肥+农药+激素"催大快长的果蔬,冬季的草莓、黄瓜、西红柿,无根的豆芽菜、快速催大的"快大鸡"、硕大的甲鱼、黄鳝等。冬季不是正常草虾上市季节,天气冷,草虾也不活动了,难以捕捞。为了春节期间卖个好价钱,有人将一定量的"敌杀死"农药放入虾塘,刺激虾活动以便捕捞,这些虾含毒量很少甚至难以检测出,人吃了也不会马上中毒。因此最好对反常的食品加以警惕。

4. 防保质期过"长"

尽量少吃保质期过长的食品。3℃贮藏的包装熟肉禽类产品,采用巴氏杀菌的,保质期一般为7~30天。但在超市上发现这类产品标定的保质期有超过几个月直至一年的,这就有问题了:据发达国家的食品法规,像这类采用真空包装后巴氏杀菌的食品,规定在3℃下的保质期仅为28天左右。我国超市冷风柜温度大部分达不到3℃,所以实际保质期要低于28天,因此购买此类冷风柜低温贮藏包装食品,除高温杀菌产品以外,最好不要超过28天,买回来还应尽量加热后食用。

5. 防"散"装食品

散就是散装食品。千万要小心散装白酒,每年各地都有发生因饮用私自勾兑和来源不明的散装白酒引起的甲醇中毒事件。散装果脯蜜饯、散装酱菜、散装熟食一直是食品监管部门头痛的问题,有些集贸市场销售的散装豆制品、散装熟食、酱菜等可能来自地下加工厂。

6. 防"低"价格"猫腻"

"低"是指在价格上明显低于一般价格水平的食品,价格太低的食品肯定有"猫腻"。当然市场上也有价廉物美的食品,在无法辨明真伪优劣的情况下,宁可买价格相对高些、有质量保证的大型企业产品。

7. 防"小"作坊式企业

要提防小作坊式加工企业的产品,这类企业的食品平均抽样合格率最低,触目惊心的食品安全事件往往在这些企业出现。

资料来源:http://www.gdfs.gov.cn/xfzy/ShowArticle.asp?ArticleID=63792&Page=1

第三节 商品质量提升与维护

十一届全国人大三次会议上,温家宝总理在《政府工作报告》中明确要求:"全面提升产品质量。引导企业以品牌、标准、服务和效益为重点,健全质量管理体系,强化社会责任。切实加强市场监管和诚信体系建设,努力把我国产品质量提高到新水平。"

一、商品质量提升的必要性与意义

(一)商品质量提升的必要性

符合性质量对于规范市场,提高产品质量及产品的市场竞争力起着重要的促进作用;但同时也存在局限性,主要表现在两个方面:第一,符合性质量所执行的相关国际、国家、行业标准,只是多数商品能够(或者必须)达到的一般性标准,甚至只是市场准入的最低门槛,不一定是先进的标准。第二,依据这些标准的质量检验报告(包括产品质量监督、产品认证、生产许可证、免检产品、性能比较试验等),只是商品的合格性质检结果,虽然体现了商品合格的一面,却掩盖了商品优质的一面。目前大家熟知的产品质量监督、产品认证、生产许可证、免检产品、性能比较试验等都属于符合性质量工作。

随着工业现代化的实现,符合性质量工作已经不再成为问题。发达国家首先提出了适用性质量。适用性质量是依据市场的需求、良好的外观造型、使用的方便程度和良好的性能等顾客的满意程度来进行产品质量的度量。另外,有些产品的质量(如大型设备)依据标准进行监督很难进行,或耗资巨大,采用适用性质量更显示其优越性。

(二) 商品质量提升的意义

1. 有利于提高我国商品质量的总体水平,提升国家形象

科学发展观突出要求要实现经济又好又快发展,坚持质量提升正是深入贯彻落实科学发展观的重要举措。各行各业,千家万户产品的质量提升,将从本质上改变和提升我国产品质量安全水平,从而维护国家利益和国家形象;持续的质量提升必将进一步加快推进产业结构调整和转型升级,增强我国的综合实力,提高核心竞争力;也必将进一步提高企业应对国外技术性贸易措施的能力,促进对外贸易健康发展。

2. 有利于提高优质商品的市场竞争力

市场竞争已经决定性地从"价格竞争"转向"质量竞争"。质量已成为决定企业竞争优势最重要的因素。研究发现,持续的市场占有率主要来自"顾客感觉到的产品或服务的相对质量"的领先地位。"相对"的意思是指和竞争者比较,"可感觉"的意思是站在用户立场上而不是站在生产厂商的立场上看问题。相对的质量是影响一个企业业绩的最重要因素,相对质量的变化比价格的变化具有更大更多的影响。如果一个企业的商品质量远远超过全行业水平,他就可以制定出拥有自主知识产权的先进的企业标准。真正实现"三流的企业卖产品,二流的企业卖技术,一流的企业卖专利,超一流的企业卖标准。"从而,大大地提高了商品的市场竞争力。

3. 有利于培育具有国际竞争力的名牌产品和企业

持续的商品质量提升是发展品牌经济的必由之路。在经济全球化和区域经济一体化进程加速推进、市场经济体制不断完善的今天,质量和品牌已经成为市场竞争的制胜法宝。立足以质取胜,培育名牌产品的企业,将切实担负企业的主体责任,采取措施提高产品质量,培育拥有核心技术、自主知识产权和具有较强国际竞争力的名牌产品,从源头上保证产品质量。

【延伸阅读5-2】
"中国制造"形象广告首次进入美国电视媒体

2009年11月23日起,美国有线电视新闻网(CNN)的美国频道、美国头条新闻频道和国际亚洲频道开始播出一则以"中国制造,世界合作"为主题的30秒商业广告,宣传在全球化的大背景下,无处不在的"中国制造"其实是全球产业链的一个环节,不可或缺。

热映电影《2012》里有一句台词让人难忘,剧中的美国官员看着设计精良的诺亚方舟,发出了由衷的感慨:"还好交给了中国。"相对于一闪而过的电影台词而言,以"中国制造"为主题的商业广告显然更具市场价值和现实意义。

这是中国商务部联合4家商会在美国投放的一则30秒钟的商业广告,其创意主旨除了向世界宣传"中国制造"并非廉价品的代名词之外,同时也在强化一个印象:"中国制造"正在走出国门,并主动牵手世界。

巧妙的是,广告中并未涉及任何"中国制造"的具体品牌,但却有针对性地选取了电器、服装、鞋子等产品作为"中国制造"的代表。据了解,这些商品出口量较大,国外消费者接触机会较多。

这则精心打造的广告备受关注、反响热烈,由此迈出了"中国制造"海外宣传的勇敢一步。但广告再怎么精彩,也只是锦上添花,要想真正做到世界瞩目、全球认可,"中国制造"还得踏踏实实地练好质量内功、加强创意设计。

资料来源:http://yes12365.cn/a/shenghuoyuandi/chanpinchangshi/2010/0612/857.html

二、商品质量提升的途径

商品质量提升是一项系统工程,商品质量管理的参与者,包括企业、政府监管部门、消费者以及社会其他机构如产品质量检测机构、新闻机构等,都是这一系统工程的重要力量。

相关各方可以从以下几方面促进商品质量提升。

(一)深入开展质量振兴活动

大力推进质量兴省、兴市活动,丰富活动内容,探索绩效考核办法,推动各级地方政府进一步加强对质量工作的领导。进一步加强与相关部门的沟通、合作,形成部门联动、齐抓共管的工作机制。动员广大企业开展"质量提升"活动,实施"质量对比提升工程",制定提升质量、打造品牌、增强竞争力的具体措施。

从2004年海南省首次提出实施质量兴省战略至今,已有20个省份实施了质量兴省战略,有超过2 000个市(区、县)开展了质量兴市(区、县)活动。"十一五"期间的实践证明,质量兴省和质量兴市(区、县)活动已成为推进我国产品以质取胜战略的重要载体,这一战略的实施拓展了我国质量工作的深度和广度,提高了区域经济增长的质量和效益,区域性产品质量问题得到有效遏制,全社会的质量意识也明显提高。

(二)建立政府质量奖励制度

推动各级政府制订和完善质量奖励政策,建立质量奖励制度,对在质量振兴工作中作出显著成绩的单位给予表彰和奖励。立足扶优扶强,加大出口免验工作力度,加强原产地标记和地理标志产品保护工作。

为鼓励企业提高产品质量,扶优扶强,引导消费,国家质检总局按照《国务院关于进一步加强产品质量工作若干问题的决定》(国发[1999]24号)要求,制定了《产品免于质量监督检查管理办法》,规定对质量长期稳定在较高水平,执行的产品标准达到或者严于国家标准要求,经省级以上质量技术监督部门连续三次以上监督检查均为合格,具备完善的质量保证体系,生产经营符合国家法律法规的要求和国家产业政策,经济效益在本行业排名前列等条件的产品授予免检资格。

(三)积极实施名牌发展战略

积极会同有关部门,紧密围绕国家产业政策,加强引导和扶持,增强企业自主品牌创建意识,推动企业培育拥有核心技术和自主知识产权、具有较强国际竞争力的名牌产品。从市场占有率、消费者满意度、企业诚信度、产品质量水平等方面入手,加快建立以消费者满意和市场认可为基础的名牌产生机制。

中国名牌制度。是指国家产品质量监督部门依据《中国名牌产品管理办法》,为推进名牌战略的实施,推动企业实施名牌战略,引导和支持企业创名牌,指导和督促企业提高质量水平,增强我国产品的市场竞争力,对实物质量达到国际同类产品先进水平、在国内同类产品中处于领先地位、市场占有率和知名度居行业前列、用户满意程度高、具有较强市场竞争力的产品授予中国名牌产品称号。

(四)加强产品质量示范区建设

大力推进优质产品生产示范区、农业标准化示范区、原产地标记、地理标志保护示范区和出口食品农产品质量安全示范区建设,发挥典型示范作用,提高区域质量安全水平。围绕各地支柱产业、重点产品发展规划,推动地方建成一批优势产品生产基地,打造地域性优势产业和优质产品。

(五)加快质量诚信体系建设

大力推进质量诚信体系建设,加快整合质量信用信息资源,建立信用评价和信息发布制度。按照社会信用体系建设的统一部署,推进以组织机构代码为基础的实名制信息共享平台体系建设。对企业实施以质量信用、产品质量风险分级为基础的分类管理,积极探索生产许可证管理、特种设备安全监察、监督抽查、执法打假与企业质量信用监管的联动机制,实施违法违规企业"黑名单"制度,严厉惩处质量失信行为。

(六)增强企业提升商品质量的意识

企业作为产品质量的责任主体,我国企业在应用质量管理体系方法、着力提高产品质量的道路上也进行了诸多有益探索。来自中国质量协会的调查数据显示,2010年"全国质量奖"评选活动中,获奖企业自实施卓越绩效模式以来,呈现了良好的发展态势,主营业务收入年均增长率达26.57%,利润总额年均增长率达23.07%,全员劳动生产率显著提升,平均增长达130%;节能降耗成效显著,万元产值综合能耗平均下降32.34%。

《中华人民共和国产品质量法》中明确指出:国家鼓励推行科学的质量管理方法,采用先进的科学技术,鼓励企业产品质量达到并且超过行业标准、国家标准和国际标准。对产品质量管理先进和产品质量达到国际先进水平,成绩显著的单位和个人给予奖励,国家鼓励、支持一切组织和个人对损害消费者合法权益行为进行社会监督。

三、对假冒伪劣商品的打击

(一) 国外打假经验的借鉴

制售假冒伪劣商品,已逐步形成了生产、运输、走私、销售的严密的网络,其危害程度涉及社会的方方面面,许多国家强化了"打假"力度,一些做法值得借鉴。

1. 立法先行

公平、公正、有序竞争的市场需要依赖于法律来规范。19世纪中叶,法国名酒大量被希腊、意大利假冒。假货冲击法国名酒的销售市场,法国制定了《商标法》。但是,假货并未绝迹。1995年3月生效的《知识产权法》,法国政府从经济、司法等诸多方面强化了对制假售假惩罚的力度。20世纪70年代末,西班牙投机商把大量的工业用菜子油充当食用油使用,遂使2万人中毒,多人死亡。随后,西班牙出台了多种保护消费者权益的法律。美国、英国及埃及等许多国家也都通过立法,严惩制售假冒伪劣商品的行为。1995年7月生效的欧共体新法规规定,各成员国海关有权没收假冒商品,无需等待法院裁决。

2. 经济重罚

手软则假冒猖獗。许多发达国家对假冒侵权行为均采用"重典"。美国法律规定,生产、批发、销售假冒商品均属有罪,对生产者、销售者分别处以25万美元以上和200万美元以下的罚款,并处以监禁,如有假冒前科的,罚款额可达500万美元;法国规定,假冒违法者可判处2年监禁,罚款100万法郎;西班牙法律规定,假冒违法者按情节分为轻、重、严三种,罚款额分别为4千、2万、80万美元,罚款额可超过商品实价的5倍,并处判刑和勒令关闭工厂。最大限度地加大制假售假的风险概率和风险损失,经济上重罚,使绝大部分制假售假者经济上得不偿失,是发达国家法律惩治这类违法者的一条共同做法。

3. 舆论监督

舆论监督能够有力推动全社会关注打假工作氛围的形成,是推动深入"打假"的有力工具。报纸、电台、电视台等新闻媒介传播的范围无所不在,覆盖经济和社会活动的各个层面。由于新闻报道的公开性、广泛性和时效性,社会生活中出现的见利忘义、利令智昏、制假售假、危害人民身体健康、危害名优企业生存和发展、危害国家利益、扰乱市场经济正常秩序的违法行为都在新闻媒体的监督之下。世界上一些国家和地区的报纸,如德国的《博弈》、西班牙的《消费研究》、香港的《选择》等,经常刊载质量监督检查的结果,揭露制假售假者的违法行为,刊登群众的来信和消费者的呼声,有些典型案例的披露往往在社会上产生巨大反响。

4. 质量抽查

目前,工业发达国家制造的假冒商品,无论从设计、材质,还是包装等方面都达到了真假难辨、以假乱真的程度,大多数产品仅凭外观难以鉴别,必须送到专门的实验室进行检验。隶属于法国财政部的竞争、消费和反诈骗署,对商品的质量监督和"打假"工作是其重要的职能,该机构拥有不同类别的产品质量检测实验室,他们的触角覆盖整个法国,除定期不定期地对产品和商品进行监督抽查外,还可在全国任何地方调查各种产品质量 作弊行为和假冒商品。甚至连法国的武警也设有专门的检测实验室,以适应打假的需要。德国1964年设立"商品对比测试基金会",之后的30年间,经测试的商品逾4万种。

5. 企业自卫

舍得投入,主动出击,奋起自卫,自我保护,是国外许多生产名牌产品 企业的一个共同做法。法国的标致汽车公司、CD香水公司、卡地亚高级首饰公司等都设有专人和专门机构从事"打假"工作,这些企业在警方的帮助下,向假货严重的地区派出大量的" 探",明察暗访那些伪造的企业、货源和幕后经营者,聘请律师和法律顾问,查处侵权案件。

巴黎CD香水公司的香水在世界各地都有假冒,公司雇私人侦探到各地侦察,在公关部门配有打假人员。公司花在"打假"上的资金,每年不少于300万法郎;公司派人直接处理的案件每年达40~50起,主要是发现假冒向有关部门报告,配合他们"打假"。CD公司也正在研究一种防伪技术,在瓶底上镶嵌集成电路块,用一种仪器一测就能显示真假。

6. 品牌保护

世界各国知识产权制度和内容虽不尽相同,但其基本的原则是不变的,一般都规定对注册商标所有权进行法律保护。

欧盟早在1992年制订了有关"保护全欧盟范围内名牌农产品"的法令。1996年3月,欧盟首次公布318种名牌农产品名单,涉及肉类、奶酪、水果、蔬菜、食油、蜂蜜、果酱、饮料等,这些名牌农产品根据欧盟统一法令和相关标准,并在欧盟有关机构进行统一注册,通过注册加大保护的力度。

7. 应用防伪

由于假货日益严重,出于防范的需要,采用防伪技术越来越受到各国生产名牌产品企业的重视。激光全息、荧光、油墨温变等许多常规的防伪技术已广泛地应用。与此同时,有些国家竞相开发技术含量高、信息量大、保密性强、不可逆变、不可复制的新的防伪技术。美国研制的"指纹"标签纸应用在牛仔裤、香水、唱片等多种商品上。

8. 协同联手

"打假"工作涉及生产者、消费者、行政和司法等诸多方面,孤军作战往往难以奏效,跨行业、跨地区甚至跨国的协同势在必行,这是国际上打假工作的重要趋势。法国的工业部设有部际的"打假"协调机构,它由政府 成员、海关、经济司法机关、雇主协会和警方组成,协调全国的"打假"工作。韩国成立了由工商界、政府官员、检察官和警方代表组成的"反假冒特别工作小组"。西欧有1 400多家企业联合成立了"反假冒产品行动委员会",以协调和查询不法厂商。

(二)假冒伪劣商品的打击措施

1. 加强立法工作,为加大处罚力度提法律武器

加大惩治假冒伪劣商品违法行为的打击力度,最根本的治本之策是加强立法工作。我国

《产品质量法》中对生产、销售假冒伪劣商品行为行政罚款最高为违法生产、销售产品货值金额的三倍,这与国外的一些法律规定的相比,罚款数额仍属偏低,不足以使生产、销售假冒伪劣商品的行为人倾家荡产,风险成本相对较小。因此,要对严重的制假售假违法行为,加大处罚力度,予以重罚,一则防止违法者再犯,二则使其经济上受到严重创伤。对于制假售假已构成犯罪的,要实行重判,并使其经济上得不到任何好处。

2. 严格市场主体的管理,切断假冒伪劣商品的源头

企业是市场经济的主体,加强市场主体的监督和管理,也是根治假冒伪劣商品的治本之策。主要表现为市场主体的经营资格审查和技术审查结合问题。从法定意义上讲,开办企业有了资金,有了场所,有了经营范围就可以经批准开业,即使有了不规范的地方,通过采取措施也可以达到规范。但是企业生产某种产品是否具备了技术要求的资格审查,是否严格规定与经营资格审查并行,这需要从法律上予以规定并严格执法。

3. 加强政府领导,多方联手,严格执法

打假工作涉及生产者、消费者、执法和司法部门等诸多方面,孤军作战往往难以奏效;跨行业、跨部门、跨地区的多方联手协作势在必行,应考虑建立一个打假联合机构,这一机构应建立在各政府职能部门、消费者协会、行业协会、警方等各部门通力合作,密切配合的基础上,做到各部门优势互补。

4. 企业应将打假作为一项常态化的工作内容

企业应积极与行政执法部门配合,做好源头打假工作。企业可以根据从客户及有关销售、市场人员处了解到的假货线索,及时进行前期市场调查;掌握有关线索后,再配合工商执法部门的行动,以便使打假行动更有针对性。同时,在与执法部门的联合打击中,应把打击目标的重点放在封堵假货源头上,源头堵住了,渠道卡断了,市场上自然就难觅假货踪影。

打假不是一朝一夕的事情,更不可使打假工作流于形式。要本着对企业自身及广大客户高度负责的态度,将打假作为一个长期的系统工程来做;要充分运用法律武器,要求制假售假者进行经济赔偿,并视情节追究不法人员的刑事责任,从而给不法分子以极大的威慑。

5. 制定打假的举报奖励办法和激励机制

消费者和受害企业对假冒伪劣商品的生产、销售反应最为灵敏,具有政府机关所没有的快速反应能力,但往往因为打假成本的高昂,在处理纠纷和投诉过程中因得不偿失而放弃打假。因此,政府应制定出正式的奖励和激励规则:重奖举报者。举报者的举报一经查实即日可给予重奖;建立消费者的激励报酬制度。可以规定生产、销售假冒伪劣商品的行为人向受害消费者支付赔偿金的数额计算方法、支付方式及时间限制。

总之,对假冒伪劣商品一定要坚持"标本兼治,综合治理"的原则,动员社会各个方面齐抓共管。

四、假冒伪劣商品的防范措施

商品质量信誉的维护,单纯依靠市场打假是不行的,还应从产品自身保护上多下功夫。采用防伪技术是防范假冒伪劣商品的有效措施。

(一)防伪概述

防伪就是指商品的防伪,严格来说就是正品生产单位或者委托专业防伪服务机构把一个他独自专用的信息,也就是其他人无法获得或复制、并且无法模仿的信息,作为标志加注到商品中,并把该信息作为该商品的真伪识别措施就是叫防伪,对此而应用的技术,就叫做防伪技术。

从受保护产品的使用特性方面分类,可分为:一次性鉴别防伪和重复鉴别防伪两类。前者是商品类的真伪鉴别,就是通常情况下消费者购买了商品时才关心产品的真伪,查询者也就在购买商品时候进行该产品的真伪查询一次就够了,确定真伪以后就没有必要再进行真伪鉴别。后者是证书类的真伪鉴别,像纸币、证书还有身份证等一类的真伪鉴别,可不是进行一次鉴别就够,要能在任何时间都可能根据需要都有可能进行必要的多次重复真伪鉴别,也可能要在几年甚至几十年以后进行鉴别。

根据防伪的定义,防伪技术中所用到的"独自专用信息",这种信息目前一般都是印刷成标签的形式,并把此标签粘贴在商品包装上,也有的记录到芯片中做成电子标签粘贴在商品包装上,这个标签就叫做防伪标签。

(二)防伪技术

防伪技术种类很多,主要有印刷防伪技术、化学材料防伪技术、物理防伪技术、数码信息防伪技术、结构和包装防伪技术、人体和生物特征防伪技术等。

从特征和功能划分,防伪技术主要有以下四类。

1. 激光防伪标签,又称镭射防伪标签或全息防伪标签

1980年,美国科学家利用压印全息技术,将全息表面结构转移到聚酯薄膜上,从而成功地印制出世界上第一张模压全息图片。这种激光全息图片又称彩虹全息图片,通过激光制版将影像制作到塑料薄膜上,而产生五光十色的衍射效果,使图片具有二维、三维空间感。在普通光线下,图片中隐藏的图像、信息会重现,而当光线从某一特定角度照射时,图片上又会出现新的图像。这种模压全息图片可以像印刷一样大批量快速复制,成本较低,可以与各类印刷品相结合使用。

激光标签经过第二代改进型激光全息图像、第三代加密全息图像防伪技术、第四代激光全息防伪技术,制作工艺越来越复杂,出现了光学微缩、低频光刻、随机干涉条纹、莫尔干涉加密、组合全息图、真三维全息图等,记录的信息越来越丰富,表现越来越绚丽,制作难度越来越加大。

但是,此类防伪方式具有它的一个天生缺陷,靠技术壁垒的方式屏蔽造假,最终将会随着制作技术的扩散,被造假者从各个方面攻破,最终完全失去防伪能力。在实际应用中,消费者对此类防伪标签的真假之间的细微差异并不能准确区分。造假者虽然不能准确复制真品标签,仿制品也让消费者"真假难辨"。

2. 防伪码标签:即数码防伪技术

查询类防伪技术产品已经日臻完善,它是现阶段最简单、最快捷、最可靠的产品真伪鉴别工具。防伪码标签分刮开式和揭启式两种形式的标签。

其防伪原理为:把一个密码作为产品真假识别信息印制到防伪标签上,防伪码对应被保护产品的相关信息,每件产品上的防伪码具有唯一性、一次使用性和综合防伪的功能。此种防伪标签是以不干胶为基质,印有的数码防伪密码上涂有一层可用手刮掉的刮刮油墨,同时印上查询地址。任何人在任何地方,只要通过电话、互联网或手机短信输入防伪标签上的防伪码,数据处理中心的计算机识别系统将自动语音提示所查询产品是正品,放心使用或是提示谨防假冒。

查询类防伪技术把防伪码防伪技术和传统激光镭射防伪技术完美地结合,标签上覆盖专版激光镭射膜,膜上印有网址,使得造假者不敢复制防伪码标签外观,因为消费者会登录网站进行防伪查询,而防伪码又是每件商品上都有 16~20 位长度不相同的密码,造假者是完全不能仿制的。

3. 纹理防伪

纹理防伪利用一个古老的"世上没有两片相同的树叶"的原理,在纸浆中掺入彩色纤维,制造出一种清晰却无序的纹理防伪纸,纸上的纹理不是人为控制排布,是纸浆中的一根根彩色纤维随机自然形成的排列纹理,每张纸的彩色纤维也就构成了它独有的排列纹理,造假者想仿造一张同样纹理特征的防伪纸几乎不可能。用这种纹理纸印制的每张防伪标签都通过照相、编码并把每张标签照相图片保存数据库,使每件商品都有一个其具备独有纹路防伪标签。

纹理防伪的查询一般是通过传真获取图片,或网站显示图片并要和商品标签上的纹理进行对比从而查询该商品的真伪。随机纹理,重复查询,防伪效果是任何一种防伪方式必能比拟的。纹理防伪造假者基本无法仿造,能起到有效的彻底防伪的作用。但是,由于纹理防伪因为必须有专用纹理纸张,且每个标签都要经过照相、编码、存储,需要大量的工作和设备,为了能显示更丰富的纹理信息,标签也不能做得太小,所以标签成本远高于防伪码标签;还由于标签制作中不能有影响干扰纹理的内容,所以标签上也不能印刷丰富的色彩装饰图案,标签外观就不如灵活多变的防伪码标签更加漂亮、美观。故纹理防伪的使用量远不如防伪码标签较为普遍。

4. RFID 电子标签

RFID 是从 20 世纪 90 年代兴起并逐渐走向成熟的一项自动识别技术,它利用无线射频方式进行非接触的双向通信。RFID 技术突破了传统防伪技术的局限性,具有寿命长、防污损、读取速度快、安全可靠等特点,由于该标签系统需利用专用设备,造假者仿制、复制的成本和难度极高。

RFID 防伪标签目前有唯一 ID 标签和破坏式标签两种。

唯一 ID 标签,指产品在出厂时设定一个全球唯一的标识码,此标识码一旦设定后不可更改,并采用加密算法。其优点为标签进行了加密设计,而且每一商品终身只有一个唯一的防伪码,伪造标签的难度非常高;由于读卡器也进行了加密设计,必须是正确的标签和正确的读卡器才能解读出商品的信息,也增加了伪造的难度。缺点是不法分子可能对包装上的标签回收再用。

破坏式标签是指消费者打开商品包装时,标签自动损坏,解决了标签可能被回收利用的问题。例如在酒类商品中,采用一种带有 RFID 芯片的酒瓶盖,当消费者拧开酒瓶盖时,标签芯片与瓶盖上的天线断裂,RFID 标签当即失效。破坏式标签技术解决了标签被回收再用的问题。

依据不同商品类型,可以选择合适的防伪方式,对于防伪要求较高的商品,可以两种方法相结合。

【延伸阅读 5-3】

中国知名白酒企业联合打假维权

新华网成都 5 月 20 日专电(记者黄毅)国内知名白酒企业将整合打假资源,联合维权。这是记者从 20 日在四川绵竹召开的"中国白酒打假协作网"成立仪式上获悉的。

近年来,中国白酒行业发展迅速,但假酒泛滥也一直困扰着白酒行业的健康和可持续发展。为有效遏制假酒泛滥,维护消费者合法权益和食品安全,在质检总局打假办公室的支持下,中国酿酒工业协会牵头组织国内知名白酒企业成立了"中国白酒打假协作网"。"协作网"第一批成员由五粮液、剑南春、汾酒等 8 家知名白酒企业组成,并将根据工作开展情况不断调整和扩大成员单位范围。

据中国酿酒工业协会有关人士介绍,"中国白酒打假协作网"将针对企业打假需求,畅通企业与执法、管理部门间的协调、沟通,为企业打假工作的顺利进行提供保障。同时,各白酒企业也将共同探索打假策略,整合打假资源,有效健全完善打假情报信息网络,拓宽打击制售假(仿)冒优质白酒案件的案源渠道,配合执法部门快速反应开展执法打假。

资料来源:新华网 2010 年 05 月 20 日

本章小结

商品质量监督是根据国家的质量法规和商品质量标准,由国家指定的商品质量监督机构对生产和流通领域的商品和质量保证体系进行监督的活动。其目的是防止不合格品流入市场,维护国家和消费者利益。

我国的商品质量监督管理体制由技术监督和专业监督系统的质量监督管理机构和质量监督检验机构组成。我国的商品质量监督可分为国家的质量监督、社会的质量监督和用户的质量监督三种类型;形式有抽查型质量监督、评价型质量监督和仲裁型质量监督三种。

假冒产品是指使用不真实的厂名、厂址、商标、产品名称、产品标志等从而使客户、消费者误以为该产品就是被假冒的产品。伪劣产品是指质量低劣或者失去使用性能的产品。我们应掌握鉴别假冒伪劣商品的方法与要点,并对假冒伪劣商品坚持"标本兼治,综合治理"的原则,动员社会各个方面齐抓共管,以维护企业,国家和社会的利益。

商品质量提升有利于提高我国商品质量的总体水平,有利于提高企业竞争力和企业品牌的培育。商品质量管理的参与者:企业、政府监管部门、质量检测机构、新闻媒体、消费者以及社会其他机构等各方都是质量提升这一系统工程的重要力量。

商品质量信誉的维护,不应单纯依靠被动式的打假,还应从产品自身保护上下功夫。采用防伪技术是防范假冒伪劣商品的有效措施。

思考题

1. 什么是商品质量监督?有何作用?
2. 商品质量监督的依据是什么?
3. 简述我国商品质量监督管理体制。
4. 简述商品质量监督的种类和形式。
5. 什么是假冒伪劣商品的?它有哪些危害?
6. 如何进行假冒伪劣商品的鉴别?
7. 简述商品质量提升的内涵与意义。
8. 企业应如何防范与打击假冒伪劣商品?
9. 什么是数码防伪技术?其应用原理是怎样的?
10. 什么是RFID电子标签防伪技术?何有优点?

实训项目

1. 搜集近期有关商品质量事件的新闻报道,分析在事件调查处理中商品质量监督是如何具体实施的?反映出商品质量监督有哪些重要意义?
2. 学习《消费者权益保护法》、《产品质量法》和三包有关规定,增强自身消费权利保护意识。

案例分析

毒鸡蛋事件引发德国"食品地震"

2010年12月底,在一次定期抽检中,德国食品安全管理人员在一些鸡蛋中发现超标的致癌物质——二噁英。随后,相关机构对数千枚鸡蛋进行了检验,结果发现许多农场的鸡蛋都含有超标的二噁英。

二噁英包括210种化合物,毒性十分大,是砒霜的900倍,有"世纪之毒"之称。国际癌症研究中心已将其列为人类一级致癌物。二噁英常以微小的颗粒存在于空气、土壤和水中,主要产生于化工冶金、垃圾焚烧、造纸以及生产杀虫剂等过程中。鸡蛋中竟然检验出二噁英,这立即引起了德国舆论的极大关注。对这一事件的特别报道一时间充斥该国各种媒体。

舆论的压力推动了"毒鸡蛋"丑闻的调查工作。随着调查深入,有关机构发现,鸡蛋含有超标二噁英的根源在于有问题的养鸡饲料。而通过对有毒饲料的追查,最终的焦点锁定在了石勒苏益格-荷尔施泰因州的一家饲料原料提供企业——哈勒斯和延彻公司身上。正是这家公司将受到工业原料污染的脂肪酸提供给生产饲料的企业。

事实上,该公司从2010年3月就知道其生产的脂肪酸受到了二噁英污染,但是没有立即停止生产并报告给德国农业部。石勒苏益格-荷尔施泰因州农业部公布的检验结果显示,该公司生产的部分脂肪酸中二噁英的含量超过法定含量的77倍。

而从2010年3月到2010年12月,这家公司把大约3 000吨受到二噁英污染的脂肪酸出售给了位于德国各地的数十家饲料企业。

2011年1月初,哈勒斯和延彻公司被正式提出刑事指控。为了控制污染,德国政府不得不采取措施隔离了4 700个养猪场和家禽饲养场,超过8 000只鸡被强制宰杀。

尽管如此,德国下萨克森州政府1月12日证实,在政府对相关农场实施隔离和关闭之前,已经有一些可能被污染的猪肉流入了市场,其中部分猪肉已经出口。德国农业部长艾格内尔随即要求各州政府立即回收任何可能被污染的猪肉。

而对二噁英污染食品的恐慌迅速蔓延。韩国、斯洛伐克等已经禁止销售从德国进口的动物产品,而英国、荷兰的有关当局也开始调查含有德国鸡蛋的食品是否安全。

在德国国内,消费者不断缩小购买蛋类和肉禽类食品的比例。自丑闻曝出后,德国的鸡蛋、鸡肉和猪肉销量都出现了下滑,其中鸡蛋销量减少了20%,鸡肉和猪肉销量分别减少了10%。

德国农民要求就这一丑闻造成的损失获得赔偿。据估计,德国农民就这一丑闻遭受的损失每周高达6 000万欧元。

德国农业部表示,到目前为止。还没有接到二噁英污染食品导致健康问题的报告。但是消费者组织要求,政府不应只是说服消费者相信这次食品丑闻没有重大健康威胁,更应当对动物饲料行业实施更严格的规范措施。德国消费者权益组织"食品监督"发言人格罗斯说:"每个饲料制造商都应被强制进行二噁英检测,并向政府报告结果。"

此外,消费者组织也纷纷敦促修改德国食品安全法。德国消费者组织联合会发言人弗朗查克说:"我们需要对食品行业建立集中控制体系,实施更加严格的规范和惩罚。"

面对民众的愤怒和消费者组织的压力,德国政府做出承诺,将对食品和饲料行业实施更加严厉的规范和监控,以保障消费者的健康。

1月10日,德国农业和消费事务部部长艾格内尔与德国饲养业代表举行了危机会议,并对消费者的呼声作出了回应。艾格内尔承诺,作为预防措施,所有购买了受影响饲料公司产品的农场都将被隔离,无论是否被污染。

在这次会议后,艾格内尔还公布了一项动物饲料和食品安全计划。这项计划要求对违法行为实施更加严厉的惩罚。"我们将大幅提高安全标准,并加强监管和通报的责任,这是消费者的期望,我们将满足他们的期望。"艾格内尔说。

此次食品丑闻也推动了相关的法律进程。

艾格内尔公布的动物饲料和食品安全计划写道:"今天,像二噁英丑闻这样的事件已经不仅仅是地方性的了,在公共卫生和经济方面,这样的事件会产生地区性,甚至全球性影响。为此,消费者保护组织和司法等部门将一起研究调整现行法律的必要性。"

艾格内尔表示,新计划将对饲料生产商提出新的责任,要求他们检验饲料成分,并将检验结果送交有关部门。这一计划还呼吁实施更加严格的注册制度,并要求严格分离动物饲料原料与其他工业原料。

除此以外,艾格内尔说,政府将研究把食品和饲料安全的相关规定列入刑法,违反者可能会承担刑事责任而非民事责任。

为了保证在食品安全问题上的透明度,德国政府还计划建立一个预警系统,把二噁英检验结果纳入数据库,若发现二噁英,各级政府必须立即公之于众。

资料来源:http://finance.ifeng.com/roll/20110130/3351177.shtml

案例思考题

1. 分析毒鸡蛋事件发生的原因是什么?有哪些危害?
2. 毒鸡蛋事件发生后德国政府是如何应对的?计划如何加强食品安全的监管?
3. 通过本例,对我国的食品安全监管有何借鉴意义?

第六章
Chapter 6

商品检验

【学习目标】

通过本章学习,理解商品检验的概念、作用和依据,掌握商品检验的类型与内容。了解商品抽样检验的原则和方法,熟悉商品检验的常用方法,了解商品品级划分的原则与方法。

【关键词】

商品检验 Commodity Inspection;抽样 Sampling;商品品级 Commodity Grade。

【引导案例】

某植物油厂使用非食用原料生产加工食用油案。2006年12月1日,根据群众举报,某市质量技监局对该市一植物油厂进行了突击执法检查,现场查获饲料玉米毛油5 400千克,工业盐550千克,工业用磷酸三钠125千克,工业用氢氧化钠3 400千克。经调查,该厂从一饲料经营部购入饲料玉米油157吨,从盐业公司购入工业盐3.5吨,从化工商店购入工业用氢氧化钠6吨,工业用磷酸三钠150千克。据该厂负责人介绍,生产过程中每吨饲料玉米毛油中加入5千克氢氧化钠、10千克工业盐、0.1千克磷酸三钠等工业原料,共计生产成品食用油120吨,货值金额68.4万元。经抽样检验,油品酸价、过氧化值超标,为不合格品。质量技监部门对此案依法作出处理。

可见商品检验是保证商品质量,维护消费者权益,维护企业信誉,持续发展的重要手段。

摘自:中国质量报

第一节　商品检验概述

一、商品检验的概念

商品检验是指商品的供货方、购货方或第三方在一定条件下,借助某种手段和方法,按照合同标准或国际、国家有关法律、法规、惯例,对商品的质量、规格、重量以及包装等方面进行检查,并作出合格与否或通过检验与否的判定。专门的检验机构可以提供商品检验证书。具有法律效力的检验证书,可以作为解决社会各种商品质量争议、合同纠纷的有效证据。

商品检验的任务是从商品的用途和使用条件出发,分析和研究商品的成分、结构、性质及其对商品质量影响,确定商品的使用价值;拟定商品质量指标和检验方法,运用各种科学的检测手段评定商品质量,并确定是否符合规定标准的要求;研究商品检验的科学方法和条件,不断提高商品检验的科学性、精确性、可靠性,使商品检验工作更科学化、现代化;探讨提高商品质量的途径和方向,促进商品质量的提高,并为选择适宜的包装、保管和运输方法提供依据。

二、商品检验的类型

(一)根据商品检验的目的分类,分为第一方、第二方和第三方检验

第一方检验也称生产检验,是商品生产者为了维护企业的信誉、保证商品质量对半成品和成品进行检验的活动。第二方检验也称验收检验,是指商品的买方为了维护自身及顾客的利益,保证所购商品的质量满足合同的规定或标准要求所进行的检验活动。第三方检验是指处于买卖利益之外的第三方,以公正权威的非当事人身份根据有关法律、法规、合同或标准所进行的检验。

(二)根据商品内、外销情况,分为内贸商品检验和外贸商品检验

内贸商品检验是指商品经营企业、用户、行业主管部门及其附属质量监督检验机构或国家质量技术监督检验部门及其所属商品质量监督检验机构,依据国家的法律、法规、有关标准或合同所进行的商品质量检验活动。外贸商品检验是由国家出入境检验检疫及其派出机构,即国家出入境检验检疫局在各省、自治区、直辖市以及进出口商品的口岸、集散地设立的分支机构负责对进出口商品进行法定检验、鉴定检验及监督管理检验。

(三)根据被检验商品有无破坏,分为破坏性检验和非破坏性检验

破坏性检验是指检验后商品遭到破坏的检验。如钢铁材料的化学成分、电视机的寿命、食品卫生指标的检验、子弹、炮弹的射程,检验后商品即遭到破坏。非破坏性检验是指检验后商品未被破坏,也称无损检验。

（四）根据检验商品的数量分为全数检验、抽样检验

全数检验是对被检批的商品逐个地进行检验，也称百分之百检验。全数检验适用于批量小、质量特性少、贵重、非破坏性质的商品检验。全数检验费用大、时间长，判断结果比较准确。抽样检验是按照事先已确定的抽样方案，从被检批商品中随机抽取一定数量的样品，组成样本进行检验，以判断一批商品或一个过程是否可以被接收。抽样检验适用于破坏性、大批量、散装或流程性材料等商品的检验。抽样检验费用少、节省时间，有时会犯判断错误，实施抽样检验时，需要均衡生产方风险和使用方风险。

三、商品检验的作用

商品检验是验证商品质量是否合格的唯一手段，所以商品检验对贸易各方确保商品质量符合要求，维护贸易各方的合法权益提供保障；为商品安全保管与合理养护提供可靠的数据；为国家宏观控制商品质量提供客观依据；对维护国家的利益和声誉，增强国际竞争力有现实的意义。综合起来，商品检验有以下作用。

（一）商品检验是保证商品质量，维护企业信誉，持续发展的重要手段

随着市场经济的不断发展，社会商品的供应得到了极大的丰富，消费者的维权意识不断增强，国家也陆续制定发布了《中华人民共和国产品质量法》和《中华人民共和国消费者权益保护法》，企业要想在竞争激烈的市场上求得生存发展，应加强质量管理，保证自身商品质量。质量事故使企业受伤害甚至倒闭的事例比比皆是，例如2008年的"三鹿"事件和2011年的"双汇"事件等，所以企业在商品生产过程和出厂时都要实施严格的商品检验，并在成品上加贴检验合格证予以证明。

（二）商品检验是保证商品在储运过程中质量不发生变化的依据

长期以来消费者受问题商品侵害都找生产厂家赔偿，1994年1月1日起施行的《中华人民共和国消费者权益保护法》第35条明确规定了销售者的赔偿责任，第40条至50条规定了销售者的法律责任。商业企业在购进商品时进行商品检验，并注意合理保管养护是避免造成事故责任的有效措施。

（三）商品检验是判定质量责任的依据

现实中经常会出现消费者与经营者或生产厂商、贸易双方或多方、部门、国家和国家之间的质量争议，判定这些争端的有效证据是商品仲裁检验或商品质量鉴定的结果。争议方可以将问题商品提请检验机构检验，国家认可的检验机构经过检验后出具的检验证书具有法律效力。目的是运用科学的检验技术和方法，正确地评定商品质量。在进出口贸易中商品检验尤为重要，所以国家设立专门商检机构依法对进出口商品实施检验与管理。商检机构依法对进出口商品实施检验与管理的主要目的与任务：一是把关，二是服务。

（1）把关作用。国家设立商检部门，其主要目的就是加强进出口商品检验工作，保证进出

口商品的质量,维护对外贸易有关各方的合法权益,促进对外贸易的顺利发展。因此,把关是商检工作的首要作用。

（2）服务作用。商检机构的服务作用十分明显,主要体现在以下几个方面:一是促进进出口商品质量的提高。商检机构通过检验和监督管理,把好进出口商品质量关,防止不合格的商品进出口,有力地促进了中国境内的出口、生产企业和境外的卖方、厂家注意提高产品的质量。二是对进出口商品提供据间证明。在国际经济贸易活动中,有关各方经常需要一个第三者,作为出证鉴定人对进出口商品进行检验或鉴定,提供据间证明,供有关各方进行交接、计费、索赔、理赔、免责之用。这是一种技术和劳务相结合的服务工作。商检机构由于自身的性质、技术条件和信誉,长期以来在这一个重要领域发挥自己的特长和优势,起着积极的作用。三是收集和提供与进出口商品质量、检验有关的各种信息。由于工作关系,商检机构经常接触国内外大量的商品质量、性能、价格、分布等各方面的情况。及时收集整理这些情况,提供给各有关部门参考,这也是国家对于商检工作的要求。

（四）商品检验是保障人民群众安全消费的重要手段

为了保障人民安全消费,国家对社会商品实行质量监督抽查制度。国家监督抽查工作程序包括计划制定、产品抽查具体方案设计、现场抽样、样品检验、结果反馈、数据汇总、公布结果、督促整改和进行复查等。

【延伸阅读6-1】

国家工商行政管理总局2002年1月公布了流通领域9类商品质量监督抽查结果,通报了棉服、棉被抽查情况。统计显示,抽查的9类共586种商品的平均合格率46%,其中棉服棉被类质量堪忧。

据介绍,2001年8月,国务院规定原来由国家质量技术监督局承担的流通领域商品质量监督管理职能,划归国家工商行政管理局之后,工商总局开始建立商品质量监督抽查工作制度,决定对流通领域的商品质量实行监督抽查,将结果如实向社会公布,并对发现的违法行为依法进行处理。2001年11月开始,首先抽查与人们节日生活和过冬安全关系密切的棉服、棉被、电热毯、电取暖器、糕点、包装豆制品、包装熟肉制品、鲜肉和食品及饮料等9类商品,范围涉及16个省17个城市的38个经营场所。商品质量监督抽查范围包括:可能危害人体健康和人身、财产安全的商品;与人们衣、食、住、行相关的商品;消费者、有关组织投诉和反映问题比较集中的商品;工商行政管理机关认为需要抽查的商品。抽查场所包括进行商品交易活动和提供商品服务消费的各类场所。抽查内容包括商品的进货凭证;商品的注册商标;商品标志;是否在商品中掺杂、掺假,以假充真,以次充好或者以不合格商品冒充合格商品等。工商总局在全国范围内对食品、汽车和摩托车配件、装饰装修材料、家用电器、农资、洗涤用品、化妆品、通讯器材、粮油产品、服装鞋帽等10类、100种商品、200个市场进行质量监督抽查。

这次抽查主要选择了国家强制性标准规定的商品标志、原料成分含量（标志内容符合性）、填充料纤维品质,及明示标准规定的面料性能指标。在抽查检验的55种棉服商品中,按强制性标准检验合格的3个,合格率5.5%;按推荐性国家标准考核,符合率50.9%;综合符合要求的棉服只有2种,符合率为3.6%。在抽查检验的55种棉被商品中,按强制性标准检验合格的9个,合格率16.4%;按推荐性国家标准考核,符合率达78.2%,只有8个商品全部项目符合要求。

摘自《人民日报海外版》（2002年1月24日第二版）

（五）商品检验是国家对外贸易中保证商品质量合格，维护国家信誉的保障

我国主要出口商品贸易伙伴是欧洲、美国和日本等发达国家，这些国家的商品质量标准非常严格，有时甚至为了设置技术壁垒而改变标准中的技术指标，世界贸易组织（WTO）为尽量减少技术性贸易壁垒对世界经济造成的不利影响，鼓励自由贸易，成员间签署了《技术性贸易壁垒协定》，尽量避免各成员所制定的技术性贸易措施成为不必要的贸易障碍。但是在多数情况下，国家间的贸易战是不可避免的，所以国家商品检验技术、设备设施要先进、人员素质要适应不断变化的形式，还要密切关注其他国家标准或技术条件的改变。

四、商品检验的内容

（一）商品质量检验

商品质量检验包括成分、规格、等级、性能和外观质量等的检验，目的是判断商品的各项指标是否符合标准的各项规定，以进一步判定商品是否合格。《产品质量法》第七条规定"产品质量应当检验合格，不得以不合格产品冒充合格产品"。第十三条规定："可能危及人体健康和人身、财产安全的工业产品，必须符合保障人体健康和人身、财产安全的国家标准、行业标准；未制定国家标准、行业标准的，必须符合保障人体健康和人身、财产安全的要求。"

生产者、销售者、消费者进行产品质量检验的目的是避免购进不合格原材料用于生产和避免将不合格产品出厂销售和使用。生产厂家和销售商遇到销售不合格商品时都会损害其信誉，而且商品使用过程中一些不合格产品有可能会造成重大的质量事故。质量事故一旦形成就要追究质量责任。

产品质量责任是指产品的生产者、销售者应当依法承担的法律后果，包括承担相应的行政责任、民事责任和刑事责任。判定承担产品的质量责任的依据是产品的默示担保条件、明示担保条件或者是产品缺陷。产品的默示担保条件，是指国家法律、法规对产品质量规定的必须满足的要求；产品的明示担保条件，是指生产者、销售者通过标明采用的标准、产品标志、使用说明、实物样品等方式，对产品质量作出的明示承诺和保证；产品缺陷是指产品存在危及人身、财产安全的不合理的危险。

（二）商品重量和数量的检验

商品的重量检验是根据合同规定，采用规定的计量方式，计量出商品准确重量的检验；商品的数量检验是按照发票、装箱单或尺码明细单等规定，对整批商品进行逐一清点，得到实际装货的准确数量的检验。商品的重量和数量检验直接关系到贸易双方的经济利益和责任，因此尽管检验比较容易，但检验环节要严密，结果必须准确无误。在重量检验方面，国家的相关法规有《中华人民共和国计量法》、《零售商品称重计量监督规定》、各种计量工具的质量标准等。

(三)商品的包装检验

商品包装检验是根据商品标准或合同的有关规定,对商品的包装标志、包装材料、种类、包装方法等进行检验,判断包装是否符合规定要求的活动。商品包装包括商品的运输包装和销售包装检验,一般商品的销售包装技术要求包含在商品标准中;运输包装则由运输部门制定包装规定或由当事人双方在运输合同中根据运输要求制定。

(四)商品安全卫生检验

商品安全检验主要是指电子电器类商品的漏电检验、绝缘性能检验和 X 光辐射等。商品卫生检验是指对商品中的有毒有害物质及微生物进行的检验。例如:进出口商品卫生检验主要是对进出口食品检验其是否符合人类食用卫生条件,以保障人民健康和维护国家信誉。《中华人民共和国食品卫生法》规定:"进口的食品、食品添加剂、食品容器、包装材料和食品用工具及设备,必须符合国家卫生标准和卫生管理办法的规定。进口上述所列产品,由国家出入境食品卫生监督检验机构进行卫生监督检验。进口单位在申报检验时,应当提供输出国(地区)所使用的农药、添加剂、熏蒸剂等有关资料和检验报告。海关凭国家卫生监督检验机构的证书放行。";"出口食品由国家进出口商品检验部门进行卫生监督、检验。海关凭国家进出口商品检验部门的证书放行。"

五、商品检验的依据

(一)进出口商品检验的依据

我国 1989 年颁布,2002 年修订的《中华人民共和国进出口商品检验法》第四条规定:国家商检部门制定、调整必须实施商品检验的进出口商品检验目录并公布实施。第五条规定:进口商品未经检验的,不准销售、使用;出口商品未经检验合格的,不准出口。第六条规定:必须实施的进出口商品检验,是指确定列入目录的进出口商品是否符合国家技术规范的强制性要求的合格评定活动。合格评定程序包括:抽样、检验和检查;评估、验证和合格保证;注册、认可和批准以及各项的组合。第七条规定:列入目录的进出口商品,按照国家技术规范的强制性要求进行检验;尚未制定国家技术规范的强制性要求的,应当依法及时制定,未制定之前,可以参照国家商检部门指定的国外有关标准进行检验。第九条规定:法律、行政法规规定由其他检验机构实施检验的进出口商品或者检验项目,依照有关法律、行政法规的规定办理。

1. 检验检疫商品目录

2000 年 1 月 1 日,我国国家出入境检验检疫局与海关总署联合发布了 2000 年第一号公告,公布《出入境检验检疫机构实施检疫的进出境商品目录》,并于当年 2 月 1 日起施行。该目录是在原国家商检局制定的《进出口商品检验种类表》和原卫生检疫局制定的《进出口卫生监督检验食品与 H·S 目录对照表》的基础上合并、修订而形成的现行法定检验检疫商品目录。凡列入该目录的进出境商品,必须凭出入境检验检疫机构签发的货物通关证明验放。

2. 依据法律、法规和标准实施检验

法律、行政法规规定有强制性标准或者其他必须执行的检验标准的,按照强制性标准或检验标准检验;法律、行政法规未规定有强制性标准或者其他必须执行的检验标准的,按照对外贸易合同约定的检验标准检验,实物标准具有同等效力;法律法规规定的强制性标准或检验标准,低于外贸合同检验标准时,可以按照合同规定的检验标准检验。

(二)内贸商品检验的依据

我国在 1986 年 12 月 2 日发布的《中华人民共和国国境卫生检疫法》,1988 年发布于 1989 年 4 月 1 日实施的《中华人民共和国标准化法》、《中华人民共和国进出口商品检验法》,1993 年发布 9 月 1 日起实施的《中华人民共和国产品质量法》,1995 年 10 月 30 日发布的《中华人民共和国食品卫生法》以及 2010 年修改后的《中华人民共和国国境卫生检疫法实施细则》等系列法律、法规,为商品检验提供了实施商品检验的法律依据。如《中华人民共和国标准化法》第十九条规定县级以上政府标准化行政主管部门,可以根据需要设置检验机构,或者授权其他单位的检验机构,对产品是否符合标准进行检验。法律、行政法规对检验机构另有规定的,依照法律、行政法规的规定执行。

1. 质量标准

质量标准是检验商品质量的主要依据,是生产、经营企业必须执行的技术法规。在实际运用中,国家、行业或地方强制性标准是必须执行的标准;而各级推荐性标准企业可以选择执行,也可以选择制定企业标准,这种情况,国家通过标准备案来进行控制,一旦企业确定了执行何种标准并通过技术监督局备案,该标准就是企业必须执行的标准,是商品检验的依据。

2. 统检细则

国家和地方监督部门出于对某一产品主要项目进行全面监督抽查的需要,根据国家标准、行业标准或地方标准制定统一检验项目、统一检验方法、统一技术指标和统一判据的统检细则。

3. 检验规则

当没有国家标准、行业标准和地方标准时,政府质量监督部门临时制定的检验项目、检验方法、技术指标和判据的检验细则。

4. 购销合同

购销双方约定的质量要求,必须共同遵守,一旦发生质量纠纷时,没有违背现行国家法律法规的购销合同的质量要求,就是仲裁的法律依据。

六、商品检验的程序

(一)商品检验的一般程序

商品质量检验工作程序通常包括以下内容:定标—抽样—检查—比较—判定—处理。定标是指在检验前根据合同或标准的要求,确定检验手段和方法以及商品合格的判断原则,制定商品检验计划的工作;抽样是按上述计划,随机抽取样品以备检验的过程;检查是在规定的条件下,用规定的实验设备和检验方法检测样品的质量特性;比较是将检查的结果同要求进行比较,衡量其结果是否合乎质量要求;判定是指依据比较的结果,判定样品的合格数量或质量状况;处理是根据样本的质量进而判断商品总体是否合格,并做出是否接受的结论。

(二)进出口商品检验的工作流程

1. 接受报检

报检是指对外贸易关系人向商品机构报请检验。报检范围为属于法定检验和公证检验业务范畴的商品。报检时,外贸关系人需填写"报检申请单",填明申请检验、鉴定工作项目和要求,同时提交对外所签买卖合同成交小样及其他必要的资料,如进口单据(国外发票、运单、提单、检验记录、进口到货情况单等)或出口单据(信用证、许可证)等。

2. 抽样与制样

样品的抽取工作时进出口商品检验的基础,必须按规定方法,在规定的场地、从政批完整的包件中或生产线上随机抽取,以保证样品的真实性和代表性。抽取的样品应妥善保管,以保证检验与复验的真实性。制样分别有物理制样、化学制样等方式,为使用设备仪器检测做准备。科学的制样是保证检验正确的一个重要环节。

3. 检验

商检机构应认真研究申报的检验项目,确定检验内容,仔细审核合同(信用证)对品质、规格、包裹的规定,弄清检验的依据,确定检验标准、方法。检验鉴定项目一般包括被检商品的外观和内在质量以及包装重量等,方法有感官检验(鉴定)、理化检验(鉴定)和生物检验等。

4. 签发证书

在出口方面,凡列入《进出口商品检验种类表》内的出口商品,经检验合格后签发放行单(或在"出口货物报关单"上加盖放行章,以代替放行单)。凡合同、信用证规定由商检部门检验出证的,或国外要求签检证书的,根据规定签发所需封面证书;不向国外提供证书的,只发放行单。《进出口商品检验种类表》以外的出口商品,应由商检机构检验的,经检验合格发给证书或放行单后,方可出运。在进口方面,进口商品经检验后,分别签发"检验情况通知单"或"检验证书",供对外结算或索赔用。

七、商品检验机构

(一)国外商品检验机构

国际上进出口商品检验机构大体上可以分为官方、半官方和非官方检验机构三种类型。官方检验机构由国家或地方政府设置,根据国家法律、法规,对特定的进出口商品,执行强制的检验检疫和监督管理,如美国食品药品监督管理局(FDA)、矿山安全与健康管理局(MSHA)、农业部(USDA)等;非官方检验机构,即第三方独立检验机构,大都是经政府注册登记,由具备专业鉴定检验业务技术能力和国际法律知识的社团法人或私人办理的,通常称检验公司、公证行、鉴定公司等,如瑞士日内瓦检验公司 SGS;民间检验机构,有些在行业有了一定权威,由国家政府授权代表政府行使某项商品或某一方面的检验管理工作,可以承担部分法定检验任务,这时就是半官方的检验机构,如美国保险商实验室 UL。

【延伸阅读6-2】
珠海检验检疫局确保供澳鲜活商品安全卫生纪实

由于澳门没有鲜活商品种植养殖基地,与澳门水陆相连的珠海,一直是澳门鲜活商品的主要保障基地。如何确保供澳鲜活商品安全卫生成为珠海检验检疫人天天放在心上、落实在行动中的"重中之重"。据了解,珠海辖区供澳蔬菜虽然占供澳蔬菜总量的"半壁江山",但是却有着品种多、有些品种数量少、季节性强、难保存等特点。为解决这些难题,珠海检验检疫局加强对供港澳蔬菜、水果种植基地、加工厂(包装厂)的日常监管,重点监管种植基地的各项规范文件、基地面积、生产情况、种植品种、种植量,农药的采购、存放、配制、喷施,病虫害发生防治情况等,并逐步建立以检验检疫工作质量为中心、以技术法规为依据、以检测技术为手段、以岗位责任为保障、以监督检查为重点的供澳蔬菜和水果检验检疫长效监管机制,并通过"质量和安全年"活动不断加以完善和巩固。一年365天,每天凌晨4点多,在拱北口岸的蔬菜监装岗、活禽畜预检岗、农药残留检测岗、水产品抽采样岗、现场查验岗等岗位上,就可以看到着装整齐的"国门蓝盾"对离境前的供澳鲜活商品进行认真细致的检验检疫。

珠海检验检疫人忠诚地守护着澳门市民的"菜篮子",用责任为"菜篮子"筑起了一道道安全屏障,更用责任擦亮了"国门蓝盾"的徽章。这正如他们所说,"守护澳门市民的'菜篮子',责任至上,安全至上。"

摘自:中国国门时报

(二)国内商品检验机构

国内商品检验机构包括国家检验机构、专门检验机构、指定检验机构和认可检验机构。国家商检部门、商检机构,国家质量监督检验检疫总局及其下设机构均属国家检验机构。专门检验机构是指国家行政法律、法规立法规定,承担一些特定进出口商品或项目的检验管理机构,如药品检验、卫生防疫、计量、航空、船舶、安全监察等检验部门。指定检验机构是指国家商检部门和商检机构指定承担部分检验任务的检验机构。认可检验机构是国家商检部门或机构根据实际需要,凭检验机构申请,经过审查,认为符合条件的专业检验机构、科研单位、大专院校、厂矿企业等检验机构承担指定的商品检验任务,认可机构不能签发检验证书,检验结果由商检机构凭证焕发检验证书或其他有关单证。

第二节 商品抽样

工业化大生产使每天生产的产品成千上万,对它们全数检验费工费时,而且有些检验项目是破坏性的,进行全数检验不可能,抽样检验提供了一种既经济又及时的方法,即通过检验少量的产品或产品的某种质量特性推断总体的质量状况。

一、商品抽样检验的概念与特点

(一)商品抽样的概念

抽样是根据合同或标准所确定的方案,从被检批商品中抽取一定数量的有代表性的、用于检验的单位商品的过程,又称取样或拣样。抽样检验的对象是一批产品,根据抽样结果应用统计原理推断产品批的接收与否。由于抽样检验是用样本质量特征推断整体质量特征,所以可能存在误判,可能把实际的不合格批判为合格,也可能把实际的合格批判为不合格。

抽样检验一般用于破坏性检验(如零件的强度检验),批量很大的商品检验(如螺钉的检验)等;测量对象是散装或流程性材料,如水泥、煤炭等;还包括其他适合抽样检验的场合。如GB/T 2828.1—2003 计数抽样标准适用于最终产品、零部件和原材料、操作、在制品、库存品、维修操作、数据或纪录、管理程序的抽样检验。

抽样检验中,涉及的基本术语有单位产品、检验批、批量、不合格(品)、批质量、过程平均、接收质量限 AQL 等。单位产品是为实施抽样检验需要而划分的基本产品单位,如一件商品或一定量的商品。检验批是提交进行检验的一批产品,或作为检验对象而汇集起来的一批产品,通常检验批应该由同型号、同等级和同种类,且生产条件和生产时间基本相同的单位产品组成。批量是被检批中单位产品的数量,常用 N 来表示。在抽样检验中,不合格是指单位产品中任何一个质量特性不满足规范要求,有时根据需要将不合格划分为 A 类不合格、B 类不合格、C 类不合格等。批质量是指单个提交检验批产品的质量,通常用 P 表示,在计数抽样检验中常用来衡量批质量的指标有批不合格品率、批不合格品百分数等,计量抽样检验中衡量批质量的指标有质量特性平均值、质量特性标准差或变异系数等。过程平均是在规定的时段或生产量内平均的过程质量水平,即一系列交检批的平均质量。接收质量限 AQL 是当一个连续系列批被提交验收抽样时,可允许的最差过程平均质量水平,是对生产方的过程质量提出的要求,是允许的生产方过程平均(不合格品率)的最大值。在抽样检验中,有时使用固定百分比抽样,在批量相同或相似的时候,固定百分比抽样操作相对比较简单;但是在批量大小差异很大时,固定百分比抽样就非常不合理,会造成小批松,大批严的结果。

二、抽样调查的特点与原则

(一)抽样调查的特点

第一,抽样调查从总体中抽选出来进行调查并用以推断总体的调查样本,是按照随机原则抽选出来的,由于不受任何主观意图的影响,因此总体中各个单位都有被抽中的可能性,能够保证被抽中的调查样本在总体中的合理、均匀分布,调查出现倾向性偏差的可能性是极小的,样本对总体的代表性很强。

第二,抽样调查是以抽选出的全部调查样本作为一个"代表团"来代表总体的,而不是用随意挑选出来的个别单位来代表总体,使调查样本具有充分的代表性。

第三,抽样调查所抽选的调查样本数量,是根据要调查的总体各个单位之间的差异程度和调查推断总体允许的误差大小,经过科学的计算确定的。由于在调查样本的数量上有可靠的保证,样本就会与总体实际十分接近。

第四,抽样调查中的样本误差,在调查前就可以根据调查样本数量和总体中各单位之间的差异程度进行计算,可以把样本误差控制在一定范围之内,调查结果的准确程度比较有把握。

(二) 商品抽样的原则

1. 代表性原则

要求被抽取的一部分商品必须具备有整批商品的共同特征,以使鉴定结果能成为决定此大量商品质量的主要依据。

2. 典型性原则

指被抽取的样品能反映整批商品在某些(个)方面的重要特征,能发现某种情况对商品质量造成的重大影响。如食品的变质、污染、掺杂及假冒劣质商品的鉴别。

3. 适时性原则

针对组分、含量、性能、质量等会随时间或容易随时间的推移而发生变化的商品要求及时适时抽样并进行鉴定。如新鲜果菜中各类维生素含量的鉴定及各类农副产品中农药或杀虫剂残留量的鉴定等。

三、商品抽样的方法

抽样检验涉及确定抽样方案,如何抽样,检验判定程序和检验后处理等问题。在具体的抽样过程中可采用如下方法。

(一) 简单随机抽样

简单随机抽样是指总体中每个个体被抽到的机会是相同的。从批量为 N 的被检批中抽取 n 个单位商品组成样本,共有 C_N^n 种组合,对于每种组合被抽取的概率都相同的抽样方法。被检商品批量较小时,用编号、抽签或查随机数表、计数器等选号,掷随机数骰子等办法。如要从 100 件产品中抽取 10 件组成样本进行检验,可以把 100 件产品用同样大小的纸签代表从 1 号一直编到 100 号,然后用抽签或抓阄的办法,任意抽出 10 张,如得到 68、5、9、11、22、34、48、75、56、90 号,就把 10 个编号的产品拿出来组成样本检验。简单随机抽样的优点是误差小,缺点是抽样手续比较繁杂。

(二) 分层随机抽样

分层随机抽样也称为类型抽样法,是把批量为 N 的被检批分成各为 N_1 个,N_2 个直至 N_i 个商品组成的 i 层,使每层内商品质量尽可能均匀整齐,$N=N_1+N_2+\cdots+N_i$,然后在每层分别按简单随机抽样法取样,合在一起组成一个样本。这样抽取的样本代表性好,但是要注意分层的合理性。有些层次是自然形成的,如甲、乙、丙三个工人在同一台设备上倒班生产同一种零件,产品分别放在三个地方,生产数量相同,现在要抽取 12 个零件组成样本,则采用分层抽样法,应从三个地方各抽取 4 个零件,组成 12 个零件的样本。

(三)系统随机抽样

系统随机抽样又称为等距抽样法或机械抽样法,是按一定的规律从整批商品中抽取样品的方法。例如要从 100 件产品中抽取 10 件组成样本,首先将 100 件产品按 1,2,3,…,100 顺序编号;然后用抽签或查随机数表的方法确定 1~10 号中的哪一件产品入选样本,假如查随机数表得 5 号,依次确定入选样本的产品编号是 05,15,25,35,45,55,65,75,85,95,这样就得到了 10 件产品组成的样本。由于系统抽样法操作简单,实施起来不易出差错,在生产现场使用率很高。如在某道工序上定时去抽一件产品进行检验,就属系统随机抽样。如果商品总体的某质量特性发生周期性变化时,系统随机抽样容易判断错误。

【知识链接6-1】
进出口商品抽样检验方式

抽样工作是一项既细致又繁重的任务,进出口商品种类繁多,情况复杂,有时一批商品数量多达几万吨,有的为了充分利用仓库密集堆垛,有的散装商品采取露天存放等,都给抽样工作带来困难。为了切实保证抽样工作的质量,同时又要便利对外贸易,必须针对不同商品的不同情况,灵活地采用不同的抽样方式,才能较好地完成抽样任务。行之有效的抽样方式有。

(1)登轮抽样。进口大宗商品,如散装粮谷、铁矿砂等,采取在卸货过程中登轮抽样的办法,可随卸货进度,按一定的比例,抽到各个部位的代表性样品,然后经过混合、粉碎、缩分,取得代表性的检验样品。

(2)甩包抽样。例如,进口橡胶,数量很大,按规定以 10% 抽样,采取在卸货过程中,每卸 10 包甩留 1 包,供抽样用,既使抽样工作便利,又能保证样品的代表性。

(3)翻垛抽样。出口商品在仓库中密集堆垛,难于在不同部位抽样时,如有条件应进行适当翻垛,然后进行抽样,这个方式要多花一定的劳力。

(4)出厂、进仓时抽样。在仓容紧张、翻垛困难的情况下,对出口商品可事先联系安排在出厂时或进仓时进行抽样,同时加强批次管理工作。

(5)包装前抽样。为了避免出口商品抽样时的拆包损失,特别对用机器打包的商品,在批次分清的前提下,采取包装前进行抽样。但成包后应补行包装检验。

(6)生产过程中抽样。有些出口商品,如冰蛋、罐头等,可在生产加工过程中,按生产批次,按照规定要求,随生产随抽样,以保证代表性,检验合格后进行包装,并补行包装检验。

(7)装货时抽样。出口大宗散装商品,有条件的可在装船时进行抽样。如原油用管道装货时,定时在管道中抽取样品;出口食盐在装船时每隔一小时抽样一次,样品代表性都很好。但采取这种方式时必须事先研究,出口商品的品质必须稳定能符合出口合同的要求,或是按检验机构的实际检验结果出证进行结算的才适用,否则在装船后发生检验不合格,就难以处理。

(8)开沟抽样。出口散装矿产品,如硼石、煤炭等,都是露天大垛堆存,抽样困难,且品质又不够均匀,一般视垛位大小,挖掘 2~3 条深 1 米的沟,以抽取代表性样品。

(9)流动间隔抽样。大宗矿产品抽样困难,可结合装卸环节,在输送带上定时抽取有足够代表性的样品。

资料来源:http://www.szccws.com/jinchukou5/szjck2443.htm

第三节　商品检验的方法

商品检验方法是指商品检验机构实施商品检验时所采用的技术手段,根据检验原理、条件、设备的不同特点,可分为三大类。

一、感官检验法

感官检验法,又称感官分析、感官检查或感官评价,是利用人的感觉器官作为检验器具,对商品的色、香、味、形、手感、音色等感官质量特性作出判断和评价的检验方法。

感官检验法在商品流通领域中使用比较广泛,处在流通领域中的商品都经过出厂检验且配有合格证,但商品在储存、运输或进出货过程中,经常需要对商品的品质变化作出判断,其范围是商品的外形结构、外观疵点、色泽、硬度、弹性、气味、声音、包装物等,所以流通中的检验以感官检验为主。另外对于某些特殊商品的感官检验,国家还制定了检验标准,比如酒类的品评。

感官检验的优点是:不需要复杂精密仪器、简便易行、快速灵活、成本低,可以依赖实践经验进行判断;缺点是准确度低,检验项目受感官能力限制,只能得出初步判断,需要进一步检验。

感官检验法可以分为视觉检验法、嗅觉检验法、味觉检验法、触觉检验法和听觉检验法等。

(一)视觉检验法

视觉检验是用人的视觉器官来检验商品的外形、结构、颜色、光泽以及表面状态、疵点等质量特性。凡是直接能够用眼睛分辨的质量指标都适合视觉检验。由于外界条件如光线的强弱、照射方向、背景对比以及检验人员的生理、心理和专业能力,会影响视觉检验效果,因此,视觉检验必须在标准照明条件下和适宜的环境中进行,并且应对检验人员进行必要的挑选和专门的训练。视觉检验法是一种应用极为广泛的商品检验方法。如茶叶的外形、叶底;水果的果色果型;棉花色泽的好坏,疵点粒数的多少;罐头容器外观情况和内容物的组织形态;玻璃罐的外观缺陷;食品的新鲜度、成熟度和加工水平等。

视觉检验中,有时要使用标准样品,某些如茶叶、烟叶、棉花、羊毛和生丝等均制定有标准样品,标准样品是实物标准,它是标准的另一种存在形式,它与文字标准合在一起构成完整的标准形态。自从 20 世纪初美国研制成功第一个冶金标准样品(当时称 Standard sample)以来,经过 100 多年的发展,国际上和我国均已经建立了一个完整的标准样品管理体系。这个体系包括一套行政管理和技术管理法规体系和相应层次的管理机构。

视觉检验鉴定者应该具有丰富的关于被鉴定商品外观形态方面的知识,并熟悉标准样品中各等级的条件、特征和界限;视觉鉴定过程中要注意对光线强弱的要求。

(二)嗅觉检验法

嗅觉检验是通过嗅觉检查商品的气味,进而评价商品的质量。广泛用于食品、药品、化妆品、日用化学制品等商品质量检验,并且对于鉴别纺织纤维、塑料等燃烧后的气味差异也有重要意义。在检验中应避免检验人员的嗅觉器官长时间与强烈的挥发物。

当食品或工业品的质量发生变化时,气味也会发生相应的变化;某些具有吸附性的商品,吸收了其他异味而影响商品的品质;某些商品具有本品独特的芳香气味,有时质量产生变化或不适当的加工会改变这种独特的香气,这些情况都可以通过嗅觉检验来对商品进行鉴定。嗅觉鉴定者要具备要求的生理条件,丰富的实践经验。嗅觉鉴定场所也要符合鉴定标准要求。

(三)味觉检验法

味觉检验法主要用来鉴定食品,如糖、茶、烟、调料等味觉食品。食品的滋味和风味是决定食品品质的重要因素。同一原料来源的食品,由于加工调制方法的不同,滋味和风味也不同。质量发生变化的食品,滋味必然变劣,产生异味。所以味觉评定是检验食品品质的重要手段之一。它是利用人的味觉来检查有一定滋味要求的商品(如食品、药品等)通过品尝食品的滋味和风味来检验食品质量的好坏。为了顺利的进行味觉检验,一方面要求检验人员必须具备辨别基本味觉特征的能力,并且被检样品的温度要与对照样品温度一致;另一方面要采取正确的检验方法,遵循一定的规程。如检验时不能吞咽物质,应使其在口中慢慢移动,每次检验前后必须用水漱口等。

味觉检验依靠检验者味觉的敏感度,检验者味觉的敏感度决定了检验结果的准确性,为此国家制定了国家标准《感官分析味觉敏感度的测定》(GB/T 12312—1990)以评判味觉的敏感度。

(四)触觉检验法

触觉检验是利用人的触觉感受器对被检商品轻轻作用的反应以触觉来评价商品质量。利用触摸、按压、拉伸、拍敲、抓摸等方法施加于商品,得到商品的光滑细致程度、软硬程度、干湿程度、弹性拉力弹力大小的感觉,对商品的某些特性进行判断。凭借触觉可以鉴别食品的膨、松、软、硬、弹性(稠度),以评价食品品质的优劣,是常用的感官检验方法之一。例如,根据鱼体肌肉的硬度和弹性,常常可以判断鱼是否新鲜或腐败;评价动物油脂的品质时,常须检验其稠度等。

(五)听觉检验法

听觉检验是凭借人的听觉器官来检验商品质量的方法。如检查玻璃、陶瓷、金属制品有无裂纹,评价家用电器、乐器的音质等。听觉检验和其他感官检验一样,需要适宜的环境条件,即力求安静,避免外界因素对听觉灵敏度的影响。

听觉检验一般用来检验玻璃制品、瓷器(常敲击瓷器或陶器,根据声音判断品质是否正常,声音清脆悦耳,表明品质正常;声音嘶哑,是有裂纹的反映)、金属制品有无裂纹或其内在的缺陷;评价以声音作为质量指标的乐器、家用电器等商品;评定食品成熟度、新鲜度(如根据鸡蛋是否有水声,判断鸡蛋的新陈)、冷冻程度等。此外,听觉检验还广泛地用于塑料制品的鉴别、纸张的硬挺性与柔韧性、颗粒状粮食和油料的含水量及罐头食品变质的检验。

以上五类感官检验方法各有特点,在实际检验时有时要综合运用。感官检验要运用人的感觉器官,要求操作者具有灵敏的感觉,有良好的生理、心理素质,有丰富的商品知识和实践经验。在实施感官检验时还要注意检验环境的配合。一般要求检验场所空气清新,无异味;光线柔和自然,避免使用强光或有颜色的光线;场地安静,装饰搭配不影响检验效果。

二、化学分析检验法

化学分析法是根据检验过程中商品再加入某种化学试样和试剂后所发生的化学反应来测定商品的化学组成成分及含量的一种检验方法。该方法不仅设备简单,经济易行,而且结果也准确,是其他化学分析方法的基础。适用于食品检验,包括营养素、食品添加剂、有毒有害物质及发酵、酸败、腐败等食品变质的成分变化指标测定;纺织品与工业品主要有效成分、杂质成分、有害成分的含量,以及耐水、耐酸碱、耐腐蚀等化学稳定性质方面的测定。

1. 定性分析法

这是根据反应结果所呈现的特殊颜色或组合,在化学反应中生成的沉淀、气体等来判定商品成分的种类及其性质的一种方法。在定性分析中,多使用灵敏度高的鉴定反应。为了能正确判断结果,往往还要做空白试验和对照试验;同时还应注意反应溶液的温度、浓度、酸度干扰物质等影响。

2. 定量分析法

定量分析法是在定性分析的基础上,准确测定试样中商品的成分含量的分析方法。按测定方法的不同,定量分析分为容量分析和重量分析。重量分析是根据一定量的试样,利用相应的化学反应,使被测的成分析出或转化为难溶的沉淀物,再将沉淀物滤出,经洗涤、干燥或灼烧后,准确地称出其重量而计算出试样中某成分含量的分析方法。容量分析即用一种已知精确浓度的标准溶液与被测试样发生作用,由滴定终点测出某一种组分含量的分析方法。常用的分析方法有:氧化还原法、综合滴定法、沉淀法、酸碱滴定法等。

三、仪器分析检验法

仪器分析检验法是采用光、电等方面比较特殊或复杂的仪器,通过测量商品的物理性质或化学性质来确定商品的化学成分的种类(定性)、含量和化学结构以判断商品质量的检验方法。仪器分析检验法包括光学分析法和电学分析法,光学分析是通过被测成分吸收或发射电磁辐射的特性差异来进行成分鉴定,具体有比色法、分光光度法、荧光光度法等。

比色分析法是用比较有色物质溶液的颜色作为确定含量多少的分析方法。它包括目视比色法和光电比色法。目视比色法是用眼睛比较被测溶液与标准溶液颜色深浅差异的方法。该法可以在复合光下进行测定,但标准溶液不能久存,经常需要在测定时同时配制。光电比色法是采用光电比色计测试的,即利用光-电效应测量光线通过有色溶液的强度的方法。这两种方法都是在可见光区内测定物质对光吸收强度进行分析的。

分光光度法包括原子吸收光谱、红外光谱等。原子吸收分光光度法是一种基于物质所产生的原子蒸汽对特定谱线(通常是待测元素的特征谱线)具有吸收作用而进行分析的方法。由于这种方法测定灵敏度高,特效性好,抗干扰能力强,稳定性好,适用范围广,加之仪器较简单,操作方便,因而应用日益广泛。

发射光谱法是根据原子所发射的光谱测定物质的化学组成的方法,即试样在外界能量的作用下转变成气态原子,并使气态原子的外层电子激发至高能态。当从较高的能级跃到较低的能级时,原子将释放出多余的能量而发射出特征谱线。对所产生的辐射经过摄谱仪进行色散分光,按波长顺序记录在感光板上,就可呈现出有规则的光谱线条,即光谱图。然后根据所得光谱图进行定性分析和定量分析。

色谱分析是一种分离技术。它的分离原理是,使混合物中各组分在两相间进行分配,其中一相是固定不变的,称为固定相,另一相是携带混合物流过此固定相的流体,称为流动相。当流动相中所含混合物流过固定相时,就会与固定相发生作用。由于各组分在结构和性质上的差异,流动相与固定相发生作用的大小、强弱也有差异,因此,在同一推力作用下,不同组分在固定相的停留是有长有短,从而按先后不同的次序从固定相中流出,达到分离的目的。试样中各组分被分离后,再分别检测,最后记录仪记录,得到色谱图。气相色谱仪应用相当广泛。但对于难挥发和热稳定性能差异的物质,此法的应用仍受到一定限制。

近年来,随着基础理论研究和新技术的应用,还出现了许多其他新型的光学仪器法。如核磁共振波谱法、红外线检验法、紫外线检验法、X射线检验法、质谱仪检验法、荧光光谱法等。它们大都用于测定商品的成分和构成,特点是快速简便、准确、自动、灵敏。但由于样品前处理费时,仪器价格昂贵,对操作人员要求高,故其应用受到一定的局限性。

四、物理检验法

物理检验法是在一定的实验环境条件下,利用各种仪器、器具作手段,运用物理的方法来测定商品质量指标的方法。

物理检验法包括一般物理检验法、光学检验法、热学检验法、机械检验法、电学检验法、力学检验法。

(一)一般物理检验法

一般物理检验法即通过各种量具、测量仪、天平及专门仪器来测定商品的长度、细度、面积、体积、厚度、比重、黏度、渗水性、透气性等一般物理特性的方法。这些基本的物理量指标往往是商品贸易中的重要交易条件,例如棉纤维长度和细度的测定。

（二）光学检验法

光学检验法是通过各种光学仪器来检验商品品质的方法。可以用来检验商品的物理性质，也可以用来检验某些商品的成分和化学性质，常用的仪器有显微镜、折光仪、旋光仪、比色计等。如用折光仪测定油脂的折光率，可以判断油脂的新陈；利用旋光仪测定糖液的比旋光度，可以测定溶液中可溶性固形物的含量等。

（三）热学检验法

热学检验法是利用热学仪器测定商品的热学特性的一种检验方法。可以用来检验商品的熔点、凝固点、沸点、耐热性能等，玻璃、金属、塑料、橡胶等很多商品的热学性质与质量密切相关。

（四）机械检验法

机械检验法是利用各种力学仪器测定商品机械性能的一种检验方法。工业品商品的质量指标，如抗拉强度、抗压强度、断裂伸长率、硬度、弹性、塑性、脆性等多采用这种检验方法。机械检验法使用的仪器设备有万能材料试验机、冲击试验机、扭力试验机、硬度试验机等。

（五）电学试验法

电学试验法是利用电学仪器测定商品电学特性的一种检验方法。当然通过有些电学性能的测定也可以测定商品的材质、含水等多方面性能。检验的项目有电阻、介电系数、电容、电压、电流强度等。电学检验节省材料、检验速度快、结果准确。

（六）力学检验法

力学检验法是通过各种力学仪器测定商品的力学性能的检验方法。这些性能主要包括商品的抗拉强度、抗压强度、抗弯曲强度、抗冲击强度、抗疲劳强度、硬度、弹性、耐磨性等各方面的力学性能。

五、生物学检验法

生物学检验法是食品类、药类和日常工业品商品质量检验的常用方法之一，一般运用于测定食品的可消化率、发热量和维生素的含量、细胞的结构与形状、细胞的特性、有毒物品的毒性大小等等。包括微生物学检验法和生理学检验法两种。

微生物学检验法是利用培养法、分离法、显微镜观察法、形态观察法等，对商品中有害微生物存在与否及其存在的数量进行检验，并判断其是否超过允许限度的一种检验方法。微生物学检验法是判断商品卫生质量的重要手段。

生理学检验法是用来检验食品的可消化率、发热量及营养素对机体的作用及食品和其他商品中某些成分的毒性等的一种检验方法。检验中有时使用鼠、兔等进行毒理、病理试验，经过动物试验后验证无毒害，经过有关部门批准才能在人体上进行试验。现在科学家正在尝试避免使用动物试验,利用更好地办法对一些有毒化学品进行检测,如马歇尔航天飞行中心的科学家利用微生物在低重力下对有毒化学品敏感导致游动速度和方向都改变的现象检测化学品、废水和潜在污染源;检测化妆品的生理毒性、过敏反应等非常有效。

在实际生活中,影响商品质量变化的因素很多,商品质量的下降往往是很多因素作用的综合结果。无论是理化检验还是生物学检验,都是在特定条件下进行的,检验只是考虑了一个或几个因素。为了更好地模拟商品实际情况,对商品进行试用,以综合评定商品在实际使用中的质量表现也是一种常用的质量评价方法。

第四节 商品品级

一、商品品级的概念

商品质量分级是商品质量检验活动中的一个重要环节,它是对商品内在质量和外在质量的综合评判的结果。商品品级是依商品质量高低所确定的等级。我国根据商品质量标准和实际质量检验结果,将同种商品区分为若干等级的工作,称为商品品级。商品品级是表示商品质量高低优劣的标志,也是表示商品在某种条件下适合其用途大小的标志,是商品鉴定的重要内容之一。它是相对的、有条件的,有时会因不同时期、不同地区、不同使用条件及不同个性而产生不同的质量等级和市场需求。一般来说,工业品分三个等级,而食品特别是农副产品、土特产等多为四个等级,最多达到六七个等级,如茶叶、棉花、卷烟等。

二、商品品级划分的原则

商品品级通常用等或级的顺序来表示,其顺序反映商品质量的高低,我国国家标准《工业产品质量分等导则》(GB/T 12707—91)规定了产品质量等级的划分原则,详细规定了优等品、一等品和合格品的分等条件。

(1)优等品。优等品的质量标准必须达到国际先进水平,且实物质量水平与国外同类产品相比达到近5年内的先进水平。

(2)一等品。一等品的质量标准必须达到国际一般水平,且实物质量水平达到国外同类产品 多一般水平。

(3)合格品。按我国现行的一般水平标准组织生产,实物质量水平必须达到相应标准的要求。

三、商品品级划分方法

商品分级的划分方法很多,主要可归纳为百分记分法、限定记分法和限定缺陷法三类。

（一）百分记分法

百分记分法是按商品的各项质量指标的要求，规定为一定分数，其中重要的质量指标所占分数较高，次要的质量指标所占分数较低。各项质量指标完全符合标准规定的要求，其各项质量指标的分数总和为 100 分。如果某一项或几项质量指标达不到标准规定的要求，相应扣分，其分数总和就要降低。分数总和达不到一定等级的分数线，则相应降低等级。这种方法在食品商品评级中被广泛采用。

（二）限定记分法

限定记分法是将商品的各种质量缺陷规定为一定的分数，由缺陷分数的总和来确定商品的等级。商品的缺陷越多，分数的总和越高，则商品的品级越低。该方法主要用于工业品商品的分级。例如，棉色织布的外观质量主要决定于其布面疵点，标准中将布面各种疵点分为七项，分别为破损性疵点、油污疵点、边疵点、径向疵点、纬向疵点、整理疵点和其他疵点。按疵点对布影响程度确定各项疵点的分数，分数总和不大于 10 分为一等品，不大于 20 分的为二等品等。

（三）限定缺陷法

限定缺陷法是指通过在标准中规定商品的每个质量等级所限定的疵点种类、数量、不允许出现的疵点及成为废品的疵点限度来确定商品质量等级的方法。此种方法多用于工业品品级之中。如全胶鞋 13 个外观指标中，一级品不准有鞋面砂眼；二级品中，砂眼直径不超过 1.5 毫米，深不超过鞋面厚度等规定。

【知识链接6-2】

食品检验质量标准

国家食品质量指标标准，一般包括感官指标、理化指标和微生物指标，按食品和农副产品加工行业分为几十个专业，分别制定，以确保食品无毒、无害，符合应有的营养要求，并具有相应的色、香、味等感官性状。

1. 感官指标：食品（包括原料和加工制品）都具有色、香、味、形、性状，食品性状不同，其品质也不同，可以通过感官进行鉴别。看食品的颜色：食品都具有特定的色泽，如食品颜色异常，非常鲜艳，可能加入了非食用色素或加入了过量的食用色素所致；如食品颜色较正常颜色变淡，可能是掺入了其他物质或者食品本身或原料变质发霉。闻尝食品的气味或口味：食品都具有各自的气味和口味，如山楂很酸，啤酒辛涩。闻尝食品有无异常气味和口味，可以为食品是否纯正提供依据，如品尝到味精有咸味，可以判定在味精中掺入了食盐。观察食品的组织状态：食品均有本身的组织形态，有的呈固体、液体或粉末状；有的圆，有的扁，有的有棱有角；有的软，有的硬。如正常的木耳为革质，脆而弹性差，手感不硬，而掺了糖或掺了碱的木耳，手摸会软而不脆。

2. 理化指标：食品是否符合食用要求，往往要通过理化分析，才能确认。确认食品内在质量的理化分析方法，因采用的手段和人员素质的差别可能会得出不同的结论。为了避免争议，对有关的分析方法，使用的仪器、试剂、操作步骤等，均要作出统一规定。我国食品专业理化指标的测定方法，都是按照卫生部颁发的《食品卫生检验方法（理化部分）》执行。

3. 判别微生物的种类和数量需要通过仪器分析检测,我国食品通用的微生物检测方法统一按照卫生部颁发的《食品卫生检验方法(微生物部分)》执行。食品质量标准适用供再加工或烹调后食用和可直接食用的加工食品,标准规定的质量指标是用以确保食品质量的规范化。有的规定了食品中应含的人体所需营养成分,如小包装生肉类食品、干海参(刺参)、干贝等海产品中所含水分不得超过的最高限量。有的规定了食品的烹调性,如方便面复水后,应无明显断条、并条,口感不夹生,不粘牙。有的规定了食品中所含杂质的限量,如各类食用油所含杂质不得超过0.05%等。制定食品质量标准,目的在于保护消费者的合法权益和身体健康。

资料来源:http://www.fanwei110.org.cn/html/04/0202.htm

本章小结

商品检验是指商品的供货方、购货方或第三方在一定条件下,借助某种手段和方法,按照合同标准或国际、国家有关法律、法规、惯例,对商品的质量、规格、重量以及包装等方面进行检查,并作出合格与否或通过检验与否的判定。

根据商品检验的目的将商品检验分为第一方、第二方和第三方检验;根据商品内、外销情况可将商品检验分为内贸商品检验和外贸商品检验;根据被检验商品有无破坏性可将商品检验分为破坏性检验和非破坏性检验;根据检验商品的数量可将商品检验分为全数检验、抽样检验。

商品检验是商品生产、加工企业保证商品质量,避免质量责任追究,维护企业信誉,持续发展的重要手段;是商业流通企业保证购进商品质量合格,保证在储运过程中质量不发生变化的依据;是判定质量责任的依据;是国家质量部门控制宏观商品质量,保障人民群众安全消费的重要手段;是国家对外贸易中保证商品质量合格,维护国家信誉的保障。

抽样是根据合同或标准所确定的方案,从被检批商品中抽取一定数量的有代表性的、用于检验的单位商品的过程,又称取样或拣样。抽样检验的方法主要有简单随机抽样、分层随机抽样、系统随机抽样。

商品检验的内容有商品质量检验、商品重量和数量的检验、商品的包装检验、商品安全卫生检验。商品检验机构国外商品检验机构、国内商品检验机构。

商品检验的方法有感官检验法、化学分析检验、仪器分析检验法、物理检验法、生物学检验法。

商品质量分级是商品质量检验活动中的一个重要环节,它是对商品内在质量和外在质量的综合评判的结果。

思考题

1. 简述商品检验的分类。
2. 商品检验的内容与形式有哪些?
3. 商品抽样的原则和方法有哪些?

4. 商品检验的方法有哪些？各有何特点？
5. 商品的等级是如何划分的？

实训项目

1. 运用所学知识，结合自己的体验，对所熟悉的某一食品进行质量检验。
2. 考察某一日用工业品商品，并对商品的等级做出评价。
3. 考察本地市场商品质量，并谈谈你是运用感官检验法来检验商品质量的？

案例分析

进境原羊毛质量堪忧

2010年3~7月，上海检验检疫局共9次从进境原羊毛中发现夹杂大量羊粪。检疫人员将相对干净的原羊毛做防疫性消毒处理后调运至许可证指定生产加工存放单位，将夹杂羊粪严重的部分羊毛送到专业的公司进行焚烧销毁处理，整个处理过程派专人监督。

短短数月，连续9次截获夹带羊粪的原羊毛，这在往年是没有过的，进境原羊毛卫生情况令人担忧。

近年来，作为大宗纺织原材料的羊毛价格不断上涨，劣质原羊毛因为价格相对便宜，使得某些贸易商把目光转移到一些严重夹带杂质（羊粪、甚至皮肉块等）、霉变的原羊毛上。据了解，国外的牧场主以前都将粪便毛单独打包作焚烧销毁处理，不排除个别贸易商为了图便宜，在国外不顾原羊毛的来源和卫生情况，恶意收购，导致较多夹带粪便的原羊毛进入我国的可能。

从上海检验检疫局查获的情况看，每次进境的原羊毛总是一部分夹带粪便多，一部分原羊毛夹带粪便少或者基本不夹带粪便，不排除个别贸易商故意在每批货物中夹带一些劣质原羊毛，以此来挑战或试探检验检疫把关的尺度和底线。上海检验检疫局认为，必须对这种情况进行严肃处理，不留一丝空子可钻，杜绝企业存在的侥幸心理。

摘自：中国国门时报

案例思考题

针对如何提高进口商品的检验水平，保证商品质量，谈谈你的看法。

第七章
Chapter 7

商品包装

【学习目标】

通过本章的学习,了解商品包装的概念,作用与分类,掌握商品包装材料的类型和包装技术,掌握商品储运包装标志和销售包装标志;掌握商标的概念及分类,了解商标设计的原则和商标的注册与管理。

【关键词】

包装 Packing;包装材料 Packing Material;包装技术 Packing Technology;商标 Trade Mark。

【引导案例】

1921年5月,当香水创作师恩尼斯·鲍将他发明的多款香水呈现在香奈尔夫人面前让她选择时,香奈尔夫人毫不犹豫地选出了第五款,即现在誉满全球的香奈尔5号香水。然而,除了那独特的香味以外,真正让香奈尔5号香水成为"香水贵族中的贵族"却是那个看起来不像香水瓶,反而像药瓶的创意包装。

服装设计师出身的香奈尔夫人,在设计香奈尔5号香水瓶型上别出心裁。"我的美学观点跟别人不同:别人唯恐不足地往上加,而我一项项地减除。"这一设计理念,让香奈尔5号香水瓶简单的包装设计在众多繁复华美的香水瓶中脱颖而出,成为最怪异、最另类,也是最为成功的一款造型。香奈尔5号以其宝石切割般形态的瓶盖、透明水晶的方形瓶身造型、简单明了的线条,成为一股新的美学观念,并迅速俘获了消费者。从此,香奈尔5号香水在全世界畅销80多年,至今仍然长盛不衰。

1959年,香奈尔5号香水瓶以其所表现出来的独有的现代美荣获"当代杰出艺术品"称号,跻身于纽约现代艺术博物馆的展品行列。香奈尔5号香水瓶成为名副其实的艺术品。对此,中国工业设计协会副秘书长宋慰祖表示,香水作为一种奢侈品,最能体现其价值和品位的就是包装。"香水的包装本身不但是艺术品,也是其最大的价值所在。包装的成本甚至可以占到整件商品价值的80%。香奈尔5号的成功,依靠的就是它独特的、颠覆性的创意包装。"

资料来源:http://wenku.baidu.com/view/bd7df22fb4daa58da0114a5b.html

第一节　商品包装概述

一、商品包装的概念与属性

（一）商品包装的概念

商品包装是指流通过程中为保护产品、方便储运、促进销售,按一定的技术方法而采用的容器、材料及辅助物等的总体名称,也包括为达到上述目的而采用的容器、材料和在辅助过程中施加一定技术方法等的操作活动。

（二）商品包装的属性

商品包装具有两个基本属性:一是商品包装的商品性;二是商品包装的从属性。

商品包装的商品性是指商品包装是人类社会劳动的产品,在商品生产存在的条件下,商品包装同其他劳动产品一样,具有商品性,因而与其他商品一样具有价值和使用价值。包装的使用价值是它在商品流通、消费过程中所承担的全部功能。包装的价值同样是凝结在包装中的一般人类劳动。由于商品包装是附属于商品的一种特殊商品,因此,它的价值和使用价值的实现与内装商品的价值和使用价值的实现有关。一般讲,包装的价值附加在商品上,在商品出售时得到补偿,而使用价值则要在商品消费时或者消费后才完全得以实现。

商品包装的从属性是指包装是从属于内装商品的,是内装商品的附属品。商品包装发展至今,不管包装种类如何增多,包装功能变得如何多样,包装成本、比重如何增大,包装始终要受到内装商品的制约。因此,在设计商品包装时,要考虑包装的属性与功能,以免出现"过分包装"现象,即包装成本远远大于内装商品的成本,这样不仅浪费资源,加重环境污染,而且增加消费者的经济负担。目前有许多国家的企业提出并实施减少商品包装的策略,以降低商品成本,让利于消费者。

二、商品包装的作用

商品的包装在商品生产领域转入流通领域和消费领域的整个过程中起着非常重要的作用,其主要功能有:保护功能、容纳和成组化功能、便利和复用功能、卫生和环保功能及促销功能。

（一）保护功能

保护商品的品质完好和足量,是实现商品的使用价值和价值是商品包装的主要目的,也是商品包装的基本功能。商品在运输、储存和销售的过程中,会受到各种内、外因素的影响,发生商品破损、变形、霉变、腐烂、生锈、虫蛀等损失,从而致使使用价值丧失。科学的包装,能增加商品抵抗各种外界不利因素的影响,维护商品的使用价值。

(二)容纳和成组化功能

容纳也是商品包装的基本功能。许多商品本身没有一定的集合形态,如气体、液体、粉状商品以及许多食品和药品,如果没有包装就无法运输,储存、携带和使用。包装的容纳功能不仅有利于商品流通和销售,还能提高商品价值。对于一般结构的商品,包装的容纳增加了商品的保护层,有利于商品质量的稳定;对于食品、药品、化妆品、卫生用品等商品,包装的容纳功能还能保证商品的卫生;对于复杂结构的商品,包装的容纳能使其外形整齐划一,便于组合成大型包装;对于质地疏松的商品,包装的容纳结合合理压缩,可充分利用包装容积,节约包装费用,节省储运空间。

成组化功能是容纳功能的延伸。它是把许多个体或个别的包装物统一加以包装。成组的容纳有利于商品运输、保管和销售,并能减少商品流通的费用。

(三)便利和复用功能

包装的便利功能是指商品的包装为商品的空间移动及消费者的携带使用提供了方便条件,可以方便运输、搬运,方便展销陈列,方便携带、使用,方便处理。比如,各种便携式结构、易开启结构,气压式喷雾结构的包装,就受到了市场的欢迎。

包装的复用功能是指包装商品的任务完成时,包装物还可以直接再利用,如一些包装其包装功能完成后可以用来做储存罐,不仅扩大了包装的用途,而且能长期发挥广告的宣传效用。

(四)卫生和环保功能

包装的卫生功能是指包装要能保证商品卫生性能,尤其是用于食品、药品、化妆品的包装,包括两方面内容:一是包装能阻隔各种不卫生因素,如灰尘、病菌对内装物的污染;二是包装材料本身在与内装物接触时不污染商品。

包装的环保功能是指包装对环境的影响,主要包括两个方面内容:一是包装废弃物能回收再利用;二是如果不能再利用,包装废物在大自然中能自然降解,不对环境造成不利影响。

(五)促销功能

包装,特别是销售包装,是无声推销员,在商品和消费者之间起到媒介作用。包装的促销功能是因为包装具有传达信息的功能、表现商品的功能和美化商品的功能而引起的。

商品包装上标有商标、商品名称、品种、规格、产地、成分、功能及使用说明等有关商品的信息,从而起到介绍商品、宣传商品的功能,有利于消费者了解,这是商品的传达信息的功能。包装的表现功能主要依靠包装上的图案、照片及开窗包装、透明包装所显露的商品实物,把商品的外貌显示给消费者。包装的装潢、造型等艺术装饰性的内容对商品起到美化作用。

【延伸阅读 7-1】

一个价值 600 万美元的玻璃瓶

说起可口可乐的玻璃瓶包装，至今仍为人们所称道。1898 年鲁特玻璃公司一位年轻的工人亚历山大·山姆森在同女友约会中，发现女友穿着一套筒型连衣裙，显得臀部突出，腰部和腿部纤细，非常好看。约会结束后，他突发灵感，根据女友穿着这套裙子的形象设计出一个玻璃瓶。

经过反复的修改，亚历山大·山姆森不仅将瓶子设计得非常美观，很像一位亭亭玉立的少女，他还把瓶子的容量设计成刚好一杯水大小。瓶子试制出来之后，获得大众交口称赞。有经营意识的亚历山大·山姆森立即到专利局申请专利。

当时，可口可乐的决策者坎德勒在市场上看到了亚历山大·山姆森设计的玻璃瓶后，认为非常适合作为可口可乐的包装。于是他主动向亚历山大·山姆森提出购买这个瓶子的专利。经过一番讨价还价，最后可口可乐公司以 600 万美元的天价买下此专利。要知道在 100 多年前，600 万美元可是一项巨大的投资。然而实践证明可口可乐公司这一决策是非常成功的。

亚历山大·山姆森设计的瓶子不仅美观，而且使用非常安全，易握不易滑落。更令人叫绝的是，其瓶型的中下部是扭纹型的，如同少女所穿的条纹裙子；而瓶子的中段则圆满丰硕，如同少女的臀部。此外，由于瓶子的结构是中大下小，当它盛装可口可乐时，给人的感觉是分量很多的。采用亚历山大·山姆森设计的玻璃瓶作为可口可乐的包装以后，可口可乐的销量飞速增长，在两年的时间内，销量翻了一倍。从此，采用山姆森玻璃瓶作为包装的可口可乐开始畅销美国，并迅速风靡世界。600 万美元的投入，为可口可乐公司带来了数以亿计的回报。

资料来源：http://wenku.baidu.com/view/bd7df22fb4daa58da0114a5b.html

三、商品包装的分类

包装类型很多，按包装在流通领域中的作用、包装适用性、包装耐压程度、包装制造材料可做如下分类：

（一）按包装在流通领域中的作用分类

1. 销售包装

销售包装亦称商品的内包装，指能与商品配装成一个整体，随同商品一同出售，并能适应人们复杂的消费需要，在人们的消费行为中发挥效用。其主要作用是保护商品、方便使用、促进销售，并应符合销售地国家的法律和法规。对包装的技术要求美观、安全、卫生、新颖，易于携带。

2. 运输包装

运输包装也称商品的外包装，外包装一般体积、外形尺寸标准化程度高，坚固耐用，表面印有明显的识别标志，其作用是保护商品，方便运输、装卸和储存。常见的运输包装有木箱、纸箱、铁桶、竹篓、柳条筐、集装箱、集装袋及托盘等。

(二)按包装的适用性分类

1. 专用包装

专用包装具有特定使用范围,例如,盛装硝酸、硫酸的专用陶瓷包装,盛放鸡蛋用的纸格箱包装都称为专用包装。

2. 通用包装

通用包装的适应性强,使用范围广的商品包装称为通用包装,如木箱、麻袋等。

(三)按包装耐压程度分类

1. 硬质包装

如木箱、木桶、铁箱、铁桶,耐压性较强的包装均属于硬质包装。

2. 半硬质包装

如纸板箱、竹篓、柳条筐等均属于半硬质包装。

3. 软质包装

如麻袋、布袋、纸袋,耐压力差的包装等均属于软质包装。

(四)按包装制造材料分类

包装制造材料主要包括纸制品、纺织制品、木制品、塑料制品、金属制品、玻璃制品、陶瓷制品、复合材料制品、草类编制品等包装。

1. 纸制包装

纸制包装是指以纸和纸板为原料制成的包装。包括纸箱、瓦楞纸箱、纸盒、纸袋、纸管、纸桶等。纸制包装在现代商品包装中占有很重要的地位。

2. 木制包装

木制包装是指以木材、木材制品和人造板材(如胶合板、纤维板等)制成的包装。主要有木箱、木桶,胶合板箱,纤维板箱和桶、木制托盘等。

3. 金属包装

金属包装是指以黑铁皮、白铁皮、马口铁、铝箔、铝合金等制成的各种包装。主要有金属桶、金属盒、马口铁及铝罐头盒、油罐、钢瓶等。

4. 塑料包装

塑料包装是指以塑料为主要材料制成的商品包装。主要的塑料包装材料有聚乙烯(PE)、聚氯乙烯(PVC)、聚丙烯(PP)、聚苯乙烯(PS)、聚酯(PET)等。塑料包装主要有全塑箱、钙塑箱、塑料桶、塑料盒、塑料瓶、塑料袋、塑料编织袋等。

5. 玻璃与陶瓷包装

玻璃与陶瓷包装是指以硅酸盐材料制成的包装。这类包装主要有玻璃瓶、玻璃罐、陶瓷瓶、陶瓷罐、陶瓷坛、陶瓷缸等。

6. 纤维织品包装

纤维织品包装是指以棉、麻、丝、毛等天然纤维以及人造纤维,合成纤维的织品制成的包装。主要有麻袋、布袋、编织袋等。

7. 复合材料包装

复合材料包装是指以两种或两种以上材料黏合制成的包装,又称复合包装。主要有纸与塑料、塑料与铝箔和纸、塑料与铝箔、塑料与木材、塑料与玻璃等材料制成的包装。

8. 其他材料包装

其他材料包装主要有竹类、藤皮、藤条、草类等编织物包装,如各种筐、篓,包、袋等。

四、商品包装的设计原则

商品包装是保障商品从生产商经由流通环节安全满意地转移到消费者手中的有效手段。这种有效性体现在商品包装对其内装商品的保护、美化和促销等基本功能上。为了充分地发挥商品包装的这些功能,最终实现商品包装的价值和使用价值,商品包装设计应遵循适用性、安全性、方便性、美观性、促销性、经济性、标准化、环境友好性等原则。

(一)适用性

适用性包含三个方面的含义,一是对于被包装商品的适用应性;二是对于各流通环节要求的适用性;三是对于商品及其包装的最终使用者的适用性。适用性原则实际是商品包装设计的总原则。

(二)安全性

一是包装设计要充分保证内装商品的完好无损和原有质量。设计化妆品、药品和化工商品包装必须依据这些商品的理化性能,选用与这些商品具有相容性(如无毒或耐腐蚀)的包装材料,所设计的包装容器应防潮、隔氧、遮光以保护这些商品。

二是在包装的设计过程中,必须考虑商品包装对接触包装的相关人员的安全,防止在包装的生产、流通、销售、处理过程中对相关人员造成损害。例如,在食品、药品、化妆品、卫生用品等商品的包装设计中,要特别注意被包装商品的卫生安全要求。

(三)方便性

包装设计特别是销售包装设计,要便于包装生产者实现机械化、自动化连续生产,便于物流业者提高装卸、储运效率,便于销售者陈列展销,便于消费者携带、使用、启闭等。同时,还要根据不同的消费对象采取不同容量、数量、规格的包装,采用相关商品配套包装。除此之外,还要考虑到识别方便性。在商品销售市场中,商品包装的相似(雷同)性越来越强,所以对于包装的设计必须考虑消费者在选购商品时,很方便地根据商品的包装识别出所需购买的商品。物流单元的条码标志识别可用于货物追踪、交接验收、库存盘点等科学、高效管理。

(四) 美观性

美观是广大消费者的共同要求。商品包装的造型设计与装潢设计是紧密结合的,既要有美的造型,又要有美的色彩和图案。造型美的要素有对称性、平衡性、协调性、统一性、节律性、连续性、质朴性、华丽性、活泼性、庄严性、趣味性、幽默性、比例性、民族性、时代性等。依据上述某些要素,对包装容器的外部形态进行美化,是包装造型设计的一项重要工作。装饰设计是采用各种技术手段,对包装容器进行表面处理,以获得不同的视觉效果。

(五) 促销性

商品包装的促销功能主要是通过包装装潢设计来实现的。包装装潢设计首先是注意包装整体设计效果,考虑总体画面与商品属性、包装造型的关系,做到画面与造型统一,图案、文字、色彩与商品内容相称,使包装装潢能够抓住消费者心理,在促进商品销售中起到显著的作用。

(六) 经济性

在保证包装获得所要求的功能条件下,包装设计应选择价格相对低廉的包装材料;在不影响包装质量的前提下,应采用经济、简单的生产工艺方法以降低包装成本;在满足强度要求的前提下,应选用数量较少、质量(重量)较轻的包装材料,尽可能减少包装质量(重量),缩小包装体积,实现包装规格标准化,以提高运输装卸能力和仓库容量的利用率,减少流通费用。这样设计出来的包装实际就是所谓的"适度包装"。

在包装设计时,还应考虑包装与内装物品的价值相称,避免过度包装和过弱包装。过度包装是指功能和价值相对过剩的包装,其表现形式是用材过多、体积过大、分量过重、装潢过奢、成本过高等。过弱包装是指功能不足的包装,其表现形式是保护功能不足、方便功能不足、信息表达功能不足、艺术装饰功能不足等。

(七) 标准化

在设计包装特别是运输包装时,要考虑适应运输、装卸、堆码、储存等流通环节的要求,实现包装的标准化和模数化。

实现包装的标准化,就是要使包装达到定型化、规格化和系列化,减少包装的规格型号,这不仅有利于组织专业化生产,提高生产效益,节约包装材料,合理使用资源,降低包装成本,而且便于集合包装,便于装卸堆码。

实现包装的模数化,就是从商品包装到集装箱、集装托盘、运输工具、港口码头、储运仓库等都按照模数关系进行配套,以便最大限度利用运输、搬运工具和仓储空间,适应现代化大流通的需要。

(八) 环境友好性

环境友好性是指包装设计时既要保证商品包装的功能性完整,又要考虑如何尽可能减少包装对环境的影响:

(1)尽量选用可回收、可再生或可降解的包装材料。
(2)包装材料的生产以及包装生产工艺不能危害生态环境且应该节能。
(3)包装材料或包装工艺不能损害使用者或生产人员的身体健康。
(4)尽可能少用或不用有害的或妨碍包装废弃物处理的添加剂。
(5)注意合理开发那些节省资源的包装,例如,用瓦楞纸箱代替木箱,用废纸浆生产非食品用包装容器等。

第二节 商品包装材料与包装技术

一、商品包装材料

包装材料是指用于制造包装容器和用于包装运输、包装装潢、包装印刷的材料、辅助材料以及与包装有关材料的总称。

包装材料一般包括主要包装材料和辅助包装材料,纸和纸板、金属、塑料、玻璃、陶瓷、竹木、天然纤维、化学纤维、复合材料、缓冲材料等属于主要包装材料;涂料、黏合剂、油墨、填充材料、捆扎材料等属于辅助包装材料。

(一)包装材料应具备的性能

1. 一定的机械性能

包装材料应能有效地保护产品。因此应具有一定的强度、韧性和弹性等,以适应压力、冲击、振动等静力和动力因素的影响。

2. 阻隔性能

根据对产品包装的不同要求,包装材料应对水分、水蒸气、气体、光线、芳香气、异味、热量等具有一定的阻挡作用。

3. 良好的安全性能

包装材料本身的毒性要小,以免污染产品和影响人体健康;包装材料应无腐蚀性,并具有防虫、防蛀、防鼠、抑制微生物等性能,以保护产品安全。

4. 合适的加工性能

包装材料应宜于加工,易于制成各种包装容器应易于包装作业的机械化、自动化,以适应大规模工业生产应适于印刷,便于印刷包装标志。

5. 较好的经济性能

包装材料应来源广泛、取材方便、成本低廉,使用后的包装材料和包装容器应易于处理,不污染环境、以免造成公害。

6. 外观装饰性能

该性能主要是指包装材料的形、色、纹理的美观性,能产生陈列效果,提高商品的身价和激发消费者的购买欲。主要取决于包装材料的透明度、表面光泽、印刷适应性、防静电吸尘性等。

(二) 主要包装材料的特点与应用

1. 纸和纸板

纸和纸板是支柱性的包装材料,应用范围十分广泛,纸和纸板是按定量(单位面积的质量)或厚度来区分的。凡定量在 250 克/米^2 以下或厚度在 0.1 毫米以下称为纸,在此以上的称为纸板。

纸和纸板具有以下的优点:

(1) 具有适宜的强度、耐冲击性和耐摩擦性。

(2) 容易达到卫生要求,无毒、无异味。

(3) 具有优良的成型性和折叠性,对于机械化、自动化的包装生产具有良好的适应性。

(4) 具有最佳的可印刷性,便于介绍和美化商品。

(5) 价格较低且重量轻,可以降低包装成本和运输成本。

(6) 用后易于处理,可回收重复使用和再生,不会污染环境并节约资源。

纸和纸板也有一些致命的缺点,如难封口、受潮后牢度下降以及气密性、防潮性、透明性差等,从而使它们在包装运用上受到了一定的限制。

包装纸主要有:纸袋纸、牛皮纸、中性包装纸、普通食品包装纸、鸡皮纸、半透明玻璃纸、玻璃纸、有光纸、防潮纸、防锈纸、铜版纸等。包装纸板主要有:箱纸板、牛皮箱纸板、草纸板、单面白纸板、茶纸板、灰纸板、瓦楞纸板等。由于纸无法形成固定形状的容器,常用来做裹包衬垫和纸袋,而纸板常用来制成各种包装容器,主要有纸箱、纸盒、纸桶、纸罐、纸盘等,广泛用于运输包装和销售包装。

在纸制包装容器中,用量最多的是瓦楞纸箱,其比重约占 50% 以上。在运输包装中,瓦楞纸箱正在取代传统的木箱,广泛用于日用百货、家用电器、服装鞋帽、水果、蔬菜等。除瓦楞纸箱外,其他纸制包装容器多用于销售包装,如用于食品、药品、服装、玩具和其他生活用品的包装。

2. 包装用塑料

塑料是一类多性能、多品种的合成材料,是 20 世纪发展起来的一种新兴材料,在整个包装材料中所占的比例仅次于纸和纸板,在许多方面已经取代或逐步取代了传统的包装材料,节省了大量的资源。例如,制成编织袋、捆扎绳,代替棉麻;制成包装袋、包装盒、包装桶,代替金属;制成各种塑料袋,代替纸张;制成周转箱、钙塑箱,代替木箱;制成瓶罐,代替玻璃;制成多种泡沫塑料,代替传统的缓冲材料等。

塑料包括软性的薄膜、纤维材料和刚性的成型材料,其基本优点:

(1) 物理机械性能优良,具有一定的强度、弹性、抗拉、抗压、抗震、耐磨、耐折叠、防潮、防水,并能阻隔气体等。

(2) 化学稳定性好,耐酸碱、耐油脂、耐化学药剂、耐腐蚀等。

(3)比重较小,是玻璃的二分之一,钢的五分之一,属于轻质材料。

(4)加工成型工艺简单,成型方法多种多样,适于制造各种包装容器。

(5)适合采用各种包装新技术,如真空技术、充气技术、拉伸技术、收缩技术、贴体技术、复合技术等。

(6)表面光泽,具有优良的透明性、可印刷性和装饰性。

(7)成本低廉。

塑料不足之处主要有:强度不如钢铁;耐热性不如玻璃;易老化;有些塑料在高温下会软化,在低温下会变脆,强度下降;有些塑料带有异味,某些有害成分可能迁移渗入内装物;易产生静电而造成吸尘;塑料包装废弃物处理不当会造成环境污染等。因此,在选用塑料包装材料时要注意以上问题。

主要塑料包装材料有以下10种:

(1)聚乙烯塑料(PE)。PE是通用热塑性塑料,具有质轻而柔软、不易脆化、无臭无味、无毒、化学稳定性强、绝缘性好等优点。聚乙烯塑料按密度可以分为高密度聚乙烯(HDPE)、中密度聚乙烯(MDPE)、低密度聚乙烯(LDPF)三类。常被用于药品和食品包装。目前我国生产中常把高密度聚乙烯和低密度聚乙烯混合使用,其制品有饭碗、热水壶壳、提桶、脸盆、皂盒等。

聚乙烯制品不适合盛装烃类、植物油、矿物油等物质。

(2)聚氯乙烯塑料(PVC)。PVC是通用热塑性塑料,分为硬质和软质两类。软质聚氯乙烯多用于制造薄膜、各种包装袋;硬质聚氯乙烯可制成各种瓶、杯、盘、盒等包装容器。聚氯乙烯不适合用作食品包装。

(3)聚丙烯塑料(PP)。PP是一种无色、无味、无毒的塑料。与其他塑料相比质轻、机械强度高,耐热性能较好,且耐曲折性较好,有较好的电绝缘性和耐化学腐蚀性。用它可以生产纤维、单丝、扁丝、扁条等,制成绳索、包装袋、窗纱、塑料藤椅及绳织工艺品等。但聚丙烯塑料不适宜用作香味浓郁商品的包装,也不宜用作长期存放植物油和矿物油的包装。

(4)聚苯乙烯塑料(PS)。PS属于硬质塑料,具有刚性、耐化学腐蚀性强、无毒、无味,是一种质轻、强度较高的良好包装材料。各种桶、深杯、盘、盒等包装容器。在包装工业中常用改性聚苯乙烯注塑成型制造各种桶、深杯、盘、盒等包装容器。

(5)聚酰胺塑料(PA)。通常称为尼龙,它无毒,主要用于食品软包装,特别适用于油腻性食品的包装。例如,尼龙6薄膜(也称PA6)广泛用于油脂类食品、冷冻食品、真空包装食品、蒸煮袋食品、奶制品等的包装,此外还用于制造打包带和绳索,其坚固性好于聚丙烯打包带。

(6)聚乙烯醇(PVA)。聚乙烯醇是水溶性商品较好的包装材料,经热处理的聚乙烯醇具有耐水好又保香、耐油、透气率低的优点,其薄膜对保持食品(如肉类、水产加工品和糕点等)的新鲜度,防止氧化变色、变味和变质具有显著的效果。它还适合用作某些化工商品(如农药、消毒剂、染料等)的包装。

(7)聚酯塑料(PET)。聚酯塑料是一种无色透明又有光泽的薄膜。具有较高的耐热性、耐寒性和耐油性;良好的防潮性、防水性和气密性;并能很好地防止异味和水蒸气透过。因此,它是优良的食品包装材料,特别适宜做饮料的包装,含气饮料的包装。

(8) 聚偏二氯乙烯(PVDC)。由于它的透气、透湿率很低,因此主要用于包装食品。它能防止食品因水分蒸发而引起的失重和变质,又不会使干燥食品吸潮,可防止鱼、肉和油脂类食品氧化,有利于长期储藏保鲜。

(9) 聚碳酸酯(PC)。聚碳酸酯的透气性、吸水性和吸湿性小,一般用于制作蒸煮食品包装袋以及饮料器具、容器和其他食品包装材料。

(10) 钙塑和木质塑料。钙塑材料是由聚乙烯、聚丙烯或聚氯乙烯加碳酸钙等添加剂制成的复合材料。钙塑材料兼具塑料、木材和纸板三者的特性。制成的包装箱、桶、托盘等容器,可以重复多次周转使用,节省包装费用。

木质塑料是以废旧塑料和锯木屑为原料,用挤压成型方法制成板材。耐寒性好,耐腐蚀性强,不易开裂,抗压、抗冲击和抗弯曲强度高于木材,机械加工性能很好,可用它做包装箱代替木箱。

3. 包装用金属材料

包装用金属材料主要是指钢板、铝材及其合金材料,其形式有薄板和金属箔,品种有薄钢板(黑铁皮)、镀锌薄钢板(白铁皮)、镀锡薄钢板(马口铁)、镀铬薄钢板、铝合金薄板、铝箔等。金属材料牢固结实;密封性、阻隔性好;延展性强,易加工成形;金属表面有特殊的光泽,便于进行表面装潢。但金属材料成本高,生产能耗大,化学稳定性差,易锈蚀,所以金属材料包装的应用受到限制。

目前,刚性材料主要用于制造运输包装、集装箱以及饮料、食品和其他商品的销售包装。例如,薄钢板桶广泛用于盛装各种食用油脂、石油和化工商品;镀锌薄钢板桶主要用于盛装粉状、浆状和液体商品;马口铁罐、镀铬薄钢板罐、铝罐是罐头和饮料工业的重要包装容器。软性金属材料主要用于制造软管和金属箔。例如,铝制软管广泛用于包装膏状化妆品、医药品、清洁用品、文化用品和食品等;铝箔多用于制造复合包装材料,也常用于食品、卷烟、化妆品、药品和化学品的包装。

4. 包装用玻璃和陶瓷

玻璃是以硅酸盐为主要成分的无机性材料,其特点是透明、清洁、美观,有良好的机械性能和化学稳定性,价格便宜,可多次周转使用。但玻璃耐冲击性低,自身质量大,运输成本高,限制了其在包装上的应用。玻璃包装容器常见的有:玻璃瓶、玻璃罐、玻璃缸等,主要应用于酒类、饮料、罐头食品、调味品、药品、化学试剂等商品。此外,也可制造大型运输包装容器,存装强酸类产品。

陶瓷化学稳定性与热稳定性均佳,耐酸碱腐蚀,遮光性优异,密封性好,成本低廉,可以制成缸、罐、坛、瓶等多种包装容器,广泛用于包装各种发酵食品、酱菜、腌菜、咸菜、调味品、蛋制品及化工原料等。陶瓷品是酒类和其他饮料的包装容器,其结构造型多样,古朴典雅,色彩丰富,图案装潢美观,特别适用于高级名酒的包装。

5. 其他包装材料

(1)木质材料。木质材料具有优良的强度/质量(重量)比,有一定弹性,耐压、耐冲击和耐气候性好,并具有易加工性。常用的木质包装容器有木箱、木桶。目前,木质包装容器正逐渐减少,正在被其他的包装容器所取代。

(2)纤维织物。纤维织物可以制成布袋、麻袋、布包等,具有牢度适宜、轻巧、使用方便、易清洗,便于回收利用等特点,适用于盛装粮食及其制品、食盐、食糖、农副产品、化肥、化工原料及中药材。

(3)竹类、野生藤类、树枝类和草类等天然材料也是来源广泛、价格低廉的包装材料。毛竹、水竹等竹类材料可以编制各种竹制容器,如竹筐、竹箱、竹笼、竹篮、竹盒、竹瓶等包装容器。水草、蒲草、稻草等可编织席、包、草袋,是价格便宜的、一次性使用的包装用材料。柳条、桑条、槐条及其他野生藤类,可用于编织各种筐、篓、箱、篮等。

(4)可食用包装材料。可食性包装材料主要有可食用的淀粉、蛋白质、植物纤维和其他天然物质。现在可食性包装材料已开始运用于食品、药品等包装。

(5)复合包装材料。复合包装材料是将两种或两种以上的材料紧密复合在一起而制成的包装材料。塑料与纸、塑料与铝箔、塑料与玻璃、纸与金属箔都可制成复合材料。复合材料兼有不同材料的优良性能,使包装材料具有更加良好的机械性能、气密性、防水、防油、耐热或耐寒性,是现代包装材料的一个发展方向,特别适用于休闲食品、复杂调味品、冷冻食品等食品商品的包装。

二、商品包装技术

(一)商品包装技术概述

商品包装技术主要是指为了防止商品在流通领域发生数量损失和质量变化而采取的抵抗内、外影响质量变化因素的各种技术措施,或称为商品包装防护技术和防护方法。

现代商品包装技术发展很快,应用广泛。针对影响商品质量变化的内、外部因素采取的相应的措施有:

(1)为了防止商品的机械和物理损害,可采用防震、缓冲、集合、收缩等包装。

(2)为了防止商品在运输和储存过程中发生污染,可采用防尘、密封等包装。

(3)为了防止商品发生物理变化,可采用减震、防外力冲击、隔热、耐寒等包装。

(4)为了防止商品发生化学变化,可采用真空、充气、脱氧、泡罩、防锈、防光、防潮等包装。

(5)为了防止商品发生生物学变化,可采用防霉、防潮、无菌、速冻等包装。

（二）常见的包装防护方法

商品包装的防护方法很多，下面介绍几种常见的商品包装防护方法。

1. 防震包装

所谓防震包装又称缓冲包装，是指为了保护商品的性能和形状，防止商品在流通过程中受到冲击和振动的破坏，采取一定防护措施的包装技术。该包装防护方法在各种包装方法中占有重要的地位。产品从生产出来到开始使用要经过一系列的运输、保管、堆码和装卸过程，置于一定的环境之中。在任何环境中都会有力作用于产品之上，并使产品发生机械性损坏。为了防止产品遭受损坏，就要采用防震包装。

防震包装主要有以下三种方法：

（1）全面防震包装方法。全面防震包装方法是指内装物和外包装之间全部用防震材料填满进行防震的包装方法。

（2）部分防震包装方法。对于整体性好的产品和有内装容器的产品，仅在产品或内包装的拐角或局部地方使用防震材料进行衬垫即可。所用包装材料主要有泡沫塑料防震垫、充气型塑料薄膜防震垫和橡胶弹簧等。

（3）悬浮式防震包装方法。对于某些贵重易损的物品，为了有效地保证在流通过程中不被损坏，外包装容器比较坚固，然后用绳、带、弹簧等将被装物悬吊在包装容器内，在物流中，无论是哪个操作环节，内装物都被稳定悬吊而不与包装容器发生碰撞，从而减少损坏。

2. 防锈包装

防锈包装是防止金属制品与周围介质发生化学腐蚀和电化学腐蚀而采用一定防护措施的包装。

防锈技法主要有：

（1）对金属制品表面进行防锈处理。如电镀、化学处理形成保护膜、涂漆、刷涂防锈油剂。

（2）延缓锈蚀过程。一般采用气相防锈包装技术，所谓气相防锈包装技术就是用气相缓蚀剂（挥发性缓蚀剂），在密封包装容器中对金属制品进行防锈处理的技术。气相缓蚀剂是一种能减慢或完全停止金属在侵蚀性介质中的被破坏过程的物质，它在常温下即具有挥发性，它在密封包装容器中，在很短的时间内挥发或升华出的缓蚀气体就能充满整个包装容器内的每个角落和缝隙，同时吸附在金属制品的表面上，从而起到抑制大气对金属锈蚀的作用。

（3）阻断有害介质与金属的接触。如塑料封存、收缩包装、充氮包装、加干燥剂等。

3. 防潮包装

防潮包装是采用具有一定隔绝水蒸气能力的材料，制成密闭容器，运用各种技术方法阻隔水蒸气对内装商品的影响，使商品在规定期限内处于低于临界相对湿度环境中以延长商品寿命的包装方法。

防潮包装的主要措施有：

(1) 密封包装。利用包装材料的透湿阻隔性能防止水蒸气侵入。

(2) 采用涂布法、涂油法、涂蜡法、涂塑法等方法。涂布法，就是在容器内壁和外表加涂各种涂料，如在布袋、塑料编织袋内涂树脂涂料，纸袋内涂沥青等涂油法，如增强瓦楞纸板的防潮能力，在其表面涂上光油、清漆或虫胶漆等；涂蜡法，即在瓦楞纸板表面涂蜡或楞芯渗蜡；涂塑法，即在纸箱上涂以聚乙烯醇丁醛(PVB)等。

(3) 在包装容器内盛放干燥剂(如硅胶、泡沸石、铝凝胶)等。

(4) 对易受潮和透油的包装内衬一层至多层防湿材料(如牛皮纸、柏油纸、邮封纸、上蜡纸、防油纸、铝箔和塑料薄膜等)，或用一层至多层防潮材料直接包裹商品。

4. 防霉包装

防霉包装是防止包装和内装物霉变而采取一定防护措施的包装。它除防潮措施外，还要对包装材料进行防霉处理。防霉包装必须根据微生物的生理特点，改善生产和控制包装储存等环境条件，达到抑制霉菌生长的目的。

防霉包装的主要措施有：

(1) 控制包装内的环境，抑制霉菌生长。如防潮包装可以降低包装内的相对湿度，使霉菌孢子不易萌发。

(2) 阻止霉菌孢子的侵入。如采用灭菌包装、密封包装。

(3) 采用药剂防霉的方法，可在生产包装材料时添加防霉剂，或用防霉剂浸泡包装容器和在包装容器内喷洒适量防霉剂，如采用多菌灵(BCM)、百菌清、水杨脱苯胺、菌笪净、五氯酚钠等，用于纸与纸制品、皮革、棉麻织品、木材等包装材料的防霉。

(4) 采用气相防霉处理，主要有多聚甲醛、充氮包装、充二氧化碳包装，也具有良好的效果。

5. 防虫包装

防虫包装技术，常用的是驱虫剂，即在包装中放入有一定毒性和臭味的药物，利用药物在包装中挥发气体杀灭和驱除各种害虫。常用驱虫剂有萘、对位二氯化苯、樟脑精等。也可采用真空包装、充气包装、脱氧包装等技术，使害虫无生存环境，从而防止虫害。

6. 充气包装与真空包装

(1) 充气包装。充气包装是采用二氧化碳气体或氮气等不活泼气体置换包装容器中空气的一种包装技术方法，因此也称为气体置换包装。这种包装方法是根据好氧性微生物需氧代谢的特性，在密封的包装容器中改变气体的组成成分，降低氧气的浓度，抑制微生物的生理活动、酶的活性和鲜活商品的呼吸强度，达到防霉、防腐和保鲜的目的。

(2) 真空包装。真空包装是将物品装入气密性容器后，在容器封口之前抽真空，使密封后的容器内基本没有空气的一种包装方法。

肉类商品、谷物加工商品以及某些容易氧化变质的商品都可以采用真空包装,真空包装不但可以避免或减少脂肪氧化,而且抑制了某些霉菌和细菌的生长。同时在对其进行加热杀菌时,由于容器内部气体已排除,因此加速了热量的传导。提高了高温杀菌效率,也避免了加热杀菌时,由于气体的膨胀而使包装容器破裂。

7. 收缩包装与拉伸包装

(1)收缩包装。收缩包装就是用收缩薄膜裹包物品(或内包装件),然后对薄膜进行适当加热处理,使薄膜收缩而紧贴于物品(或内包装件)的包装技术方法。

收缩薄膜是一种经过特殊拉伸和冷却处理的聚乙烯薄膜,由于薄膜在定向拉伸时产生残余收缩应力,这种应力受到一定热量后便会消除,从而使其横向和纵向均发生急剧收缩,同时使薄膜的厚度增加,收缩率通常为30%~70%,收缩力在冷却阶段达到最大值,并能长期保持。

(2)拉伸包装。拉伸包装是20世纪70年代开始采用的一种新包装技术,它是由收缩包装发展而来的,拉伸包装是依靠机械装置在常温下将弹性薄膜围绕被包装件拉伸、紧裹,并在其末端进行封合的一种包装方法。由于拉伸包装不需进行加热,所以消耗的能源只有收缩包装的二十分之一。拉伸包装可以捆包单件物品,也可用于托盘包装之类的集合包装。

【知识链接7-1】

国外新型食品包装

随着科学技术的发展和人类环保意识的增强,国外不断研制出卫生安全、方便实用、有益环保的新型食品包装具有一定的推广价值。

食品保冷袋

日本推出家用食品保冷袋,由双层乙烯膜组成,长约20厘米,宽16厘米,外层表面涂有高分子吸水性聚合物凝固剂,内层表面上有一微孔并配有一吸管。如将此袋放入水中15~30分钟,就会慢慢渗入袋中并形成凝胶状保冷剂,再将其放入冰箱冷却后备用。当外出旅行时,人们可以从冰箱中取出冷食或将冷饮放入保冷袋随身携带,随意取食,适于盛夏使用。

粮食防霉包装袋

日本三菱化工合成公司开发出一种新型粮食防霉袋,它是用聚烯烃树脂膜制成,含有0.01%~0.05%香草醛,能慢慢挥发渗入粮食中,既可长期抑制霉菌,又可使粮食产生一种宜人的香味。

冷冻食品保温包装袋

法国开发的冷冻食品保温包装袋,外观与普通商品塑料包装袋和纸袋差不多,不过更厚实。该袋分两层,外层是一般的塑料和厚纸,里层是尼龙纤维制成的绝缘层。商品袋上方封口胶严密,原理类似保温水瓶。保温时间有2小时、3小时、4小时,保温温度分别为0℃、4℃、10℃。也有手提旅行包式,可容纳10千克的冷冻食品,保温时间更长。

肉类双层叠加膜包装

法国推出的肉类双层叠加膜包装,其外层是具有特殊结构和性能的高密度聚乙烯薄膜,内层是可食用纸。叠加后的双层膜半透明,厚度仅12微米。该包装能解决普通材料包肉类的不足,如浸透血与油脂紧贴肉上不易分离并使表面结成硬质的问题,能保持肉类原有的色香味。塑料膜无毒性,十分安全。

防腐保鲜包装纸

瑞典奥伦森纸张有限公司推出高透气性食品包装纸。其内、外层均有一氟树脂薄层,不沾水、不沾油,包裹食品可使内外层温度相同,放入冰箱可较好保持食品原有风味,新鲜如初。日本一家公司采用先将纸浸入含有2%琥珀酸、33%琥珀酸钠和0.07%山梨酸的乙醇溶液中,然后经干燥制成食品包装用纸,用来包装食品可在38℃下存放3周不变质。

抗雾包装

日本GUNZE、TOYOBO公司及氰胺公司开发出了一种具有抗雾效果的聚乙烯和聚丙烯薄膜。可制成防雾包装,用于包装新鲜水果,能防止因水分蒸发凝结于薄膜内而导致水果腐烂的现象。

可释放远红外线包装

日本某公司开发出一种含陶瓷质的薄膜,用于包装新鲜鱼、肉类,可通过释放远红外线来延长鱼、肉的保鲜时间。

Trebor包装公司推出蔬菜瓷性保鲜包装,是将空气包装技术与先进的瓷性包装技术结合使用。蔬菜用带有瓷性纸的薄膜袋装起来,经抽真空将袋内的空气排除掉,再充入惰性气体。包装密封后,瓷性纸不但放射出无害的长波红外线辐射,从而限制水分子中细菌的活动,同时也能吸收少量乙烯,大大延长蔬菜保鲜时间。

可溶解的食品包装

国外能溶解的食品包装材料大都采用糖、海藻、淀粉、果蔬食品加工废弃物等天然原料加工制成,具有四大优点:(1)即食性,可连同被包装食品直接食用;(2)溶水性,包装为薄膜或无隙胶囊,在一定时间可溶于水,易被人体消化吸收;(3)耐油性;(4)耐低温性。此类新型包装中最为看好的是可食包装纸。它采用菠菜、甘蓝、冬瓜、胡萝卜、香菇、海带、木耳、菠萝、香蕉、橘子、苹果、茶叶等果蔬和豆腐渣、酒糟、米糠等原料经加工制成各种规格的可食性包装纸。

生物分解树脂包装

日本研发成功的玉米淀粉树脂具有广阔的发展前景。这种树脂是以玉米为原料经塑化而成。用它制成的包装材料可以通过燃烧、生化分解和昆虫吃食方式处理掉,从而免除了"白色污染"。

纳米包装

在包装材料(如塑料及复合材料)中加入纳米微粒,使其产生除异味、杀菌消毒的作用。利用这一技术还可将纳米微粒加入到冰箱内,大大延长了食品保存期。同样也可将纳米微粒加入纸、塑料及复合材料中用于包装食品,可提高包装食品的货架寿命。

资料来源:http://www.cpackage.com/news/gndt/20090317/182434.shtml

第三节 商品包装标志

商品的包装标志是一种为了便于运输、储存、装卸、销售、使用,在商品包装容器上用醒目的文字和图形所作的特定记号和说明。包装标志对保证安全储运,减少运转差错,加速商品流通有重要作用。商品的包装标志主要有运输包装标志和销售包装标志。

一、运输包装标志

运输包装标志就是指在运输包装外部采用特殊的图形、符号和文字,以赋予运输包装件以传达功能。其作用有三:一是识别货物,实现货物的收发管理;二是明示物流中应采用的防护措施;三是识别危险货物,暗示应采用的防护措施,以保证物流安全。因此,运输标志也区分为三类:一是收发货标志,或叫包装识别标志;二是储运图示标志;三是危险货物标志。

(一)收发货标志

收发货标志是运输包装件上的商品分类图示标志及其他标志和其他的文字说明排列格式的总称。它是运输过程中识别货物的标志,也是一般贸易合同、发货单据和运输保险文件中记载有关标志事项的基本部分。

收发货标志的具体要求在国家标准《运输包装收发货标志》(GB 6388—86)均有明确规定(见表7.1)。

表7.1 运输包装收发货标志内容

序号	代号	项目 中文	英文	含义
1	FL	商品分类图示标志	CLASSIFICATION MARKS	表明商品类别的特定符号
2	GH	供货号	CONTRACT NO	供应该批货物的供货清单号码(出口商品用合同号码)
3	HH	货号	ART NO	商品顺序编号,以便出入库,收发货登记和核定商品价格
4	PG	品名规格	SPECIFICA TIONS	商品名称或代号,标明单一商品的规格、型号、尺寸、花色等
5	SL	数量	QUANTITY	包装容器内含商品的数量
6	ZL	重量(毛重)(净重)	GBOSS WT NET WT	包装件的重量(kg)包括毛重和净重
7	CQ	生产日期	DATE OF PRODUCTION	产品生产的年、月、日
8	CC	生产工厂	MANUFACTURER	生产该产品的工厂名称
9	TJ	体积	VOLUME	包装件的外径尺寸长×宽×高(cm)= 体积(m^3)
10	XQ	有效期限	TERM OF VAIIDITY	商品有效期至×年×月

续表7.1

序号	代号	项目 中文	项目 英文	含义
11	SH	收货地点和单位	PLACE OF DESTINATION AND CONSIGNEE	货物到达站,港和某单位(人)收(可用贴签或涂写)
12	FH	发货单位	CONSIGNOR	发货单位(人)
13	YH	运输号码	SHIPPING NO	运输单号码
14	JS	发件件数	SHIPPING PIECES	发运的件数
说明				①分类标志一定要有,其他各项合理选用。②外贸出口商品根据国外客户要求,以中、外文对照,印制相应的标志和附加标志。③国内销售的商品包装上不填英文项目。

商品分类图示标志(FL)按照国际统计目录分类,是由几何图形和简单文字表明商品类别的特定符号(如图7.1所示),按商品类别用规定颜色单色印刷(见表7.2)。

表7.2 商品类别用规定颜色表

商品类别	颜色	商品类别	颜色
百货类	红色	医药类	红色
文化用品类	红色	食品类	绿色
五金类	黑色	农副产品类	绿色
交电类	黑色	农药	黑色
化工类	黑色	化肥	黑色
针纺类	绿色	机械	黑色

(二)储运图示标志

包装储运图示标志是根据不同商品对物流环境的适应能力,用醒目简洁的图形和文字标明在装卸运输及储存过程中应注意的事项。

1. 标志的名称和图形

按《包装储运图示标志》(GB 191—2000)规定,图示标志共17种,其名称和图形见表7.3。

商 品 学

图 7.1　商品分类图形标志

表 7.3　标志名称和图形

序号	标志名称	标志图形	含义	示例
1	易碎物品		运输包装件内装易碎品,因此搬运时应小心轻放	使用示例:

续表 7.3

序号	标志名称	标志图形	含义	示例
2	禁用手钩		搬运运输包装件时禁用手钩	
3	向上		表明运输包装件的正确位置是竖直向上	使用示例： (a) (b) (c)
4	怕晒		表明运输包装件不能直接照晒	
5	怕辐射		包装物品一旦受辐射便会完全变质或损坏	
6	怕雨		包装件怕雨淋	

续表 7.3

序号	标志名称	标志图形	含义	示例
7	重心	(图形)	表明一个单元货物的重心	使用示例： （图形） 本标志应标在实际的重心位置上
8	禁止翻滚	(图形)	不能翻滚运输包装	
9	此面禁用手推车	(图形)	搬运货物时此面禁放手推车	
10	禁用叉车	(图形)	不能用升降叉车搬运的包装件	
11	由此夹起	(图形)	表明装运货物时夹钳放置的位置	
12	此处不能卡夹	(图形)	表明装卸货物时此处不能用夹钳夹持	

续表 7.3

序号	标志名称	标志图形	含义	示例
13	堆码重量极限	（kg$_{max}$ 图形）	表明该运输包装件所能承受的最大重量极限	
14	堆码层数极限	（图形，n）	相同包装的最大堆码层数，n 表示层数极限	
15	禁止堆码	（图形）	该包装件不能堆码并且其上也不能放置其他负载	
16	由此吊起	（链条图形）	起吊货物时挂链条的位置	使用示例：（图）本标志应标在实际的起吊位置上。
17	温度极限	（温度计图形）	表明运输包装件应该保持的温度极限	(a) $-°C_{max}$, $-°C_{min}$ (b) $-°C_{max}$, $-°C_{min}$

2. 标志的尺寸和颜色

标志尺寸一般分为 4 种，见表 7.4。如遇特大或特小的运输包装件，标志的尺寸可以比表 7.3 的规定适当扩大或缩小。

表7.4　标志尺寸　　　　　　　　　　　　　　　　　　　　单位：毫米

序号 \ 尺寸	长	宽
1	70	50
2	140	100
3	210	150
4	280	200

标志的颜色应为黑色。如果包装的颜色使得黑色标志显得不清晰，则应在印刷面上用适当的对比色，最好以白色作为图示标志的底色。应避免采用易于同危险品标志相混淆的颜色。除非另有规定，一般应避免采用红色、橙色或黄色。

3. 标志的使用方法

（1）标志的打印。可采用印刷、粘贴、拴挂、钉附及喷涂等方法打印标志。印刷时，外框线及标志名称都要印上，喷涂时，外框线及标志名称可以省略。

（2）标志的数目和位置。一个包装件上使用相同标志的数目，应根据包装件的尺寸和形状决定。

标志在各种包装件上的粘贴位置：
①箱类包装：位于包装端面或侧面；
②袋类包装，位于包装明显处；
③桶类包装：位于桶身或桶盖；
④集装单元货物：应位于四个侧面。

（3）下列标志的使用应按如下规定：
①标志1"易碎物品"应标在包装件所有四个侧面的左上角处（见表7.3标志1的使用示例）。
②标志3"向上"应标在与标志1相同的位置上（见表7.3标志3使用示例（a）所示）。当标志1和标志3同时使用时，标志3应更接近包装箱角（见表7.3标志3使用示例（b）所示）。
③标志7"重心"应尽可能标在包装件所有六个面的重心位置上，否则至少也应标在包装件四个侧、端面的重心位置上（见表7.3标志7的使用示例）。
④标志11"由此夹起"。只能用于可夹持的包装件。标志应标在包装件的两个相对面上：以确保作业时标志在叉车司机的视线范围内。
⑤标志16"由此吊起"至少贴在包装件的两个相对面上（见表7.3标志16的使用示例）。

（三）危险货物包装标志

危险货物包装标志是对易燃、易爆、易腐、有毒、放射性等危险性商品，为起警示作用，在运输包装上加印的特殊标记，也是以文字与图形构成。参照国家标准《危险货物包装标志》

(GB 190—90),危险货物包装标志的图形、适用范围、颜色、尺寸、使用方法均有明确规定。标志的图形共21种,19个名称,其图形分别标示了9类危险货物的主要特性。如图7.2所示。

包装标志1
爆炸品标志
(符号:黑色;底色:橙红)

包装标志2
爆炸品标志
(符号:黑色;底色:橙红)

包装标志3
爆炸品标志
(符号:黑色;底色:橙红)

包装标志4
爆炸品标志
(符号:黑色或白色;
底色:正红色)

包装标志5
不燃气体标志
(符号:黑色或白色;
底色:绿色)

包装标志6
有毒气体标志
(符号:黑色;
底色:白色)

包装标志7
易燃液体标志
(符号:黑色或白色;
底色:正红色)

包装标志8
易燃固体标志
(符号:黑色;
底色:白色红条)

包装标志9
自然物品标志
(符号:黑色;
底色:上白下红)

包装标志10
遇湿易燃物品标志
(符号:黑色或白色;
底色:蓝色)

包装标志11
氧化剂标志
(符号:黑色;
底色:柠檬黄色)

包装标志12
有机过氧化物标志
(符号:黑色;
底色:柠檬黄色)

包装标志13
剧毒品标志
(符号:黑色;底色:白色)

包装标志14
有毒品标志
(符号:黑色;底色:白色)

包装标志15
有害品标志
(符号:黑色;底色:白色)

包装标志16
感染性物品标志
(符号:黑色;底色:白色)

包装标志 17　　　包装标志 18　　　包装标志 19　　　包装标志 20
一级放射性物品标志　二级放射性物品标志　三级放射性物品标志　腐蚀品标志
（符号：黑色；底色：　（符号：黑色；底色：　（符号：黑色；底色：　（符号：上黑下白；
白色，附一条红竖线）上黄下白，附二条红竖线）上黄下白，附三条红竖线）底色：上白下黑）

包装标志 21
杂类标志
（符号：黑色；底色：白色）

图 7.2　危险货物包装标志

危险品标志是警告性标志，必须严格遵照国内和国际的规定办理，稍有疏忽，就会造成意外事故。因此，要保证标志清晰，并在货物储运保存期内不脱落。

二、销售包装标志

销售包装标志是标注在商品销售包装上的产品标志，可以用文字、符号、数字、图案以及其他说明物等表示。它是销售者传达商品信息、表现商品特色、推销商品的主要手段，是消费者选购商品，正确使用和保养商品的指南。

（一）销售包装的一般标志

一般商品销售包装标志的基本内容包括：商品名称、生产厂名、厂址、产地、商标、规格、数量或净含量、商品标准或代号、商品条形码等。对已获质量认证或在质量评比中获奖的商品，应分别标明相应的标志。

（二）商品的质量标志

商品的质量标志就是在商品的销售包装上反映商品质量的标记。它说明商品达到的质量水平。主要包括：产品质量认证标志、商品质量等级标志等。

（三）使用方法及注意事项标志

商品的种类用途不同，反映使用注意事项和使用方法的标志也各有不同。如我国服装已采纳的国际通用的服装洗涤保养标志。

表 7.5　服装洗涤熨烫标志——中国洗涤符号

手洗须小心	只能手洗	可用机洗	可轻轻手洗不能机洗30℃以下洗涤液温度	水温40℃机械常规洗涤	水温40℃机械作用弱常规洗涤	水温40℃洗涤和脱水时强度要弱	
最高水温50℃洗涤和脱水时强度要逐渐降弱	水温60℃机械常规洗涤	最高水温60℃洗涤和脱水时强度要逐渐降弱	不能水洗在湿态时须小心	可以熨烫	熨烫温度不能超过110℃	熨烫温度不能超过150℃	
熨烫温度不能超过200℃	须垫布熨烫	须蒸气熨烫	不能蒸气熨烫	不可以熨烫	洗涤时不能用搓板搓洗	适合所有干洗溶剂洗涤	
可以在低温设置下翻转干燥	可在常规循环翻转干燥	可放入滚筒式干衣机内处理	不可放入滚筒式干衣机内处理	可以用洗衣机洗,但必须用弱档洗	不能使用洗衣机洗涤剂	悬挂晾干	

(四) 产品的性能指示标志

所谓产品性能指示标志是用简单的图形、符号表示产品的主要质量性能。如电冰箱用星级符号表示其冷冻室的温度范围。

(五) 销售包装的特有标志

销售包装的特有标志指名牌商品在其商品体特定部位或包装物内的让消费者更加容易识别本品牌商品的标记。它由厂家自行设计制作,如名牌西服、衬衫、名优酒等都有独特的、精致的特有标志。

(六)产品的原材料和成分标志

产品的原材料和成分标志指由国家专门机构经检验认定后,颁发的证明产品对环境或人类健康无影响或较少影响的标志,或证明产品的原材料或成分的标志。目前已实施的属于此类的标志有:绿色食品标志、纯羊毛标志、环境标志(又称绿色标志或生态标志)。

【知识链接7-2】

部分国家对进口商品包装的规定

在国际贸易中,由于各国国情不同,以及文化差异的存在,对商品的包装材料、结构、图案及文字标识等要求不同,了解这些规定,对我国外贸出口大有裨益。

一、禁用标志图案

阿拉伯国家规定进口商品的包装禁用六角星图案,因为六角星与以色列国家旗中的图案相似,阿拉伯国家对有六角星图案的东西非常反感和忌讳。

德国对进口商品的包装禁用类似纳粹和军团符号标志。

利比亚对进口商品的包装禁止使用猪的图案和女性人体图案。

二、对容器结构的规定

美国食品药物局规定,所有医疗健身及美容药品都要具备能防止掺假、掺毒等防污能力的包装。

美国环境保护局规定,为了防止儿童误服药品、化工品,凡属于防毒包装条例和消费者安全委员会管辖的产品,必须使用保护儿童安全盖。

我国香港卫生条例规定,固体食物的最高铅含量不得超过6ppm(6%),液体食物含铅量不得超过1ppm。

三、使用文种的规定

加拿大政府规定进口商品必须英法文对照。

销往香港的食品标签,必须用中文,但食品名称及成分,须同时用英文注明。

希腊政府正式公布,凡出口到希腊的产品包装上必须要用希腊文字写明公司名称、代理商名称及产品质量、数量等项目。

销往法国的产品装箱单及商业发票须用法文,包括标志说明,不以法文书写的应附译文。

销往阿拉伯地区的食品、饮料,必须用阿拉伯文说明。

四、禁用的包装材料

美国规定,为防止植物病虫害的传播,禁止使用稻草做包装材料,如被海关发现,必须当场销毁,并支付由此产生的一切费用。

新西兰农业检疫所规定,进口商品包装严禁使用以下材料:干草、稻草、麦草、谷壳或糠、生苔物、土壤、泥灰、用过的旧麻袋及其他材料。

菲律宾卫生部和海关规定,凡进口的货物禁止用麻袋和麻袋制品及稻草、草席等材料包装。

澳大利亚防疫局规定,凡用木箱包装(包括托盘木料)的货物进口时,均需提供熏蒸证明。

资料来源:http://wenku.baidu.com/view/21ec2a2ce2bd960590c67704.html

第四节　商　标

一、商标的概念与作用

（一）商标的概念

商标是商品的生产者经营者和在其生产、制造、加工、拣选、经销的商品上或者服务的提供者在其提供的服务上采用的，用于区别商品或者服务来源的标志。这种标志由文字、图形单独构成或者上述要素的组合构成。

（二）商标的作用

1. 商品来源的标示作用

商标最本质、最基本的作用是区别相同商品或服务。商标是识别商品或服务最简便、最有效的手段，因此有人形象地比喻"商标是商品的脸"。有了商标，就能区别相同产品的不同来源，有助于维护和的合法权益。

2. 商品质量的监督作用

商标本身不是商品质量的标志，但是商标的信誉却取决于商品的质量。商品质量越好，商标的信誉就越高，商品的质量是商标信誉的灵魂。有了商标，可以促进生产者注重商标信誉，提高商品质量。同时，国家主管部门也可以通过商标管理，对优质名牌商品进行表彰，对劣质商品进行监督查处。

3. 商品选购的指导作用

有了商标，能够帮助认牌购货，维护消费者的利益。消费者选购商品，无论是慕名而来，还是使用上的习惯，或者是对某种商品的新尝试，首先看到的是商标标志。商品利用商标点缀以吸引顾客、引导和刺激消费。

4. 商品销售的广告作用

商标是一种有效的广告宣传手段。许多名牌商品就是通过广告宣传而为消费者所熟知。消费者使用带有商标的商品，如果他们对商品的质量、价格、耐用程度等产生了良好的印象，就会努力把这种印象推广到其他消费者，从而使经营者的产品或服务深入人心。在这一过程中，商标起到了无声的推销员的作用，同时也发挥了其广告宣传的功能。较之广告，商标更具有经济性、灵活性和的广泛性。消费者在选购商品时，多是记住商标，凭商标识别商品质量的优劣，即所谓认牌购货，这就是商标的广告作用。

二、商标的分类

（一）按商标结构分类

1. 文字商标

文字商标是指仅用文字构成的商标，包括中国汉字、外国文字和阿拉伯数字或以各种不同字组合的商标。如"555香烟"、"海信"电视等。文字商标具有易读、易记、容易传播的特点。

2. 图形商标

图形商标是指仅用图形构成的商标。其中又能分为：记号商标、几何图形商标和自然图形商标。如"雕牌"洗衣粉的商标是一只雕头的形象。

3. 字母商标

字母商标是指用拼音文字或注音符号的最小书写单位，包括拼音文字、外文字母如英文字母、拉丁字母等所构成的商标。

4. 数字商标

数字商标用阿拉伯数字、罗马数字或者是中文大写数字所构成的商标。

5. 三维标志商标

三维标志商标又称为立体商标，用具有长、宽、高三种度量的三维立体物标志构成的商标标志，它与我们通常所见的表现在一个平面上的商标图案不同，而是以一个立体物质形态出现，这种形态可能出现在商品的外形上，也可以表现在商品的容器或其他地方。这是2001年新修订的《商标法》所增添的新内容，这将使得我国的商标保护制度更加完善。

6. 颜色组合商标

颜色组合商标是指由两种或两种以上的彩色排列、组合而成的商标。文字、图案加彩色所构成的商标，不属颜色组合商标，只是一般的组合商标。

7. 组合商标

组合商标指由上述的六种商标中的两种或两种以上成分相结合构成的商标，也称复合商标。

(二) 按商标用途分类

1. 营业商标

营业商标是指生产或经营者把特定的标志或企业名称用在自己制造或经营的商品上的商标，这种标志也有人叫它是"厂标"、"店标"或"司标"。

2. 证明商标

证明商标是指由对某种商品或者服务具有监督能力的组织所控制，而由该组织以外的单位或者个人使用于其商品或者服务，用以证明该商品或者服务的原产地、原料、制造方法、质量或者其他特定品质的标志。例如，绿色食品标志、真皮标志、纯羊毛标志、电工标志等。

3. 等级商标

等级商标是指在商品质量、规格、等级不同的一种商品上使用的同一商标或者不同的商标。这种商标有的虽然名称相同，但图形或文字字体不同，有的虽然图形相同，但为了便于区别不同商品质量，而是以不同颜色、不同纸张、不同印刷技术或者其他标志作区别，也有的是用不同商标名称或者图形作区别。例如，沈阳啤酒厂就是以不同的商标来区分等级的，故称等级商标。

4. 组集商标

组集商标是指在同类商品上,由于品种、规格、等级、价格的不同,为了加以区别而使用的几个商标,并把这个几个商标作为一个组集一次提出注册申请的商标。组集商标与等级商标有相似之处。

5. 亲族商标

亲族商标是以一定的商标为基础,再把它与各种文字或图形结合起来,使用于同一企业的各类商品上的商标,也称"派生商标"。如美国柯达公司以"KOBAK"商标为基础,创造派生出"KOBACHROME"、"KOBAGRAPH"、"KOBASCOPE"等商标,就是亲族商标。

6. 备用商标

备用商标也称贮藏商标,是指同时或分别在相同商品或类似商品上注册几个商标,注册后不一定马上使用,而是先贮存起来,一旦需要时再使用。注册备用商标,从商标战略角度,主要有三种考虑:一是某商品虽然没投产,但一旦投产时,即可及时使用,而不会影响产品销售;二是为了保证名牌商标信誉,一旦由于某种原因,商品质量达不到要求时,可使用备用的商标(所谓副标)暂时代替;三是万一砸了牌子,可以及时换上备用商标。

7. 防御商标

防御商标是指驰名商标所有者,为了防止他人在不同类别的商品上使用其商标,而在非类似商品上将其商标分别注册,该种商标称之为防御商标。我国现行的《商标法》对此种商标尚无明确规定,按照国际惯例,此种商标一般难以注册;但一经注册,则不因其闲置不用而被国家商标主管机关撤销。

8. 联合商标

联合商标是指同一商标所有人在相同或类似商品上注册的几个相同或者近似的商标,有的是文字近似,有的是图形近似,这些的商标称为联合商标。这种相互近似商标注册后,不一定都使用,其目的是为了防止他人仿冒或注册,从而更有效地保护自己的商标。联合商标以其中的一个商标为主,称为主商标,亦称之为正商标。因联合商标作用和功能的特殊性,其中的某个商标闲置不用,不致被国家商标主管机关撤销。由于联合商标相互近似的整体作用,因此,联合商标不得跨类分割使用或转让。

三、商标设计的原则

1. 识别性

由于商标的特殊性质和作用,因而要求其具备各自独特的个性。只有富于创造性,具备自身特色的商标,才有生命力。个性特色越鲜明,视觉表现的感染力就越强,刺激的程度越深,保持的时间就越长。

2. 传达性

现代商标不仅仅是起商品的记号作用,还要通过商标表达一定的含义,传达明确的信息,给公众留下美好的、独特的印象。

3. 审美性

商标图案是产生吸引力的主要艺术语言,具有"货架竞争"的强烈表现力,为美化商品、宣传商品发挥不可低估的作用。我们力求简洁中含丰富,单纯中有变化,复杂中求单纯,丰富中找简洁。

4. 适应性

商标在视觉传达设计中应用最广泛,出现频率最高。面对不同材质、不同技术、不同条件挑战,表现形式要适合黑白与色彩、正形与负形、放大与缩小以及线框空心体等等的变化。规范化作业的目的在于树立系统化、标准化等使用规定的权威。

5. 时代性

经济的繁荣,竞争的加剧,生活方式的改变,流行时尚的趋势导向等,要求商标必须适应时代。除了新设计商标外,原商标也要逐步改造和完善,既具有连续性,易于识别、赋予时代感,让人们在不知不觉中接受新商标,使其具备现代化、国际化的特征。

四、商标注册与管理

(一)商标注册含义

商标注册,是指商标使用人将其使用的商标依照法律规定的条件和程序,向国家商标主管机关(国家工商行政管理局)提出注册申请,经国家商标主管机关依法审查,准予注册登记的法律事实。在我国,商标注册是商标得到法律保护的前提,是确定商标专用权的法律依据。商标使用人一旦获准商标注册,就标志着它获得了该商标的专用权,并受到法律的保护。

(二)商标注册流程

1. 注册准备

(1)注册方式的选择。注册方式有两种:一种是自己到国家商标总局(办公地在北京)办理商标注册事宜(中国商标法允许本国公民直接向国家工商行政管理总局商标局申请商标注册申请);另一种方式是委托一家经验丰富的商标代理组织来向您提供商标代理服务。

(2)商标在先权利的查询工作。商标查询是指商标注册申请人或其代理人在提出注册申请前,对其申请的商标是否与在先权利商标有相同或近似的查询工作。值得注意的是商标查询虽然不是注册商标的必经程序(遵循自愿查询原则),但此项工作可以大大减少商标注册的风险,提高商标注册的把握性。

(3)申请商标资料的准备。

①如果是以自然人名义提出申请,需出示身份证及递交本人身份的复印件。如是以企业作为申请人来申请注册,需出示企业《营业执照》副本及提供经发证机关签章的《营业执照》复印件。盖有单位公章及个人签字的填写完整的商标注册申请书。

②商标图样10张(指定颜色的彩色商标,应交着色图样10张,黑白墨稿1张)。提供的商标图样必须清晰,便于粘贴,用光洁耐用纸张或用照片代替,长和宽不大于10厘米,不小于5厘米。商标图样方向不清的,应用箭头标明上下方。申请卷烟、雪茄烟商标,图样可以与实际使用的同样大。

2. 申请注册

商标注册申请人必须是:依法成立的企业、事业单位、社会团体、个体工商业者、个人合伙或者与中国签订协议或与中国共同参加国际条约或按对等原则办理的国家的外国人或者外国企业。

符合上述条件,需要取得商标专用权时,按照自愿的原则,向商标局提出商标注册申请。

目前,我国商标法执行的是商品国际分类,它把一万余种的商品和服务项目分为45个类,申请商标注册时,应按商品与服务分类表的分类确定使用商标的商品或服务类别。同一申请人在不同类别的商品上使用同一商标的,应当按商品分类在不同类别提出注册申请。这样可以避免商标权适用范围的不正当扩大,也有利于审查人员的核准和商标专用权的保护。

3. 商标审查

商标审查是商标注册主管机关对商标注册申请是否合乎商标法的规定所进行的检查、资料检索、分析对比、调查研究并决定给予初步审定或驳回申请等一系列活动。

4. 初审公告

商标的审定是指商标注册申请经审查后,对符合《商标法》有关规定的,允许其注册的决定。并在《商标公告》中予以公告。初步审定的商标自刊登初步审定公告之日起3个月没有人提出异议的,该商标予以注册,同时刊登注册公告。

5. 注册公告

商标注册是一种商标法律程序。由商标注册申请人提出申请,经商标局审查后予以初步审定公告,3个月内没有人提出异议或提出异议经裁定不成立的,该商标即注册生效,受法律保护,商标注册人享有该商标的专用权。注册商标的有效期限注册商标有效期为10年,自核准注册之日起计算,注册商标有效期满,需要继续使用的,可以申请商标续展注册。

6. 领取商标注册证

通过代理的由代理人向商标注册人发送《商标注册证》。

直接办理商标注册的,商标注册人应在接到《领取商标注册证通知书》后3个月内到商标局领证。

(三) 商标的管理

我国的商标管理是国家商标主管机关对于注册商标和未注册商标的使用以及商标印刷进行的管理活动。

我国商标注册和管理工作的主管机关是国家工商行政管理局,地方各级工商行政管理部门负责地方的商标管理工作。

1. 商标印制管理

商标标志是商标的表现形式,加强对商标标志的印制管理工作是商标管理的重要任务之一。

商标印制工作必须持有工商行政管理机关核发的营业执照,并经核定允许承揽商标印刷、印染、制版、刻字、织字、晒蚀、印铁、铸模、冲压、烫印和贴花等有关业务的企业承担,严格禁止无照或者超越经营范围承揽商标印制业务。商标印制单位应建立印制登记制度,将《注册商标印制证明》或《未注册商标委托书》,以及印制后的商标标志样品,按顺序存放备查,存放期不少于1年。

需印制注册商标的企业、事业或个体工商业者凭《中华人民共和国商标注册证》到所在县级工商行政管理局开具注册商标印制证明,凭证明委托商标印刷单位印制。

需要印制未注册商标的企业,事业或个体工商业者凭《营业执照》到所在地县级工商行政管理局领取《未注册商标印制委托书》,凭委托书委托印制单位印制。

2. 注册商标的管理

(1) 检查注册商标的使用。对自行改变注册商标的文字、图形或其组合的,自行改变注册商标的注册人名字、地址或者其他注册事项的,自行转让注册商标的,必须通知商标注册人限期改正。坚持不改的,报请商标局,撤销其注册商标。对将注册商标用于核定商品以外商品上的行为,责令其改正,或令其另行申请注册。

(2) 报请撤销停止使用的注册商标。对连续3年停止使用注册商标的,都可以向商标局申请撤销注册商标。

(3) 监督使用商标的商品质量。监督商品质量是我国商标管理的一项重要任务。地方工商行政管理部门发现对使用注册商标的商品有粗制滥造、以次充好、欺骗消费者行为的,责令其限期改正,情节严重的责令其检讨并通报,并处以罚款;对有毒有害并且没有使用价值的商品予以销毁,还可以报商标局撤销其注册商标。

3. 对未注册商标的使用管理

未注册商标如果不是法律规定注册的,允许使用,但商标使用人不具有商标专用权,因而也不受法律保护。由于未注册商标在使用过程中与注册商标专用权一样和消费者的利益有密切关系,因此,商标管理机关也有必要对未注册商标进行管理。

如果使用未注册商标擅自加注册商标标志,冒充注册商标或商标文字、图形及其组合,违反商标标志禁用条款的,地方工商行政管理部门应当禁止其商品在市场销售,停止广告宣传、封存或收缴其剩余商标标志,责令其限期改正,根据情节,可以予以通报或处以罚款。

凡使用未注册商标,不标明企业名称和地址的商品,不得在市场上销售。

【延伸阅读7-2】

近似商标争议——方便食品"双白"之争

方便食品行业"双白"之争在2008年11月末经由河南省高级人民法院终审而告一段落。根据该终审判决,四川白家食品有限公司在方便粉丝商品上使用竖排"白家"商标侵犯河南正龙食品有限公司第1506193号"白象"注册商标专用权。

该案源起于2007年10月,正龙公司认为郑州一超市出售的白家公司"白家"方便粉丝产品包装上使用的未注册商标竖排"白家"商标与其"白象"注册商标构成近似,遂向郑州市中级人民法院(以下简称郑州中院)提起商标侵权诉讼。

郑州中院审理认为,"白象"商标经国家工商行政管理总局商标局依法核准注册,商标拥有者依法享有该商标专有权。两件商标第一个字都是"白"字,字音、字形、字意完全相同;"家"和"象"均是上下结构,下半部相同,上半部由于白家公司在书写中使用的"家"字与"象"相似,同时两者在市场销售渠道、消费群体上的共同性,根据最高人民法院《关于审理商标民事纠纷案件适用法律若干问题的解释》中第9条和第10条的规定,白家公司在类似商品上使用与正龙公司"白象"注册商标相近似的"白家"标志,构成了对正龙公司"白象"商标的侵犯。

白家公司随后向河南省高级人民法院(以下简称河南高院)提起上诉。河南省高院于2008年11月终审认定白家公司在经营中没有本着诚信的原则避让"白象"具有专用权的注册商标,实际造成了消费者的混淆误认,维持了一审原判。

启示:汉字研究中有种说法叫"同形同宗、同音意通",家中有豕,象中也有豕,字形上的近似使商标在视觉上不易分开,现实中就可能使消费者发生误认误购,在投入巨资进行商业开发之前,排除这种风险就显得非常必要。《孙子·军形》有言:"故善战者,立于不败之地,而不失敌之败也。"注册制度的价值就在于为商业竞争者提供一个评估和避免风险的可能,无视这一工具,则可能使自己的事业建立在一个并不稳固的基础上并因此付出惨痛的代价。

资料来源:http://wenku.baidu.com/view/1fceba23bcd126fff7050b47.html

本章小结

商品包装是指流通过程中为保护产品、方便储运、促进销售,按一定的技术方法而采用的容器、材料及辅助物等的总体名称,也包括为达到上述目的而采用的容器、材料和在辅助过程中施加一定技术方法等的操作活动。商品包装具有两个基本属性:一是商品包装的商品性;二是商品包装的从属性。

商品的包装在商品生产领域转入流通领域和消费领域的整个过程中起着非常重要的作用,其主要功能有:保护功能、容纳和成组化功能、便利和复用功能、卫生和环保功能及促销功能。为了充分地发挥商品包装的这些功能,最终实现商品包装的价值和使用价值,商品包装设计应遵循适用性、安全性、方便性、美观性、促销性、经济性、标准化、环境友好性等原则。

包装材料是指用于制造包装容器和用于包装运输、包装装潢、包装印刷的材料、辅助材料以及与包装有关材料的总称。包装材料一般包括主要包装材料和辅助包装材料,纸和纸板、金属、塑料、玻璃、陶瓷、竹木、天然纤维和化学纤维、复合材料、缓冲材料等属于主要包装材料;涂料、黏合剂、油墨、填充材料、捆扎材料等属于辅助包装材料。

商品包装技术主要是指为了防止商品在流通领域发生数量损失和质量变化而采取的抵抗内、外影响质量变化因素的各种技术措施。常见的商品包装的防护方法有：防锈包装、防震包装、防潮包装、防霉包装、防虫包装、充气包装与真空包装和收缩包装与拉伸包装。

商品的包装标志是一种包装辅助物，为了便于运输、储存、装卸、销售、使用，在商品包装容器上用醒目的文字和图形所作的特定记号和说明。运输标志有三类：一是收发货标志，或叫包装识别标志；二是储运图示标志；三是危险货物标志。

商标是商品的生产者经营者在其生产、制造、加工、拣选或者经销的商品上或者服务的提供者在其提供的服务上采用的，用于区别商品或者服务来源的标志。商标具有商品来源的标示作用、商品质量的监督作用、商品选购的指导作用和商品销售的广告作用。商标设计应遵循时代性、传达性、审美性、适应性、识别性的原则。

思考题

1. 什么是商品包装？商品包装的作用有哪些？
2. 主要的包装材料有哪些？
3. 常见的商品包装的防护方法有哪些？
4. 商标的作用有哪些，商标设计时应遵循什么原则？

实训项目

1. 收集现实生活中的不同商品的商标，用不同的分类方法对收集到的商标进行分类。
2. 准备不同种类商品的运输包装，识别各种运输包装标志并指出其含义。

案例分析 7-1

日本国内注重绿色包装

目前，世界上几乎所有国家用来包装食品和药物的材料绝大多数是塑料制品。但让人们担忧的是，在一定的介质环境和温度条件下，塑料中的聚合物单体和一些添加剂会溶出，并且极少量地转移到食品和药物中，从而引起急性或慢性中毒，严重的甚至会产生致畸致癌的作用。同时由于世界每年消耗的塑料制品很多，它们使用完后很多成为遭人抛弃的垃圾，而且很难腐烂，这也让环保者伤透脑筋。日本在这方面取得较大成效，尤其是许多经营食品的商人们已逐渐舍弃塑料包装。

在日本，食品包装已不只是要好看和实用，考虑到环保的需要也成为包装业的重要课题。现在的日本商人在为食品包装时，尽量采用不污染环境的原料，如用纸袋取代塑料容器，减少了将用过的包装收集到工厂再循环所面临的成本和技术困难。包装设计在这方面也发挥了很大的作用。

日本90%的牛奶都是以有折痕线条的纸包装出售，这是一种很好的教育，可使小孩子自小便接触和使用有环保作用的"绿色"产品。这种容易压扁的包装不但生产成本较低,而且能够减少占用空间,方便送往再循环并减少运输成本。日本最常见的饮料Yakutt健康饮品也使用一种底部可撕开的特点设计的杯形容器。在撕开底部后,人们能够轻易地把容器压扁,方便送往再循环。

日本东京每年都举行包装设计比赛,一个叫做Eco Pac 的获奖饮料包装,目前正广泛使用。包装由100%再循环的纸板盒和盒子内用来盛饮料的袋子组成,也就是所谓的衬袋盒(Bag in carton/box)的设计。主要目的就是要让人们能够轻易地把纸盒和袋子分开,送去再循环时就较容易处理。目前,日本市面上的酒类饮料,大半是采用这类包装。另一种开始被日本消费者接受的新包装设计是立式袋(Standing,bag/pouch)。由于开袋子比开瓶子更容易使内部液体溢出,因此袋子的开口都特别设计,方便打开。这类袋装主要是取代塑料瓶子,比较两者,前者的塑料使用量只及后者的1/5。除了饮料,日本市面出售的食油,很多也都是以复合纸包装出售的,大大减少了塑料的使用。

日本碗碟清洁剂的包装,也一样能够照顾到环保的需要。消费者第一次用完清洁剂后,能够在市面上买到以立式袋出售的清洁剂,再把清洁剂倒入原有的塑料容器中继续使用,从而不必丢弃塑料容器。

以上只是日本普遍使用的几种"绿色"包装的优秀设计,它们大多能够减少包装的体积和重量,减少浪费资源和收集再循环时的困难,更重要的是它们有利于维护人体的健康。

尽管用纸包装取代了塑料容器,但是包装产生了废物仍是一个不容忽视的问题。若以重量来计算,它们占了废物总量的20%~30%,若以体积来计算,占总废物量的50%~60%。针对这一情况,日本专家提出,许多没有包装必要的食品完全可以放弃包装。以蔬菜、水果为例,日本连锁店商会的调查显示,除了蕃茄、桃、草莓外,90%的蔬菜、水果都不需要销售包装,这样有助于保持蔬菜、水果的营养与新鲜。如果是需要包装的,也应该采用有特别功能的保鲜纸,防止水分渗透进去。因为若是包装内渗入了水分,将会加快蔬菜、水果的腐坏,造成不应有的浪费以及对身体的危害。

日本经营食品的商人之所以能够如此照顾到环保的要求,除了政府各部门的大力支持外,本身也因为要避免在国内市场激烈竞争下造成产品和包装素质的下降,因而积极行动起来,以确保公平的贸易和提高生产水平。日本对食品采用的"绿色"包装值得世界各国借鉴。

资料来源:慧聪网 http://info.printing.hc360.com/HTML/001/1524.htm 2009-5-10

案例思考题

日本国内注重绿色包装的做法对我国包装业有什么启示?

第八章
Chapter 8

商品养护

【学习目标】

通过本章的学习,明确商品养护的概念、意义与任务,熟悉商品质量变化的形式和影响因素,掌握储运期间商品养护的技术方法。

【关键词】

商品养护 Commodity Conservation;商品老化 Commodity Aging;温湿度管理 Humidity and Temperature Management。

【引导案例】

德国的食品保鲜和包装

近年来,农产品和食品的保鲜一直受到人们的关注。瓜果蔬菜采摘后的保鲜、食品加工的冷藏、保鲜包装也是生产商和经销商们研究的课题。在食品科技飞速发展的今天,国外不断加快包装科研及食品保鲜技术的开发进度,德国便是积极采取各种食品保鲜技术措施并取得了一定成效的国家之一。

在德国,食品、农产品的保鲜非常讲究科学性和合理性。无论是肉类、鱼类,还是蔬菜水果,从产地或加工厂到销售网点,只要进入流通领域,这些食品就始终处在一个符合产品保质要求的冷藏链的通道中运行。而且这些保鲜通道都是电脑控制的全自动设备,如冷藏保鲜库全部采用风冷式,风机在电脑的控制下调节库温,使叶菜在这种冷藏中能存放2~5天。肉类包装则普遍采用真空或含气包装。德国的肉类包装、含气保鲜包装机械的发展速度很快,与真空保鲜包装相比,含气保鲜包装在色泽、渗出液等方面显示出更多的优点,先进的食品保鲜包装技术,对于调剂食品市场需求是极为有利的。讲到市场需求,就不能不提到多特蒙特的批发市场,为了市场的需求,这个市场装备了一整套完全自动化的香蕉后熟系统。香蕉从非洲通过船和铁路运到批发市场时均是半熟的,批发市场则要根据客户、零售商的订货需要进行后熟处理。在这套控温后熟设备中,除了温度控制外,还有气体催熟剂,后熟期在3~7天,具体时间完全控制在批发商的手中。

近年德国食品保鲜包装的种类繁多并更加科学合理。在瓜果蔬菜的包装方面,只要是不易压坏的茎类均采用小网袋包装,对易损坏产品则用透气性良好的硬纸箱包装,叶菜一般平行堆放在箱内,少量的产品盒装,但包装盒都具有良好的透气性,无明显的结露现象。对肉类则分别有冷冻、真空和含气等包装形式。在肉类制品加工,原料肉每500千克装一个大冷藏真空包装袋后装入塑料周围箱内,到了超市和零售店后则改用切片真空包装或充气包装。

资料来源:http://www.foodp.cn/news/news_info.asp?ttb=news015&id=1766

第一节 商品养护概述

一、商品养护的概念

商品养护是指产品由生产部门进入流通领域后,分别对不同性质的商品在不同储存条件下采取不同的技术措施,以防止其质量劣化的活动。商品养护的目的是保证商品质量,减少商品损耗,防止商品变质。从广义上看,商品养护涵盖了商品从离开生产领域直到到达最终用户之前,即整个物流活动过程中的维护与保养工作。

商品养护技术是研究商品在库期间的质量变化并采用科学的方法进行防治的技术。商品养护技术综合物理学、化学、生物学等许多学科。商品养护主要是针对商品的特性,在各门学科的总结下逐步发展。

二、商品养护的意义

商品养护是仓储管理不可缺少的日常工作,它能最大限度地保护商品的质量、减少商品的损失。商品储存需要商品养护,储存是养护的物质前提,养护是储存的必然产物。

首先,商品养护是商品质量得以保持的前提性作业。商品从工厂生产出来到用户使用,中间要经过运输、装卸、搬运、仓储、分发、使用等多个环节,这一过程环节多、时间跨度大,特别是在仓储环节的停滞时间长、环境复杂,商品也会受到各种环境因素、人为因素、时间因素的影响,同时,仓库里的商品种类繁多、性能各异,在这些外界环境因素的影响下,商品在储存期间还会发生物理、化学和生物学的变化,只有对其进行养护,才能保持其使用价值。因此,商品养护对于商品质量起着至关重要的作用,它是商品储存业务的重要作业内容之一。

其次,商品养护对于易变质产品的质量保持非常重要。任何商品只能在一定的时间内、一定的条件下保持其质量的稳定性,即基本保持其使用价值和价值。商品的种类不同,其质量变化的方式、速度、程度也不同。商品本身的因素和商品储存环境条件决定了商品质量变化的程度。商品越容易发生质变,对储存条件的要求也就越严格。因此,对于易发生质量变化的商品,进行适当的商品养护就更为重要。

最后,新产品的开发利用使得商品养护的重要性日显突出。由于新产品层出不穷,科学技术日新月异,对商品养护的要求也越来越高,因此需要不断了解各种新产品、新材料的性质,学习、借鉴各种新的养护方法与技术,推动商品养护技术科学化的进程,保证商品的质量。

三、商品养护的任务

概括而言,商品养护的任务就是充分利用仓库的各种设备和条件,根据商品的种类与特性、发生质量变化的速度、危害程度、季节变化等不同,按轻重缓急分别研究并且制定相应的技术措施,保证物品质量,以求最大限度地降低商品损耗,避免或减少商品损失。

若想很好地完成商品养护工作,必须从以下六个方面做起。

(1)研究商品质量变化规律。这需要从仓库管理的实际出发,研究解决仓库中商品发生的质变问题,从而探讨在储藏过程中商品质量的变化规律。

(2)提高全员在库商品质量管理意识,加强在库商品的质量管理,提出合理养护措施,以降低仓储费用、减少商品损耗。

(3)研究并制定仓储商品损耗的上下限以及在库商品的安全储存期,主要是研究商品使用价值的有效期,以防止商品霉坏。

(4)应用商品养护的理论,减少商品污染与环境污染。

(5)探讨仓储商品的分类体系,促使仓储工作向机械化、信息化发展。

(6)普及与提高商品养护理论和实践知识,培养专业商品养护人才。

四、商品养护的原则

商品养护工作的基本原则为"以防为主,防治结合"。其中,"防"是为了避免或减少商品在储存过程中的质量劣化和数量损耗而采取的积极预防措施,具体的预防措施有对商品储存过程的温湿度进行控制、通风、密封、采用新的包装材料和技术等。"治"是指商品出现轻微质量问题后实施的及时的救治措施,这样可以避免商品产生更大损失,具体措施如轻微霉变后的晾晒、金属锈蚀后的除锈等。

"防和治"是商品养护不可缺少的两个方面。"防"是主动的,能最大限度地保护商品质量、减少商品损失,有效地控制商品质量和数量的变化,把质量事故消灭在萌芽状态,减少被动因素,防患于未然,可以收到事半功倍的效果。因此必须做到防得早、防得好,工作细致周密。在防的过程中要特别注重预防燃烧、爆炸、火灾、污染等恶性事故和大规模损害事故的发生,及时发现和消除事故隐患。发现损害现象时,要及时采取有效措施。

相对于"防"来说,"治"是被动的,是迫不得已的。做好"防"可以减少"治"或者避免"治",因此"防"是商品养护的前提和基础,"治"是"防"的补充。在商品养护的过程中应当"以防为主,防治结合",一旦发生了质量问题,就必须进行及时、有的放矢地"治",如果"治"得及时、"治"的方法恰当,也可以避免商品的使用价值和价值受到更大的影响。

第二节 商品质量变化及影响因素

一、商品质量变化的形式

由于商品本身的性能特点不同,且受外界各种因素的影响不同,因此商品在储存期间发生的质量变化的形式也不尽相同。商品质量变化的主要形式可分为以下几种:

（一）生化变化

生化变化是指有生命活动的有机体商品,在生长发育过程中,为了维持它们的生命,本身所进行的生理变化。商品仓储过程中常见的生化变化有:

1. 呼吸

呼吸即生命体为保持生命而进行的正常的呼吸作用,它是有机体的基本生理活动。呼吸虽然会分解体内部分有机物质,消耗营养物质,降低商品的质量,但是商品本身也会因此而具有一定的抗病性和耐储存性。因此,一些鲜活品的储存应保证它们正常而最低的呼吸,减少商品损耗,延长其储存时间。

2. 后熟

后熟是指瓜果、蔬菜等类的食品在脱离母株后继续其成熟过程的现象。瓜果、蔬菜的后熟虽然能改进色、香、味以及适口的硬脆度等食用性,但瓜果、蔬菜等食品在后熟作用完成后,则极易发生腐烂变质,难以继续储藏甚至失去食用价值。因此,应在其成熟之前采收并采取控制储存条件的办法,来调节其后熟,延长其储藏时间。

3. 胚胎发育

胚胎发育主要指动物的卵从受精到孵出或产出的发育过程。经胚胎发育的禽蛋新鲜度和食用价值会大大降低。为抑制禽蛋的胚胎发育,仓库应加强温、湿度管理,低温储藏,减少供氧,也可采用表面涂层、石灰水浸泡等方法。

4. 发芽

有机商品在适宜的条件下会冲破休眠状态,发生的发芽、萌发的生理变化。发芽会使有机体商品的营养物质,转化为可溶性物质,供给有机体本身的需要从而降低有机体商品的质量,因此对于能够萌发、发芽的商品必须控制他们的水分,并加强温湿度管理。

5. 霉腐

霉腐指非金属商品在微生物作用下所发生的霉变、腐败、性能降低甚至完全损坏的现象。

霉腐微生物的破坏性较大，在气温高、湿度大的时节，如果仓库温湿度控制不好，多数霉腐微生物就会大量生长，使商品受到不同程度的损失。

6. 虫蛀

商品在储存期间，经常会遭受仓库害虫的蛀蚀，这些害虫不仅破坏商品的组织结构，使商品产生破碎和孔洞现象，而且排泄的各种代谢废物会污染商品，影响商品质量和外观，降低商品价值。

（二）化学变化

商品的化学变化不仅改变物质的外表形态，也改变物质的本质，并生成新物质，且不能恢复原状的变化现象。商品发生化学变化是商品质变的过程，严重时会使商品完全丧失其使用价值。商品仓储过程中常见的化学变化有以下几种。

1. 氧化

氧化是指商品与空气中的氧及其他能释放出氧的物质，所发生的与氧结合的变化。例如钠在保存的过程中必须与空气隔绝。商品发生氧化会降低商品的质量，有的还会在氧化过程中产生热量，发生自燃，甚至还会发生爆炸事故。

2. 水解

水解是指某些商品遇水发生分解的现象。如肥皂和硅酸盐水解的产物是碱和酸，就同原来的商品有不同的性质。

3. 分解

部分性质不稳定的商品，在光、热、电、酸及潮湿空气的作用下，由一种物质生成两种或以上物质的变化现象被称为分解。商品发生分解反应后数量减少、质量降低，有的还会在反应过程中，产生一定的热量和可燃气体，引起事故。

4. 化合

与分解变化相对应，化合是指商品在储存期间，在外界条件的影响下，两种及以上的物质相互作用，生成一种新物质的反应。

5. 聚合

聚合是指有些商品，在外界条件影响下，能使同种分子互相加成后，结合成一种更大分子的现象。一旦发生聚合反应，会造成商品质量降低。

6. 风化

风化是指含结晶水的商品，在一定温度和干燥空气中，丢失结晶水而使晶体崩解，变成非结晶状态的无水物质的现象。

7. 锈蚀

锈蚀是指金属或金属合金，同周围的介质相互接触时，相互间发生了某种反应，而逐渐遭到破坏的过程。金属商品会发生锈蚀是由于金属本身化学性质不稳定，还有受到水分和有害气体的作用所造成的。

(三)物理机械变化

与生理变化和化学变化相比,物理变化并没有新物质生成,只是改变物质外在形态或状态,其本质并未发生改变,并且可以反复进行变化的现象。机械变化是指商品在外力的作用下,发生形态上的变化。商品仓储过程中常见的物理机械变化有如下几种。

1. 溶化

溶化是指固体商品在保管过程中,吸收空气和环境中的水分,当吸收数量达到一定程度时,就会溶化成液体。例如:氯化钠表面吸水溶化的现象。商品溶化形态改变,给存储带来了很大的不便。

对于易溶化的商品应按商品性能分区分类存放在干燥阴冷的库房内,避免与含水量较大的商品共同储存。在堆码时要注意底层商品的防潮和隔潮,垛底要垫得高一些。

2. 熔化

熔化是指低熔点的商品受热后发生软化以致化为液体的现象。例如石蜡受热变软的现象。商品的熔化与气温高低、商品本身的熔点、商品中杂质种类和含量高低有关。熔点越低,越容易熔化;杂质含量越高,越易熔化。

商品熔化,会造成商品流失、粘连包装、沾污其他商品;有的因商品软化而使货垛倒塌;有的因产生熔解热而体积膨胀,使包装爆破。

对于易熔化的商品应根据商品的熔点高低选择阴冷通风的库房储存,在保管过程中可采用密封和隔热的措施,防止日光照射,尽量减少温度的影响。

3. 挥发

挥发是指低沸点的液体商品,经汽化而散发到空气中的现象,例如乙醇的挥发。商品挥发的速度与气温的高低、空气流动速度的快慢、液体表面接触空气面积的大小成正比。

对于易挥发的商品应加强包装的密封性,控制仓库温度,高温季节要采取降温措施,保持较低温度条件下储存。

4. 串味

串味是指吸附性较强的商品吸附其他气体、异味,从而改变其本来气味的变化现象。例如,茶叶和香皂不同同区储存。

对于易串味的商品应尽量采取密封包装,在储存中不得与有强烈气味的商品同库储存,同时还要注意仓储环境的清洁卫生。

5. 沾污

沾污是指商品外表沾有其他较脏的物质,或含有其他污秽的现象。

对于有些外观质量要求比较高的商品,比如服装、仪器等要特别注意生产、运输储存过程中卫生条件以及包装。

6. 渗漏

渗漏是指液体商品,特别是易挥发的液体商品,由于包装容器不严密,包装质量不符合商品性能的要求及在搬运装卸时碰撞震动破坏了包装,而使商品发生跑、冒、滴、渗的现象。商品渗漏与包装材料性能、包装容器结构以及包装技术优劣有关,还与仓储温度变化有关。

对于液体商品应加强入库验收和在库商品检查。

7. 破碎与变形

破碎与变形是指商品在外界力的作用下所发生的形态上的改变。

对于容易破碎和变形的商品要注意妥善包装轻拿轻放,在对商品堆垛时,还要注意商品或商品外包装的压力极限。

二、商品质量变化的影响因素

做好商品养护,必须认真研究商品发生的质量变化,了解商品质量变化的原因,掌握商品质量变化的规律。通常引起库存物变化的因素分为内因和外因两种,内因决定了商品变化的可能性和程度,外因是促进这些变化的条件。

(一)影响库存商品变化的内因

影响商品质量变化的内因主要有商品本身的组成成分、分子结构及其所具有的物理性质、化学性质和机械性质,这些内因决定了商品在储存期发生损耗的可能程度。通常,就组成成分而言,无机物中的化合物比单质稳定,而无机物比有机物稳定;就商品结构而言,固态商品比液态商品稳定且易保存保管,而液态商品比气态商品稳定并易保存保管;就其具有的物理、化学和机械性质而言,物理吸湿性、挥发性、导热性都差的不易变化;化学性质稳定的商品不易变化、不易产生污染;机械强度高、韧性好、加工精密的商品不易变化。

1. 商品的化学成分

(1)无机成分的商品。无机成分商品的构成成分中不含碳,但如化肥、五金、玻璃、搪瓷及部分农药和化工商品等包括碳的氧化物、碳酸及碳酸盐,按其元素的种类及其结合形式,可分为单质商品、化合物、混合物等三大类。

(2)有机成分的商品。有机成分商品指以含碳的有机化合物为其成分的商品,但不包括碳的氧化物,碳酸与碳酸盐。属于这类成分的商品种类繁多,如棉、毛、丝、麻及其制品,化纤、塑料、木制品、皮革、纸张、橡胶制品、石油产品、有机农药、有机化肥及其制品,蔬菜、水果等。

有机成分的商品中具有单一成分的商品极少,这类商品成分的结合形式有的是化合物,有的是混合物,且多数商品含杂质,成分绝对纯的商品很罕见。商品成分有主要成分与杂质之分,主要成分决定着商品的性能、用途与质量,而杂质则影响着商品的性能、用途与质量,给储存带来不利。

2. 商品的结构

不同种类的商品的不同形态结构,决定了多种包装方式的使用。如气态商品、液态商品,多用钢瓶盛装,其形态随盛器而变;只有固态商品有一定外形。商品形态可分为外观形态和内部结构两大类。

（1）商品的外观形态。商品的外观形态多数可以通过五官进行感知，不同外观形态的商品在保管时应根据其体形结构进行合理安排，科学堆码，以保证商品质量的完好。

（2）商品的内部结构。商品的内部结构即构成商品原材料的成分结构，是人的肉眼看不到的结构，必须借助于各种仪器来进行分析观察，有些分子的组成和分子量虽然完全相同，但由于结构不同，性质就有很大差别。

3. 商品的物理性质

商品的物理性质主要包括吸湿性、透气性、导热性、耐热性等。

（1）吸湿性。吸湿性是指商品吸收和放出水分的特性。商品的很多质量变化都与其含水的多少以及吸水性的大小有直接关系。商品吸湿性的大小、吸湿速度的快慢，直接影响该商品含水量的增减，对商品质量的影响极大，是许多商品在储存期间发生质量变化的重要原因之一。

（2）透气性。透气性是指商品能被水蒸气透过的性质，商品能被水透过的性质叫透水性。虽然前者指气体水分子的透过，后者是指液体水的透过，但在本质上都是指水的透过性能。

商品透气、透水性的大小，主要取决商品的组织结构和化学成分。结构松弛、化学成分含亲水基团的透气、透水性都大。

（3）耐热性。商品随温度变化而不致被破坏或显著降低强度的性质被称为耐热性。商品的耐热性不仅与其成分、结构和不均匀性有关外，还与其导热性、膨胀系数有密切关系。导热性大而膨胀系数小的商品，耐热性良好。

（4）导热性。导热性是指物体传递热能的性质。同样商品的导热性也与其成分和组织结构有密切关系。此外，商品表面的色泽与其导热性也有一定的关系。

4. 商品的化学性质

商品的化学性质，是指商品的形态、结构以及商品在光、热、氧、酸、碱、温度、湿度等作用下，商品本质发生改变的性质。商品的化学性质主要包括化学稳定性、燃烧性、腐蚀性、爆炸性、毒性等。

（1）化学稳定性。化学稳定性是指商品受外界因素作用，在一定范围内，不易发生分解、氧化或其他变化的性质。商品的稳定性是相对的，稳定性的大小与其成分、结构及外界条件有关。

（2）燃烧性。燃烧性是指有些商品性质活泼，发生剧烈化学反应时常伴有热、光同时发生的性质。这些商品在储存中应特别注意防火。常见的易燃商品有红磷、火柴、汽油、柴油、乙醇、丙酮、松香等低分子有机物。

（3）腐蚀性。腐蚀性是指某些商品能对其他物质产生破坏作用的化学性质。具有腐蚀性的商品，本身具有氧化性和吸水性，因此，不能把这类商品与棉、麻、丝、毛织品以及纸张、皮革制品等同仓储存，也不能与金属制品同仓储存。如盐酸可以与钢铁制品作用，使其遭受破坏；烧碱能腐蚀皮革、纤维制品和人的皮肤；石灰有强吸水性和发热性，能灼热皮肤和刺激呼吸器官;漂白粉的氧化性,能破坏一些有机物;硫酸能吸收动植物商品中的水分,使它们炭化而变黑等。因此在保管时要根据商品不同的性能,选择储存场所,安全保管。

(4)爆炸性。爆炸是物质由一种状态迅速变化为另一种状态,并在瞬息间以机械功的形式放出大量能量的现象。能够发生爆炸的商品属危险性商品,因此要专库储存,并制定严格的管理制度和办法。

(5)毒性。毒性是指某些商品能破坏有机体生理功能的性质。具有毒性的商品,主要是用作医药、农药以及化工商品等。有的商品是本身有毒,有的是蒸汽有毒,有的商品本身无毒,但分解化合后,能产生有毒成分。具有毒性的商品也属危险性商品,在进行储存管理时要非常谨慎。

5. 商品的机械性质

商品的机械性质是指商品的形态、结构在外力作用下的反应,主要包括商品的弹性、可塑性、强力、韧性、脆性等,这些对商品的外形及结构变化影响很大。

(二)影响库存商品变化的外因

商品储存期间的变化虽然是商品内部活动的结果,但与储存的外界因素有密切关系。这些外界因素主要包括:自然因素、人为因素、储存期和社会因素。

1. 自然因素对库存商品的影响

影响库存商品的自然因素主要指温度、湿度、日光、有害气体、尘土、虫鼠雀害、杂物、自然灾害等。

(1)温度。温度是影响商品质量变化的主要因素之一。除冷库外,仓库的温度直接受天气温度的影响,库存商品的温度也随天气温度的变化而变化。

一般来说,大部分商品对温度的适应都有一定范围,超过这一范围商品质量就会发生变化。例如具有自燃性的商品,在高温下因氧化反应而放出大量的热,当热量聚积不散时,发生自燃;低沸点易挥发的商品,在高温下易挥发;低熔点的商品,温度高时易熔化变形及粘连流失。

普通仓库的温度控制主要是避免阳光直接照射商品,怕热商品要存放在仓库内阳光不能直接照射的货位。仓库遮阳采用仓库建筑遮阳和苫盖遮阳。不同建筑材料的遮阳效果不同,混凝土结构遮阳效果最佳。对于露天堆场商品,在日晒降低的傍晚或夜间,将堆场商品的苫盖适当揭开通风是降温保管的有效方法。

对温度较敏感的商品,在气温高时可以采用洒水降温,对怕水商品可以对苫盖、仓库屋顶洒水降温。

对容易自热的商品,应经常检查商品温度,发现升温时,可以采取加大通风、洒水等方式降温、翻动商品散热降温,必要时可以采取在货垛内存放冰块、释放干冰等措施降温。

此外,仓库里的热源也会造成温度升高,应避开热源或者在高温季节避免使用仓库内的热源。

值得注意的是温度过低,也会对某些商品造成损害,如冻伤。因此在严寒季节,气温极低时,需要采用加温设备对商品加温防冻。

(2)湿度。不同商品对环境湿度要求有很大差别。霉菌、微生物和蛀虫在适宜的温度和相对湿度高于60%时繁殖迅速,可在短时期内使棉毛丝制品、木材、皮革、食品等霉变、腐朽。

具有吸湿性的商品,在湿度较大的环境中会结块。绝大多数金属制品、电线、仪表等在相对湿度达到或超过80%时锈蚀速度加快。纯净的潮湿空气对商品的影响不大,尤其是对金属材料及制品,但如果空气中含有有害气体时,即使相对湿度刚达到60%,金属材料及制品也会迅速锈蚀。

但是某些商品的储存环境却要求保持一定的潮湿度,如木器、竹器及藤制品等,在相对湿度低于50%的环境中会因失水而变形开裂,当相对湿度大于80%时又容易霉变。

(3)大气中的有害气体。对空气的污染主要是二氧化碳、二氧化硫、硫化氢、氯化氢和氮等气体,它们主要来自燃料如煤、石油、天然气等放出的烟尘以及工业生产过程中产生的粉尘、废气等。

商品储存在有害气体浓度大的空气中,其质量变化明显。如溶解度很大的二氧化硫气体,溶于水中能生成亚硫酸,它遇到含水量较大的商品时能强烈地腐蚀商品中的有机物。空气中含有0.01%二氧化硫,能使金属锈蚀增加几十倍,使皮革、纸张、纤维制品脆化。在金属电化学腐蚀中,二氧化硫也是构成腐蚀电池的重要介质之一。

通过改进和维护商品包装或商品表面涂油涂蜡等方法,可以减少有害气体对商品质量的影响。

(4)日光。日光中包含着各种频率的色光,以及红外线和紫外线。它们对商品起着正反两方面的作用:一方面,日光中的红外线有增热作用,可以去除商品表面或体内多余的水分,降低商品的含水量;紫外线对微生物有杀伤作用。但另一方面,日光照射会对有些商品产生剧烈或缓慢的破坏作用,会使商品或包装物出现开裂、变形、变色、褪色、失去弹性等现象。例如酒类在日光下与空气中的氧作用会变浑浊;油脂会加速酸败;橡胶、塑料制品会加速老化;照相胶卷和感光纸未使用时见光,会发生光化学反应而丧失使用价值等。

(5)氧气。空气中含有21%左右的氧气,氧是化学性质活泼的元素,商品发生化学和生化变化绝大多数都与空气中的氧有关,氧能与许多商品直接化合,使商品氧化,不仅降低商品质量,有时还会在氧化过程中产生热量,发生自燃,甚至还会发生爆炸事故。如氧可以加速金属商品锈蚀;氧是好氧型微生物活动的必备条件,易使有机体商品发生霉腐;氧是害虫赖以生存的基础,是仓库害虫发育的必备条件;氧是助燃剂,不利于危险品的安全储存;在油脂的酸败、鲜活商品的分解、变质中,氧都是积极参与者。因此,在养护中,对于受氧气影响较大的商品,要采取各种方法如浸泡、密封、充氮等,达到隔绝氧气的目的。

(6)微生物。微生物在生命活动过程中会分泌各种酶,利用它们把商品中的蛋白质、糖类、脂肪、有机酸等物质分解为简单的物质加以吸收利用,从而使商品受到破坏、变质,丧失其使用价值。同时,微生物异化作用中,在细胞内分解氧化营养物质,会产生各种腐败性物质排出,使商品产生腐臭味和色斑霉点,影响商品外观,还会加速高分子商品的老化。

霉菌是最为常见的危害商品的微生物,它是引起绝大部分日用工业品、纺织品和食品霉变的主要根源,它们对纤维、淀粉、蛋白质、脂肪等物质,具有较强的分解能力。

微生物的活动,需要一定的温度和湿度。没有水分,它是无法生活下去的;没有适宜的温度,它也不能生长繁殖。掌握这些规律,就可以根据商品的含水量,采取不同的温湿度调节措施,防止微生物的生长,以利商品储运。

(7)卫生条件。卫生条件是保证商品免于变质腐败的重要条件之一。卫生条件不良,不仅使灰尘、油污、垃圾等污染商品,而且还会为微生物、仓库害虫等创造活动场所。尘土、杂物能加速金属锈蚀、影响精密仪器仪表和机电设备的精密度和灵敏度;仓库害虫不仅蛀食商品和包装,破坏商品的组织结构,其排泄物还会污染商品,影响商品的质量和外观。

2. 人为因素对库存商品的影响

人为因素是指人们未按商品自身特性的要求或未认真按有关规定和要求作业,甚至违反操作规程而使商品受到损害和损失的情况。影响商品变化的人为因素主要包括:

(1)保管场所选择不合理。不同库存物在储存期所要求的保管条件决定于商品自身理化性质,因此,对不同库存应根据当地的自然条件选择合理的保管场所。

一般条件下,普通的黑色金属材料、大部分建筑材料和集装箱可在露天货场储存;怕雨雪侵蚀、阳光照射的商品放在普通库房及货棚中储存;要求一定温湿度条件的商品应相应存放在冷藏、冷冻、恒温、恒温恒湿库房中;易燃、易爆、有毒、有腐蚀性危险的商品则必须存放在特种仓库中。

(2)包装不合理。有时包装材料或形式选择不当不仅不能起到保护的作用,还会加速库存物受潮变质或受污染霉烂。

对库存物进行适当的捆扎和包装可以防止商品在储运过程中因受到可能的冲击、压缩等外力而被破坏,但如果该捆扎或包装不牢,也会造成倒垛、散包,使商品丢失和损坏。

(3)堆码苫垫不合理。不同商品混码、堆码超高超重、垛形选择不当、需苫盖而没有苫盖或苫盖方式不对都会导致库存物损坏变质。

(4)装卸搬运不合理。装卸搬运活动贯穿于仓储作业过程的始终,是一项技术性很强的工作。各种商品的装卸搬运均有严格规定,如胶合板不可直接用钢丝绳吊装,平板玻璃必须立放挤紧捆牵,大件设备必须在重心点吊装等。装卸搬运不合理,不仅给储存物造成不同程度的损害,还会给劳动者的生命安全带来威胁。

(5)储存期过长。商品储存期的长短主要受采购计划、供应计划、市场供求变动、技术更新、甚至金融危机等因素的影响,商品储存期愈长,受外界因素影响发生变化的可能性就愈大,而且发生变化的程度也愈深。因此仓库应坚持先进先出的发货原则,定期盘点,及时处理接近保存期限的商品,对于落后产品或接近淘汰的产品限制入库。

(6)违章作业。在库内或库区违章明火作业、烧荒、吸烟,会引起火灾,造成更大的损失,带来更大的危害。

总之,影响商品发生质量变化的因素很多,这些因素之间是相互联系,相互影响的统一整体,工作中决不能孤立对待。

第三节 储存期间的商品养护

一、储存期间商品养护的基本要求

商品在储存期间保管的基本要求如下。

（一）合理存储

(1)仓库分类、库房分区、货区分位,按商品的性能及其对保管条件的要求,科学地安排商品的存储地点,便于机械化、自动化作业。

(2)根据商品的性能、体积、重量、包装及周转量,正确运用货架、堆码技术和苫垫技术,最大化利用仓库空间,合理存放商品。

（二）科学养护

(1)按商品的性能,建立科学的商品养护制度,保护好商品的质量。

(2)妥当地运用苫垫技术,避免商品受到外界不良因素的损害。

(3)根据商品性能的要求,通过密封、通风、吸潮等方法,控制和调节好仓库的温湿度,创造适宜的储存条件。

(4)贯彻"以防为主,防治结合"的方针,做好金属防锈、除锈,商品防霉、防腐、防治害虫工作,保护好商品的使用价值和价值,减少损耗。

（三）安全保管

(1)严格遵守仓储作业规范,安全进行仓库装卸、搬运、堆垛作业。

(2)对危险品妥善地专门存放保管。

(3)严格遵守仓库安全制度,做好防火、防盗、防漏、防自然灾害、防事故等工作,确保人员、仓库、设备、商品安全。

二、仓库温、湿度控制方法

温、湿度是商品质量变化的重要因素,商品在储存期间发生的霉变、锈蚀、溶化、虫蛀、挥发等变化,都与温、湿度关系密切。

控制与调节温湿度,除必须熟悉商品的性能,商品质量的变化规律外,还应掌握商品储存的最适宜温湿度;本地区的气候变化规律及气象、气候知识;采取相应措施控制温湿度的变化,对不适宜商品储存的温湿度要及时调节,保持适宜商品安全储存的环境。

(一)温湿度的基本知识

1. 空气温度

空气温度是指空气的冷热程度。一般而言,距地面越近气温越高,距地面越远气温越低。在仓库日常温度管理中,多用摄氏度表示,凡零摄氏度以下度数,在度数前加一个"-",即表示零下多少摄氏度。

测量库内外温度时需要使用温度计。经常使用的温度计都是根据水银或酒精热胀冷缩的原理制成的,构造简单。此外还有自记温度计,它是连续测量并自动记录气温变化的仪器。

2. 空气湿度

空气湿度是表示大气干燥程度的物理量,指空气中所含水汽量的多少或大气干、湿的程度。空气中水汽量的多少,一方面与气温有关,气温越高,空气中所能包含的水汽也就越多;另一方面还与地表的水分有关,地表的水分越大,地面越潮湿,空气中的水汽相对也就越多。

常用的空气湿度大小的表示方法有如下几种:

(1)绝对湿度。绝对湿度是指单位容积的空气里实际所含的水汽量。一般以克为单位。温度对绝对湿度有着直接影响,温度越高,水汽蒸发得越多,绝对湿度就越大;反之就越小。

(2)饱和湿度。饱和湿度是表示在一定温度下,单位容积空气中所能容纳的水汽量的最大限度。如果超过这个限度,多余的水蒸气就会凝结,变成水滴。空气的饱和湿度随着温度的变化而变化,温度越高,单位容积空气中所能容纳的水蒸气就越多,饱和湿度也就越大。

(3)相对湿度。相对湿度是指空气中实际含有的水蒸气量(绝对湿度)距离饱和状态(饱和湿度)程度的百分比。即在一定温度下,绝对湿度占饱和湿度的百分比数。相对湿度用百分率来表示。公式为:相对湿度=绝对湿度/饱和湿度×100%。相对湿度越大,表示空气越潮湿;相对湿度越小,表示空气越干燥。

表8.1 几种商品的温湿度要求

种类	温度/℃	相对湿度/%	种类	温度/℃	相对湿度/%
金属及制品	5~30	≤75	重质油、润滑油	5~35	≤75
碎末合金	0~30	≤75	塑料制品	5~30	50~70
轮胎	5~35	45~65	工具	10~25	50~60
布电线	0~30	45~60	压层纤维塑料	0~35	45~75
仪表、电器	10~30	70	汽油、煤油等	≤30	≤75
轴承、钢珠等	5~35	60	树脂、油漆	0~30	≤75

(4)露点。含有一定量水蒸气(绝对湿度)的空气,当温度下降到一定程度时所含的水蒸气就会达到饱和状态(饱和湿度)并开始液化成水,这种现象叫做结露。水蒸气开始液化成水

时的温度叫做"露点温度",简称"露点"。如果温度继续下降到露点以下,空气中超饱和的水蒸气,就会在商品或其他物料的表面上凝结成水滴,俗称商品"出汗"。

(二)仓库内外温湿度的变化

1. 仓库外大气温湿度的变化规律

大气的变化即自然气候的变化,随地域、季节、时间等的不同,其变化规律有所不同。我国大气温湿度的变化一般如下。

(1)温度变化的规律。一天之中,日出前气温最低,到午后14时至15时气温最高。一年之内最热的月份,内陆一般在7月,沿海地区出现在8月。最冷的月份,内陆一般在1月,沿海在2月。

(2)湿度变化的规律。绝对湿度通常随气温升高而增大,随气温降低而减小。但绝对湿度不足以完全说明空气的干湿程度,相对湿度更能正确反映空气的干湿程度。

空气的相对湿度变化与气温变化多端正相反,它是随气温的升高而降低。在一日之中,日出前气温最低时,相对湿度最大,日出后逐渐降低,到午后14时至15时达到最低。在一年之中,相对湿度最高的月份一般是1月。

2. 仓库内温湿度的变化规律

仓库内温湿度变化规律和库外基本上是一致的,但是,库外气温对库内的影响,在时间上需要有个过程,同时会有一定程度上的减弱。所以,一般是库内温湿度变化,在时间上滞后库外,在程度上小于库外。表现为:夜间库内温度比库外高,白天库内温度比库外低。

库内温度的变化与库房本身密封性的好坏也有很大的关系,此外库内各部位的温度也因库内具体情况而有所差异。

三、仓库温湿度的测定

测定空气温湿度通常使用干湿球温度表。

1. 库外温湿度测定

进行库外温湿度测定,应避免阳光、雨水、灰尘的侵袭,需将干湿表放在百叶箱内。百叶箱中温度表的球部离地面高度为2米,百叶箱的门应朝北安放,以防观察时受阳光直接照射。箱内应保持清洁,不放杂物,以免造成空气不流通。

2. 库内温湿度测定

进行库内温湿度测定,干湿表应安置在空气流通、不受阳光照射的地方,不要挂在墙上,挂置高度与人眼平,约1.5米左右。每日必须定时对库内的温湿度进行观测记录,一般在上午8时至10时,下午14时至15时各观测一次。记录资料要妥善保存,定期分析,摸出规律,以便掌握商品保管的主动权。

四、仓库温湿度的控制与调节

为了维护仓储商品的质量完好,创造适宜于商品储存的环境,当库内温湿度适宜商品储存时,就要设法防止库外气候对库内的不利影响;当库内温湿度不适宜商品储存时,就要及时采取有效措施调节库内的温湿度。仓库温度的控制既要注意库房内外的温度,也要注意储存物本身的温度。

实践证明,密封、通风和吸潮相结合是控制与调节仓库内温湿度有效的方法。

1. 密封

密封就是利用防潮、绝热、不透气的材料把商品尽可能严密地封闭起来,降低或减小空气温湿度对商品的影响,以达到商品安全保管商品的目的。

采用密封方法,要和通风、吸潮结合运用,如运用得当,可以收到防潮、防霉、防热、防溶化、防干裂、防冻、防锈蚀、防虫等多方面的效果。

(1)密封的形式。一般情况下,对物品出入不太频繁的库房可采取整库封闭的方式,而对物品出入较频繁的库房,则采用封垛、封架、封件等措施。

(2)密封的材料。常用的密封材料有塑料薄膜、防潮纸、芦席、油毡等。这些密封材料必须干燥清洁,无异味。

(3)密封的注意事项。

①密封前要检查商品质量、温度和含水量是否正常,若发现商品含水量超过安全范围、包装材料过潮,生霉、生虫、水淞等现象就不能进行密封。

②根据商品的性能和气候情况决定密封的时间。易潮、易溶化、易霉的商品,应选择在相对湿度较低的时节进行密封。

2. 通风

通风是利用库内外空气温度不同而形成的气压差,使库内外空气形成对流,来达到调节库内温湿度的目的。库内外温差越大,空气流动就越快;若库外有风,借风的压力更能加速库内外空气的对流。

正确进行通风,可以调节与改善库内的温湿度,及时散发商品及包装物的多余水分。

(1)通风的形式。

①通风降温(或增温)。通风降温是指对湿度要求不高,而对温度要求比较严格的一些怕热商品,如玻璃瓶或铁桶装的易挥发的化工原料、化学试剂和医药等的液体商品的通风。通风增温是指对于一些怕冻的商品,在冬季,只要库外温度高于库内也可以进行通风,以提高库内温度。

②通风降湿。通风降湿是对易霉腐、溶化、锈蚀等的库存商品的通风,如五金制品。在通风降湿时,应先比较库房内外的绝对湿度的高低,然后再对比相对湿度和温度的高低,一般只有当库外的绝对湿度低于库内时,才能通风降湿。

（2）通风的方法。

①自然通风。自然通风就是利用库房内外的温差和气压差，开启库房的门、窗、通风口等，使库房内外的空气进行自然交换。

②机械通风。机械通风是在库房上部装设出风扇，在库房下部装设进风扇，利用机械进行通风，以加速库房内外的空气交换。有的还在通风处安装空气过滤设备，以提高空气的洁净程度和降低空气的温度和湿度。机械通风的换气量受外界气候影响很小。

3. 吸湿

空气除湿是利用物理或化学的方法，将空气中的水分除去，以降低空气湿度。吸湿与密封配合，在梅雨季节或阴雨天，当库内外湿度都很高，不宜进行通风散潮时，在密封库内用吸湿的办法降低库内湿度。

常用的吸湿方法有以下两种。

（1）吸湿剂吸湿。这种方法是将固体吸湿剂放置在仓库内，使其自然与空气接触，吸收空气中的水分，达到降低空气湿度的目的。

吸湿剂吸湿的优点是简便易行，无需任何设备，也不消耗能源，一般仓库都可采用，是目前应用最广泛的除湿方法。缺点是吸湿缓慢，吸湿效果不够明显。

【知识链接 8-1】

常用的吸湿剂

氧化钙（CaO）：即生石灰，有很强的吸湿性，它吸收空气中的水分后，发生化学变化，生成氢氧化钙。由于生石灰在储运过程中已吸收了一定量的水分，实际上每千克生石灰可吸收水分 0.25 千克左右，而且吸湿速度较快。另外，生石灰料源充足，价格便宜，使用方便。其缺点是在吸湿过程中放出热量，生成具有腐蚀的碱性物质，对库存物有不良影响。当库存物品中有毛丝织品和皮革制品等时，不能使用。生石灰吸湿后必须及时更换，否则生成的 $Ca(OH)_2$，会从空气中吸收 CO_2，而放出水分。

氯化钙（$CaCl_2$）：分为工业无水氯化钙和含有结晶水的氯化钙。前者为白色多孔无定型晶体，呈块粒状，吸湿能力很强，每千克无水氯化钙能吸收 1～1.2 千克的水分；后者为白色半透明结晶体，吸湿性略差，每千克吸湿 0.7～0.8 千克左右。氯化钙吸湿后即溶化为液体，但经加热处理后，仍可还原为固体，供继续使用。其缺点是对金属有较强的腐蚀性，吸湿后还原处理比较困难，价格较高。

硅胶（$mSiO_2 \cdot nH_2O$）：吸湿后仍为固体，不溶化、不污染、也无腐蚀性，而且吸湿后处理比较容易，可反复使用。其缺点是价格高，不宜在大的空间中使用。

木炭（C）：具有多孔性毛细管结构，有很强的表面吸附性能，若精制成活性炭，还可以大大提高其吸湿性能。普通木炭的吸湿能力不如上述几种吸湿剂。但因其性能稳定，吸湿后不粉化、不液化、不放热、无污染、无腐蚀性。吸湿后经干燥可反复使用，而且价格比较便宜，所以仍有一定的实用价值。

资料来源：http://hi.baidu.com/google1126/blog/item/7aeb761f6a4af7c6a6866950.html

（2）机械法吸湿。

很多大型企业的仓库普遍使用机械吸湿方法。用吸湿机把库内的湿空气通过抽风机，吸入吸湿机冷却器内，使它凝结为水而排出。吸湿机一般适宜于储存棉布、针棉织品、贵重百货、医药、仪器、电工器材和烟糖类的库内吸湿散潮,具有吸湿率高、效果显著、成本低、操作简便、无污染等优点。

第四节　商品养护技术

一、商品霉腐的防治技术

商品的霉腐是由微生物的作用所引起的商品变化,商品的生霉、腐败、发酵变质都是由霉腐微生物侵染造成的。因此,商品在储存中防止发生霉腐是商品养护工作的主要内容之一。

(一)商品霉腐的影响因素

凡是能引起商品霉腐变质的微生物,称为霉腐微生物。易引起商品霉腐的微生物,主要是霉菌、细菌和酵母菌。这些霉腐微生物的生长繁殖需要一定的条件,当这些条件得到满足时商品就容易发生霉变。

1. 引起商品霉腐的内在因素

商品的组成成分是引起商品霉腐的内在因素。商品的霉腐是由于霉腐微生物在物品上进行生长繁殖的结果,不同的霉腐微生物生长繁殖所需的营养结构不同,但都必须有一定比例的碳、氮、水、能量的来源,以构成一定的培养基础。霉腐微生物从含糖类物品(如动物的肌肉、蜂蜜、水果、乳制品、棉麻纤维及其制品)中、含有机酸的商品(如苹果、葡萄、柑橘等)中获得碳源供其生长繁殖之用。从含蛋白质商品(如肉蛋鱼乳及其制品、皮革及其制品、毛线及毛制品)中获得氮源,供其合成菌体的需要。再从含脂肪类商品中获得碳源和能量以及商品本身所含有的水分,就构成了良好的培养基,霉腐微生物就容易生长繁殖了。

不同商品,含有不同比例的有机物和无机物,能够提供给霉腐微生物的碳、氮源以及水分、能量不同。有的菌体能够正常生长繁殖,而另外的一些霉菌则会不适应而使其生长受到抑制,故商品受到霉腐的形式、程度都不同。所以不同组成成分的商品对商品的霉腐的影响是起决定性作用的。

2. 引起商品霉腐的外在因素

霉腐微生物从物品中获得一定的营养物质,但要繁殖生长还需要适宜的外界条件。

(1)温度。霉腐微生物的生长繁殖有一定的温度范围,超过这个范围其生长会滞缓甚至停止或死亡。高温和低温对霉腐微生物生长都有很大影响,低温可以干扰微生物的新陈代谢,降低微生物的发育速度,能使其休眠或死亡。高温能破坏菌体细胞的组织和酶的活动,使细胞的蛋白质凝固变性,从而使其失去生命活动的能力或死亡。

霉腐微生物大多是中温性微生物,其最适宜的生长温度为 20~30℃,在 10℃ 以下不易生长,在 45℃ 以上停止生长。大多数微生物在 80℃ 以上会很快死亡。据研究,各种霉腐微生物在最适生长温度的范围内,每升高 10℃ 的气温,生长速度可加速 1~2 倍。

(2)水分与空气湿度。水分是霉腐微生物生长繁育的关键要素,它们所需水分,主要来自商品内部,而商品中的水分高低,直接受空气湿度的影响。同时,微生物体内水分的保持,也和空气湿度有着密切的关系。

当湿度与霉腐微生物自身的要求相适应时,霉腐微生物就生长繁殖旺盛;反之则处于休眠状态或死亡。各种霉腐微生物生长繁殖的最适宜相对湿度,因微生物不同略有差异。多数霉菌生长的最低相对湿度为80%~90%。在相对湿度低于75%的条件下,多数霉菌不能正常发育。因而通常把75%这个相对湿度叫做商品霉变的临界湿度。

(3)空气。霉菌的生长繁殖还需要有足够的适量的氧气,在霉腐微生物的分解代谢过程中(或呼吸作用),微生物都需要利用分子状态的氧或体内氧来分解有机物并使之变成二氧化碳、水和能量。当空气中氧供应充足,将有利于嗜氧霉菌的生命活动,抑制厌氧霉菌的生长繁殖,相反,当空气中氧比较少时,则有利于厌氧霉菌的活动。

(4)光线。日光对于多数微生物的生长都有影响,主要是日光中的紫外线能强烈破坏微生物细胞和酶。大多数霉腐微生物在日光直射1~4小时即能大部分死亡。

表8.2 部分商品安全水分与相对湿度要求参考数据表

商品名称	安全水分/%	相对湿度/%	商品名称	安全水分/%	相对湿度/%
棉花	11~12	85以下	皮鞋、皮箱	14~18	60~75
棉布	9~10	50~80	茶叶	10以下	50以下
针棉织品	8以下	50~80	木耳	12~14	65~80
毛织品	9~10	50~80	机制白砂糖	0.1~1	80以下

(二)易霉腐的商品

易霉腐的商品主要有下面几类。

(1)含纤维素较多的商品主要包括棉与棉加工品、麻与麻加工品、粘胶纤维、木竹和藤及其制品、纸与纸制品、部分橡胶、塑料和化纤制品等。

(2)含蛋白质较多的商品,属于该类的商品主要有丝制品、毛制品、皮革制品和各种鱼类、肉类、蛋类和乳制品等。

(3)含糖较多的商品,干鲜果品和各种食糖、糖果、蜜饯、果酱、果汁、蜂蜜等糖制食品。

(4)以酒精为主要成分的商品,酒类商品受微生物侵染,从而引起酒精发酵。主要是低浓度的酒,如啤酒、葡萄酒、果酒和黄酒等。

(5)含水量高的商品:该类商品主要为水果、蔬菜等食品。

(三)商品霉腐的防治方法

1. 加强库存商品的管理

(1)加强入库验收。易霉腐商品入库,首先应检验其包装是否潮湿,商品含水量是否超过安全水分。

(2) 加强仓库温湿度管理。根据商品的不同性能,正确的运用密封、吸潮及通风相结合的方法,控制好库内温湿度。特别是梅雨季节,要将相对湿度控制在不适宜于霉菌生长的范围内。

(3) 选择合理的储存场所。易霉变商品应尽量安排在空气流通、光线较强、比较干燥的库房,并应避免与含水量大的商品共储。

(4) 合理堆码,下垫隔潮。商品堆码不应靠墙靠柱,下垫防潮物质隔潮。

(5) 将商品密封储存。

(6) 做好日常的清洁卫生工作。

2. 化学药剂防霉腐

防霉最主要的方法是使用防霉剂。防霉剂能使微生物菌体蛋白质变性、凝固,使酶失去活性。低浓度防霉剂能抑制霉腐微生物生长,高浓度防霉剂会使其死亡。

使用防霉防腐剂时应选择具有高效、低毒、简便、价廉、易购等特点的防霉防腐剂。同时还要求该防霉防腐剂不影响商品的性能和质量,对金属无腐蚀作用以及要求防霉防腐剂本身应具有较好的稳定性、耐热性与持久性。

防霉剂的使用方法主要有:

(1) 添加法,将一定比例的药剂直接加入到材料或制品中去;

(2) 浸渍法,将制品在一定温度和一定浓度的防霉剂溶液中浸渍一定时间后晾干;

(3) 涂布法,将一定浓度的防霉剂溶液用刷子等工具涂布在制品表面;

(4) 喷雾法,将一定浓度的防霉剂溶液均匀地喷洒在材料或制品表面;

(5) 熏蒸法,将挥发性防霉剂的粉末或片剂置于密封包装内,通过防霉剂的挥发防止商品生霉。

3. 气调储藏防霉

气调防霉是在密封条件下,通过改变空气成分,主要是创造低氧(5%以下)环境,抑制微生物的生命活动和生物性商品的呼吸强度,从而达到防霉腐目的的方法。

气调防霉的关键是在密封的条件下实施降氧,目前人工降氧的方法主要有机械降氧和化学降氧两种。机械降氧主要有真空充氮法和充二氧化碳法。化学降氧是采用脱氧剂来使包装内的氧的浓度下降。

4. 低温冷藏防霉

低温冷藏防霉是通过控制商品本身的温度,使其低于霉腐微生物生长繁殖的最低界限,控制酶的活性。低温冷藏一方面抑制生物性商品的呼吸氧化过程,使其自身分解受阻,一旦温度恢复,仍保持其原有的品质;另一方面抑制霉腐微生物的代谢与生长繁殖,达到防霉腐的目的。

低温冷藏防霉所需的温度与时间应按具体商品而定。一般情况下,温度愈低,持续时间愈长,霉腐微生物的死亡率愈高。按冷藏温度的高低和时间的长短,分为冷藏和冻藏两种。

(1) 冷藏。冷藏防霉腐适于含水量大而不耐冰冻的易腐商品,采用0℃左右的短时间冷却储藏,如蔬菜、水果、鲜蛋等。在冷藏期间霉腐微生物的酶几乎都失去了活性,新陈代谢的各种生理生化反应缓慢,甚至停止,生长繁殖受到抑制。

(2)冻藏。冻藏适于耐冰冻且含水量大的易腐商品,采用-16~-18℃左右的较长时间冻结储藏,如肉类、鱼类。在冻藏期间,商品的品质基本上不受损害,商品上霉腐微生物同细胞内水变成冰晶脱水,冰晶水损坏细胞质膜而引起死伤。

表 8.3　常见的食品防腐保鲜方法及其对微生物的作用

序号	食品防腐保鲜方法	对微生物的作用
1	冷藏(低温运输与贮存)	低温以抑制生长
2	冷冻(冻结状态和贮存)	低温并降低水分活性以抑制生长
3	干制、熏制、糖渍	降低水分活性,明显的降低和抑制微生物的生长
4	真空或缺氧"气调"包装	氧分降低可以抑制需氧菌和使兼性厌氧菌生长缓慢。"气调"包装中二氧化碳对一些微生物有特别的抑制作用
5	加酸	降低 pH 值
6	酒精发酵	提高酒精的浓度
7	乳化	在乳液中,水被高度分散,与食品的营养成分有明显的界面分开
8	乳酸与醋酸发酵	降低 pH,所产生的乳酸与醋酸均可起到抑菌的作用
9	加入防腐剂	抑制特定的菌属
10	巴氏消毒和杀菌	用足够的热量杀灭微生物的活性
11	辐射	利用射线使微生物失去活性
12	无菌加工	防止二次污染
13	消毒	把包装材料和食物组分分别用热射线或者化学药品处理,以减少微生物的污染

资料来源:孙参运,《商品学基础》,武汉理工大学出版社,2008

5. 干燥防霉

干燥防霉主要是通过降低密封包装内的水分与商品本身的含水,使霉腐微生物得不到生长繁殖所需水分来达到防霉腐目的。一般是通过在密封的包装内置放一定量的干燥剂来吸收包装内的水分,使内装商品的含水量降到允许含水量以下。

采用干燥防霉应注意:霉菌菌体在干燥初期死亡最快;缓慢干燥霉菌菌体死亡最多;高速失水不易使微生物死亡;菌体在低温干燥下不易死亡,而干燥后置于室温环境下最易死亡。

6. 辐射防霉

(1)紫外线防霉。紫外线照射微生物时,发生对细胞原生质直接光化学作用,破坏其生命中枢 DNA(脱氧核糖核酸)的结构,使构成该微生物的蛋白质无法形成,使其立即死亡或丧失繁殖能力。

(2)微波防霉。微生物吸收微波后引起温度升高,使蛋白质凝固,菌体成分破坏,水分汽化排出,促使菌体迅速死亡。

(3)红外线防霉。微生物吸收红外线,使细胞内温度迅速升高,造成蛋白质凝固、核酸被破坏、菌体内水分汽化脱水而死亡。

对已经发生霉变但可以救治的商品,应立即采取晾晒、烘烤、加热消毒、药剂熏蒸等方法处理,以免霉变继续发展而造成更加严重的损失。

【延伸阅读8-1】

鲜蛋的冷藏养护

进库要合理堆垛,否则就会缩短贮存时间、降低蛋的品质。蛋箱、蛋篓之间要保持空隙,码垛不宜过大过高,一般不超过2~3千克,高度要低于风道口0.3米,要留缝通风,墙距0.3米,垛距0.2米,保持温度均衡。鲜蛋不能同水分高、湿度大、有异味的商品同仓间堆放。特别是一、二类蛋要专仓间专储(注:鲜蛋的保质期限一般为:一类蛋9个月,二类蛋6个月,三类蛋为3至4个月。)。满仓后即封仓。每个堆垛要挂货卡,严格控制温湿度是鲜蛋储存中质量好坏的关键,最佳仓间温度为-1~1.5℃。相对湿度为85%~88%为宜。仓库温度过高,会缩短鲜蛋储存期和降低鲜蛋的品质;温度过低,会使鲜蛋冻裂。相对湿度过高会导致鲜蛋霉变;过低会增加干耗。为有效控制温湿度,必须做到:

(1)每次进仓库鲜蛋数量不宜过大,一般不超过仓容量的5%。
(2)仓库温差不得超过2℃。
(3)冷风机冲霜每周2次,时间不宜过长。
(4)仓间温度在-15℃时,即可关闭制冷机。
(5)应定时换入新鲜空气,换入每昼夜相当于2~4个仓间容积。
(6)定期抽查和翻箱,一般每10天抽查2%~3%。
(7)压缩机房应每隔2小时对仓间温度检查一次。

资料来源:http://www.chaoshi168.com/source/Shownews.asp? NewsID=2685

二、商品锈蚀的防治技术

金属材料制成的商品如保管不好,很容易发生锈蚀而影响外观,严重时将失去使用价值。金属生锈是一种不可抗拒的自然现象,人们只能认识并加以控制而不能根绝它。

(一)金属锈蚀的类型

金属与周围介质接触时,由于发生化学作用或电化学作用而引起的破坏叫做金属的腐蚀,一般也称锈蚀。金属的腐蚀主要有两种,即化学腐蚀和电化学腐蚀。

1. 化学腐蚀

化学腐蚀是金属与周围介质接触发生化学反应,但反应过程中不产生电流的腐蚀过程。这种腐蚀在低温情况下不明显,但在高温时就很显著。如金属高温下的氧化或在常温环境中,受到二氧化硫、二氧化碳、氧、氢等其他的作用。

2. 电化学腐蚀

电化学腐蚀是金属表面与介质发生电化学反应而引起的腐蚀现象。这种腐蚀作用可以连续进行,以至金属由表及里受到严重损坏。电化学腐蚀是金属商品腐蚀的主要形式,如天然水和大多数水溶液作用于金属结构发生的腐蚀;船舰和海洋设备在海水中所发生的海水腐蚀;埋在地下各种管道的土壤腐蚀。

(二)影响金属商品锈蚀的主要因素

1. 影响金属锈蚀的内在因素

(1)金属本身不稳定。金属是由金属原子所构成,其性质一般较活泼。金属原子易失去电子成为阳离子而发生腐蚀,这是金属生锈的主要内在原因。

(2)金属纯度不高。生产日用工业品的金属,一般都含有杂质,在大气环境下表面形成电解质薄膜后,金属原子与杂质之间容易形成无数原电池,发生电化学反应而使金属受到腐蚀。

(3)金属结构不均匀。金属在机械加工过程中,会造成变形不均匀,一般在金属材料的划伤处、焊接处、弯扩部位、表面不完整处等,都容易发生电化学腐蚀。

2. 影响金属锈蚀的外界因素技术

(1)空气相对湿度的影响。金属的锈蚀主要是电化学腐蚀,电化学腐蚀是在表面上形成极薄的一层液膜下进行的。因此,空气中相对湿度是影响金属腐蚀的主要因素。当相对湿度超过85%时,金属表面就易形成电解质液膜,从而构成了电化学腐蚀的条件。

(2)空气温度的影响。通常情况下,温度越高金属商品腐蚀速度越快。当空气温变化大时,金属表面容易出现"出汗"现象,形成电解质液膜,加剧金属锈蚀,这对五金商品的安全储存和运输是一个很大的威胁。

(3)腐蚀性气体的影响。空气中的有害气体如二氧化碳、氧化物、硫化物、氨气等溶于水后会大大增强金属表面水膜的电解性,加速金属商品的腐蚀。

(4)空气中杂质的影响。空气中的灰尘、煤烟、砂土等杂质,附着在金属表面易产生原电池反应,造成金属商品的腐蚀。

(三)金属商品的防锈技术

金属商品的锈蚀主要是电化学腐蚀所造成的。因此,商品的防锈,主要是针对影响金属制品锈蚀的外界因素进行的。

1. 金属商品储存的基本要求

(1)选择适宜的储存场所。储存金属商品的仓库或货场应选择地势高、不积水、干燥的场地,要尽可能远离工矿区,特别是化工厂。

(2)做好在库养护工作。金属商品入库时,必须对商品质量、包装等进行严格验收,合理安排好仓位、货架和货垫,并定期检查。仓库要保持干燥,相对湿度不要超过75%,防止较大的温差,以免使金属商品出现"出汗"现象。

(3) 有针对性的重点防护。较精密的五金工具、零件、仪器等金属商品,应选择便于通风和密封、地潮小、库内空气温湿度容易调节和控制的库房储存,严禁与化工商品、含水量较大的商品同库储存。

2. 金属制品的防锈

(1) 涂油防锈。涂油防锈是目前应用比较普遍的一种防锈方法。是在金属表面涂(或浸或喷)一层防锈油薄膜,使金属商品与大气中的氧、水以及其他有害气体隔离,达到防锈的目的。

通常所用的防锈油是以油脂或树脂类物质为主体,加入油溶性缓蚀剂所组成的暂时性防锈涂料。防锈油中的油脂或树脂类物质为涂层和成膜物质,常用的有润滑油、凡士林、石蜡、沥青、洞油、松香及合成树脂等。

进行防锈的方法是根据不同金属制品的性能要求,把不同的缓蚀剂溶于不同的油脂中,用来热浸或涂刷,再进行包装以防锈。

涂油防锈方法的优点是简便,节约,效果好;但也有缺点:它属于短期防锈法,随着时间的推移,防锈油逐渐消耗,或者由于防锈油的变质,而金属商品又有重新生锈的危险。

(2) 气相防锈。气相防锈是在密封严格的金属制品包装内,放入一些有挥发性的防锈药剂,在金属制品周围挥发出缓蚀气体,来阻隔腐蚀介质的腐蚀作用,以达到防锈目的。

气相缓蚀剂是一些挥发性物质,在使用时不需涂在金属制品表面,只用于密封包装或容器中。这种方法既不影响商品外观,又不影响使用,也不污染包装,适用于形状结构复杂的金属制件、仪器、仪表等。

(3) 可剥性塑料封存。可剥性塑料是用高分子合成树脂为基础原料,加入矿物油、增塑剂、防锈剂、稳定剂以及防霉剂等制成的一种防锈包装材料。可剥性塑料有热熔型和溶剂型两种,前者加热熔化后,浸涂于金属商品表面,冷却后能形成一层塑料薄膜层;后者用溶剂溶解后,浸涂于金属表面,溶剂挥发后也能形成一层塑料薄膜层。这两种薄膜层都有阻隔外界环境不良因素防止金属商品生锈的效用,启封时用手即可剥除。

3. 金属制品的除锈技术

商品的除锈是对已发生锈蚀的金属制品采取的清除锈蚀的救治措施。金属制品的除锈应该根据锈蚀程度,即锈蚀分布面积大小、深浅、色泽、形状以及锈蚀制品的数量而定。除锈的方法主要有以下三种:

(1) 手工除锈。手工除锈是一种最简单的除锈方法。即用刮刀、手锤、钢刷、砂布(纸)、砂轮等工具,通过敲、铲、磨、刮等手段除掉锈污的方法。

(2) 机械除锈法。机械除锈法是使用某种机械设备,利用冲击和摩擦作用有效地将锈层从金属表面除掉的方法。常用的机械除锈法有抛光法和铜(钢)丝轮除锈法。

(3) 化学药剂除锈法。这是借助于药物将锈层清除掉的一种先进的方法,不仅速度快,效果好,且不影响商品的尺寸和精度,尤其适宜于形状复杂的商品。

三、商品虫害的防治技术

仓库害虫是指一些食性广泛、生殖力强、对环境条件有很大适应性和抵抗能力,能在仓库特定环境下生活和繁殖的害虫。仓储商品中,很多是以动物毛皮和植物为原料制成的,这些商品含有蛋白质、淀粉、纤维素等为害虫所喜好的成分,因而常易遭受害虫的危害。必须认真搞好储存商品的虫害防治工作。

(一)仓库害虫的主要来源

1. 由商品或包装带入

如竹木制品、毛皮、粮食等商品,害虫已在原材料上产卵或寄生,以后在加工过程中,又未采取杀灭措施,进仓后遇到适宜的条件,就会滋生起来。

2. 商品和包装在加工或储存过程中感染害虫

商品和包装原材料在加工时,接触的加工设备、运输工具隐藏着害虫,或与已生虫的商品堆放在一起,受到感染等都会把害虫带入仓库。

3. 运输工具带来害虫

车船等运载工具如果装运过带有害虫的粮食、皮毛等,害虫就可能潜伏在运输工具之中,再感染到商品上。

4. 库房不卫生

仓库的墙壁、梁柱、门窗、垫板等缝隙中隐藏着害虫,以及库内的杂物、垃圾等未清干净而潜伏的害虫,在商品入库后危害商品。

5. 库外害虫侵入仓库

仓库外部环境中的害虫飞入或爬入库房内,在库内生长繁殖,危害商品。

(二)仓库害虫的生活特性

仓库害虫长时期生活在库房内,形成了一些特殊的生活习性。

1. 适应性强

仓库害虫一般既耐热、耐寒、耐干、耐饥,又具有一定的抗药性。仓库害虫生长繁殖的适宜温度范围一般为18~35℃,仓库害虫在5~8月间生长繁殖最为旺盛,一般能耐38~45℃的高温。在10℃以下,大多数仓库害虫停止发育,0℃左右处于休眠状态,但不易冻死。

2. 繁殖能力强

由于仓库环境气候变化小,天敌少,食物丰富,多数仓虫在适宜的环境中一年四季能不断的繁殖。

3. 食性广而杂

真正的仓虫是多食性和杂食性的,可以植物、动物、无机物和有机物为食。

4. 活动隐蔽

大多数仓库害虫体型很小,体色较深,隐藏于阴暗角落在商品中蛀成"隧道"危害商品,难以发现,寒冬季节常在板墙缝隙中潜伏过冬。

(三)仓库害虫的防治技术

仓库害虫的防治,应贯彻"以防为主,防治结合"的方针,掌握仓虫的发生规律和季节,根据商品的性质,做好防治工作。

1. 仓库害虫的预防

要杜绝仓库害虫的来源和传播,必须做好以下几点:

(1)清洁卫生是基本的防治方法。清洁卫生工作可以清除虫源、清除食源。清洁卫生工作要做到"仓内面面光,仓外三不留(不留垃圾、污水、杂草)",使害虫得不到栖息场所。

(2)对入库商品严格检查验收和处理,防止带虫或虫伤商品、商品包装及工具器材等进入仓库。

(3)做好库房消毒工作,空仓可用消毒杀菌药剂等喷洒、熏蒸杀菌消毒。对已被害虫感染的商品、器材、包装、库房等认真处理,做好消毒工作。

2. 仓库害虫的药物防治

化学药剂防治是利用杀虫剂杀灭仓虫的方法,兼有防与治的作用。这是当前防治仓库害虫的主要措施。其优点是杀虫力强,防治效果好;缺点是对人畜有毒、污染环境,食品中应限制使用。使用化学药剂防治应严格遵守以下原则:对仓虫有足够杀灭能力,对人体安全可靠,不致影响商品质量;对库房、货架、包装材料安全,使用方便,经济合理。

常用的防虫、杀虫药剂有以下几种:

(1)驱避剂。驱避剂的驱虫作用是利用易挥发并具有特殊气味和毒性的固体药物,使挥发出来的气体在商品周围经常保持一定浓度,从而达到避害虫的目的。可以将药液渗入棉球、旧布或废纸中,每距离 1~2 米,悬挂于货垛或走道里,使药力慢慢地挥发于空气中,药性可滞留 5~6 天。这类药物常用的有樟脑精、二氯化苯、萘等。

(2)熏蒸剂。熏蒸剂能气化放出剧毒气体,通过呼吸系统毒杀机理,杀死害虫。熏蒸法杀虫成本低、效率高。熏蒸剂挥发的气体,渗透力很强,不仅能杀死商品外表的害虫,甚至能杀死商品内部的害虫,有的还对害虫的卵、幼虫、蛹、成虫等各个虫期都有效。属于这类药剂的有:氯化苦、溴甲烷、磷化铝等。

(3)杀虫剂。杀虫剂主要通过触钉、胃毒作用杀灭害虫。触杀剂和胃毒剂很多,常用于仓库及环境消毒的有敌敌畏、敌百虫等。可将这些杀虫剂装入压缩喷雾器内,均匀地喷洒在货垛四周空间,使之挥发弥散,达到杀虫、消毒的功效。

仓库害虫的防治技术,除了药物防治外,还有气调防治法、高低温防治法、物理防治法、生物防治法及辐射防治法等各种方法。

【延伸阅读8-2】

粮食贮藏九大招数防害虫

1. 暴晒。粮食入库前,选择晴天在水泥场摊3~5厘米厚暴晒。中午粮温可达45℃,晒4小时以上,每小时翻动1次,能杀死麦蛾、拟谷盗等害虫,还能驱除玉米象。

2. 低温杀虫。北方及高寒地区,在冬季或早春把粮食摊放室外冷冻,堆放厚度以粮层内温度在0℃以下为标准,冷冻6小时以上,可杀死玉米象、谷蠹。

3. 苦楝叶防虫。苦楝叶晒至半干,贮粮时每15厘米厚粮层放一层苦楝叶,以盖严种子为标准,层叠放3层,最上一层苦楝叶放厚些。也可把苦楝叶、果粉碎后按粮食质量的0.4%分层撒在粮食堆中,最后一层适当多撒。

4. 松香防虫。将松香粉碎后放在纱布袋内,多点投放于贮粮容器中,最后用塑料薄膜密封储存。通常500千克粮食分3层放入松香0.5千克。

5. 艾草防虫。只要有气味的艾草都可用来防虫。每15厘米粮层放一层晒干的艾草,叠放3层,每一层以盖严粮食为标准。也可用具有杀虫驱虫作用的中草药代替艾草,如山苍子、樟树叶、防虫菊、菖蒲等。

6. 橘皮、红辣椒、生姜防虫。将3种物质晒干粉碎,可等量或不等量混合,用纱布每袋50克包装,500千克粮食分3层共投放10袋,塑料薄膜密封储存。

7. 烟茎防虫。烟茎中含有尼古丁、烟碱等有毒物质,能防治多种粮仓害虫。用囤贮存的,在囤底部及上部放入切碎的烟茎10厘米厚;用缸贮存的,把切碎的烟草放在粮面上,加盖后再用塑料薄膜封严。这样,可使新粮保持8个月无虫。

8. 香椿叶防虫。在粮缸或粮袋里放一把新鲜的香椿叶,即可防虫。也可把晒干粉碎的香椿叶按贮粮质量的0.5%,混拌到粮食中。香椿叶经常更换效果更好。

9. 沼气防虫、灭虫。定期向粮囤内或粮缸内通入沼气,然后密封粮囤或粮缸,可阻止害虫侵入,并能杀死已侵入粮仓中的害虫。为了使沼气能快速渗入粮堆,可用底部不开孔四周开多孔的竹竿,插入粮堆中,然后把沼气通入竹管10~20分钟,即可杀死害虫。粮食用袋装堆放的,先用塑料薄膜把粮堆盖严后再通沼气。

资料来源:http://www.foodmate.net/tech/baozhuang/2/163331.html

四、商品老化的防治技术

以橡胶、塑料、合成纤维等高分子材料为主要成分的商品,在储存或使用过程中性能逐渐变化,以致最后丧失使用价值的现象称为"老化"。老化的主要特征是高分子商品出现发粘、龟裂、变脆、失去弹性、强度下降等性能改变现象。老化是一种不可逆的变化,它与高分子商品的成分、结构及储存使用环境等有着密切的联系。

(一)商品老化的内在因素

影响高分子商品老化的内在因素主要有以下几个。

(1)高聚物分子结构上的弱点:组成高分子材料的高分子化合物分子链结构中,存在着不饱和的双键或大分子支链等。在一定条件下,易发生分子链的交联或降解。

(2)其他添加剂组分的影响。塑料中的增塑料剂会缓慢挥发或促使霉菌滋生;着色剂会产生迁移性色变;硫化剂会产生多硫交联结构,降低橡胶的耐老化能力等。

(3) 组分中杂质的影响。杂质虽然含量很少，但对制品耐老化性有较大的影响作用，其来源主要是单体制造、聚合时带入的，或配合剂带入的。

(4) 加工成型条件的影响。高分子材料在加工成型的过程中，由于加工温度等的影响，使材料结构发生变化而影响商品的耐老化性能。

(二) 商品老化的外部因素

影响高分子商品老化的外部环境因素主要有以下几个。

1. 日光

日光的紫外线是引起高分子材料老化的一个很重要的因素。实验表明：光化学反应一般是在商品的表面层进行，首先引起表层材料的老化，并随着时间的推移而逐渐向内层发展。

2. 热

许多高分子材料的老化是热氧老化，热促进了氧化反应的进行。热具有很高的活性，随着温度的升高会使分子的热运动加速，从而引起某些高聚物发生降解与交联。另外，温度的冷热交替，对商品老化也起到促进作用。

3. 氧和臭氧

高分子材料对于大气中的氧是很敏感的，微量的氧的作用可使某些材料的性能发生严重的变化。大气中的臭氧虽然在大气中的浓度很低，但它能使商品的使用寿命大为降低，尤其是含有双键的大分子。

4. 水

水能够渗入材料的内部，使高分子材料含有的某些水溶性物质、增塑剂和含亲水性基团的物质被水所溶解、抽提或吸收，从而逐步改变材料的组成和比例，加速材料的老化。水对高分子材料的老化起着加速作用。

此外，湿度、微生物、昆虫排泄物、重金属以及重金属盐等，也会对高分子商品的老化有加速作用的。

(三) 商品防老化的方法

根据影响商品老化的各种内外因素，高分子商品的防老化可以采用以下方法。

(1) 改变结构：改变高分子化合物的工艺配方，以达到改变高分子化合物的结构性能，可提高高分子商品的抗老化性。

(2) 添加助剂：根据不同高分子材料所产生老化现象的机理，在商品的组成中添加能防护和抑制光、氧、热、臭氧、重金属离子等外因对商品产生破坏作用的紫外线吸收剂、热稳定剂等各种防老化剂，用以延缓高分子商品的老化。

(3) 表面处理：在商品外涂漆、涂胶、涂蜡、涂油、涂复合材料、镀金属或衬底材料或涂布防老化剂溶液等保护层，使之与空气、阳光、水分、微生物等隔绝，以达到延长老化时间的目的。

(4) 加强管理、严格控制仓储条件，也是高分子商品防老化的有效方法。

【知识链接8-2】
皮革类商品的养护

皮革类商品主要有皮鞋与皮衣。皮革类商品含有一定的水分和油脂,储存时间过长,油脂和水分逐渐挥发,使皮革干缩发硬而变质。所以,皮革类商品的保管期一般为一年左右。为确保皮革类质量完好,在养护过程中,注意以下几个方面:

(1)防潮湿。皮革类受潮后,不但皮革易霉,鞋眼、鞋钉等金属也会生锈。储存场所要干燥、通风。库存最高温度不超过35℃,相对湿度控制在50%、80%之间。

(2)防热。受热油脂和水分挥发,造成皮革干裂发脆,失去应有的光泽,所以,保管皮鞋不能受日光照射,不能靠近暖气和火炉等。

(3)防腐蚀。皮鞋接触酸、碱性物质,会引起腐蚀,使皮鞋表面裂纹、折断,降低韧性和弹力,因此,不能把皮鞋和肥皂、碱面、化工原料等放在一起。

(4)防虫蛀鼠咬。皮革类商品本身含有蛋白纤维和油脂,极易被虫蛀鼠咬,春季开始以后,及时放入樟脑,以防虫蛀。

(5)防灰尘。面上积有灰尘后,能吸去表层的油脂,使革面粗糙和僵硬。堆放时,还要注意忌防重压变形。

资料来源:http://www.glzy8.com/show/b3a206fa46045590.html

本章小结

商品的质量是指商品在一定条件下,满足人们需要的各种属性。商品由于受各种内因和外因的影响,主要会发生的变化有物理机械变化、化学变化、生理生化变化等。

影响商品质量变化的因素包括内因和外因两部分。内因主要是商品成分、结构和性质等。外因主要有日光、空气中的氧气、臭氧、温度、湿度、卫生条件、有害气体等。

仓库温湿度的控制与调节方法主要有:密封、通风、吸潮。

商品储运期间的质量变化主要有物理机械变化、商品的化学变化、商品的生理生化变化及其他生物引起的变化。

影响商品质量变化的因素主要有空气中的氧、日光、微生物、空气温度、空气的湿度、卫生条件与仓库害虫、有害气体。

常用的商品养护技术有:商品霉腐的防治技术,商品锈蚀的防治技术,商品虫害的防治技术和商品老化的防治技术。

思考题

1. 商品贮存过程中常见的质量变化有哪些?
2. 影响商品的质量变化的因素有哪些?
3. 如何对仓库进行温湿度控制?
4. 简述仓库温湿度的变化规律。

5. 商品锈蚀的因素有哪些？如何防锈？
6. 仓库害虫的来源是什么？哪些商品易受虫害？
7. 什么是商品的霉腐？请列举日常生活中容易发生霉腐商品。
8. 防止商品发生霉变的方法有哪些?

实训项目

参观超市的库房及在架陈列商品，根据情况挑选8~10种商品熟悉它们的储存条件和养护方法。

案例分析

食品仓库管理制度

仓库管理是仓库功能得以充分发挥的保障，不可有任何的疏忽和大意。仓库管理制度的原则和目标是：库容利用好、货物周转快、保管质量高、安全有保障。

仓库管理需有效利用库容。库房内货物的存放量大，库容利用率高。一般情况下，托盘货物堆码可以充分利用库容；货物周转快是指进出库货物的批次多，频度大，仓库的利用效率高；保管质量高是指库存货物在保管期内，不丢失、不损耗、不变质、不生锈、不腐烂、不变味、不虫咬、不发霉、不燃不爆等；安全有保障是指防火灾、防盗窃等方面不发生问题。

食品仓库管理制度相对来说，要求更高，更严格。主要规定有：

一、凡食品入库前必须做好检查和验收工作，有发霉、变质、腐败、不洁的食品和原料，不准入库。

二、对采购的食品及原料认真验货，做好登记，验收合格后方可入库保存，收集索证材料，分类存档，登记台账。

三、食品及原料分类分架、隔墙离地存放，食品库房内不得存有非食品、个人物品、药物、杂物及亚硝酸盐、鼠药、灭蝇药等有毒有害物品。对不符合卫生要求的食品及原料，拒收入库。

四、货架上应对每类每批食品严格标明采购日期、产品名称、产地、规格、生产日期及最终保质时限，做到账、卡、物相符，挂牌存放，并做到先进先出。存放的食品及原料应有包装，并标明产品名称，定型包装食品应贴有完好的出厂标志。禁止存放无标志及标志不完整、不清晰的食品及原料。

五、经常检查所存放的食品及原料，发现有霉变或包装破损、锈蚀、鼓袋等感官异常、变质时做到及时清出，清出后在专用区域内落地另放并标明"不得食用"等字样，及时销账、处理、登记并保存记录。

六、保持仓库内通风、干燥，做好防蝇、防尘、防鼠工作，仓库门口设防鼠板，仓库内灭鼠使用粘鼠板，不得采用鼠药灭鼠。冷藏冷冻设施运转正常，冷藏温度在0~10℃，冷冻温度应达零下18℃。

七、食品入库后，原料分类存放，对主粮食物不得靠墙或直接放在地面上，以防止潮湿、发霉变质,做到勤购、勤卖,避免存放时间过长,降低食品质量。食品在仓库存放期间,要经常倒仓检查。发现变质腐败等情况,应及时报告领导,以便及时处理。不合格食品不得出库。凡食品入库前必须做好检查和验收工作,有发霉、变质、腐败、不洁的食品和原料,不准入库。

八、仓库内保持清洁、卫生、空气流通、防潮、防火、防虫蛀。仓库内严禁吸烟。仓库内物品存放要整齐划一,做到无鼠、无蝇、无虫、无灰尘。

九、加强入库人员管理。非仓库管理人员,未经许可不得进入仓库。

十、仓库内保持清洁、卫生、空气流通、防潮、防火、防虫蛀。仓库内严禁吸烟。仓库内物品存放要整齐划一,做到无鼠、无蝇、无虫、无灰尘。

资料来源:http://www.thldl.org.cn/news/1005/39867.html

案例思考题

1. 该公司仓库管理制度的目标与原则是否具有普遍性？为什么？
2. 该公司制定的仓库管理制度是否合理？还有没有改进的地方？
3. 如果由你来制定食品仓库的管理制度,请提出你的方案。

第九章
Chapter 9

纺织品，服装与皮革制品

【学习目标】

通过本章的学习，掌握纺织纤维的种类及主要品种的特点，了解纺织品的分类及几种纺织品的鉴别；了解服装的含义及作用，掌握服装的分类及服装的质量特性和服装质量的鉴别。掌握皮革的分类、品种及皮鞋的感官检验。

【关键词】

纺织纤维 Textile Fibre；天然纤维 Natural Fibre；人造纤维 Man-made Fibre；合成纤维 Synthetic Fibre；纺织品 Textile；服装 Costume；皮革 Leather。

【引导案例】

德国研发防电磁波和防红外辐射纺织品

据国外媒体报道，坐在屏蔽夏日太阳辐射的卷帘旁，就可免受周围手机信号塔的电磁波辐射的构想，如今被德国的科研人员转化为现实。德国海恩斯坦（Hohenstein）研究院的科学家联合德国纺织技术和化学纤维研究所（ITCF）的专家研发了兼具防电磁波辐射及防红外辐射功能的纺织品。

制成该纺织品的化学纤维通体覆盖着铟锡氧化物（ITO），这是一种用于智能手机触摸屏的透明氧化复合物。海恩斯坦研究院的实验表明，该纺织品具有耐洗涤、耐磨损和耐风化的特点，并且对环境及人体不会产生危害。

据海恩斯坦研究院称，截至目前，功能性纺织品仅具备拦截电子设备释放的电子烟雾，或者阻挡由火或密集的太阳辐射导致的热辐射中的一种功能。项目负责人 Edith Classen 博士说:"这种新型纺织品不仅能有效地屏蔽辐射,而且还可以防静电,是消防、铸造厂及焊接车间、半导体行业、电信系统安全部门从业人员理想的个人防护装备选择。"

据悉,该纺织材料将被进一步开发用于军服制品,以保护军人免受红外摄像机的追踪及电磁波辐射的威胁。

资料来源:中国纺织报 http://www.texnet.com.cn 2011-01-25

第一节 纺织品

一、纺织纤维

(一)纺织纤维的概念与特征

纤维是指天然或人工合成的丝状物质,细度很细,直径一般为几到几十微米,长度比直径大千倍。纤维的种类很多,纺织纤维是指可以用来纺纱织布的进行纺织加工制成纺织品的纤维。

纺织纤维除了具有普通纤维的特征外,还应具备如下的物理性能和化学性能:第一、具有一定的长度(20毫米以上)、长度细度要求均匀;第二、具有一定的强力、变形能力、弹力、耐磨性、刚柔性、抱合力、摩擦力等;第三、具有吸湿性、导电性、热学性质;第四、具有一定的化学稳定性和良好的染色性能等。

(二)纺织纤维的分类

纺织纤维的种类繁多,其中按其来源可分为两类,分别为天然纤维和化学纤维。

1. 天然纤维

天然纤维是指自然界原有的,或从人工培植的植物中、人工饲养的动物中获得的纺织纤维。几千年来,天然纤维一直被人类所沿用。20世纪以前天然纤维是纺织品的主要原料来源。

根据它的生物属性,天然纤维又可分为植物纤维、动物纤维、矿物纤维。

(1)植物纤维:主要组成物质是纤维素,所以又称天然纤维素纤维。根据它在植物上的生长的位置,又可分为种子纤维、茎纤维、叶纤维、果实纤维。种子纤维生长在植物种子上,如棉和木棉;茎纤维生长在植物茎部,如苎麻、亚麻、黄麻、槿麻、大麻、罗布麻等;叶纤维生长在植物叶部或叶稍中,如剑麻、蕉麻、凤梨麻(菠萝麻)等;果实纤维生长在植物果实中,如椰子纤维。

(2)动物纤维:主要组成物质是蛋白质,所以又称蛋白质纤维。它分为毛纤维、腺分泌物纤维两类。毛纤维指动物身上可用作纺织的毛,如羊毛、山羊毛、骆驼毛、兔毛等;腺分泌物纤维指动物内绢丝腺分泌出来的纺织纤维,如蚕丝。

(3)矿物纤维:它以矿物状埋藏在地下的纤维,如石棉。

2. 化学纤维

化学纤维是随着化工行业的发展兴起的,目前已经成为纺织纤维的主体。它分为两大类,一类是合成纤维,一类是再生纤维。

（1）合成纤维

合成纤维是以石油为原料,经化学聚合而成,主要纤维材料有涤纶、锦纶、腈纶、维纶、丙纶、氯纶、氨纶等。它们可以根据需要切割成不同长度或直接使用长丝。其统一的燃烧特点是熔融成滴。

（2）再生纤维

再生纤维,也叫做人造纤维,是利用天然材料经制浆喷丝而成,有再生纤维素与再生蛋白质之分。其中最常用的是粘胶纤维（再生纤维素纤维）,它具有棉、麻的主要特性,但强力低于棉麻,且湿态强力更小。再生蛋白质使用较少。

【知识链接9-1】

大豆纤维简介

大豆纤维是以脱去油脂的大豆豆粕做原料,提取植物球蛋白经合成后制成的新型再生植物蛋白纤维,是由我国纺织科技工作者自主开发,并在国际上率先实现了工业化生产的高新技术,也是迄今为止我国获得的唯一完全知识产权的纤维发明。

大豆蛋白纤维是由华康集团董事长李官奇先生发明,从1991年起,李官奇做了无数次实验,纯法纺、湿法纺、干法纺、干喷湿纺……十几年来办企业所赚的几千万元资金全投了进去。历经十年研究开发成功,获得世界发明专利金奖,李官奇先生的这项发明为纺织业带来了一场新的革命,在纤维材料发展史上和人造纤维发明史上开创了四个第一。其一是,第一次研究成功了人造植物蛋白纤维,并实现了产业化开发,在此之前,从20世纪开始,发达国家就开始了这方面的研究,美国、日本等国于20世纪中期进行大豆蛋白纤维的研究,美国还为他们的大豆纤维取了商品名,但均因达不到纺织所需要的技术指标而宣告失败;其二,在中国的人造纤维发明史上是第一人,大豆纤维号称世界第八大人造纤维,前七种涤纶、锦纶、氨纶、腈纶、粘胶、丙纶、维纶均为外国发明,李官奇为中国人在人造纤维发明史上第一次突破零的记录;其三,作为非职业发明人,第一次站在了世界金奖颁奖台上;其四是作为农民发明家,第一次登上了国家级大奖的领奖台。

在成为纤维之前,要从大豆中提取蛋白质与高聚物为原料,采用生物工程等高新技术处理,经湿法纺丝而成。这种单丝,细度细、比重轻、强伸度高、耐酸耐碱性强、吸湿导湿性好。有着羊绒般的柔软手感,蚕丝般的柔和光泽,棉的保暖性和良好的亲肤性等优良性能,还有明显的抑菌功能,被誉为"新世纪的健康舒适纤维"。

以50%以上的大豆纤维与羊绒混纺成高支纱,用于生产春、秋、冬季的薄型绒衫,其效果与纯羊绒一样滑糯、轻盈、柔软,能保留精纺面料的光泽和细腻感,增加滑糯手感,也是生产轻薄柔软型高级西装和大衣的理想面料。

用大豆纤维与真丝交织或与绢丝混纺制成的面料,既能保持丝绸亮泽、飘逸的特点,又能改善其悬垂性、消除产生汗渍及吸湿后贴肤的特点,是制作睡衣、衬衫、晚礼服等高档服装的理想面料。

此外,大豆纤维与亚麻等麻纤维混纺,是制作功能性内衣及夏季服装的理想面料;与棉混纺的高支纱,是制造高档衬衫、高级寝卧具的理想材料;或者加入少量氨纶,手感柔软舒适,用于制作T恤、内衣、沙滩装、休闲服、运动服、时尚女装等,极具休闲风格。

资料来源：http://baike.baidu.com/view/509842.htm

(三)常用的纺织纤维

1. 棉纤维

棉纤维是一种种子纤维,又称棉花,连同棉籽的棉纤维称籽棉,除去棉籽的棉纤维称为皮棉或原棉,是纺织工业的重要原料,约占纤维总量的50%左右。棉纤维织物适宜缝制各类服装,有吸湿、透气、柔软、保暖等优点。

按棉纤维的长度和线密度分类,棉纤维可分为细绒棉和粗绒棉,粗绒棉目前已趋淘汰。细绒棉里又可分长绒棉和短细绒棉。长绒棉的长度在33毫米以上,短细绒棉的长度在25~32毫米之间,细度18~20微米之间。棉纤维的可纺性主要决定于棉纤维的长度与细度,愈长愈细的棉纤维,可以纺的纱愈细。

近年来,市场上又出现了新型棉花,如彩色棉花、有机棉等。天然彩色棉是采用现代生物工程技术培育出来的一种在棉花吐絮时纤维就具有天然色彩的新型纺织原料。有机棉指在生产中,以有机肥生物防治病虫害自然耕作管理为主,不许使用化学制品,从种子到农产品全天然无污染生产,并以各国或WTO/FAO颁布的《农产品安全质量标准》为衡量尺度,棉花中农药重金属硝酸盐有害生物(包括微生物、寄生虫卵等)等有毒有害物质含量控制在标准规定限量范围内,并获得认证的商品棉花。

2. 麻纤维

从各种麻类植物取得的纤维,包括一年生或多年生草本双子叶植物皮层的韧皮纤维和单子叶植物的叶纤维。

纺织上采用较多的韧皮纤维有苎麻、亚麻、黄麻、槿麻、大麻、苘麻等。苎麻和亚麻的物理和化学结构很接近,纤维取向度都在80%左右,结晶度都在90%左右,强度高,伸长小,刚性比较大,吸湿和散湿较快,可纺性能较好,可纺制较细的纱线,织制细布,做成衣服后穿着挺阔、吸汗、不贴身、透气、凉爽,是夏季服装的良好材料,也是抽绣工艺品如床单、被罩、台布、餐巾、窗帘等的理想原料。苎麻和亚麻是帆布、水龙带、缝线、皮带尺等的上等原料。黄麻、槿麻、苘麻等纤维较粗,适宜做包装用布、麻袋、绳索、地毯底布等。这些麻类的吸湿性和透气性较好,适宜做粮食、食糖等的包装材料,其中以黄麻较好,槿麻次之。大麻、苘麻除部分用于黄麻混纺外,多数为绳索的原料。但有些国家部分品种的大麻纤维也可以作为衣着原料,目前我国也已开发了大麻纤维作为衣着用料。

叶纤维比韧皮纤维粗硬,只能制作绳索等。

3. 毛纤维

用作纺织材料的动物毛有羊毛、兔毛、驼毛、牦牛毛等。

(1)绵羊毛。人们日常用量最大的毛衫、呢绒、毛毡等主要是绵羊身上密生着的绵羊毛。在编织工业中,由于绵羊毛用量最大,所以"羊毛"便成了绵羊毛的简称。羊毛纤维柔软而富有弹性,有天然形成的波浪形卷曲,有较好的可纺性。羊毛织物手感丰满、保暖性好、穿着舒适。

(2)山羊毛。山羊毛是指山羊毛身上剪取的粗毛和死毛。一般山羊毛身上的细毛很短,不能纺纱,粗毛也只能造毛笔,刷子之类,只有马海毛例外。马海毛即安哥拉山羊毛,产于土耳其的安哥拉省、北美和南亚等地,是一种优质毛纤维,表面光滑,极少卷曲,长而且粗,具有蚕丝般的柔和很强的光泽,优良的回弹性,耐磨性和高强度,是织制提花毛毯、长毛绒、顺毛大衣呢、人造毛皮等高级织物的理想原料。粗棒针手织的马海毛衫,披挂着柔软的如丝如雾般的纤维,构成高贵、活泼而又粗犷的服装风格,深受人们喜爱。

(3)山羊绒。羊绒,又称开司米(cashmere),是动物纤维中最优秀的一种,它取之于一种绒山羊身上紧贴皮肤表面生长的绒毛。到了春季,这些薄绒由牧民用铁梳子抓取下来成为原绒。由于山羊绒在纤维结构上没有毛髓,所以羊绒的光泽好,手感柔滑,其保暖性也比羊毛好。山羊绒又被称作软黄金,它的珍贵不仅在于稀有,更重要的是用它织造的产品各项性能都是纯羊毛产品及其他纤维产品所无法比拟的。羊绒,只有山羊绒,没有绵羊绒的,市场上说的绵羊绒,其实是绵羊毛,绵羊是不产绒的。

(4)兔毛。兔毛以轻、细、软、保暖性强、价格便宜的特点而受人们喜爱。它是由细软的绒毛和粗毛组成,主要有普通家兔和安哥拉兔毛,且以后者质量为优。兔毛与羊毛区别在于纤维细长,表面特别光滑,容易辨认。由于兔毛强度低,不易单独纺纱,因此多与羊毛或其他纤维混纺,制造成针织品和女士呢、大衣呢等服装面料。

(5)骆驼绒。双峰骆驼质量较好,单峰驼毛无纺纱价值,骆驼毛由绒毛、两型毛及粗毛组成,俗称绒毛为驼绒,粗毛为驼毛,驼绒结构与羊毛相似,但纤维表面鳞片很少,强度高,光泽好,保暖性好,可织造高级粗纺织物、毛毯和针织物。

4. 丝纤维

蚕丝是由蚕吐丝而得的天然蛋白质纤维,是人类最早利用天然动物纤维之一。我国是世界上最早养蚕和利用丝织造织物的国家,迄今已有4 700年以上的历史。目前,我国是蚕丝的主要产地。蚕丝可分家蚕丝和野蚕丝。家蚕丝即桑蚕丝,它是纺织用的主要蚕丝。野蚕丝包括柞蚕丝、蓖麻蚕丝等。蚕丝具有许多优良的性能,是一种高档的纺织原料。

(1)桑蚕丝。桑蚕丝是用桑树叶喂养的蚕产的丝,外表光滑,无卷曲,抱合力很差,很难与其他纤维混纺,丝纤维手感凉爽、柔和、悬垂性好,其服装飘逸、潇洒,是理想的夏季面料。蚕丝的保暖性能也较好,仅次于羊毛,也适宜做冬装,但蚕丝既贵又少,所以一般不作厚重织物。

(2)柞蚕丝。柞蚕丝是野蚕丝。柞蚕以柞树呈为食,我国辽宁、山东、河南、贵州四省为主要产地,也是世界上柞蚕丝的著名产地。柞蚕丝有许多优良的物理化学性能,也具有很好的保暖性,耐水性和强力都比桑蚕丝强,耐光性也比桑蚕丝强,耐酸碱性也比桑蚕丝好。但是柞蚕丝的光泽、色泽、柔软性、细腻、光洁度都不如桑蚕丝,而且柞蚕丝织物还有一个致命的缺点,就是极易产生水渍,这种水渍只有将整件衣服或整块面料重新下水才会消失。

5. 粘胶纤维

粘胶纤维是人造纤维中常用的一种,粘胶纤维由天然纤维素经碱化而成碱纤维素,再与二硫化碳作用生成纤维素黄酸钠,溶解于稀碱液内得到的粘稠溶液称粘胶,粘胶经湿法纺丝和一系列后处理工序即成粘胶纤维。

粘胶纤维手感柔软,光泽好,像棉纤维一样柔软,像丝纤维一样光滑。由粘胶纤维制成的面料具有类似棉织物的手感,但比棉织物光滑、舒服,由粘胶长丝制成的面料比丝绸更绚丽夺目。粘胶纤维吸湿性、透气性良好,染色性也好,色彩纯正,艳丽,色谱也广。但是粘胶纤维的强度差,弹性也较差,易起皱且不易恢复。

6. 合成纤维

世界上合成纤维不下百余种,常见的合成纤维有涤纶、锦纶、维纶、腈纶和丙纶等。

涤纶:涤纶由于原料易得、性能优异、用途广泛、发展非常迅速。涤纶最大的特点是它的弹性比任何纤维都强;强度和耐磨性较好,由它纺织的面料不但牢度比其他纤维高出 3~4 倍,而且挺阔、不易变形,有"免烫"的美称;涤纶的耐热性也是较强的;具有较好的化学稳定性,在正常温度下,都不会与弱酸、弱碱、氧化剂发生作用。涤纶常与棉、毛等混纺。

锦纶:锦纶又称尼龙,是一种较有弹性的纤维材料,锦纶的最大特点是强度高、耐磨性好,它的强度及耐磨性居所有纤维之首。因此常用做服装的"三口",并在袜类产品中经常使用。锦纶的缺点与涤纶一样,吸湿性和通透性都较差。在干燥环境下,锦纶易产生静电,短纤维织物也易起毛、起球。锦纶的耐热、耐光性都不够好,熨烫承受温度应控制在140℃以下。此外,锦纶的保形性差,用其做成的衣服不如涤纶挺括,易变形。但它可以随身附体,是制作各种体形衫的好材料。

腈纶:腈纶的外观呈白色、卷曲、蓬松、手感柔软,酷似羊毛,多用来和羊毛混纺或作为羊毛的代用品,故又被称为"合成羊毛",常用做毛衫材料;腈纶的吸湿性不够好,但润湿性却比羊毛、丝纤维好。它的耐磨性是合成纤维中较差的,腈纶纤维的熨烫承受温度在130℃以下。

维纶:维纶洁白如雪,柔软似棉,因而常被用作天然棉花的代用品,人称"合成棉花"。它的吸湿性能是合成纤维中最好的,服用性能接近棉纤维,民用较少,档次很低,通常用于工业产品,如绳索、水龙带、渔网等。

丙纶:丙纶质地最轻,是目前纺织纤维中最轻的一种材料,耐磨、耐穿、不起球。

氯纶:氯纶不易燃烧,常用做针织内衣、毛线等民用产品,还用于工业滤布、工作服、绝缘布、安全帐篷等;

氨纶:氨纶是弹性最高的一种纤维材料,高伸长、高弹性,常用做紧身产品,但由于不着色、强力最低,所以一般很少裸丝使用。氨纶纤维一般不单独使用,而是少量地掺入织物中,如与其他纤维合股或制成包芯纱。

二、纺织品

纺织纤维经过加工织造而成的产品称之为纺织品。纺织品的种类很多,可以按照不同的分类方法进行分类。

(一)按用途分类

按用途划分,纺织品可分为衣着用纺织品、装饰用纺织品、工业用品三大类:

(1)衣着用纺织品包括制作服装的各种纺织面料以及缝纫线、松紧带、领衬、里衬等各种纺织辅料和针织成衣、手套、袜子等。

(2)装饰用纺织品在品种结构、织纹图案和配色等各方面较其他纺织品更要有突出的特点,也可以说是一种工艺美术品。可分为室内用品、床上用品和户外用品,室内用品包括家居布和餐厅浴洗室用品,例如,地毯、沙发套、椅子套、壁毯、贴布、像罩、纺品、窗帘、毛巾、茶巾、台布、手帕等;床上用品包括床罩、床单、被面、被套、毛毯、毛巾被、枕芯、被芯、枕套等。户外用品包括人造草坪等。

(3)工业用纺织品使用范围广,品种很多,常见的有篷盖布、枪炮衣、过滤布、筛网、路基布等。

(二)按生产方式分类

按生产方式不同分为机织物、针织物、非织造布、编结物、特种织物等五类:

(1)机织物:经纱与纬纱相互垂直交织形成的织物。其基本组织有平纹、斜纹、缎纹,梭织面料即是由这三种基本组织及由其交相变化的组织构成。

(2)针织物:用织针将纱线或长丝构成线圈,再把线圈相互串套而成,由于针织物的线圈结构特征,单位长度内储纱量较多,因此大多有很好的弹性。针织物大致分为纬编针织物与经编针织物两大类。

(3)非织造布:由纤维层(定向或非定向铺置的纤网或纱线)构成,也可再结合其他纺织品或非纺织品,经机械或化学加工而成的制品,由纺织纤维经黏合、熔合或其他机械、化学方法加工而成。

(4)编结物:纱线相互缠绕扭结成形而成。

(5)特种织物:经过特殊整理具有特殊功能的织物,如用于宇航服的织物,用于防护服的织物,经过拒水拒油整理的织物等。

三、几种纺织成品的鉴别

(一)丝绸

丝绸按原料分,主要有真丝和化纤两种。

真丝织物以蚕丝为原料,共同特点是吸湿率高(5%~10%)、透气性好,质地光滑柔软,富有弹性、具有蚕丝天然光泽,明亮柔和。点燃丝绸纤维,燃速慢,有烧毛发气味。抽出丝条解捻,长丝连绵不断。穿着舒适、凉爽。市售真丝织物有双绉、电力纺、绉缎、乔云纱、乔淇纱、杭罗、杭纺、柞丝绸等品种。双绉表面有细微鳞片,质地轻柔、富有弹性;电力纺平挺滑爽、光泽润亮;杭纺质地厚实,坚固;绉缎平整柔滑,质地紧密;乔淇纱透明飘逸,悬垂性好;柞丝绸光泽柔和。

化纤仿真丝织物,原料以合成纤维为主,有的是人造纤维和蚕丝混纺,或是纯人造纤维、合成纤维织品,如尼丝纺、涤爽绸、涤丝纺等,经特殊处理,表面有类似丝绸风格。仿真丝织物易洗易干,不缩水,透气性、吸湿性较差,穿着时有闷热感。人造纤维丝织品,手感粘腻、粗硬、绸面易起皱、光泽亮而刺眼、颜色艳丽、缩水率低、单丝较粗而且均平,扯断时毛头整齐,润湿后更易扯断,点燃纤维有烧纸或醋味。合成纤维丝织品,手感滑爽、富有弹性,光泽明亮刺眼、颜色鲜艳夺目、不易起皱、缩水率小于5%,单丝粗细均匀、不易扯断。点燃纤维,气味与真丝织物不同。

(二)毛线

纯毛毛线外观圆胖丰满,用手捻线纹路清晰,均匀,膨松,表面光洁不发毛,条干均匀,弹性好,用手攥紧松手后能迅速复原,手感柔软、细致。优质腈纶毛线条干圆胖,四股顺直无卷曲,弹性好,用力揉搓,无丝鸣声,色彩鲜艳,光泽自然不刺眼。燃烧时羊毛燃烧不快,火焰小,离火即熄灭,燃烧有蛋白质臭味,灰烬呈卷曲状黑褐色结晶。腈纶等化纤毛线,边熔化边缓慢燃烧,白色火焰较明亮,有时略有黑烟,并有腥臭味,灰烬为黑灰色圆球状。

(三)纯毛呢绒和毛型化纤呢绒

纯毛精纺呢绒(俗称"料子")外观光洁平整,织纹清晰,光泽自然柔和,富有油润感,颜色鲜亮,无陈旧感,手感滋润柔软,弹性足,抗皱性优良,手抓紧后放松,面料能够迅速复原,几乎不留痕迹。纯毛粗纺呢绒(俗称"呢子"),质厚丰满,质地紧密,手感柔软润滑,弹性好,手触有温暖感觉。涤毛混纺以精纺为多数,织物光泽较纯毛织物差,不及纯毛织物柔和,织纹清晰,手感滑爽但较硬板,其织品挺括弹性较好,一般不易产生折痕,燃烧时虽有毛发味,但灰烬为黑褐色硬结。粘胶与毛混纺织物多为粗纺,呢面光泽较暗,薄型织物有与棉相似的感觉,手感柔软但不挺括,弹性差,燃烧时灰烬不完全是黑褐色,夹有灰白色灰烬的就是粘胶纤维。仿毛型化纤织物,外观相似,但手感不是疲软就是硬板,燃烧时无烧毛发味,有烧纸味或其他味道,灰烬多为黑、灰色等珠状硬结。

(四)毛毯

1. 纯毛毛毯

一般色调较暗淡,有纯毛的光泽,绒毛有粗有细,不很均匀,但绒毛蓬松而不乱,底板厚而不硬,表面绒毛长而齐,毛波清晰,绒毛层细密,柔软,富有弹性。

2. 化纤毛毯

色调鲜艳,花型清晰分明,绒毛柔软,粗细均匀,多数是用腈纶纱线在底布的经面织上许多线圈,再从线圈上拉出绒毛织成,手感丰满,保暖性好,但比纯毛毯轻得多。

3. 人造毛毯

人造毛毯是用棉线织经、人造毛织纬,其组织结构与羊毛毯相似,外观如羊毛毯,其色泽鲜艳,手感柔软,保暖性好,但弹性和耐磨性较差。

4. 混纺毛毯

混纺毛毯有毛和粘胶及毛和腈纶混纺毯等。各种毯的含毛量不同,质量有别(羊毛比例一般均在50%以上),绒面丰满,外观美丽,耐用性较纯毛毯差,但较便宜。

此外,用手细摸毯面,如果粗细绒毛混合体并有扎手感,质地丰厚,绒毛蓬松而富有弹性,则是纯毛毛毯;如感觉绒毛均匀柔软,质地相对较薄,色调又很鲜艳,花形很清晰而分明,则是化纤毛毯。

第二节 服 装

一、服装概述

(一)服装的含义

服装的含义可以从以下两方面来理解:

第一种理解,服装等同于衣服、成衣,其中服装可用"衣服"、"成衣"来置换。服装一词在我国使用广泛,在很多人的头脑中,服装就是衣服,是衣服的现代名称。目前服装这个名称正在被"时装"所取代。

第二种理解,服装是指人着装后的一种状态,如服装美、服装表演、服装设计等就是指这种状态美。衣服美是一种物的美,而"服装"的"美"则包含穿着者这个重要因素,是指穿着者与衣物之间,与环境之间精神上的交流与统一,这种谐调的统一体所体现出来的状态美。

与"服装"一词意思相近的词还有衣裳、衣服、成衣、时装、服饰。中国古代称"上衣下裳",所以,衣裳指上体和下体衣装的总和;衣服一般与衣裳意思相同,但在古代还包括头上戴的帽子;成衣指近代出现的按一定规格、号型成批量生产的成品服装,这是相对于在裁缝店定做的衣服和自己家里制作的衣服而出现的一个概念。时装可理解为时兴的、时髦的、富有时代感的服装,是相对于历史服装和已定型于生活中的衣装形式而言的;服饰一般理解为衣服及其饰物。

(二)服装的作用

1. 保健作用

服装能保护人体,维持人体的热平衡,以适应气候变化的影响。服装在穿着中要使人有舒适感,影响舒适的因素主要是用料中纤维性质、纱线规格、坯布组织结构、厚度以及缝制技术等。

2. 装饰作用

装饰作用表现在服装的美观性,满足人们精神上美的享受。影响美观性的主要因素是纺织品的质地、色彩、花纹图案、坯布组织、形态保持性、悬垂性、弹性、防皱性、服装款式等。

3. 安全作用

防静电服装是防止衣服的静电积聚,用防静电织物为面料而缝制的,适用于对静电敏感场所、火灾或爆炸危险场所穿用。使用的防静电织物的制作工艺主要是在纺织时,大致等间隔或均匀地混入全部或部分使用金属或有机物的导电材料制成的防静电纤维或防静电合成纤维,或者两者混合交织而成。

(三)服装的分类

服装的种类很多,由于服装的基本形态、品种、用途、制作方法、原材料的不同,各类服装亦表现出不同的风格与特色,变化万千,十分丰富。不同的分类方法,导致我们平时对服装的称谓也不同。主要的分类方法有以下几种。

1. 根据服装的基本形态分类

依据服装的基本形态与造型结构进行分类,可归纳为体形型、样式型和混合型三种。

(1)体形型:体形型服装是符合人体形状、结构的服装,起源于寒带地区。这类服装的一般穿着形式分为上装与下装两部分。上装与人体胸围、项颈、手臂的形态相适应;下装则符合于腰、臀、腿的形状,以裤型、裙型为主。裁剪、缝制较为严谨,注重服装的轮廓造型和主体效果。如西服类多为体形型。

(2)样式型:样式型服装是以宽松、舒展的形式将衣料覆盖在人体上,起源于热带地区的一种服装样式。这种服装不拘泥于人体的形态,较为自由随意,裁剪与缝制工艺以简单的平面效果为主。

(3)混合型:混合型结构的服装是寒带体形型和热带样式型综合、混合的形式,兼有两者的特点,剪裁采用简单的平面结构,但以人体为中心,基本的形态为长方形,如中国旗袍、日本和服等。

2. 按服装的功能分类

(1)礼服:指用于出访、迎宾、参加宴会、出席庆典等各种正式礼仪活动所穿的服装。礼服按性别分有男式礼服、女式礼服。

(2)生活服装:指日常生活中穿用的服装,分家居服装、外出服装。

(3)工作服装:工作服装包括防护服装、标志服装和办公服装三大类。防护服是指保证专业人员在一般或特殊工作环境下能正常工作,确保生命安全的服装,如石棉服、电位服、防化服、潜水服、飞行服、宇航服等;标志服指有明显标志作用的工作服装,如军服、警服、海关服、铁路服、工商服等;办公服指白领职员上班穿的服装。

(4)运动服装:运动服分竞技服装和运动便装。

3. 按穿着组合分类

(1)整件装:上下两部分相连的服装,如连衣裙等因上装与下装相连,服装整体形态感强。

(2)套装:上衣与下装分开的衣着形式,有两件套、三件套、四件套。

(3)外套:穿在衣服最外层,有大衣、风衣、雨衣、披风等。
(4)背心:穿至上半身的无袖服装,通常短至腰、臀之间,为略贴身的造型。
(5)裙:遮盖下半身用的服装,有一步裙、A字裙、圆台裙、裙裤等变化较多。

4. 按服装材料分类

(1)纤维类衣服,如棉服装、呢绒服装、丝绸服装、化纤服装等。
(2)皮革服装,如猪皮服装、羊皮服装和裘皮服装等.

二、服装的质量

(一)服装质量的特性

服装质量是指服装满足明确或隐含需要的各种特性的综合。明确需要指合同、标准及有关技术文件已经作出规定的需要;隐含需要指社会总体主要是消费市场对服装的期望。满足需要是服装生产的出发点和归宿,明确或隐含需求的内容通过服装的各种质量特性表现出来。重要的质量特性包括适应性、审美性、舒适性、卫生安全性、耐久性和经济性这六个方面。

1. 适应性

适应性是指服装产品适应外界环境变化的能力。外界环境包括生产环境、流通环境、消费环境、自然生态环境和社会文化环境几个方面。

服装适应生产环境表现为服装设计可操作性强,裁剪方法科学省料,缝纫适应机械化流水线生产,减少手工操作,工艺流程便于计算机管理。

服装适应流通环境表现为服装的包装方法适合现代运输储存和陈列展销需要,现代销售环境对服装提出了多项要求,如服装应具有可视性、可挂性、可触摸性、可试穿性、易携带性;服装及配件成系列,容易搭配;形态稳定性好,耐顾客反复摆弄;服装上标有商标、面料成分、洗涤熨烫方法、成品规格等标志。

服装适应消费环境表现为服装要规格、尺寸、数量多,号型全,分布合理,适应消费群体的不同体型变化,满足用户需求;能适合主销国家、主销地区、目标顾客的特定需求;对于消费者具有洗涤、熨烫、保养的方便性。

服装适应自然生态环境主要表现在服装给人带来舒适和美的同时,还要与生态环境相适应,服装的生产和消费不能以破坏生态环境为代价。如为了保护珍稀动物,仿裘皮服装在西方有流行的趋势。

服装适应社会文化环境是指服装对于社会公德、人的道德规范、行为准则应具有积极意义的贡献。服装不应有碍公德,有伤风化。

2. 审美性

审美性是指服装的美学质量满足消费者审美要求的程度。服装不同于一般的商品,它是精神与物质的融汇,是技术与艺术的结合。随着时代的发展,服装的审美特性成为吸引大多数消费者购买的首选特性,要求日趋复杂。服装的审美性是一种整体美,主要包括内在美、外在美和流行美。

服装的内在美是指服装蕴含的文化内涵。例如西装之所以成为世界性服装,是因为它充满了欧洲传统的经典之美;中山装则在严谨中蕴含着东方人的儒雅和男子汉的大度,这些都是内在美的表现。

服装的外在美是指服装的客观化美感,它主要通过造型、色彩、肌理、装饰和工艺等手段来表现。

服装的流行美也是服装审美性的重要方面。流行是一种客观存在的社会现象,是指在一定时间、一定空间,为一定人群所接受认同,并互相追随模仿的新兴事物。服装的生命力就在于保持款式的特色,引导流行。

3. 舒适性

服装舒适性是指人体着装后,服装具有满足人体要求并排除任何不舒适因素的性能。服装的舒适性表现在触觉舒适性、温湿度舒适性和运动舒适性几个方面。

服装的触觉舒适性主要反映在服装与皮肤接触时的粗糙感、瘙痒感、温暖感或阴凉感等触觉感受上。

服装的温度舒适性是由服装面料的保温性、导热性、通气性、含气性、热辐射性以及材料厚薄等因素决定的。服装的湿度舒适性是由服装面料的吸湿性、吸水性、透气性等因素决定的。另外,还同服装结构设计和穿衣方式有关。

对于一般服装来说,为了保证运动舒适性,主要考虑结构设计要留有足够的余量。对于运动舒适性要求高的服装,除了对其结构设计有一定要求外,还要对面料的成分、织物的结构有所选择。

4. 卫生安全性

服装的卫生安全性是指服装保证人体健康和人身安全所应具备的性质。服装的卫生安全性表现在卫生无害性、无静电性、吸污性和防污性。

服装面料本身,无论是天然纤维,还是化学纤维,都没有发现对人体皮肤有明显的刺激作用。但服装材料在加工和染色过程中要使用多种化学物质,例如染料、膨润剂、防缩剂、防皱剂、柔软剂、荧光增白剂等。这些物质如残留在衣料表面,就可能对皮肤产生刺激,特别是对某些过敏性人群,化学刺激可能会导致皮肤障碍,所以服装面料的卫生无害性评价很重要。

各种服装衣料是不导电的,但当人体活动时,由于皮肤与衣服之间以及衣服与衣服之间互相摩擦产生静电。静电使衣服缠身贴体,影响美观;静电能吸附尘土,污染衣服,静电在穿脱衣服时产生放电现象,使人有电击感。更严重的是,在可燃性蒸气浓度较大的化工厂,服装产生的放电火花可能引起燃烧和爆炸事故。减少服装的带电性可采用防静电处理,如对纤维表面进行亲水性单体接枝聚合,或用耐久性亲水树脂进行处理。

服装应能在一定程度上保护人体少受污染。污染分外部污染和内部污染,内部污染来源于皮肤表面出汗、分泌皮脂和脱落表皮细胞,因此,内衣应具有吸附这部分脏污的能力,并易于清洗。外部污染来源于自然界飞扬的灰尘及接触性脏物污染,外衣应具有一定的拒污性。

5. 耐久性

耐久性是指服装在一定使用条件下保持功能持续稳定的能力。影响服装耐久性的因素有各种机械力(张力、压力、冲击力、折皱力和摩擦力等)、环境气体(臭氧、氧、亚硫酸气体等)、水、热、紫外线、汗、皮脂、灰尘、昆虫、微生物及洗涤剂等。耐久性分为结构耐久性和材质耐久性两方面。

结构耐久性包括尺寸稳定性和形态稳定性。尺寸稳定性指服装的长度、围度、厚度方面的尺寸稳定,还包括面料与里料、衬料及其他辅料尺寸的长期匹配。服装形态的稳定性同服装的热定型性、抗皱性、折皱回复性有关。服装的形态稳定性还同缝纫工艺有密切关系。缝纫中的线迹缝型设计,缝纫线的强度要求,服装受力部位的局部补强处理,衬里料的选择,特别是线迹密度、打结、滴针、粘衬等许多工艺环节都直接影响服装的形态稳定性。

材质耐久性即服装面料的结实耐久性关系着服装的穿用寿命。在外界因素的长期作用下,服装面料会发生物理和化学性质的变化,导致面料质地变脆、褪色、起毛起球、破损、断裂等,使服装的形态、功能受到直接的影响。服装面料的耐久性取决于原料选择、纺纱、织造及后整理等工艺是否合理。服装面料的结实耐久性指标有耐磨性、耐疲劳性、撕裂强度、顶破强度、色牢度、耐洗涤性、耐光气候性等。

6. 经济性

服装的经济性是指合理的产品寿命周期费用。

从企业生产的角度看,企业要取得较高的经济利益,一是根据用户要求,同时考虑企业的经济利益,确定恰当的产品质量标准,即价格与成本在用户和生产企业可以接受的范围内,寻找最佳点。二是降低生产成本,如搞好原辅料的合理利用,优化工艺流程,适当扩大同一品种的批量,提高机械化、自动化水平,搞好生产控制,减少残次品等。三是减少流通环节,降低流通成本。

从消费者的角度看,经济性是指购买服装所需费用的合理程度,此外,经济性还表现在服装穿用寿命中个人所承担的总费用,如干洗熨烫费用、织补修整费用、保管费用等,购买费用只是其中一部分,如果其他费用花费过大,对消费者来说无疑是不经济的。

除企业和用户的利益外,经济性还包括社会利益,如服装淘汰后的处置费用等。

(二)服装外观质量的鉴别

鉴别服装质量合格与否、优劣程度应以国家有关服装标准为依据。一般情况下选购服装要一看款式、颜色,二看面料、质地,三看缝制做工。这里所说的服装质量鉴别,主要是指服装外观质量鉴别。根据国家有关服装标准,服装外观质量鉴别主要包括外观、规格、色差、疵点、缝制五个方面。

1. 外观

产品整洁、平伏,折叠端正,左右对称,各部位熨烫平整、无漏烫、无死褶,产品无线头、无纱毛,各部位符合标准要求。线与面料相适应,包括色泽、质地、牢度、缩水率等方面,两者应大致相同,以能保证服装的内在质量与外观质量为准。纽扣的色泽应与面料颜色大致相同。

2. 规格尺寸

服装号型设置,必须按"服装号型系列"标准的有关规定进行。规格尺寸以标准所允许的公差范围为限。国家标准《服装号型》(GB/T 1335—1991)是在对我国人体体型规律进行科学分析和经过多年实践后,形成的国家标准。以我国正常人体主要部位尺寸为依据设置,包括人体总高,净体胸围和净体腰围尺寸,以"号"、"型"表示。"号"指高度,是以数值(cm)表示人体总高度,是设计服装长短的依据,"型"指围度,是以数值(cm)表示人体的胸围和腰围。上装的"型",表示净体胸围的数值(cm),下装的"型"表示净体腰围的数值(cm),"型"是设计服装肥瘦的依据。

【知识链接9-2】

服装号型表示方法

我国《服装号型》规定,服装上必须标明号型,表示方法是:号/型。号型标志就是服装规格代号,如上衣165/88A,适合高165厘米,胸围88厘米左右的人穿用。该标准允许在"号/型"标志下面或在吊牌上,附加服装规格(厘米)数。如165/88A下面标上72×110(或72~110),分别表示衣长72厘米,胸围110厘米。A表示下人体净胸围与净腰围之差数在16~12厘米,关于体型分类,GB1335将其分为4类。其中,A为一般体型,B为微胖体型,C为胖体型,D为胸大腰细体型。

这种服装号型表示方法,普遍用在内销服装上,而对于出口内销以及进口和中外合资企业生产的服装,规格多为代号L、M、S等表示方法,其中"L"表示大号,"M"表示中号,"S"表示小号,还有"XL"表示特大号,等等。与GB/T 1335标准不同,在这种表示方法中,体型分类方法是:"Y"型代表胸腰之差数为16厘米,"YA"型代表胸腰之差为12厘米,"AB"型代表胸腰之差为10厘米,"B"型代表胸腰之差为8厘米,"E"型代表胸腰之差为4厘米;身高分类方法是:"1"表示适合身高150厘米,"2"表示适合155厘米,"3"表示适合身高160厘米以此类推,"8"表示适合身高185厘米。

3. 色差

色差规定是对原料的要求,即对衣服面料的要求。根据有关国家标准对色差的规定,服装的上衣领、袋面料、裤侧缝是主要部位,色差高于四级,其他表面部位四级。服装产品的色差检验,其工具是借用"染色牢度褪色样卡"。该样卡是原纺织工业部制订的国家标准之一。样卡用五对灰色标样组成,分为五个等级。五级代表褪色牢度最好,色差等于零,四级至一级代表褪色相对递增的程度,一级表示最严重。

4. 疵点

标准规定,每个独立部位只允许有疵点一处。独立部位是对衣片所划分的区域,按衣片的主次部位,分1、2、3、4四个区域。每个部位就是衣片上的一个区域。如上衣有两个前片,每片胸部都属1部位,每个部位就是一个独立部位,两个1部位就是两个独立部位。在胸部这个独立部位中,既有衣片又有贴袋和袋盖。标准规定每个独立部位,只允许有疵点一处,就是说衣片上有疵点,在这个独立部位内的贴袋和袋盖上就不许再有疵点。疵点的种类因不同的面料而不同,判定时要按标准规定进行。

5. 缝制

在针距密度中规定明线(包括不见明线的暗线)的针距,每 3 厘米 14~18 针。面料的品种很多,为保证产品的外观和牢固,不同的面料应选不同的针距。如硬质面料的针距一般可以稀一点,质地松软的面料一般针距可以密一点。

各缝制部位的线路不准随便弯曲,要符合服装造型的需要;线路要整齐,不重叠,无跳针、抛钱,针迹清晰好看,缝制的起止回针要牢固,搭头线的长度要适宜,无漏针、脱线现象,缝线松紧要与面料厚薄、质地相适应。缝制质量中的对称部位要求基本一致。

对成衣缝制质量的检查除看针迹外,还应看拼接和夹里。拼接主要看裤腰、下档拼角处拼接是否合理,再看内部如挂面、领里等拼接是否符合要求。对有夹里的衣服应检查夹里的长短和肥瘦,以及里、面是否平伏。丝、驼绒棉袄、皮夹克、呢大衣、高档毛料服装及中高档夹服等都有里料。里料具有保暖、保护面料作用,而且使衣服便于穿脱。因此里料质量直接影响到服装质量和档次。

【延伸阅读 9-1】
裘皮服装质量的鉴别

裘皮服装由于裘皮资源少,因此价格昂贵,是高档的华贵服装。裘皮制品是利用毛皮本身的自然花纹、色泽,或利用白色毛被的毛皮经染色美化,制成挂绸里子毛朝外的裘皮制品。有兔皮大衣、羊剪绒大衣、狗皮大衣、狐狸皮大衣、水貂皮大衣等多种皮类大衣。

裘皮制品的原料称为原皮。原皮分为两部分:皮板和毛面。毛面由针毛与底绒两部分组成。针毛较长,刚性强,挺直且亮度大。底绒毛短而且柔软,无亮光。

购买裘皮服装时除了款式满意、做工精细之外,很重要的是检查裘皮的质量,传统的简便鉴别方法是首先检查毛面。

(1)看

毛杆是否挺直,毛面是否平齐,颜色是否匀称,光泽是否明亮。光泽差、毛面凌乱,毛杆就往往较脆易断。毛面发现凹点,可用手扒开毛绒,检查有无光板。如果是漂亮的狗皮大衣,要仔细检查毛尖是否有焦断;对于狸子皮大衣,重点看其花点清晰度;如果是湖羊皮大衣,则以毛短、花纹坚实明显者为好。还要用手在毛面上顺毛轻轻推几下,看看有无掉毛现象。其次要注意拼缝处有无漏缝等。

(2)揉

用手搓揉一下皮料,检查是否柔软。如果揉搓时发出响声,或手感僵硬,对裘皮衣牢度和穿着舒适感均有影响。

(3)吹

用嘴在毛皮上吹一吹,看毛被是否松散灵活、平整、有无结毛、油毛。

(4)染色产品

要求染色均匀,有光泽,松散灵活,毛路相遂,克毛平顺,用白纸擦毛数次无掉毛现象,无灰尘;无油污、无异味、无脱毛、无溜针,用手推毛被不掉针毛。

选购时还应了解原料产地、生产厂家、鞣制方法。若是硝面鞣法,凡有臭味,容易虫蛀、鼠咬、怕受潮,不易保存。若经化学鞣法鞣制,则可避免以上现象。

一件上乘的裘皮服装其外观质量应该是：颜色一致、毛绒大小、粗细相随，花型对称，中脊线对正，排节对齐。其皮板柔软，富有弹性、厚薄均匀；毛面子顺、无异味、无灰尘，染色牢固、色泽光润。服装造型美观，各部位对称，胸部丰满，领子端正。做工精细，明线针码均匀，线路顺直、整齐，松紧适宜，无跳针及垂线和露缝。

在选购裘皮服装时，要根据自己的体型、年龄和气质来选择适宜的款式和色调。如体型较胖，宜选购黄狼皮、猫皮、狸子皮、兔皮、羔皮等短毛类裘皮大衣。如体型苗条，可选购狐狸皮、貂子皮、狗皮等长毛类裘皮大衣。中年妇女和男子最好选择染棕、染黑或深色的大衣。青年女子则宜选择花色、本色或浅色大衣为宜。试穿时要注意尺寸大小是否合体，过于紧身容易造成缝口迸裂。还要注意弹簧扣是否牢固，领子和门襟是否平服，内外门襟和袖子是否对称等。此外，可掂掂衣服的分量，一般来说，以分量轻的为好。

资料来源：http://www.fanwei110.org.cn/html/06/04-02-29.htm

第三节　皮革制品

一、皮革概述

在皮革工业中，按照皮革的质地分，皮革可为天然革、人造革和再生革。

（一）天然革

1. 天然革的含义

天然革在皮革制品市场上常被称为真皮，是人们为区别人造革而对天然皮革的一种习惯叫法。它是由动物身上剥下的原皮，经皮革厂鞣质加工后，制成各种特性、强度、手感、色彩和花纹的皮具材料。

制革的原料是动物皮，虽然制革的原料皮种类繁多，但根据国际颁发的动物保护条例等一系列法律法规，真正用于生产的原料在一下程度上受到了限制，我们生活中常用的皮革是：牛革、羊革、猪革和马革。

2. 皮革的分类

皮革的种类很多，不同种类的原料皮能制成不同性质的皮革；同样采用不同的鞣制加工方法，也能得到不同种类的皮革，主要的分类方法有以下几种。

（1）按原料皮分类。

皮革根据原料皮的来源可以分为：牛皮革、羊皮革、猪皮革、马皮革、其他动物皮革。

（2）按用途分类。

根据皮革的不同用途可分为：生活用品革、生产用革、国防用革。生活用品革又可分为：制鞋用革、服装用革、箱包用革、等；生产用革也可分为：纺织生产用革，等。

（3）按照原料皮的层次分类。

按照原料皮的层次可分为：头层革和二层革。

头层革是由各种动物的原皮直接加工而成的全粒面皮，或对较厚皮层的牛、猪、马等动物皮脱毛后横切成上下两层,纤维组织严密的上层部分则加工成各种头层皮。

二层革是厚皮用片皮机剖层而得,是纤维组织较疏松的二层部分,经化学材料喷涂或覆上 PVC、PU 薄膜加工而成。其价格一般较头层皮便宜,利用率高。但是随工艺的变化也制成各种档次的品种,如进口二层牛皮,因工艺独特,质量稳定,品种新颖等特点,为目前的高档皮革,价格与档次都不亚于头层真皮。

3. 皮革的主要品种

(1)鞋面革。鞋面革是制造各种靴鞋面所用的皮革,或简称面革。鞋面革的特征是:质地柔韧,色泽鲜明,表面细腻,厚度约 0.6~2.2 毫米之间。面革原皮的种类最多,以牛、猪、山羊皮较为普遍。面革分正面革、绒面革与修饰面革。

正面革的外观与质量的关系最为密切,要求革面不应有裂面、管皱及松面现象,颜色应均匀一致,染层须透过粒面并与表面色调相同,革身须丰满、柔软而有弹性。正面革表面保持原天然的粒纹,从粒纹可以分辨出原皮的种类。正面革革纹的细致美观主要取决于原皮的粒面特征。

绒面革表面具有绒毛,是革面经过磨绒处理所制成的产品。制造各种绒面革,有的是因为皮革本身具有适于制成绒面革的特征,有的是因为靴鞋品种上的需要而将某些皮革改制。

修饰面革是经压花或搓纹等不同方法制出人造的表面,式样的变化极多,比较美观细致。轧花纹是在原来的光面皮上加上一些凹凸形的硬印花纹。在光面皮上压花出于两个原因:一是为花色品种的需要而轧花;二是有些光面皮的皮面比较粗糙,或者斑痕较多,一经轧花就比较美观。用以制造轧花皮的皮革,要求革身应丰满柔软而富有弹性;不应有裂面管皱或松面现象,涂层应均匀而牢固;颜色应一致,并有光泽。

(2)底革。制造靴鞋外底的皮革称为底革。底革的质地坚韧紧密,厚度一般为 3~4.5 毫米,特厚的底革在 4.5 毫米以上。制造底革的原皮主要是牛皮和猪皮,为了适应靴鞋外底的要求并合理使用原皮,应将原皮按部位切割,取厚实部位来制底革。

(3)鞋里革。鞋里革是做靴鞋衬里的皮革,质地薄而柔软。其表面应光滑细致,不可喷染易溶于水的色料。常用的鞋里革是猪皮制成的本色革。

(4)箱包革。箱包革的种类很多,对原皮和加工的要求不像面革和底革那样严格,厚度自 0.2~2 毫米不等。箱包革应色泽均匀、革面平整,具有适当的强韧性和耐磨性。

(5)服装革与手套革。服装革多为猪、牛、羊革、鹿皮革等,分正面革与绒面革两类。服装革的质地应丰满柔软,具有良好的透气性,革身厚度均匀一致,革面应细致美观,染色均匀牢固,无脱浆、裂浆、散光现象,并能耐熨烫而不变色。手套革与服装革相似,质地更应柔软丰满而有弹性,厚薄均匀,不得有色花、刀伤、染色牢固。

(6)沙发革。沙发革多为猪皮革。要求革身丰满柔软,弹性好,耐湿性好,具有良好的吸汗透气性能。涂饰层黏着牢固,不掉浆,不发粘,色泽鲜艳,光泽好,经久耐用不易老化。

(7)皮带革。皮带革一般是厚度为 2~4 毫米的猪、马、牛革,对这类革的要求是:革质紧密,抗张强度较高,弹性适当,颜色均匀,且不用水溶性色料。

(二)人造革

人造革是用树脂原料和其他助剂组成的混合物,通常以织物为底基,涂覆由合成树脂添加各种塑料添加剂制成的配混料制成。

目前较广泛采用的树脂原料为聚氯乙烯(PVC)和聚氨酯(PU),还有为改性而采用的乙烯——醋酸乙烯共聚物(EVA)、丁腈橡胶、丁苯橡胶、天然橡胶、聚苯乙烯树脂等。作为人造革主体构架的基布应赋予人造革以柔软、耐折、强度和耐磨性能。常见的基布有原色棉布、漂印染市布、帆布、针织布、再生布、化纤布、无纺布等。

人造革的品种很多,可从所用的基布区分,也可从所用的树脂类型区分。繁多的种类大致上都是由于不同用途所需要的各种基布、不同树脂的搭配而得到各种适合用途的人造革制品。下面介绍几种主要的人造革。

1. 聚氯乙烯(PVC)人造革

聚氯乙烯人造革有三类产品:

(1)普通人造革,又称不发泡人造革。多以平布、帆布、再生布为底基,用直接涂覆法制成。由于涂层密实以及糊料能渗入基布的孔隙中,所以成品手感较硬、耐磨。主要用于制作耐磨包装袋,建筑及工业配件等。

(2)发泡人造革,通常多以针织布为底基,面层糊料中含有发泡剂及其助剂,在凝胶化时发泡形成微孔结构,因而成品质轻、手感丰满、柔软。用转移涂覆法生产。多用于制作手套、包、袋、服装及家具。

(3)绒面人造革,俗称人造麂皮。其品种繁多,生产方法也多种多样。人造革凝胶化后的微孔面层,经砂辊研磨后即可制成磨面绒面革。涂覆层经起毛辊起毛并拉伸,可制得卷曲绒面革。适于用作运动鞋的包头和镶边材料。在涂层糊料中加入可溶性盐类(如食盐),凝胶化后再用水将盐溶去,可使面层呈微孔状而有绒面感。用静电植绒法,将 0.5~1 毫米长的合成纤维短绒植于涂布黏结剂的聚氯乙烯人造革上,可制得植绒面革,适于制作包装袋及装饰品。

2. 聚氨酯(PU)人造革

聚氨酯人造革以起毛布为底基,以聚氨酯溶液为涂料制成。起毛布用聚氨酯溶液浸渍、涂覆并经水浴凝固后所得的微孔层,经磨面后即成聚氨酯绒面革。这种人造革质地轻软、耐磨、透气、保暖、手感不受冷暖变化的影响,适于制作服装、较高级的包、袋和装饰用品。

3. 复合人造革

复合人造革是由 PVC 与 PU 互配,或 PVC、PU 分别与其他材料互配进行改性。从而获得具有一定性能要求的人造革。PU-PVC 人造革是用部分 PVC 代替 PU 的人造革,其表面性能优于 PVC 人造革,接近 PU 人造革;表面滑爽、耐酸、碱及其他溶剂,外观接近天然革;成本低,加工方便,机械性能、耐老化性能、耐寒性能均满足技术要求,广泛地用来制造沙发、鞋、箱包等。

(三)再生革

将各种动物的废皮及真皮下脚料粉碎后,调配化工原料加工制作而成。其表面加工工艺同真皮的修面皮、压花皮一样,其特点是皮张边缘较整齐、利用率高、价格便宜;但皮身一般较厚,强度较差,只适宜制作平价公文箱、拉杆袋、球杆套等定型工艺产品和平价皮带,其纵切面纤维组织均匀一致,可辨认出流质物混合纤维的凝固效果。

二、皮鞋

(一)皮鞋的结构

皮鞋是由鞋帮与鞋底两部分组成的,皮鞋的结构如图9.1所示。

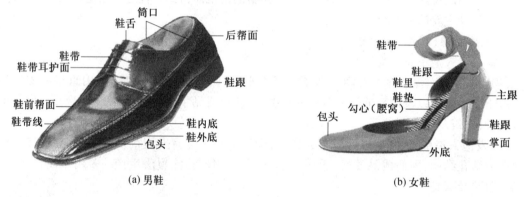

图9.1　皮鞋的结构

1. 鞋帮

鞋帮一般包括包头、中帮和后帮三部分,包头与中帮又可合称为前帮。皮鞋鞋帮的变化最多,各种式样皮鞋的区别主要在于鞋帮结构的变化。

(1)包头。包头能保护脚趾不受外物的碰撞,是皮鞋最显露的部分。为了使皮鞋美观耐用,包头应选用表面平整无伤残、色泽均匀、结构紧密的面革。包头的内层垫有一层较硬的内包头,使鞋头保持固定形状。内包头是用硬革裁切成的。内包头的里层垫有柔软的衬革或衬布,以免硬革与脚趾摩擦。

(2)中帮。中帮包覆着脚跖,要受到体重的撑压和反复的伸曲,是鞋帮上承受外力作用最大的部分。中帮所用的革料应是鞋帮上最好的革料,既要柔软密致,又要具有良好的机械性能。因此,应从面革中心部位选料,不可带有伤残。

(3)后帮。后帮是由内外侧两块革片缝合的,其作用主要是端正地托住脚后跟,后帮并不负荷过大的重力,穿着皮鞋时,这部分也不甚显露(内侧后帮更不显露),裁切后帮应使用面革质量较次的部位,厚度亦可低于前帮。后帮里层沿脚后跟两侧垫有用硬革切制的主跟,以保护托住脚后跟,并保持后帮的形态。最里层是后帮里子,这部分要承受经常的摩擦,须使用较致密的鞋里革。缝结两块后帮的革条称为保险皮,保险皮须受较大的张力,革料质量应高于后帮。

鞋眼部位的下层垫有柔软的革片——鞋舌,用以垫隔鞋眼和鞋带对脚背的摩擦和硬压,可使用面革松软的部位。

2. 鞋底

鞋底一般包括腔底、沿条、大底、鞋跟、垫心、勾心等部分。男鞋鞋底的变化不多,女鞋有平跟、半高跟、高跟的区别。

(1)腔底(内底)。腔底在鞋底部分的最上层,它的外形就是皮鞋内部的底形。腔底的作用是保持皮鞋内部固定的底形,使脚底接触在一个平整而适当的底面上。腔底要承受经常的弯曲和体重的压力,并且要受汗液的侵蚀,所以要选用坚实紧密的革料。一般是采用厚度在3毫米左右的内底革。皮鞋的腔底表面应当光滑平正,不可有突起钉孔。高档皮鞋的腔底表面还加有一层柔软的鞋垫。

为了节约革料,腔底和鞋帮上的内包头和主跟都可以用坚韧的胶布纤维板来切制。这类纤维板是用植物纤维或革屑加黏合剂压成的,表面粘有棉布或麻布。

(2)沿条。沿条是连接鞋帮、腔底和大底的革条,围在鞋帮的外沿。沿条的上层是腔底和鞋帮,下层是大底,它负荷着上下两层的作用力,需用坚实的底革或沿条革来裁切。凉鞋所用沿条是为了加固缝口和装饰边沿,可采用较次的革料。单底鞋不用沿条,大底与鞋帮和腔底直接缝合。

(3)大底(外底)。大底是与地面接触的部位,反复承受重压、弯曲和摩擦作用,并且经常有潮湿和干燥的变化。大底应选用底革的中心部位,一般男鞋大底的厚度在3.5毫米以上,女鞋大底在3毫米左右。厚底靴鞋常在大底上加前掌大底。对前掌大底的要求与大底相同。装有前掌大底的靴鞋,其内层大底仅起衬底的作用,并不与地面接触,故对其质量的要求也可降低。皮鞋的大底和前掌大底有革底、橡胶底或仿革底。

(4)鞋跟。鞋跟由多层跟里皮与一层跟面皮所构成。其作用是使体重更均匀地分布于底面。跟面皮的要求与大底同,跟里皮可用零碎的底革拼垫。

(5)垫心。腔底与大底缝合在沿条上,中间存有空隙,垫心是填充空隙的材料,如填心纸板、棉花碎料垫心等。填心须柔软而有弹性,耐弯曲并具有吸湿性。垫心必须垫得平匀适当,垫得太少或没有垫平烫实,会使大底和垫心分离,引起大底起壳。行走时,大底和垫心因分离而摩擦会发出"吱吱"的响声。

(6)勾心。勾心是用以撑持鞋底弓形部位的材料,须有较高的硬度和弹性,常用的是铁勾心与竹勾心。铁勾心应镀刷防锈物。

垫心和勾心的作用是保持鞋底掌饱满不起空壳,增强底部弹性,防止透水,加固沿条线脚,隔离大底和腔底的直接摩擦。

（二）皮鞋的感官检验

感官检验是将皮鞋放在手中及桌上，凭眼看、手模，结合量具进行比较检验。这种检验方法主要凭检验人员的实际经验，因此带有一定的主观性。但从制鞋工业的现有水平看，感官检验仍然是皮鞋检验的主要方法。检验时要求室内光线充足，但应避免阳光直照，视距一般为500毫米左右。感官检验应从以下几方面进行。

1. 皮鞋面革的特征

皮鞋是以牛、羊、猪、马等畜类的皮经鞣制而得的皮革做成的，以合成材料制成的人造革、合成革与皮革很相似。因此，人造革鞋、合成革鞋也可划分在皮鞋的范围之内。购买时要注意鉴别。

（1）牛皮鞋。

大多是用黄牛皮革制作的，在皮鞋中质量最好，价格最高。这是因为黄牛皮质地细致丰满、染色均匀鲜亮、外表美观，而且比较厚实，强度高、耐磨、弹性、耐热性能均佳，有很好的柔软性、延伸性、透气性和吸湿性，穿着舒适、不焐脚。

熟制成革后的牛皮一般5~6毫米厚，制鞋要用片皮机分成两层，表层是粒面层，组织纤维细致紧密，光滑美观，强度、耐磨性都好；里层是绒面层，纤维粗、间隙大、表面有绒毛。

水牛皮较粗糙，不耐磨、吸水性大，用它制作的皮鞋质量较差。

（2）马皮鞋。

表面也很光滑细润，透气性、吸湿性均较好，穿着不会感到闷气不适，但不如牛皮鞋耐穿。

（3）猪皮鞋。

表面不光滑，毛孔粗大而深，质地较硬、弹性较小、耐水性较差，吸水后易膨胀变形。它的优点是透气性好，比较耐磨。

（4）羊皮鞋。

一般是用山羊皮制作的，与马皮鞋相比，皮面较粗，呈扁圆形毛孔，强度较低。但羊皮吸色性能好，能染成较鲜艳的颜色，且不易褪色，皮质也较软，适宜作女式皮鞋和童鞋。

（5）麂皮绒面皮鞋。

麂皮绒面皮鞋是各种绒面皮鞋中最好的。麂皮的皮面粗糙、斑痕很多，所以不宜做正面皮而适合制成绒面皮。麂皮的弹性强，强度、韧性、耐磨性都比山羊皮好，皮面细腻、光洁柔软，适宜做男、女、童皮鞋。

（6）人造革皮鞋。

用聚氯乙烯泡沫人造革做鞋面的。皮面美观、穿着轻便、价格较低。缺点是透气性差，在低温下穿着感觉发硬、发脆。

（7）合成革皮鞋

面料是用无纺布基涂以聚氨酯制成的合成革，合成革有光面、绒面和压花等多种。不但花色品种多，而且比人造革的透气性能好，机械强度、耐磨性和弹性都优于人造革，而且低温下也柔软耐穿。但是由于聚氨酯遇酸、碱易水解,使皮鞋发生裂面、折断、掉面等现象,脚汗多的人不宜穿用。

2. 真皮皮鞋和人造皮革皮鞋的鉴别

区别真皮和人造材料时先看外观,真皮无底基,人造材料有底基。再用手摸,人造材料塑料感非常强,光泽亮,冬天手摸有冷凉感,真皮光滑手摸无冷凉感。用拇指压成品鞋前面较软部分,在拇指周围真皮会出现许多碎小、均匀花纹,拇指抬开,花纹消失;而人造材料可能没有花纹,也可能会出现粗大纹路,拇指抬开,花纹并不消失,说明材料表面的粒面层和下面的网状层已经脱开了,用这种面料制成的皮鞋不合格。鉴别真皮还是人造革还可以观察鞋帮处的截面,真皮截面是不规则纤维组成,用手指甲刮下碎皮纤维后,截面无明显变化,对于真皮,不同部位纹理不规则,鼻嗅闻有腥臭味,而人造革嗅闻有塑料或橡胶味,各部位纹理规则一致。

3. 皮鞋的整体检验

(1)检验外底质量。

天然皮革鞋的鞋底厚度、切口、颜色应该一致。如将底革弯曲60~80度,弯曲时用力较大的,说明底革的弹性好,并且弯曲复原后不出现皱纹。粘胶皮鞋的鞋底的厚薄、色泽、花纹一致,后跟大小高矮对称,手感柔软富有弹性,底面结合平整牢固,无开胶的现象,即是质量好。

(2)检验内底质量。

质量好的鞋内底平滑清洁,无刀伤疵点。如是缝线鞋,用手摸内底没有露线现象。

(3)检验鞋体。

一双鞋两只对比鞋的肥瘦、长短、后跟高度、鞋眼距离一致,这样穿着才舒适美观。

(4)检验皮鞋是否开胶。

胶粘皮鞋是消费者投诉最多的一种。购买时,用手掰鞋的前头和侧面帮底粘接处,应无明显裂缝,一般穿着时不开胶。

(5)检验鞋底。

市场上皮鞋底材料有仿皮底、橡胶底、热塑性弹性底、真皮底等。前三种底材的共同特点是耐磨、美观、穿着舒适、弹性适中。真皮底穿着舒适、透气透水性好,但不耐磨。质量好的橡胶类底材,手感细腻、有光泽,用指甲抠底边缘无明显脱落,底面无白霜现象。

(6)检验是否松壳、裂浆和掉色。

在对高档皮鞋进行严格的质量检查中,还要侧重鞋面是否有松壳、裂浆和掉色现象,通常采用按、顶、擦的方法。

按是将食指和中指伸进鞋内,用另一只手的拇指在两指间距内轻按帮面,如出现粗大皱纹即为松壳。

顶是手伸进鞋内用食指和中指轻顶帮面,如出现明显"白花"丝纹,放松后仍不消失即为裂浆。

擦是用洁白的软纱布包裹食指,在鞋帮面上用适中力度往返干擦5次,如纱布上沾有色泽,即为掉色。

【延伸阅读9-2】

皮靴的质量鉴别

选购皮靴,应根据各人喜爱而定。先看外观、色泽、靴跟的高矮和肥瘦是否合适,再看皮面有无皱纹,再看做工是否考究。牛皮的皮靴,牢度强;猪皮比较经济实惠;羊皮质地柔软,穿着轻巧,但牢度不如牛皮和猪皮。牛、猪皮的皮靴,表面要平滑、细腻,表面光亮,用手按皮面,富有弹性,羊皮帮面粒纹要粗细一致。靴底要平服,厚薄均匀,靴跟平正,无损伤。皮靴质量具体鉴别时应注意以下几点。

(1) 外观造型

把靴子平放在柜台桌面上观察,皮筒的中心线要与台面垂直,不能前倾或后仰。如果前倾,穿后站立时,皮筒会卡住腿肚;如果后仰,穿着行走时脚背弯折处会出现很多皱褶,既不舒服又会缩短皮靴的寿命。

(2) 皮革和拉链质量

皮革要厚实、光洁、柔软,手感丰满。皮筒大小要合适,如系拉链靴则以拉链包住腿为好。拉链必须牢固,质量要好,开合自如,因为行走时拉链不断受力,劣质拉链容易断裂。

(3) 规格选择

皮靴的大小规格一定要适合自己脚的尺码,皮筒大小要合适,拉链靴的拉链要拉上使靴筒包住腿。否则,穿着不舒服,不方便,不自然,且易损坏。

(4) 皮靴的式样和色彩

要适应自己的年龄和职业特点的需要,并注意与服装的搭配。如上穿夹克衫、绒线衫,下穿西裤或牛仔裤,配穿皮靴,显得精神洒脱;短上衣、厚呢裙配穿皮靴,显得俊美俏丽;裘皮大衣、西装裤配穿皮靴,显得高雅华贵;但如果穿西装配长筒皮靴就会显得不伦不类,不大合适。

资料来源:http://www.fanwei110.org.cn/html/06/05-02-05.htm

本章小结

纤维是指天然或人工合成的丝状物质,细度很细,直径一般为几到几十微米,长度比直径大千倍。纺织纤维是指可以用来纺纱织布的进行纺织加工制成纺织品的纤维。纺织纤维的种类繁多,其中按其来源可分为两类,分别为天然纤维和化学纤维。常用的纺织纤维有棉纤维、麻纤维、丝纤维、毛纤维、粘胶纤维和合成纤维中的涤纶、锦纶、维纶、腈纶和丙纶等。

按用途划分,纺织品可分为衣着用纺织品、装饰用纺织品、工业用品三大类;按生产方式不同分为机织物、针织物、非织造布、编结物、特种织物等五类。丝绸、毛线、纯毛呢绒和毛型化纤呢绒、羊毛衫、保暖内衣、毛毯具体的鉴别方法。

服装的作用有:保健作用、装饰作用、工业用途;服装质量的特性包括:适应性、审美性、舒适性、卫生安全性、耐久性、经济性。

服装外观质量鉴别主要包括外观、规格、色差、疵点、缝制五个方面。

在皮革工业中,按照皮革的质地分,皮革可为天然革、人造革和再生革。天然革在皮革制品市场上常被称为真皮,是人们为区别人造革而对天然皮革的一种习惯叫法。天然革的主要品种有:鞋面革、底革、鞋里革、箱包革、服装革与手套革、沙发革、皮带革。人造革是用树脂原料和其他助剂组成的混合物,通常以织物为底基,涂覆由合成树脂添加各种塑料添加剂制成的配混料制成。人造革的主要品种有:聚氯乙烯(PVC)人造革、聚氨酯(PU)人造革、复合人造革等。

皮鞋是由鞋帮与鞋底两部分组成的。感官检验是将皮鞋放在手中及桌上,凭眼看、手模,结合量具进行比较检验。这种检验方法主要凭检验人员的实际经验,因此带有一定的主观性。皮鞋的整体检验包括检验外底质量、检验内底质量、检验是否松壳、裂浆和掉色、检验皮鞋是否开胶、检验鞋底、检验鞋体。

思考题

1. 常用的纺织纤维的品种有哪些各级的使用范围有何不同?
2. 丝绸的鉴别方法是什么?
3. 服装的质量特性有哪些?
4. 如何对皮鞋的面革进行感官检验?

实训项目

1. 准备丝绸、毛线、羊毛衫、保暖内衣、毛毯等实物,要求学生根据所学的鉴别方法,对以上的纺织品进行质量鉴别。
2. 准备牛皮、羊皮、马皮、鹿皮等天然皮革和人造革,要求学生进行识别。

案例分析9-1

新型功能性纺织品

纺织品的功能化,适应了人们生活方式的变化和追求健康、舒适、增值的预期,为人们完美的生活提供更多的选择,是纺织产品技术进步的方向,是提高纺织产品档次和附加值的有效途径之一。

一、负离子纺织品

负离子对人类健康和生态的重大影响已被国内外医学界通过临床实践验证。负离子如人体健康有着重要的作用,如能使人体内活性酸素消失,消除疲劳,活化细胞,增强免疫力,改善睡眠等。

负离子纺织品的生产原理是在纤维的生产过程中或织物的后整理阶段中添加负离子整理剂,生产出来的含有负离子整理剂的纺织品在与空气、水汽等介质接触时不间断地释放出负离子。

用这种面料制成的负离子服装直接与人体皮肤接触,在皮肤和衣服之间能形成负离子空气层,发挥负离子的健康功效。负离子纺织品除在服装领域的应用外,在装饰用纺织品和医疗卫生用纺织品两大领域也都有着广阔的应用前景。

二、吸湿排汗纺织品

又称吸湿速干纺织品,通过纺织品(织物)对水的吸附能力、织物上水分蒸发速率、透湿量等指标来表征织物的吸湿速干、排汗性能。

吸湿排汗纺织品的生产,一是采用吸湿排汗纤维,对聚酯纤维进行物理和化学改性;二是对纺织品进行吸湿速干整理。

吸湿排汗纺织品主要用于运动服、休闲服、内衣等服饰。由于它可解决闷热和出汗粘身问题,可调节服装的内气候,使得服装有了会"呼吸"的特性,故也有"会呼吸的纺织品"之称。

三、远红外纺织品

远红外纺织品是对具有高效远红外发射性能的一类纺织品的简称。远红外线易被人体吸收,它不仅使皮肤表层产生热效应,而且还通过分子产生共振作用,从而引起皮肤深层组织发热,这种作用的产生可刺激细胞活性,改善血液的微循环,提高机体的免疫力,起到一系列的医疗保健作用。

远红外纺织品是在后整理过程或纤维的成型过程中,将能够吸收外界能量(包括光能和人体热能)并能高效发射远红外的材料附着或结合在纺织品上,使其在4~20微米波长范围内有较高的远红外发射率(大于等于65%)。

远红外纺织品可用来开发保健蓄热产品和医疗用品,如保暖服、内衣、床上用品(床单、毛毯等)、坐垫、护膝、腰带、保健鞋袜等。

四、防电磁辐射纺织品

随着经济和科技的发展,具有电磁辐射的设施和设备的应用不可避免。电磁辐射无色无味无形,是一种无法用感官感知的污染现象,被喻为人类的"隐形杀手"、"高科技污染"。世界卫生组织认为,在各种污染中,电磁辐射的威胁最大,严重影响了公众健康和生态环境。

防电磁辐射纺织品是采用专门技术和特殊工艺将防电磁辐射材料(通常为金属材料)与纺织纤维材料有机地结合在一起,反射和屏蔽电磁波。一般屏蔽效能要求达到95%以上,同时这种纺织品还兼有抗静电性能。

目前市场上已出现的防电磁辐射纺织品主要有金属丝防电磁辐射织物、化学镀防电磁辐射织物、涂层防电磁辐射织物三类,可应用于野外护理用品(帐篷、服装)、室内装饰布、孕妇服、工业防护服和工业防护包扎材料及军事等方面。

资料来源:百度文库 http://wenku.baidu.com/view/c690ccf2f90f76c661371a43.htm

案例思考题

你还了解哪些新型功能性纺织品,如何看待它们的推广应用前景?

案例分析9-2

我国纺织品频遭召回的原因

欧盟统计数据显示,2009年1~4月,欧盟累计召回74项纺织服装产品,同比增幅为270% 其中中国产纺织服装产品为52项,同比增幅高达643%。从中国服装协会获悉,欧盟召回的产品中,17项为婴幼儿服装及制成品,其中12项产地为中国,占全部的70.6%。召回原因以勒颈窒息危险为主的共14项,其中产地为中国的共12项,占中国全部被通报产品的92.

3%。

欧盟公布的数据无疑成为中国商品遭遇质量壁垒的佐证。此外,美国两天前公布的通报数据更证实了慧聪纺织网记者的观点。2009年7月美国消费品平安委员会共发布召回通报44起,同比增长22.2%,环比增加76.0%。其中,涉及中国内地产品的通报25起,同比增加13.6%,环比增加127.3%。

召回中国产品的原因中,受伤危险12起,占召回中国产品通报总数的48.0%;颈部被勒危险4起,占16.0%;窒息危险4起,占比16.0%;火灾危险3起,占比12.0%;电击危险1起,占比4.0%;铅含量超标1起,占比4.0%。

对比分析欧盟、美国发布的不合格原因,慧聪纺织网记者发现3个不合格原因成为欧盟等国外发达国家的关注重点。

首先是欧盟等发达国家越来越关注婴幼儿纺织品的平安性。婴幼儿是每个国家的未来,欧盟等国着重从婴幼儿平安方面狠下功夫,从而保证民族后继有人。据相关数据显示,针对婴幼儿服装普遍缺乏质量规范的现状,欧美等国制定各类严格的法规对此进行监管。如对婴幼儿纺织服装面料的重金属含量严格设标。

其次是纺织品质量检测越来越重视设计的合理性。由于纺织品设计不合理,有可能对消费者生命平安造成威胁而被召回,值得提醒的是国外对纺织品实行召回不是野蛮行为,而是有据可依的。如欧盟的EN14682对此有名文规定。

再者是纺织品"生态环保"成主旋律。随着人们消费意识的不断增强,生态纺织品不只成为国际纺织竞争的新热点。然而我国对绿色纺织品服装的开发起步晚,暂不能完全跟上国际步伐。可喜的是随着我国对纺织品检测的认识水平的不断提高,有些标准的制定(修订)就要高于国外规范要求,如在国标GB/T 17592禁用偶氮染料的测定中,规定了检出限为小于等于20毫克/千克而在欧标EN14362禁用偶氮染料的测定中,其检出限为30毫克/千克。

资料来源:中国投资咨询网 http://cloth.ocn.com.cn/Info/200908/fangzhipin171343.html 2009-08-17

案例思考题

利用所学的知识回答如何提高我国纺织品的质量,使我国纺织品顺利走出国门?

第十章
Chapter 10

食品商品

【学习目标】

通过本章的学习,认识食品营养成分的种类与特性,了解食品卫生的要求,熟悉酒类、饮料、茶叶、乳制品和食用油的成分与特性,熟悉绿色食品的含义、标准与标志。

【关键词】

糖 Sugar;白酒 Chinese Alcohol;啤酒 Beer;葡萄酒 Wine;茶叶 Tea。

【引导案例】

平衡膳食宝塔

中国营养学会为提高全民身体素质,根据我国的实际情况,给我国人民推荐了一个平衡膳食宝塔。平衡膳食宝塔共分5层:

第五层:油脂类,每天不超过25克;

第四层:奶类和豆类食物,每天应吃奶类及奶制品100克、豆类及豆制品50克;

第三层:鱼、禽、肉、蛋等动物性食物,每天应吃125~200克(鱼虾类50克,畜禽肉50~100克,蛋类25~50克);

第二层:蔬菜和水果,每天应吃400~500克和100~200克;

基础层:谷类食物,每天应吃300~500克。

这一案例表明,人类为了维持正常的生命活动,保证生长发育和从事生产活动。必须不断地摄取一定量的食物。这些食物中的成分在肌体内消化并通过列新陈代谢,使肌体获取营养,这是人体健康的物质保证。

食品类商品是最具特色的商品。它的品种繁多,化学成分复杂,质量要求高,与人民生活关系最密切。因此,了解食品的有关知识,对工作和生活都具有重要的意义。

资料来源:http://www.cnsoc.org/cn/experts_info.asp? nid=1083(有删减)

第一节　食品的营养与卫生

食品的使用价值,是给人体提供营养,或满足人们的某种食品嗜好。食品商品的化学成分,主要指的是食品商品的营养成分,又称营养素。

一、食品的化学成分及营养

食品商品的营养成分是决定食品营养价值的主要方面,也是评价食品商品质量的重要依据。食品中的营养成分主要有六类,即碳水化合物、蛋白质、油脂、维生素、矿物质和水分。食品商品的种类不同,其营养成分的含量及种类也不一样,有的以蛋白质为主,而有的则以碳水化合物为主。至今尚未发现有一种食品能含有人体所需的全部营养成分,所以人类对食品的需要是多种多样的。

人体为了维持正常的生命活力,需要的营养成分很多,而这些成分人体不能合成和制造,必须从食物中摄取。所以,了解这些成分的类型、功能、来源等,对维持人体健康和延长人体寿命均是至关重要的。

在研究食品商品的营养成分时,除了要分析它们的种类和含量外,还要知道它们的消化吸收情况,只有易被人体消化吸收的营养成分,才能具备有效的营养价值。此外还应了解这些营养成分在加工、储运中的有关性质,它们不但为保证和提高食品商品质量提供了科学的依据,而且为开发食品新品种提供了有用的信息。因此,弄清楚食品商品的营养成分的功能及其与加工、储运有关的性质,是研究食品商品质量、品种和科学管理的重要内容

(一)碳水化合物(糖类)

碳水化合物(糖类)是人体从食物中取得热量最经济的和主要的来源,也是构成食品甜味的主要物质。人体摄入的各种成分,除水以外,以糖类的数量最多。但糖类在体内储存较少,约占人体干重的2%,大多数糖类以能量形式被消耗掉。糖类按其化学结构的繁简,及分子的大小和能否被水分解,可分为单糖、双糖和多糖三大类。

1. 单糖

它是分子结构最简单而且不能水解的糖类。单糖为结晶物质,一般无色,有甜味和还原性,易溶于水,不经消化过程就可被人体直接吸收利用。其中以葡萄糖、果糖和半乳糖对人体最为重要。

2. 双糖

它是由两个分子的单糖缩去了一个水分子后得到的化合物,水解后能生成两个分子的单糖。其多为结晶体而易溶于水,不能被人体直接消化吸收,必须经过酸和酶的作用分解成单糖后才能被人体吸收利用。和人们日常生活关系密切的有蔗糖、麦芽糖和乳糖。

3. 多糖

它是由若干单糖分子脱去水缩合而成的高分子化合物。一般不溶于水,无甜味。在酸和酶的作用下水解为单糖。多糖有能被人体消化吸收的,如淀粉、糊精、糖元等;也有不能被人体吸收的,如纤维素、半纤维素、果酸等。

医学研究表明,糖类中的纤维素,虽不能被人体吸收,但能促进人体肠胃蠕动和消化腺的分泌,有助于正常的消化和排泄功能,使粪便在肠道中的滞留时间缩短,减少细菌及其毒素对肠壁的刺激。多吃含纤维素的食品(水果,蔬菜等),有利于预防痔疮、阑尾炎、大肠癌症等疾病。据报道,非洲人大多取食富含纤维素的食物,很少患有上述疾病;而欧洲人膳食中纤维素少,患上述疾病较普遍。纤维素还能以某种方式同饱和脂肪酸结合,从而阻止血浆中血胆固醇的形成。糖类一般存在于粮谷类、薯类等植物类食品中,而动物食品中含量较少。

(二)蛋白质

蛋白质是构成生命的基础物质,"没有蛋白质就没有生命现象"。蛋白质是一种高分子化合物,组成蛋白质的主要元素是 C、H、O、N、S 等。由于蛋白质种类不同,其元素的组成与含量也不完全相同,蛋白质中含氮的比例一般均为 16%,故又称之为含氮物。

蛋白质分子结构复杂,其水解后的最终产物为氨基酸,故蛋白质是由许多氨基酸分子缩合而成的高分子化合物。通常人体摄入各种植物蛋白质、动物蛋白质后,先在体内分解为氨基酸,然后这些氨基酸再合成人体所需的蛋白质。食品中的天然蛋白质含有 20 多种氨基酸,其中有 8 种(婴儿 9 种)在人体内无法合成或转化,必须从食物中摄取。若食物中缺乏这些氨基酸,人就得不到全面的营养,就会影响肌体的正常发育,因此这些氨基酸被称之为人体必需氨基酸。人体必需的氨基酸有色氨酸、赖氨酸、苯丙氨酸、亮氨酸、异亮氨酸、苏氨酸、蛋氨酸、缬氨酸(婴儿外加组氨酸)等。按蛋白质中所含氨基酸的不同,蛋白质可分为:

1. 完全蛋白质

含有人体所需的全部必需氨基酸,且各种氨基酸的比例适当,符合人体需要的蛋白质。膳食中有了此类蛋白质,就可维持身体健康和促进生长发育。如乳、蛋、大豆、瘦肉、鱼、虾中所含蛋白质。

2. 半完全蛋白质

含有人体所需全部必需氨基酸,但氨基酸的比例不大适合人体需要的蛋白质。其营养价值稍低,若膳食中只有此种蛋白质,则只能维持生命,不能促进人体的正常生长发育,使人体的身高、体重甚至智力都低于正常水平。如麦、米、土豆、干果中所含蛋白质。

3. 不完全蛋白质

所含必需氨基酸种类不全的蛋白质。若只摄入此类蛋白质,则会危及健康。如玉米、豌豆、肉皮、蹄筋、鱼翅等中的蛋白质。

一般来说,动物性食品比植物性食品中所含完全蛋白质较多。因此,为了获得完全蛋白质,必须发挥蛋白质的"互补作用",原则是:食物的种类要多;食物的种属越远越好,如荤素搭配比单纯素食好;最好混合食用,先后食用时间间隔要短。

(三) 脂肪

脂肪是一种高能量的营养成分,也是人体重要的组成部分,脂肪不溶于水,在酸、碱或酶的作用下可分解为一个甘油分子和三个脂肪酸分子,故又被称为"三酸甘油酯"或"甘油三酸"。甘油对于人体无营养价值,对人体有用的部分为脂肪酸。

1. 脂肪酸的分类

脂肪酸可分为饱和脂肪酸和不饱和脂肪酸。

(1) 饱和脂肪酸。其碳链上不存在不饱和双键,性能较为稳定。

(2) 不饱和脂肪酸。其碳链上存在着一个至若干个不饱和的双键,性能不稳定,易发生化学反应。在油脂中,凡含不饱和脂肪酸较多的,常温下呈液态,通常称为油;含饱和脂肪较多的,常温下呈固态,则称为脂。一般植物油在常温下呈液态,含不饱和脂肪酸较多,故营养价值高于动物油。

2. 脂肪的营养功能

脂肪的营养功能主要有:提供热能,储藏能量;构成体脂及保护作用;提供必需脂肪酸,调节生理机能;促进脂溶性维生素的吸收。

脂肪中含有30多种脂肪酸,其中有3种是人体必需且人体内不能自行合成的,必须从食物中摄取,称之为必需脂肪酸。必需脂肪酸有3种,即亚油酸、亚麻酸和花生四烯酸,均为不饱和脂肪酸。不饱和的必需脂肪酸,是构成人体细胞膜和细胞内结构的必要成分,对人体有重要的生理功能。一般成人每天需要能产生1 000卡路里热量的必需脂肪酸2克,缺少后会发生皮肤病、鳞屑性皮炎、毛发脱落、抵抗力减弱、伤口愈合慢,婴幼儿则会生长发育迟缓。体内缺少必需脂肪酸,易造成胆固醇与饱和脂肪酸结合,沉积在体内组织器官与血管壁,引起动脉粥样硬化。

需要指出的是,脂肪摄入量过多,会抑制胃液分泌和胃的蠕动,引起食欲不振和胃部不舒服;肠内脂肪过多会刺激肠壁,妨碍吸收功能而引起腹泻;同时体内脂肪过多易得肥胖病。

脂肪的来源主要是动物油脂、植物油脂、肥肉和坚果,如核桃、花生、瓜子。部分油料,如大豆、芝麻也是脂肪的部分来源。脂肪吸湿后或在日光和氧的作用下,会发生酸败现象,使脂肪失去食用价值。

(四) 维生素

维生素的英文名称为"Vitamin",来自拉丁文的"Vita",即"生命"之意,又音译为"维他命"。维生素是人和动物维持生命和生长发育所必需的一类营养物质,是活细胞维持正常生理功能所必需而需要量又极微的天然低分子有机物。

维生素虽不能为人体提供热量,在生理上需要量也很少,但它们对体内营养成分的消化和吸收,对体内能量的转变和正常的生理活动都具有十分重要的功能。当肌体缺乏某种维生素时,就会导致新陈代谢某个环节的障碍,影响正常生理功能,甚至引起"维生素缺乏症"。故缺少哪一种维生素,都会给健康带来危害,但摄入量过多,反而会引起中毒。绝大多数维生素均存在于天然食物中,在人体内不能自行合成,必须从饮食中摄取。

维生素是一类化学性质极不相同的低分子有机物,可以分为以下两类。

1. 脂溶性维生素

其不溶于脂肪和有机溶剂中,多存在于食品的脂肪组织中。脂溶性维生素超过人体的需要量,就会在体内储存起来,故其既有缺乏症,又有过多症。脂溶性维生素主要有维生素 A 及 A 原、维生素 D、维生素 E、维生素 K 等。

2. 水溶性维生素

其溶于水而不溶于脂肪,吸收后在体内储存很少,过量的维生素从尿中排出,故水溶性维生素需随时提供。其一般只有缺乏症而无过多症。水溶性维生素在许多食品中广泛存在,主要有 B 族维生素,如维生素 B1、维生素 B2、维生素 B3、维生素 B6、维生素 B12、维生素 B15 和维生素 H、维生素 P、维生素 C 等。

目前,已知人体所需的维生素约 30 种,除某些 B 族维生素和维生素 K 能在体内合成外,大多数必须由食品中摄取。我国传统的膳食以谷类和蔬菜为主,动物性食品摄入较少,故容易引起维生素 A、D、B2 的缺乏。不良的饮食习惯会导致各种维生素缺乏,不合理的烹调方法会使食品中的维生素损失或丧失,引起各种维生素缺乏。

(五)矿物质

矿物质属无机成分,又称无机盐,食品经高温煅烧而残留的成分中所含的各种元素,均称为矿物质。矿物质是调节人体生理功能和维持体内酸碱平衡的成分之一。矿物质在人体内含量并不多,约占人体重量的 4%~5%,但对人体有重要作用。

(六)水

水是人体的重要组成部分。水对人体无直接营养,但人的一切生理活动均离不开水。普通成人中的水分含量约占体重的 55%~65%。各种食品,都有其特定的水分含量,因此才显示出他们各自的色、香、味、形等特征。水对食品的新鲜度、硬度、流动性、呈味性、保藏性、加工等方面均有重要影响。水的溶解力强,大多数有机物均能溶于水中,即使不能溶于水的物质(如,脂肪等)也能在适当条件下分散在水中。

【延伸阅读10-1】

据英国《镜报》报道,该国一名 20 岁男子由于长期只食用垃圾食品最终因营养不良诱发肝病,流血不止而丧生,这名男子叫斯科特·马丁。马丁除了烤面包片、豆类、薯条和罐装意大利面条之外什么也不吃,而且几乎不吃任何水果。"他只吃种类有限的一些食品,其中麦当劳是他的最爱,他也吃烘豆,只是偶尔。要找他能吃的东西难如登天。"玛格丽特曾反复劝说儿子,希望他放弃不健康的"薯条+烤面包片+烘豆"的饮食结构,但马丁不以为然。糟糕的饮食习惯终于使马丁患上了肝硬化。最终当他的 3 颗牙齿被感染需要拔除时,医生警告他可能因流血不止或感染而死。牙最终拔了下来,但就像此前警告的那样,医生无法为他止血,悲伤的家人只好无奈地看着这年轻的生命慢慢消逝。

资料来源:《法制文萃》2006.01.26

二、食品卫生

食品是人们赖以生存和获得营养的商品,对人体必须是无害的。食品卫生直接关系到人的身体健康和生命的安全。"病从口入",人类的许多疾病与食品污染有一定的关系,因此防止食品污染,保证食品卫生、安全,已成为当前世界范围内关注的重要问题。

食品卫生的基本要求必须是无毒、无害,符合应有的营养要求,具有相应的色、香、味等感官性状。

天然食品本身所含的有害物质很少,对人体危害不大,但食品从种植、生长到收获,从生产、加工、储存、运输、销售到食用前的各个环节中都有可能使某些有毒有害物质进入食品,从而导致食品的卫生质量降低,对人体造成极大的危害。

食品中有毒有害的物质,有的来源于食品本身,有的来源于各种污染。

(一)食品自身产生的毒素

有的天然食品,本身就含有毒素,如河豚鱼的肝、血、卵等部位含有河豚毒素;苦杏仁、木薯块根中含有氰甙类毒素;土豆发芽后会产生龙葵素;死亡后的鳝鱼、鳖、河蟹的体内含有组胺毒素等。故食用时一定要加以注意。

(二)食品的各种污染

污染食品的有害物质按其性质大体上可分为生物性污染、化学性污染及放射性污染三种。

1. 生物性污染

食品的生物性污染,是指食品在生产、运输、储藏、销售等各个环节中,受到致病微生物和寄生虫、卵的污染。

通过污染食品而危害于人体的寄生虫及虫卵主要有囊虫、蛔虫、绦虫、肝吸虫、肺吸虫、旋毛虫等。病人、病畜排出的带有寄生虫卵的粪便污染水源或土壤,由此再使家畜等动物及水果、蔬菜受到感染或污染,或直接污染食品,导致人类患上寄生虫病。

防止食品生物性污染,主要是加强食品的卫生管理和监督,提高食品卫生的科学管理水平,创造一个适宜的食品储藏环境。

2. 化学性污染

指食品在生产、加工、运输、储藏、销售等各个环节中被某些化学有害物质污染。主要有以下几种。

(1)农药污染。适当地使用农药,是消灭农作物的病虫害和杂草、保证农产品丰收的一项重要措施。但是,广泛、过量使用农药、化肥、杀虫剂、除草剂、动植物生长剂等致使一些有害成分进入食品中而对食品造成了污染。

农药对食品的污染主要通过如下途径:农药喷洒于农作物后渗入植物体内;农药散落在土壤中后通过农作物根部吸入植物体内;农药污染农作物茎秆和牧草,再做饲料喂养家畜和家禽;农药通过水源进入农作物或人体内。为了防止农药对食品的污染,国家对农药使用的种类和用量都有严格的限制,有效地控制了食品的污染。

(2) 重金属对食品的污染。重金属主要是工业生产中不适当地排出的废气、废水和废渣即工业的"三废",对人体危害较大的重金属有汞、镉、砷、铅等。

重金属进入人体后,与蛋白质结合形成不溶性盐而使蛋白质变性,使人体出现各种中毒症状。汞化合物会进入人体血液中,并与血红素结合,然后进入脑组织而引起脑中毒,使人乏力、头晕、失眠,肢体末梢、嘴唇、牙根麻木和刺痛,语言不清,视力模糊,记忆力衰退,严重时会导致痉挛而死亡。

(3) 添加剂对食品的污染。食品添加剂是为改善食品品质和色、香、味,以及为防腐和加工工艺的需要而加入食品中的化学或天然物质。

由于添加剂多系化学物质,这些物质不一定具有营养价值,有的具有一定的毒性,对添加剂使用不当或采用不合乎卫生要求的食品添加剂会使有害物质进入食品中,如长期大量摄入,可能会产生一定的毒害作用。

食品中的添加剂主要有防腐剂、抗氧化剂、发色剂、漂白剂、凝固剂、疏松剂、着色剂、香精等。食品中的添加剂有天然与人工合成两种,对于食品添加剂允许使用的种类,我国有严格的国家标准。

3. 放射性污染

放射性污染的主要来源有两种:一是来自宇宙射线和地壳中的放射性物质,即天然的放射性污染;二是来自核试验及和平利用原子能产生的放射性物质,即人为的污染。目前食品中放射性物质的实际污染情况,以铯137和锶90最为严重。特别是锶90,半衰期较长,多蓄积于骨内,影响造血器官,且不易排出,对人体有严重危害。某些海产动物,如软体动物能蓄积特别危险的锶。

【知识链接10-1】

《食品卫生法》规定12种食品为不合格食品,包括感官性状异常,可能对人体健康有害的,含有毒有害物质或被其污染的,含有致病性寄生虫或微生物或微生物毒素含量超过国家标准的,未经检验或检验不合格的肉类及其制品,病死或毒死或死因不明的禽畜兽、水产动物及其制品,使用污秽不洁容器或运输工具造成污染的,掺假、掺杂或伪造而影响营养或卫生的,用非食品原料加工的,加入非食品用化学物质的或将非食品用化学物质或将非食品当作食品的,超过保质期的,为防病等特殊需要未经卫生部或省级人民政府专门规定禁止出售的,使用未经卫生部批准的添加剂或农药残留超过国家规定容许量,以及其他不符合食品卫生标准和卫生要求的食品。

资料来源:http://www.cctv.com/community315/20080131/103857.shtml

三、食品安全

根据世界卫生组织的定义,食品安全(food safety)是"食物中有毒、有害物质对人体健康影响的公共卫生问题"。食品安全要求食品对人体健康造成急性或慢性损害的所有危险都不存在,是一个绝对概念。降低疾病隐患,防范食物中毒的一个跨学科领域。食品安全问题举国关注,世界各国政府大多将食品安全视为国家公共安全,并纷纷加大监管力度。

食品安全的概念可以表述为:食品(食物)的种植、养殖、加工、包装、贮藏、运输、销售、消费等活动符合国家强制标准和要求,不存在可能损害或威胁人体健康的有毒有害物质以导致消费者病亡或者危及消费者及其后代的隐患。该概念表明,食品安全既包括生产安全,也包括经营安全;既包括结果安全,也包括过程安全;既包括现实安全,也包括未来安全。

1996年,世界卫生组织将食品安全界定为"对食品按其原定用途进行制作、食用时不会使消费者健康受到损害的一种担保",将食品卫生界定为"为确保食品安全性和适用性在食物链的所有阶段必须采取的一切条件和措施"。食品质量则是指食品满足消费者明确的或者隐含的需要的特性。从目前的研究情况来看,在食品安全概念的理解上,国际社会已经基本形成如下共识。

首先,食品安全是个综合概念。作为一种概念,食品安全包括食品卫生、食品质量、食品营养等相关方面的内容和食品(食物)种植、养殖、加工、包装、贮藏、运输、销售、消费等环节。而作为属概念的食品卫生、食品质量、食品营养等(通常被理解为部门概念或者行业概念),均无法涵盖上述全部内容和全部环节。食品卫生、食品质量、食品营养等在内涵和外延上存在许多交叉,由此造成食品安全的重复监管。

其次,食品安全是个社会概念。与卫生学、营养学、质量学等学科概念不同,食品安全是个社会治理概念。不同国家以及不同时期,食品安全所面临的突出问题和治理要求有所不同。在发达国家,食品安全所关注的主要是因科学技术发展所引发的问题,如转基因食品对人类健康的影响;而在发展中国家,食品安全所侧重的则是市场经济发育不成熟所引发的问题,如假冒伪劣、有毒有害食品的非法生产经营。我国的食品安全问题则包括上述全部内容。

再次,食品安全是个政治概念。无论是发达国家,还是发展中国家,食品安全都是企业和政府对社会最基本的责任和必须作出的承诺。食品安全与生存权紧密相连,具有唯一性和强制性,通常属于政府保障或者政府强制的范畴。而食品质量等往往与发展权有关,具有层次性和选择性,通常属于商业选择或者政府倡导的范畴。近年来,国际社会逐步以食品安全的概念替代食品卫生、食品质量的概念,更加突显了食品安全的政治责任。

最后,食品安全是个法律概念。自20世纪80年代以来,一些国家以及有关国际组织从社会系统工程建设的角度出发,逐步以食品安全的综合立法替代卫生、质量、营养等要素立法。1990年,英国颁布了《食品安全法》;2000年,欧盟发表了具有指导意义的《食品安全白皮书》;2003年,日本制定了《食品安全基本法》;部分发展中国家也制定了《食品安全法》。综合型的《食品安全法》逐步替代要素型的《食品卫生法》、《食品质量法》、《食品营养法》等,反映了时代发展的要求。

第二节 代表性食品

一、酒类商品

酒是一种含有酒精的饮料,与人民的生活关系密切,已经成为大众习惯性的消费品,适量饮酒有益于健康,过度饮酒则有害于健康。我国有悠久的酿酒历史,远在五千年前龙山文化时期,就已经开始酿酒。我国的酒类品种繁多,质量优异,载誉中外。

按生产方式不同。酒类商品主要有蒸馏酒、发酵原酒、配制酒。

①蒸馏酒。原料经发酵后,用蒸馏的方法使酒糟和酒液分离而制得的酒。其酒精含量较高,刺激性较大。世界上蒸馏酒有6种,除我国的白酒外,还有白兰地、伏尔加、威士忌、朗姆酒、金酒等。

②发酵原酒。又称压榨酒,原料经发酵后用压榨的方法直接使酒糟和酒液分离得到的酒。其酒精含量低,且保留了原料的风味和营养,刺激性小,如黄酒、啤酒、果酒。

③配制酒。采用成品酒或食用酒精,与糖料、香料、药料等,按一定比例配制而成的酒,酒精含量因品种不同而异。未加药材的称为露酒,加入药材的称为药酒。

(一)白酒

白酒以含糖或含淀粉的物质为原料,经糖化、发酵、蒸馏等工艺而制成的一种蒸馏酒,是我国传统的饮用酒。生产工艺独特,品种繁多。

1. 白酒的原料

酿造白酒的主要原料有含糖和含淀粉的原料、辅料、酒曲、酒母、水等。含糖和含淀粉的原料主要是谷物、薯类等,如高粱、玉米、大米、白薯、野生原料。辅料主要是一些农副产品。

酒曲是淀粉原料的糖化剂,酒曲中存在的酒化菌,能把淀粉水解为单糖,同时有一定的发酵作用。不同的酒曲,不仅关系到原料的出酒率,同时对酒的风味也影响很大。目前常用的主要有大曲、小曲、麸曲等。大曲酿造的酒浓郁多香,但成本较高;小曲酒一般香味淡薄;而麸曲酒成本最低,但不如大曲酒风味好。酒母是酒的发酵剂。水对白酒的影响极大,必须符合生活用水的卫生标准。

2. 白酒的主要成分

白酒的主要成分有酒精、酸、醛、酯等。

①酒精。为酵母发酵葡萄糖的产物,有强烈的口味,对嘴唇有烧灼感,还有一点爽快的香气。其含量的高低决定了白酒刺激性的强弱。过高的酒度口感辛辣;过低则滋味淡薄;酒度适中,口感醇和。

②酸。白酒中各种脂肪酸的总量,是重要的呈味物质。含酸过少,口味寡淡,后味短;含酸过多,酸味露头,掩盖甜味,口感粗糙;含酸适中,酒味醇厚。一般含酸在0.05克/100毫升以

下。

③醛。主要是乙醛。微量的乙醛使酒香突出,但醛有较强的刺激性和辛辣味,饮后易引起头晕,有害于健康。故含量越少越好。

④酯。白酒中的酯,已分析出的有30多种,是白酒中重要的呈味物质。白酒香型的划分,就是取决于酯的成分。

⑤高级醇。又名杂醇油,指碳原子多于酒精的醇类。它们是酒的芳香组分之一,又是酯的前驱物质,但若含量过多,使酒有刺鼻气味和苦涩味,饮后头晕,为恶醉之本,有害于人体健康。

⑥甲醇。为一种无色液体,在人体内氧化成甲醛,是有毒的成分,尤其对视神经危害极大(100毫升甲醇就会使人失明)。

3. 白酒的香型

我国的白酒,尤其是名酒和优质酒,由于酿造原料、工艺、设备不同,形成了不同的香气特点,一般分为如下几类。

①酱香型。酱香突出,香气幽美,酒体醇厚,口味绵长,香气扑鼻,饮后空杯,香气犹存。主体香为挥发性的酚类化合物,代表品种有贵州的茅台、四川的郎酒。

②浓香型。窖香浓郁,清冽甘爽,绵柔醇厚,香味协调,尾劲余长。主体香为乙酸乙酯和适量的丁酸乙酯,代表品种泸州老窖特曲。这类品种较多,如五粮液、洋河大曲、古井贡酒等。

③清香型。清香纯正,口味协调,醇甜柔和,余味犹尽。主体香为乙酸乙酯和乳酸乙酯,代表品种有山西的汾酒。

④米香型。米香突出,香气清淡,入口柔绵,略有爽口的苦味。主体香气成分以乳酸乙酯为主,乙酸乙酯稍低,代表品种桂林三花酒。此为小曲酒的香型。

⑤其他香型。又称兼香型,同时兼有两种以上主体香的白酒。这种酒的闻香、口香、回味香各不相同,具有一酒多香的风格。代表品种为贵州的董酒,陕西的西凤酒。

4. 白酒的感官指标

白酒的感官指标有色泽、香气、滋味等。

①色泽。无色透明,清亮,无悬浮物,无沉淀物。

②香气。可分为溢香、喷香和留香。酒中芳香成分溢散于杯口附近的空气中,用嗅觉可直接辨别香气高低及特点,此即溢香(闻香);白酒入口后,酒中芳香成分受口腔温度的影响,使香气充满口腔,此即喷香;酒中高沸点的芳香成分较多时,酒虽咽下,口中还留有余香,此即留香,茅台酒的留香最为突出,素有余香绵绵之称。总之,白酒应有醇香,即其本身特有的酒香。

③滋味。白酒的滋味要求纯正,无异味,无强烈的刺激性,浓厚、醇和、纯净、回甜。

5. 白酒的特点

易挥发、易燃烧,储存时要注意。白酒中由于酒精含量高,故不容易变质,越储越香。

(二)啤酒

啤酒以大麦芽为主要原料,经糖化、发酵而酿造成的含有低度酒精和二氧化碳的发酵原酒。其营养丰富,含有人体必需的全部氨基酸及维生素等,发热量大,易消化吸收,有"液体面包"之称,是一种对人体有益的低度酒。

1. 啤酒的原料

啤酒的原料主要有大麦芽、酒花、啤酒酵母、水及辅料等。酒花是一种植物,给啤酒以特殊的香气和爽口的苦味,促进麦汁的澄清,提高啤酒的稳定性,增加啤酒的泡沫持久性。

2. 啤酒的主要成分

啤酒中的主要成分有:水,90%左右;酒精成分含量较少,一般为2%~5%左右;含有较多的浸出物,浸出物主要是一些营养物质,如糖类、蛋白质、酸类、矿物质等;此外还含有二氧化碳等。二氧化碳使啤酒清凉爽口,饮后能帮助体内热量散发,且使啤酒产生泡沫。

3. 啤酒的度数和种类

啤酒的度数同其他酒不同,它不是指酒精的含量,而是指原麦汁浓度,即啤酒的麦芽辅料糖化后液体中含糖的浓度。如12度的啤酒是用含糖量12%的原麦芽汁发酵而成的,其酒精含量3.5%左右。

啤酒可按如下标准分类。

①按度数(原麦汁浓度)分。低浓度啤酒,原麦汁浓度7~8度,酒精含量2%左右,用料少,成本低,稳定性差,多做清凉饮料;中浓度啤酒,原麦汁浓度10~12度,酒精含量2.9%~3.7%左右,稳定性较好,储存期较长,是啤酒中的大宗商品;高浓度啤酒,原麦汁浓度14~18度,酒精含量4.1%~4.5%左右,用料多,成本高,品质好,口味醇厚,适于储存。

②按颜色分。淡色啤酒,又称黄啤酒,浅黄色,稍带绿头,符合我国大众的消费习惯;深色啤酒,又称黑啤酒,其生产工艺与黄啤酒基本相同,只是酿造中加入了部分黑麦芽、焦香麦芽和少量的糖,其为咖啡色,有光泽,具有大麦芽的焦香味,麦汁浓度高,固形物多,滋味醇厚,深受欧美国家的消费者厚爱。

③按是否杀菌分。鲜啤酒,又称生啤酒,是未经杀菌的新鲜啤酒,酒中含有活的酵母菌,维生素多,口味鲜美,营养价值高,但稳定性较差,保管期短,一般为5~7天,适于产地销售;熟啤酒,经过高温杀菌(巴氏杀菌)的啤酒,稳定性好,保管期长,但风味不及鲜啤酒鲜美,颜色较深。

4. 啤酒的感官指标

①透明度,啤酒要求酒液透明,有光泽,无悬浮、沉淀物,无失光现象。

②色泽,淡色啤酒为淡黄色,稍带绿头,色泽越浅越好,深色啤酒为咖啡色,有光泽。

③泡沫,啤酒注入杯中,立刻有泡沫升起,泡沫应洁白、细腻、厚实、持久。

④香气和滋味,啤酒应有显著的酒花的香气和爽口的苦味,不得有酸味或其他异味,深色啤酒有大麦芽的焦香味,入口醇厚、柔和、清爽。

5. 啤酒的储藏

啤酒是一种含酒精较低的饮料酒,且酒中含有较多的营养物质,故不易储存,易受杂菌感染或由于理化作用而发生质量变化,轻者失光,重者出现浑浊和沉淀现象,严重时不能饮用。因此,啤酒应避光低温储藏,生啤酒一般适宜温度为5~10℃,最高不超过15℃;熟啤酒一般为5~20℃,一般不超过25℃。温度越高,储存期越短。啤酒的储存期限一般为:生啤酒5~7天,熟啤酒3~9个月。

(三)黄酒

又名老酒,是以大米、糯米或黍米等谷物为原料,经蒸煮、糖化、发酵、压榨等工艺而酿造成的低酒度的发酵原酒。黄酒含有丰富的营养成分,营养价值高。除饮用外,还可用在烹调方面提味去腥,也可用做中药药引,是我国特有的传统饮用酒。黄酒的主要原料是米,如粳米、糯米、黍米等;此外还有酒曲和酒药、酒母、水等。

1. 黄酒的主要成分

①酒精。其含量高低与黄酒的风味有关,也与其保存期限有关,普通黄酒中含酒精约11%~18%。

②酸。其与黄酒滋味、香气均有关系,含酸量一般在0.4%左右为好。

③糖。其含量的高低和酒的甜味及酒体的黏稠度有关,不同的黄酒,糖分要求有很大差别。此外,黄酒中还含有甘油、氨基酸、维生素等成分。

2. 黄酒的种类

我国的黄酒主要有以下几种。

①绍兴黄酒。为我国历史悠久的名酒,因其以鉴湖之水为酿造用水,故又称为鉴湖名酒;因陈年老酒质量最佳,当地群众习惯称为老酒。绍兴黄酒以糯米、麦曲、酒药等为原料酿造而成,酒液清亮有光,香气浓郁芬芳,口味鲜美、醇厚,独特风格极为显著,不同品种的色、香、味各有独特之妙。主要品种有加饭酒、元红酒、善酿酒等。

②福建黄酒。以糯米或粳米为原料,以红曲为糖化发酵剂酿造而成。其气味芬芳,滋味醇厚,糖度、酒度、酸度配合得恰到好处,有独特的风味,饮后余味绵长,经久不息。以福建沉缸酒和福州老酒最著名。

③山东黄酒。我国北方黄酒的代表。以黍米为原料,以米曲霉酿制的麸曲为糖化发酵剂制得。其中以即墨老酒最为著名,其色黑褐明亮,其液盈盅不溢,其味醇和郁馨,其功舒筋活血。酒度12度,糖8%。

3. 黄酒的感官指标

①从色泽上看,大多数的黄酒,具有黄中带红的颜色,清亮,有光泽。但黄酒的色泽也因品种不同而异,有红褐色、黑色等。

②从香气上看,黄酒的香气十分复杂,具有药香、酒香和曲香之综合香。以浓郁、爽冽为优,不带任何外来的气味。

③从滋味上看,黄酒滋味应是酸、甜、苦、涩、辣五味调和,醇厚稍甜,无异味。

4. 黄酒的储藏

黄酒一般采用陶质酒坛包装,其有利于黄酒的陈酿和酯化作用,黄酒在适宜的条件下,储藏得越久,品质越好。储藏黄酒最好选择温度变化较平稳的地下库房或酒窖,这样能促进黄酒的陈酿,温度最好保持在-5~20℃之间。由于黄酒中含有较多的营养成分,故储存后有时会出现少量沉淀,这是正常现象,并非变质。

(四) 葡萄酒和果酒

葡萄酒和果酒以葡萄或其他果实为原料,经发酵而酿造成的含有低度酒精的发酵原酒。

1. 葡萄酒和果酒的原料

主要有:果实,要求完全成熟;糖,绵白糖或白砂糖;白兰地或食用酒精;酵母和水。

2. 葡萄酒和果酒的主要成分

主要有:酒精,其含量的高低,决定酒的刺激性强弱,一般为12%~18%;酸,直接影响酒的香气和滋味;糖,决定酒的甜度的大小;单宁,使酒有爽口的风味;此外还有色素、浸出物等。这是一种富含营养的饮料酒。

3. 葡萄酒和果酒的类型

①葡萄酒以葡萄为原料,是经发酵酿造而成的低酒度的发酵原酒。按颜色可分为红葡萄酒和白葡萄酒。红葡萄酒用果皮带有色素的红葡萄制成,含有果皮的色素,酒色有深红、鲜红或宝石红,口味甘美,香气芬芳,酒度14~18度;白葡萄酒,用白葡萄或去皮的红葡萄酿造而成,呈淡黄色或金黄色,酒液清澈透明,口味纯正,酸甜爽口,酒度12度左右。

②果酒以各种果实为原料发酵而成。按原料来源分为山楂酒、苹果酒、柑橘酒、杨梅酒、荔枝酒、菠萝酒等。

4. 葡萄酒和果酒的感官指标

从色泽上讲,应该有原料果实的自然色泽或接近于原料果实的色泽;从清浑状态上看,酒液应清亮、透明,有光泽,无悬浮物;二氧化碳现象,这是鉴别汽酒的一个指标,要求起泡要细致、连续、持久;从香气上看,果酒的香气是由多种物质以一定比例关系所形成的,既有酒香,又有果香,要求最大限度地突出果香;从滋味方面讲,果酒品种繁多,滋味复杂,其与酒度、酸度、糖度、单宁及色素的浓淡、谐调等均有关系,总的要求是甜酒甜而不腻,干酒干而不涩,酸甜可口,谐调醇和,无异味,保持果酒的自然风味。

5. 葡萄酒和果酒的储藏

葡萄酒和果酒应储藏于清洁通风之处,避免阳光直射,温度一般为8~16℃,储藏时间越短越好。

二、饮料

饮料是以水为基本原料,采用不同的配方和制造方法生产出来,供人们直接饮用的液体食品。饮料中含有大量的水分,能补充人体所需的水分,是人体获取水分的途径之一。

饮料一般可分为含酒精饮料和无酒精饮料,无酒精饮料又称为软饮料。我们这里所说的饮料主要指软饮料。

软饮料是经过包装的,乙醇含量小于0.5%的饮料制品。据原料和产品形态的不同,软饮料多达九大类:碳酸饮料、果汁饮料、蔬菜汁饮料、乳饮料、植物蛋白饮料、瓶装饮用水、固体饮料、特殊用途饮料以及其他饮料等。

1. 碳酸饮料

碳酸饮料是在一定条件下充入二氧化碳气的饮料制品,一般是由水、甜味剂、酸味剂、香精香料、色素、二氧化碳及其他原辅料组成。

碳酸饮料主要起清凉解暑作用,为嗜好性饮料,一般没有营养价值。但是不同产品有不同的特点,有的确有补充维生素、电解质等作用。根据产品的原料成分和口味的差异,碳酸饮料分为果汁型、果味型、可乐型等。

2. 果汁饮料

果汁饮料指用新鲜或冷藏的水果为原料,经加工制成的饮料制品,可分为原果汁、浓缩果汁、原果浆、水果汁、果肉果汁、高糖果汁、果粒果汁等。

果汁饮料为身体提供健康不可缺少的天然化合物,包括果糖、酶、矿物质、有机酸、胡萝卜素、蛋白质和维生素。但果汁饮料不是水果,更不能代替水果。虽然里面有很多营养物质,但也缺少一种重要的成分,就是水果中的粗纤维。而且,果汁中的糖分很高,睡前喝容易让血液黏稠度升高,会增加心脑血管病的风险,而且对血糖控制十分不利。

3. 蔬菜汁饮料

蔬菜汁饮料是一种或多种新鲜蔬菜汁、发酵蔬菜汁加入食盐或糖等配料,经脱气、均质及杀菌后所得的各种蔬菜汁制品,具有一定的营养。用新鲜或冷藏蔬菜(包括可食的根、茎、叶、花、果实、食用菌、食用藻类及蕨类)等加工制成。包括蔬菜原汁饮料和蔬菜汁饮料。

蔬菜汁饮料除能消暑解渴外,还富含维生素和矿物质,而且含有一些对人体组织有利的特殊植物化学元素,具有一定的营养保健功能。

4. 乳饮料

乳饮料以鲜乳或乳制品为原料经发酵或未经发酵,经加工制成的制品。

(1)配制型乳饮料。以鲜乳或乳制品为原料,加入水、糖液、酸味剂等调制而成的制品,成品中蛋白质含量不低于1%称乳饮料,蛋白质含量不低于0.7%称乳酸饮料。

乳饮料生产周期短,工艺较简单,不需发酵,只要将各种配料混合均匀,制成均一状态的乳浊液即可。乳酸饮料除具有牛奶的高蛋白营养外,由于添加了果汁酸味剂等还具有酸甜适口的特点。它的保质期一般是6个月。

(2)发酵型乳饮料。以鲜乳或乳制品为原料,经乳酸菌类培养发酵制得的乳液中加入水、糖液等调制而成的制品,成品蛋白质含量不低于1%称乳酸菌乳饮料,蛋白质含量不低于0.7%称乳酸菌饮料。

乳饮料由于只含有少量的乳成分(一般乳成分只占5%左右),主要是水、糖、酸等,因此它的营养价值低于牛奶和酸奶。这类饮料具有一定补充营养物质的作用,但主要作用还是解渴。

【知识链接10-2】

乳酸菌饮料

目前,市场上出售的乳酸菌饮料分两个类型:一种是具有活性的乳酸菌饮料,简称活性乳;另一种是非活性乳酸菌饮料,也就是通常所说的乳酸菌饮料。

所谓活性乳,就是在乳酸菌饮料中含有活的乳酸菌。按要求每毫升活性乳中活乳酸菌含量不应少于10万个。当人们饮用了这种饮料后,乳酸菌便沿着消化道到大肠,由于它具有活性,乳酸菌在人体的大肠内迅速繁殖,同时产酸,能有效地抑制腐败菌和致病菌的繁殖和成活,而乳酸菌则对人体无害。所以,经常饮用活性乳,对人体的健康大有裨益。活性乳中由于含有大量活的乳酸菌,因此在储存和销售过程中,都要求低温,一般为$-10 \sim 2℃$。密封包装的活性乳的保存期为15天。

乳酸菌饮料一般不具有活性。该饮料在生产时虽然接种了乳酸菌,而且在发酵过程中,乳酸菌得到了大量繁殖,并产生了适量的乳酸,产品仍然酸甜适口、芳香宜人。但是,由于生产厂家为便于运输和销售,经常在产品装瓶密封后,再用加热的方法进行无菌处理。这样,乳酸菌饮料中的活菌亦被杀灭,变成了非活性乳酸菌饮料。这就是市场上出售的乳酸菌饮料。这种饮料可以在常温下(25℃)储存和销售,保存期不少于3个月。

资料来源:http://yun.fh21.com.cn/39120/yingyang/ysjk/html/20050720/100458.html

5. 植物蛋白饮料

植物蛋白饮料是用蛋白质含量较高的植物的果实、种子或核果类、坚果类的果仁等为原料,经加工制得的制品。

植物蛋白饮料的主要营养成分是植物性蛋白,能提供能量和蛋白质,其中豆乳(纯豆乳)的营养价值最高。由于大豆中大部分可溶性营养成分都在豆乳中,豆乳中蛋白质含量高于牛乳。与牛乳相比,豆乳中油脂的不饱和脂肪酸含量高,并且不含有胆固醇。豆乳中还含有丰富的矿物质,特别是铁的含量较高(高于牛乳),但钙的含量较低,适合中老年肥胖人群。杏仁饮料有润肺作用,核桃饮料含磷脂有健脑作用。

三、茶叶

茶叶与咖啡、可可是世界三大饮料,而茶叶作为饮料,历史最悠久,饮用地区最为广泛,远远超过咖啡和可可。茶叶不仅是我国人民日常生活中不可缺少的消费品,也是国际贸易中的大宗商品。我国茶叶的主要产区分布在长江、淮河、钱塘江、闽江、珠江各流域,目前产茶最多的是浙江省,其次是安徽、湖南、四川、云南、福建、湖北、广东、广西、江西、贵州、江苏、陕西、河南等省份。

(一)茶叶的主要成分

茶叶的成分不仅决定茶叶的质量,还与饮茶的功效有密切联系,主要有如下几种。

1. 多酚类化合物

又名茶多酚、茶单宁、茶鞣质,是以儿茶素为主体的酚类化合物。纯茶多酚为白色粉末,在空气中有酶参加时易氧化为棕色树胶状物,称为根皮鞣红;在无酶时,缓慢氧化成棕黄色,并无光泽(陈茶)。茶水放几天后,表面有一层油状物,也是茶多酚氧化而成。茶多酚溶解度与温度成正比,温度越高,溶解度越大,水浸出物越多,故用开水来泡茶。其略呈碱性,并有收敛性涩味(类似于柿子),茶汤是中性的,因其与碱中和所致,茶汤的滋味一般由茶多酚而来。茶多酚遇铁会生成墨绿色沉淀,使茶汤呈淡黑色,故不能用铁制的容器来泡茶,否则使茶水发黑、发暗,失去明亮光泽。茶多酚能与蛋白质结合生成鞣酸蛋白,易被人体消化吸收,因其增加了蛋白质的韧性,如茶蛋,故喝茶能帮助消化。茶多酚能与所有的生物碱结合,形成白色晶体沉淀,而后随粪便排出体外,故其具有解毒、杀菌作用,喝茶可解除烟毒(尼古丁)。茶多酚含量一般为红茶 16%～17%,绿茶 11%～18%。含分子量小的茶多酚茶味纯,质量好,故嫩茶质量好。

2. 咖啡碱

茶叶中的生物碱有咖啡碱、可可碱、茶碱等几十种,其中以咖啡碱为主,咖啡碱在 1820 年最早在咖啡中发现,1827 年又在茶叶中发现。它被定名为茶素,因其在咖啡中含量较多,故仍称为咖啡碱。

咖啡碱为白色丝状长针形晶体,加热后成蒸气,其无臭、味苦,有辛辣味,刺激口腔黏膜,但因茶汤中含量甚微(2%～4%),故一般显示不明显。咖啡碱在嫩茶中含量较高,其有如下功能:刺激神经中枢,促进大脑皮层产生兴奋;加强血液循环,促进新陈代谢;提神解倦,镇定神经;增强人体肌肉伸缩功能和心脏、肾脏功能;由于其刺激性,喝茶能使人上瘾。

3. 芳香物

又名茶香精,为柠檬黄色的油状体,是酯类、酚类、醛类、酸类、酮类、醇类等有机物的混合物,有浓烈的茶香,易挥发。

芳香物在茶中含量不多,但其对茶叶香气起主要作用,是评价茶叶的一个重要指标。幼芽嫩叶制成的茶含芳香油较多,随着叶片的生长,芳香油逐渐转化为树脂,故粗芽老叶制成的茶芳香油较少。芳香油易挥发,温度越高挥发越快,所以泡茶时要加盖,防止芳香油的挥发。

4. 氨基酸

茶叶中氨基酸的含量一般在 2%～5% 之间,因品种不同而异,一般高级茶多于低级茶,绿茶多于红茶。氨基酸具有强心、利尿、扩张血管、松弛支气管和平滑肌肤的作用。同时也为茶叶中的重要呈味物质,与茶叶的香气有直接关系,能使茶汤更鲜美,滋味更丰满;有的氨基酸在用热水冲泡后,会与糖类物质发生化合作用,发出诱人的香气。

5. 维生素

茶中还含有较多的维生素,如维生素 A、B、C、D、E 等,其中维生素 C 含量最丰富,它能防止坏血病,促进脂肪氧化,排除胆固醇,从而治疗因血压升高而引起的动脉硬化。红茶中的维生素 C 含量约 10 毫克/100 克,绿茶大多数在 150～200 毫克/100 克;其次是 B 族维生素,如维生素 B1、维生素 B2 等,维生素 B 能维持神经、心脏及消化系统的正常功能。

(二) 茶叶的种类

从茶树上采摘下来的茶叶,经过不同的方法加工,可以制成各种色、香、味、形和独特风格的成品茶。根据加工方式的不同,茶叶可分为五大类,即红茶(全发酵茶)、绿茶(不发酵茶)、青茶(半发酵茶)、花茶和紧压茶(再制茶)等。

1. 红茶

这是一种全发酵的茶叶,是利用茶多酚在酶的作用下氧化变红的原理制作而成的。在制茶过程中,先将鲜叶萎凋,蒸发水分,促进酶的活性,而后揉捻,将叶片卷曲成条索状,破坏鲜叶细胞,使茶汁流出,在酶的作用下氧化变红(发酵),去掉苦涩味,且使绿叶变红,形成特有的色、香、味、形,而后烘焙使茶叶停止发酵且干燥。其特点是红叶红汤,干茶色泽乌黑油润,冲泡后汤色红艳明亮,香气浓烈,滋味醇厚。

2. 绿茶

它是一种不发酵的茶叶,鲜叶经过杀青,酶被破坏,防止了茶多酚的氧化,保持了鲜叶的绿色。绿茶的加工过程为"鲜叶—杀青—搓捻—干燥—绿毛茶"。

绿茶色绿汤青,滋味清鲜,香气浓郁,即有"干绿、汤绿、叶底绿"三绿特点,根据干燥方式不同,有如下几种:一是干燥时用铁锅炒制的炒青绿茶,如龙井、碧螺春等;二是干燥时用烘笼烘干的烘青绿茶,著名品种有黄山毛峰、信阳毛尖等;三是直接在阳光下晒干的茶晒青茶,为福建特产。

3. 青茶(乌龙茶)

青茶属于半发酵茶,为我国特有的产品,综合了红绿的加工技术而成。先取红茶的加工技术,经过摇青,叶与叶相碰,互相摩擦,使叶缘细胞破损而发酵变红,后取绿茶的加工方式。高温炒青破坏酶的活性,使叶片不能发酵保持绿色。其品质介于红、绿茶之间,外形条索粗大松散,色泽青灰有光,水色清澈,棕黄带红,具有绿茶的清芬香气和红茶的醇厚香气,叶底中央呈绿色,边缘为朱红色,有"绿叶红镶边"之称。

青茶主要产地为中国台湾、福建、广东三省,著名品种有铁观音、水仙茶、岩茶等。

4. 花茶

又名香片,是我国的特产。用干燥的茶坯,加鲜花窨制而成的再制茶。茶坯原料主要是绿茶中的烘青茶,也有少量的炒青茶、乌龙茶和红茶。主要产地为福建、苏州、广州、广西、安徽等地。

花茶品种较多,多以鲜花命名,如茉莉花茶、玫瑰花茶、柚花茶、玳玳花茶、珠兰花茶、桂花茶等。各种花茶具有不同的香气,以茉莉花茶质量最优。

5. 紧压茶

紧压茶即各种块状茶,再制茶。其目的是压缩体积,便于储运。是一类改变茶叶形态,使其压制成型的供边疆少数民族地区用,也有的作为侨销茶。

紧压茶的原料一般为晒青茶和红茶的毛茶和副脚茶(红茶末),经蒸茶压制而成。其有各种砖茶(红砖、青砖、茯砖、米砖等)、沱茶、饼茶等,成品硬度高,需用刀砍或捣碎煮制后饮用。

(三) 茶叶的储藏

1. 茶叶的特性

茶叶是季节性生产而长年消费的商品,故必须做好储藏工作。茶叶吸湿及吸味性强,很容易吸附空气中水分及异味,若储存方法稍有不当,就会在短时期内失去风味,而且越是名贵茶叶,越是难以保存。通常茶叶在储放一段时间后,香气、滋味、颜色会发生变化,原来的新茶叶滋味消失,陈味渐露,故必须针对其特性采取相应的储藏措施。

影响茶叶变质、陈化的主要环境条件是温度、水分、氧气、光线和它们之间的相互作用。温度越高,茶叶外观色泽越容易变褐色,低温冷藏(冻)可有效减缓茶叶变褐及陈化。茶叶中水分含量超过5%时会使茶叶品质加速劣变,并促进茶叶中残留酵素之氧化,使茶叶色泽变质。引起茶叶劣变的各种物质之氧化作用,均与氧气之存在有关。光线照射对茶叶会产生不良的影响,光照会加速茶叶中各种化学反应的进行,叶绿素经光线照射易褪色。

2. 茶叶的储藏方法

茶叶应储存于干燥、通风、避光、清洁之处,不能和有异味的商品同库存放;库内温度一般控制在30 ℃以下,相对湿度低于60%;并尽量缩短其储藏期限。

现代科学技术在防止茶叶陈化方面也得到了应用,如抽氧充氮、避光冷藏法。预先将茶叶水分干燥至4%~5%,装入不透气的容器中,进行抽氧充氮密封,并储藏在专用的茶叶冷库(−10~−5 ℃)中。由于茶叶处在无氧、干燥、无光、低温的条件下,茶叶的陈化基本上可以制止。用这种方法储藏的茶叶,经3~5年仍能保持原来的色、香、味特性。

四、乳制品

乳是营养丰富的食品,含有人体生长发育及代谢所必需的营养成分,所含营养成分几乎全部能被人体消化吸收,被人们称作完全营养食物。世界卫生组织也把人均乳品量列为衡量一个国家人民生活水平的主要指标。

一个人每天喝两杯牛乳,即500毫升,能获得优质蛋白16.5克、脂肪17.5克、糖22.5克、钙600毫克、维生素A约20国际单位、维生素D约10国际单位、维生素B1约0.5毫克、维生素B2约0.8毫克,能满足人体每天需要的动物蛋白质约50%、热能约30%、钙约50%,以及可满足每天所必需的氨基酸。

乳是乳畜生产犊(羔)后由乳腺分泌的一种具有乳胶特性的生物学液体,其色泽呈白色或略带黄色,不透明,味微甜并具有特有的香味。乳有牛乳、羊乳、马乳等,最常见的是牛乳。

1. 乳的基本成分及其性质

牛乳含有以下五大营养成分:

(1) 蛋白质。蛋白质是牛乳的重要营养物质,鲜牛乳的蛋白质含量为3.4%。主要包括酪蛋白、乳清蛋白和脂肪球膜蛋白三种。乳蛋白的消化吸收率一般为97%~98%,属完全蛋白质。牛乳中还含有人体必需的八种氨基酸;且比例适当。一个人每天摄入500克牛乳,就可以拥有每日推荐量的全部必需氨基酸。它能供给机体营养,执行保护功能,负责机械运行,控制代谢过程,输送氧气,防御病菌的侵袭,传递遗传信息。

(2)乳脂肪。牛乳中脂肪含量约占3.6%,且呈乳糜化状态,以极小脂肪球的形式存在,均匀地分布在乳汁中,易被人体消化吸收。摄入人体后可经胃壁直接吸收,这对婴儿的生长特别有利。乳脂肪是一种消化率很高的食用脂肪,能为机体提供能量,保护机体。乳脂肪不仅使牛奶具备特有的奶香味,还含有多种脂肪酸和少量磷脂,脂肪酸中的不饱和脂肪酸和磷脂中的卵磷脂、脑磷脂、神经磷脂等都具有保健作用。

(3)乳糖。乳糖是牛乳中特有的碳水化合物,含量为4.9%左右,较人乳(7%左右)少,其他食物中不含乳糖。乳糖的营养功能是提供热能和促进金属离子如钙、镁、铁、锌等的吸收,调节胃肠蠕动和消化腺分泌等作用,对于婴儿智力发育非常重要。另外,钙的吸收程度与乳糖数量成正比,丰富的乳糖含量能起到预防佝偻病的效果。

(4)无机盐。牛乳中含无机盐0.7%左右,以钙、磷、镁、钾、钠为多。牛乳中含有丰富的钙,每100克牛乳中含120毫克钙,且钙磷比例适当,有利于钙的吸收,所以牛奶是钙质的最好来源。如果每天饮用250克牛奶,就可以补充300毫克左右的钙,达到推荐供给量的35%。

(5)维生素。维生素对维持人体正常生长及调节多种机能具有重要作用,人体是不能自行合成维生素的,必须从食物中摄取。而牛乳中含有几乎已知的所有维生素,如维生素A、维生素D、维生素E、维生素K、维生素B1、维生素B2、维生素B12、泛酸等。所以,牛乳营养成分全面,营养价值高,是一种良好的滋补食品。

2. 乳的消毒

供直接饮用的全乳汁,亦称为生乳。生乳可能含有病原体,因此市场上销售的鲜乳都进行了消毒处理,常用的消毒方式有以下三种。

(1)煮沸消毒法。此法将乳直接煮沸即可,不需要特殊设备。但对乳的理化性质改变较大,营养成分损失较多。

(2)瓶装蒸汽消毒法。将生乳装瓶内加盖后,置蒸笼内加热消毒。加热的时间视设备条件而定。加热至80~85℃,维持15分钟,或蒸汽上升时起再加热10分钟即可。此法简单可靠,还可避免消毒后再污染。

(3)巴氏消毒法。其操作方法有多种,设备、时间和温度各不相同,但都能达到消毒的目的。一般可分为:①低温长时间消毒法,是将牛乳置于62%~65%下保持30分钟;②超高温短时间消毒法,是将牛乳置于130~150℃的温度下加热3秒钟。

乳的消毒一般可使乳中的细菌含量减少到最低程度,但仍残留耐热的微生物,因此不能长时间储存。

3. 乳的质量要求

衡量乳的质量指标主要有三个方面:一是感官指标;二是理化指标,主要取决于总干物质,如表 10.1 所示;三是微生物指标,要求尽可能减少微生物,如表 10.2 所示。

表 10.1 鲜乳的理化指标

项 目	指 标
比重	≥1.028
脂肪/%	≥3.00
酸度/t	≤16
汞/(mg/kg)	≤0.01
六六六(mg/kg)	≤0.01
滴滴滴(mg/kg)	≤0.01

表 10.2 鲜乳的微生物指标

项 目	指 标
细菌总数(个/mL)	≤30 000
大肠菌群(最可能数)(个/100 mL)	≤90
致病菌	不得检出

4. 乳质量感官鉴别

可以从色泽、状态、气味和滋味方面入手。

(1)色泽。正常新鲜牛乳应呈乳白色或稍带微黄色,如果牛乳色泽灰白发暗,或带有浅粉红色、黄色斑点,则说明牛乳已经变质或掺杂质。

(2)状态。正常的新鲜牛乳是均匀的乳浊液,有一定黏度,无上浮物和沉淀,无凝块、杂质;如果发现牛乳呈稠而不匀的溶液状,或上部出现清液,下层有豆腐脑状物质沉淀在瓶(袋)底,说明牛乳已变质。

(3)气味和滋味。正常的新鲜牛乳应有一种天然的乳香,其香味平和、清香、自然、不强烈。此香来源于乳脂肪,香气的浓淡取决于乳脂肪含量的多少,如果是部分脱乳脂肪的牛乳,其乳香味稍淡薄。新鲜的牛乳不应有酸味、鱼腥味、饲料味、酸败臭味等异常气味。

五、食用油

食用油脂分为植物油脂和动物油脂。食用植物油脂产品又可分为原油和成品油。原油即指未经精炼等工艺处理的油脂(又称毛油),不能直接用于食用,只能作为加工成品油的原料。成品油则是指经过精炼加工达到了食用标准的油脂产品。

1. 花生油

从花生仁中提取的油脂称为花生油。花生油淡黄透明,芳香味美,是一种优质食用油。商品花生油质量国家标准见 GB 1534—2003。

花生油含不饱和脂肪酸80%（其中含油酸41.2%,亚油酸37.6%）。另外还含有软脂酸、硬脂酸和花生酸等饱和脂肪酸19.9%。花生油的脂肪酸构成比较好,易于人体消化吸收。另外,花生油中还含有甾醇、麦胚酚、磷脂、维生素E、胆碱等对人体有益的物质。经常食用花生油,可防止皮肤皲裂老化,保护血管壁,阻止血栓形成,有助于预防动脉硬化和冠心病,还可以改善人脑的记忆力,延缓脑功能衰退。

2. 大豆油

从大豆中提取的油脂称为大豆油。大豆油一直是东北、华北地区消费者的主要食用油。近十几年来,世界大豆生产发展迅速,豆油约占食用植物油总量的1/3,居各种动植物油脂的首位。大豆油质量的国家标准见 GB 1534—2003。

大豆油中含棕榈酸7%~10%,硬脂酸2%~5%,花生酸1%~3%,油酸22%~30%,亚油酸50%~60%,亚麻油酸5%~9%。大豆油的脂肪酸构成较好,含有丰富的亚油酸,还含有多量的维生素E、维生素D以及丰富的卵磷脂,对人体健康均非常有益,人体消化吸收率高达98%,所以大豆油也是一种营养价值很高的优良食用油。但是,大豆油的色泽较深,有特殊的豆腥味,热稳定性较差,加热时会产生较多的泡沫。

3. 菜子油

菜子油简称菜油。毛菜油呈深黄略带绿色,具有令人不快的气味和辣味。精炼菜油澄清透明,颜色淡黄,无异味。菜子油质量的国家标准见 GB 1536—2004。

菜子油中含花生酸0.4%~1.0%,油酸14%~19%,亚油酸12%~24%,芥酸31%~55%,亚麻酸1%~10%从营养价值方面看,具有利胆功能。其脂肪酸构成不平衡,亚油酸等人体必须脂肪酸含量不高,含大量芥酸,所以营养价值比一般植物油低。另外,菜油中还含有少量芥子甙,经常吃未精炼的毛菜油,对人体健康有一定影响。如菜油与富含亚油酸的油配合食用,能提高营养价值。

4. 芝麻油

芝麻油种子含油量,居食用植物油料之首,一般为50%~53%,最高的超过60%。用压榨法制取的芝麻油称为麻油或大槽油,呈黄色,香味较淡。用水代法制取的芝麻油又称小磨麻油、香油,呈黄棕色,具有特殊的香味。水代法的主要工艺流程有炒芝麻、磨糊、加开水搅拌、震荡出油和油水分离等几个环节。芝麻油含油酸36.9%~50.0%,亚油酸36.8%~49.1%,花生酸0.4%~1.4%,消化吸收率达98%。芝麻油中不含对人体有害的成分,含有特别丰富的维生素E和比较丰富的亚油酸,还由于含有天然抗氧化剂——芝麻酚,所以化学性质较稳定。芝麻油带有诱人的香味,尤其是小磨麻油比大槽油香味更浓,是人们非常喜欢的一种食用植物油,生食、熟食皆可,为上等烹饪油、调味油和凉拌油。所以芝麻油是食用品质好,营养价值高的优良食用油。

5. 葵花籽油

葵花籽油未精炼时呈淡琥珀色,精炼后呈清亮透明的淡黄色,滋味纯正,特别是炒籽榨出的油,其香味可与小磨麻油媲美。葵花籽油含饱和脂肪酸 7.5%～12.5%,油酸 21%～34%,亚油酸 57.5%～66.2%,其中油酸与亚油酸的含量比例受产地气候条件影响极大。葵花籽油的不饱和脂肪酸含量高,人体消化吸收率为 96.5%,熔点低。葵花籽油适用于做色拉油、蛋黄酱油,含有丰富的亚油酸,有显著降低胆固醇、防止血管硬化和预防冠心病的作用,国外把它称为高级营养油或健康油。

第三节 绿色食品

一、绿色食品的概念

绿色食品的含义并非指绿颜色的食品,它是指符合环保要求,对生态无害,不含剧毒农药和对人体有害化肥的蔬菜、水果及各种食用后不影响人体健康的食品。简单地说,它是无污染的安全、优质、营养类食品的统称。

绿色食品是由农业、畜牧、水产、食品加工、环境保护、营养、食品、卫生等多个学科相结合的产物。它的开发融科研、原料生产、加工包装、技术检测、储运销售等方面,横跨多部门、多行业,涉及多个学科,是一项系统工程。

我国绿色商品事业的发展是在立足国情的基础上起步的。尽管我国的绿色食品与国外的有机食品、生态食品、自然食品都拥有一个共性,即在食品的生产和加工过程中严格限制化学肥料、农药和其他化学物质的使用,以提高食品的安全性,保护资源和环境,但在绿色食品的开发和管理上,并不是简单地照搬国外有机食品、生态食品和自然食品的模式,而是在参考其相关技术、标准及管理方式的基础上,结合我国的国情,选择了自己的发展道路。

中国绿色食品事业经过多年的发展,已奠定了良好的发展基础:机构日趋完善;绿色食品标准建设已成体系,标准管理已步入规范;绿色食品产品开发已初具规模,市场开发进展迅速;绿色食品宣传效果日益明显;国际交流与合作日益频繁,范围也日益扩大。

二、绿色食品标准制定

为了保证绿色食品产品无污染、安全、优质、营养的特性,开发绿色食品有一套较为完整的质量标准体系。绿色食品标准包括产地环境质量标准、生产技术标准、产品质量和卫生标准、包装标准、储藏和运输标准以及其他相关标准,它们构成了绿色食品完整的质量控制标准体系。

绿色食品标准建设是绿色食品产品开发和质量监控的技术基础。绿色食品标准体系的建设和完善,不仅提高了绿色食品产业的科技水平,而且促进了绿色食品产品的开发。绿色食标准以全程质量控制为核心,由六个部分构成。

1. 绿色食品产地环境质量标准

这个标准称为《绿色食品产地环境质量标准》。制定这项标准的目的,一是强调绿色食品必须产自良好的生态环境地域,以保证绿色食品最终产品的无污染、安全性;二是促进对绿色食品产地环境的保护和改善。

绿色食品产地环境质量标准规定了产地的空气质量标准、农田灌溉水质标准、渔业水质标准、畜禽养殖用水标准和土壤环境质量标准的各项指标以及浓度限值、监测和评价方法,提出了绿色食品产地土壤肥力分级和土壤质量综合评价方法,对于一个给定的污染物在全国范围内其标准是统一的,必要时可增设项目,适用于绿色食品(AA级和A级)生产的农田、菜地、果园、牧场、养殖场和加工厂。

2. 绿色食品生产技术标准

绿色食品生产过程的控制是绿色食品质量控制的关键环节。绿色食品生产技术标准是绿色食品标准体系的核心,它包括绿色食品生产资料使用准则和绿色食品生产技术操作规程两部分。

绿色食品生产资料使用准则是对生产绿色食品过程中物质投入的一个原则性规定,它包括生产绿色食品的农药、肥料、食品添加剂、饲料添加剂、兽药和水产养殖药的使用准则,对允许、限制和禁止使用的生产资料及其使用方法、使用剂量、使用次数和休药期等作出了明确规定。

绿色食品生产技术操作规程是以上述准则为依据,按作物种类、畜牧种类和不同农业区域的生产特性分别制定的,用于指导绿色食品生产活动。规范绿色食品生产技术的技术规定,包括农产品种植、畜禽饲养、水产养殖和食品加工等技术操作规程。

3. 绿色食品产品标准

该标准是衡量绿色食品最终产品质量的指标尺度。它虽然跟普通食品的国家标准一样,规定了食品的外观品质、营养品质和卫生品质等内容,但其卫生品质要求高于国家现行标准,主要表现在对农药残留和重金属的检测项目种类多、指标严。而且,使用的主要原料必须是来自绿色食品产地的、按绿色食品生产技术操作规程生产出来的产品。绿色食品产品标准反映了绿色食品生产、管理和质量控制的先进水平,突出了绿色食品产品无污染、安全的卫生品质。

4. 绿色食品包装标签标准

该标准规定了进行绿色食品产品包装时应遵循的原则,包装材料选用的范围、种类,包装上的标志内容等。要求产品包装从原料、产品制造、使用、回收和废弃的整个过程都应有利于食品安全和环境保护,包括包装材料的安全性、牢固性,节省资源、能源,减少或避免废弃物产生,易回收循环利用,可降解等具体要求和内容。

绿色食品产品标签,除要求符合国家《食品标签通用标准》外,还要求符合《中国绿色食品商标标志设计使用规范手册》规定,该规范对绿色食品的标准图形、标准字形、图形和字体的规范组合、标准色、广告用语以及在产品包装标签上的规范应用均作了具体规定。

5. 绿色食品储藏、运输标准

该项标准对绿色食品储运的条件、方法、时间作出规定,以保证绿色食品在储运过程中不遭受污染、不改变品质,并有利于环保、节能。

6. 绿色食品其他相关标准

其他标准包括"绿色食品生产资料"认定标准、"绿色食品生产基地"认定标准等,这些标准都是促进绿色食品质量控制管理的辅助标准。

以上六项标准对绿色食品产前、产中和产后全过程质量控制技术和指标作了全面的规定,构成了一个科学、完整的标准体系。

三、绿色食品标志

绿色食品标志图形(如图10.1所示)由三部分构成:上方的太阳、下方的叶片和蓓蕾,象征自然生态;标志图形为正圆形,意为保护、安全;颜色为绿色,象征着生命、农业、环保。AA级绿色食品标志与字体为绿色,底色为白色,A级绿色食品标志与字体为白色,底色为绿色。整个图形描绘了一幅明媚阳光照耀下的和谐生机,告诉人们绿色食品是出自纯净、良好生态环境的安全、无污染食品,能给人们带来蓬勃的生命力。绿色食品标志还提醒人们要保护环境和防止污染,通过改善人与环境的关系,创造自然界新的和谐。

图10.1 绿色食品标志

绿色食品标志是指"绿色食品"、"Green Food",绿色食品标志图形及这三者相互组合等四种形式,注册在以食品为主的共九大类食品上,并扩展到肥料等绿色食品相关类产品上。

绿色食品标志商标作为特定的产品质量证明商标,已由中国绿色食品发展中心在国家工商行政管理局注册,从而使绿色食品标志商标专用权受《中华人民共和国商标法》保护,这样既有利于约束和规范企业的经济行为,又有利于保护广大消费者的利益。

绿色食品标志是经中国绿色食品发展中心注册的质量证明商标,按国家商标类别划分的第29、30、31、32、33类中的大多数产品均可申报绿色食品标志,如第29类的肉、家禽、水产品、奶及奶制品、食用油脂等,第30类的食盐、酱油、醋、米、面粉及其他谷物类制品、豆制品、调味用香料等,第31类的新鲜蔬菜、水果、干果、种子、活生物等,第32类的啤酒、矿泉水、水果饮料及果汁、固体饮料等,第33类的含酒精饮料。新近开发的一些新产品,只要经卫生部以"食"字或"健"字登记的,均可申报绿色食品标志。经卫生部公告的既是食品又是药品的品种,如紫苏、菊花、白果、陈皮、红花等,也可申报绿色食品标志。药品、香烟不可申报绿色食品标志。按照绿色食品标准,暂不受理蕨菜、方便面、火腿肠、叶菜类酱菜的申报。

【延伸阅读10-2】

转基因食品潜在的危害

近来食品安全问题屡屡在媒体上报道,疯牛病曾使欧洲乃至整个世界胆战心惊,英国为此付出了惨重的代价;在食品品种相对丰富的今天,人们对食品短缺的恐慌已经在很大程度上被食品安全的担忧所取代。

100年来传统的育种技术为人类提供了许多高产优质的粮食、水果和肉、禽、蛋和奶,但它们没有在亲缘关系很远的物种间进行过基因交换,更没有在植物和动物,或高等生物和微生物之间进行过杂交。基因工程则是突破天然物种间屏障进行的杂交,使人类的基因可能插入细菌中,牛的基因可能进入土豆或西红柿中。基因工程食品的出现无疑是人类征服自然的伟大成就。但是正如一位伟人曾指出的那样,人类征服自然的每项成就都可能受到自然界的报复。这些非天然的食品是否会给人类带来危害呢?尽管将转基因技术应用在食品的生产或制造有诸多好处,但在评估食品的安全性时,仍必须分析由基因改造所产生之预期及非预期的效果。由于转基因食品不同于相同生物来源的传统食品,遗传性状的改变,将可能影响细胞内的蛋白质组成,进而造成成分浓度变化或新的代谢物生成,其结果可能导致有毒物质产生或引起人的过敏症状,甚至有人怀疑基因会在人体内发生转移,造成难以想象的后果。转基因食品潜在危害包括:食物内所产生的新毒素和过敏源;不自然食物所引起其他损害健康的影响;应用在农作物上的化学药品增加水和食物的污染;抗除草剂的杂草会产生;疾病的散播跨越物种障碍;农作物的生物多样化的损失;生态平衡的干扰。例如,已经发现一种基因工程大豆会引起严重的过敏反应;用基因工程细菌生产的食品添加剂色氨酸曾导致37人死亡和1 500多人残疾。最近发现,在美国许多超级市场中的牛奶中含有在牧场中施用过的基因工程的牛生长激素。一著名的基因工程公司生产的西红柿耐贮藏、便于运输,但它们含有对抗抗生素的抗药基因,这些基因可以存留在人体内。人造的特性和不可避免的不完美会一代一代的流传下去,影响其他有关及无关的生物,它们将永远无法被收回或控制,后果是目前无法估计的。有人认为基因工程带来的危险比迄今采用的技术都要大。因为许多损伤作用是不可逆的,我们必须防患于未然。诸如此类的安全性问题,已引起欧美等生物科技先进国家的重视,并针对这类产品之安全性及生物技术对环境的影响评估立法规范。

资料来源:http://www.biotech.org.cn/news/news/show.php? id=8458

本章小结

食品是指供人食用或饮用的成品和原料,以及按照传统既是食品又是药品的物品,但不包括以治疗为目的的物品。

食品中所含的成分主要是五大营养素(糖、蛋白质、脂肪、维生素、矿物质)和水,它们对人体有重要作用,合理摄入,可保证人体健康。

在食品生产、加工、储运等环节中,有多种因素有可能对食品造成污染,使食品中含有对人体有毒有害的物质。故必须针对食品中有毒有害物质的来源,采取各种有效措施,做好食品的储藏工作,确保食品的安全卫生。

掌握食品的种类、成分、品质特征、感官品评、选购食用、储藏方式等知识和技能,有利于搞好食品的经营管理,指导消费,促进商品使用价值的有效实现。

绿色食品是指符合环保要求,对生态无害,不含剧毒农药和对人体有害化肥的蔬菜、水果及各种食用后不影响人体健康的食品。为了保证绿色食品产品无污染、安全、优质、营养的特性,开发绿色食品有一套较为完整的质量标准体系。

思考题

1. 白酒、啤酒、葡萄酒是如何分类的?
2. 白酒有哪几种香型?各有何特点?各有哪些代表品种?
3. 白酒的主要化学成分有哪些?与白酒品质有何关系?
4. 啤酒如何分类?啤酒浑浊沉淀的原因有哪些,如何控制?
5. 茶叶的主要成分有哪些?对人体有何作用?
6. 分别说出红茶、绿茶、乌龙茶的特征及其代表品种。
7. 我国的商品茶怎样分类?
8. 如何鉴别茶叶的质量?茶叶有何特性?如何保管?
9. 什么是绿色食品?绿色食品应符合哪些标准?

实训项目

1. 实地调查市场或超市食品商品的结果并对销售和消费情况加以分析。
2. 通过感官鉴定方法区别红茶、绿茶、乌龙茶和花茶。
3. 运用所学的绿色食品的知识检查自己经常食用的食物中,是否有影响健康的有害食品?

案例分析

透过食品添加剂看食品安全问题

食品添加剂是为了改善食品的口味和工艺而加入食品中的天然或者化学合成物质,通过食物,它直接进入肠胃,和我们的身体接触,其质量优劣直接影响着我们的身体健康。自食品添加剂推广以来,出现了很多食品添加剂安全事故,触动了大众的神经,以至于人们谈"剂"色变。

从大米里我们认识了石蜡,从猪肉里我们认识了沙丁胺醇(瘦肉精),从面粉里我们认识了滑石粉和增白剂,从火腿里我们认识了敌敌畏,在咸鸭蛋和辣椒酱里我们认识了苏丹红,从火锅里我们认识了福尔马林,从三鹿奶粉里我们又认识了三聚氰胺……

现代化的食品工业,以及人们对食品多样性的需求,使我们日常生活已经离不开了食品添加剂,但食品添加剂的使用却是把"双刃剑",它在改善食品风味、调节营养成分、防止食品变质、提高质量的同时,也会带来一些食品安全的问题,合理科学的添加,对我们的身体是有益而无害的,但如果超量或者是非法添加,则会对我们的身心造成较大,甚至是不可恢复的伤害。那么我国食品添加剂行业主要存在哪些问题呢?

一、部分企业违法使用非食品添加剂

非食品添加剂是已经被证实对人体具有一定的或很大的危害,但是又能提高食品某一功能的物质。这些物质大部分属于某一工业所用的添加剂,是未经国家食品卫生部门批准或者已经明令禁用的添加剂品种,这些物质一旦添加到食品,进入市场销售后,将不可避免带来消费者中毒甚至导致死亡的食品安全事故,如"三聚氰胺"事件等。

二、超范围使用食品添加剂

所谓超范围使用食品添加剂就是指超出了强制性国家标准《食品添加剂使用卫生标准》所规定的某种食品中可以使用的食品添加剂的种类和范围。如《食品添加剂使用卫生标准》明确规定膨化食品中不得加入糖精钠和甜蜜素等甜味剂,但是在质量抽查时发现不少膨化食品中添加了甜蜜素和糖精钠。如用"三精水"勾兑山葡萄酒事件等。

三、超限量使用食品添加剂

超限量使用食品添加剂就是指在食品生产加工过程中所使用的食品添加剂的剂量超出了强制性标准《食品添加剂使用卫生标准》所规定能够使用的最大剂量。如2005年3月在福建省福州市区销售的辣椒制品、番茄酱、肉制品的质量检测中发现,抽查的95个样品中有12个样品的防腐剂(苯甲酸或山梨酸)超限量使用,有4个样品的甜味剂(糖精钠)超限量使用,多为小企业为延长产品的保质期和降低生产成本造成的。

四、使用伪劣添加剂

合格优质的食品添加剂在保质期内具有一定的功效,按照标准要求添加到食品当中才能提高食品的某一功能而又不危害消费者的身体健康,但是使用伪劣甚至过期的食品添加剂将会影响到食品的质量甚至食品的安全性。有些劣质的食品添加剂含有少量的汞、铅、砷等有毒有害物质,将会严重影响到产品质量,危害消费者的身体健康。

资料来源:http://www.zgnyqss.com/news/zonghe/2010/0430/24032.html

案例思考题

1. 应该如何规范食品添加剂的使用?
2. 你对食品安全有哪些新的认识?

第十一章
Chapter 11

日用消费品

【学习目标】

本章将介绍几种常见的日用消费品,如化妆品、陶瓷制品、珠宝玉石和金银饰品。通过本章的学习应了解以上几种日用消费品的概念、特点和作用;掌握它们的分类、质量要求和保管常识;能够运用所学进行常见的日用消费品的质量鉴别、挑选使用和咨询服务。

【关键词】

化妆品 Cosmetics;陶瓷 Ceramics;珠宝玉石 Gems;金银饰品 Gold & Silver。

【引导案例】

乱用化妆品当心中毒

几乎所有适龄女性都在使用各种各样的化妆品来保持自己的年轻、健康,这就像我们吃东西一样平常,可突然出现的对食物品质的质疑让很多人惊醒,一时间关于化妆品质量不合格及使用不当造成严重后果的报道也层出不穷,人们急切地想知道那透过皮肤细小毛孔"吃"进去的都是些什么?又究竟是好是坏呢?

不良化妆品损害的不仅仅是皮肤,还有整个身体。

在皮肤科门诊室,我们看到皮肤上出现红斑、丘疹、水疱、色素沉着等症状的人排起了长队,她们中间有许多人都是由于长期使用某种化妆品而使皮肤出现异常情况的。

专家的话:目前在皮肤科门诊,我们遇到了越来越多因使用化妆品不当而引起红斑、丘疹、水疱、色素沉着等皮肤病变的病例,其中最多的是变态反应接触性皮炎和刺激性皮炎。

门诊室多是在咨询有关化妆品中毒的情况。她们为自己曾经使用过的一些化妆品而表示出深深的焦虑。

化妆品引起的中毒主要体现在化妆品中汞、铅含量的超标。

真正具有美白、祛斑作用的成分如熊果苷、维生素C等,只能缓慢地起作用,而"汞超标"产品的美白或祛斑作用却很快,因为这些成分能将人的皮肤"生吞活剥",造成脱皮而让皮肤看上去很白皙。殊不知"汞超标"产品可破坏皮肤的正常生理结构,最终产生异常的皮肤色素沉着,出现"黑皮症",甚至进而损害神经、消化和内分泌系统,导致内脏受损。因此说,对于标榜"快速祛斑"的产品必须引起足够的重视。

资料来源:http://www.babytree.com/learn/article

第一节 化妆品

"爱美之心人皆有之",人类对美化自身的化妆品,自古以来就有不断的追求。古埃及人4 000多年前就已在宗教仪式上、干尸保存上以及皇朝贵族个人的护肤和美容上使用了动植物油脂、矿物油和植物花朵。古罗马人对皮肤、毛发、指甲、口唇进行美化和保养,用于愉悦的香味,还可在衣橱内防虫蛀,最早的芳香物有樟脑、麝香、檀香、薰衣草和丁香油等。公元13～16世纪欧洲文艺复兴时期,随着文化的繁荣,化妆品从医药中分离出来。我国也是使用化妆品较早的国家,在古籍《汉书》中就有画眉、点唇的记载;《齐民要术》中介绍了有丁香芬芳的香粉;我国宋朝韩彦直所著《枯隶》是世界上有关芳香方面较早的专门著作。工业革命后,化学、物理学、生物学和医药学得到了空前的发展,许多新的原料、设备和技术被应用于化妆品生产,为化妆品工业之后的发展奠定了良好的基础。

一、化妆品的定义和作用

化妆品广义上讲是指化妆用的物品。希腊语中"化妆"的意思是"装饰的技巧",意为把人体自身的优点多加发扬,而把缺陷加以弥补。狭义的化妆品定义因各国的习惯和定义方式而不同,如日本医药法典中对化妆品的定义是:化妆品是为了清洁和美化人体、增加魅力、改变容貌、保持皮肤和头发健美而涂擦、散布于身体或用类似方法使用的物品。美国FDA对化妆品的定义为:用涂擦、撒布、喷雾或其他方法使用于人体的物品,能起到清洁、美化,促使有魅力或改变外观的作用。我国公布的《化妆品卫生监督条例》中对化妆品作了如下定义:"化妆品是以涂抹、喷洒或其他类似方法,施与人体表面任何部位(皮肤、毛发、指甲、口唇、口腔粘膜等),以达到清洁、消除不良气味、护肤、美容、和修饰目的的日用化学工业品。"从定义中分析,可以总结出化妆品的五种作用。

(1)清洁作用。祛除皮肤、毛发、口腔和牙齿上面的脏物以及人体分泌与代谢过程中产生的不洁物质。如清洁霜、清洁奶液、净面面膜、清洁用化妆水、泡沫浴液、洗发露、牙膏等。

(2)保护作用。保护皮肤及毛发等处,使其滋润、柔软、光滑、富有弹性,以抵御寒风、烈日、紫外线辐射等的损害,增加分泌机能活力,防止皮肤皲裂、毛发枯断。如雪花膏、冷霜、润肤霜、防裂油膏、奶液、防晒霜、润发油、发乳、护发素等。

(3)营养作用。补充皮肤及毛发营养,增加组织活力,保持皮肤角质层的含水量,减少皮肤皱纹,减缓皮肤衰老以及促进毛发生理机能,防止脱发。如人参霜、维生素霜、珍珠霜等各种营养霜、营养面膜、生发水、药性发乳等。

(4)美化作用。美化皮肤及毛发,使之增加魅力,或散发香气。如粉底霜、粉饼、香粉、胭脂、唇膏、发胶、摩丝、染发剂、烫发剂、眼影膏、眉笔、睫毛膏、香水等。

(5)防治作用。预防或治疗皮肤及毛发、口腔和牙齿等部位影响外表或功能的生理病理现象。如雀斑霜、粉刺霜、抑汗剂、祛臭剂、生发水、痱子水、药物牙膏等。

二、化妆品的分类

化妆品的花色品种繁多,各个国家按不同的标准有很多分类办法。一般常用的分类标准有按使用目的分类的,有按使用部位分类的,有按剂型分类的,也有按消费者年纪、性别分类的。现分述如下。

(一)按化妆品功能分类

(1)清洁类化妆品,如洗面奶、洁面奶、洁面水、洁面露、洁面霜、面膜、香波、磨面膏、洗手液、洗发膏、花露水、爽身粉、空气清爽剂、去痱水、足粉、古龙水、洁面啫喱等。

(2)护肤类化妆品,如雪花膏、营养霜、奶液、蜜、香脂、防裂油、精髓素、美白露、防晒霜、防晒水、眼角霜、凡士林、防晒油、紧肤水、收敛水、保湿露等。

(3)护发类化妆品,如护发素、头油、发乳、发蜡、防晒香波、药性发乳、调节香波、须后水等。

(4)美容类化妆品,如胭脂、唇膏、眼影粉、眼影膏、粉饼、指甲油、香水、脱毛膏等。

(5)美发类化妆品,如摩丝、定型水、定型啫喱水、染发香波、直发剂、染发膏、染发摩丝、生发水等。

(6)特殊用途类化妆品,如痤疮水、粉刺露、祛斑霜等。

(二)按化妆品的剂型和制作方式分类

(1)膏、霜、蜜、乳类,包含乳液、蜜、粉霜、护肤、洗面奶、发乳等。

(2)液体类,包括香波、化妆水、香水、紧肤水、古龙水、保湿露、花露水等。

(3)粉类,包括痱子粉、香粉、眼影、染发粉、足粉、爽身粉等。

(4)棒状类,包括唇膏、眉笔、发蜡等。

(5)块状类,胭脂、粉饼等。

(6)薄膜状,骨胶原面膜粉、剥离型面膜等。

（三）按使用者年龄分类

（1）婴儿用品，婴儿皮肤稚嫩、抵抗力弱，皮肤用品应注重安全性。

（2）青少年用品，青少年处于发育阶段，皮肤状态不稳定，产品以调整皮脂分泌为主。

（3）中老年用品，供中老年人选用的营养性化妆品。

（四）按使用部位分类

（1）皮肤用化妆品，用于皮肤上的化妆品，如洗面奶、润肤露、粉底霜等。

（2）毛发用化妆品，只能用于毛发上的一类化妆品。如洗发水、发油、护发素、剃须膏等。

（3）唇眼用化妆品，使该部位肤色改变或加强立体感，达到修饰的目的。如唇膏、眼影、睫毛膏等。

（4）指甲用化妆品，如指甲油。

（5）口腔用化妆品，如牙膏、牙粉、含漱水等。

三、化妆品的原料组成

从原料组成的角度看，化妆品是以天然、合成或者提取的各种作用不同物质作为原料，经加热、搅拌和乳化等生产程序加工而成的化学混合物质。化妆品的原料种类繁多，性能各异，根据原料的性能和用途，大体上可分为基质原料和辅助原料两大类。前者是化妆品的一类主体原料，在化妆品配方中占有较大比例，是化妆品中起到主要功能作用的物质。后者则是对化妆品的成形、稳定或赋予色、香以及其他特性起作用，这些物质在化妆品配方中用量不大，但却极其重要。具体来讲，化妆品的主要原料组成包括以下几大类。

1. 油脂与蜡

在化妆品中，油脂和蜡是很重要的原料。油脂是油和脂的总称，油脂包括动植物性油脂和矿物性油脂。动植物性油脂主要成分为脂肪酸和甘油组成的脂肪酸甘油酯。常温下，这类化合物中呈液态者为油，呈固态者为脂。至于蜡，是高碳脂肪酸和高碳脂肪醇构成的酯。这种酯在化妆品中起到稳定性、调节黏稠度、减少油腻感等作用。常见的动植物油脂与蜡有椰子油、蓖麻油、橄榄油、羊毛脂、木蜡和蜜蜡等，主要应用于香皂、口红和面霜等油膏类和乳化类制品中，或与粉末料捏合可作浓妆用化妆品。矿物性油脂和蜡则是碳氢化合物，其性质稳定，不易被腐蚀、氧化而变质。如凡士林，无味、无臭、白色半透明黏性膏状半固体，不溶于酒精、甘油，但溶于苯、氯仿、乙醚。

2. 香料

凡有香气和发香的物质，能引起人们嗅觉上的特殊感受的物质，统称为香料。在化妆品中用量虽小，但却起着关键性的作用。调配得当的香味不仅给产品增彩，还能掩盖产品中某些成分的不良气味。

香料的种类丰富，一般根据其原理或制法分类，见表11.1。

表 11.1　香料按原理或制法的分类

香料		
	天然香料	植物香料：从植物的花、茎、叶、枝、干、根和果实中提炼出来。制成品中有精油、浸膏（香脂）、酊剂和芳香油等。
		动物香料：动物的肠分泌结石物、生殖腺的分泌腺香囊和尾部分泌腺香囊。如龙涎香、麝香、海狸香和灵猫香等。
	合成香料	单离香料：从天然香料中把主要成分用物理、化学方法（分馏、冷冻、结晶）等，分离出单一的香料化合物，称为单离香料。
		调和香料：采用有机化学反应方法（氧化、还原、加成、转位等）将多种香料调和而制成的香料化合物。

3. 表面活性剂

众所周知，水和油是不相溶的，而表面活性剂能起到使水和油交融的作用，从而改变界面性能。目前已经广泛用于工农业生产，被化工界称为"工业味精"。化妆品应用表面活性剂的主要功能是：去污作用，生产清洁类化妆品利用该特性；乳化作用，生产膏霜类以及香波类用的表面活性剂作为乳化剂；湿润渗透作用，如染发剂、烫发剂均匀接触皮肤，面霜、唇膏用于涂展；还有杀菌缓蚀作用。

4. 保湿剂

老化皮肤最重要的"感觉"是干燥，保湿剂既能防止皮肤角质层的水分挥发而保持其湿润，又能防止化妆品中水分挥发而发生干裂现象。最早应用的化妆品保湿剂是甘油，它无色、无臭、吸湿性强，对皮肤有柔软润滑作用，是化妆水、牙膏、粉末制品的重要原料。

5. 色素与粉剂

化妆品的外观颜色对消费者选购化妆品有重要影响，无论是粉、水、膏、蜜等剂型的各类化妆品都被制成缤纷的颜色以吸引顾客的眼球，同时，颜色让化妆变得更有内容。这种效果就是色素被广泛应用于化妆品中的原因，色素是赋予化妆品一定颜色的原料。化妆品用的色素是直接接触皮肤的，必须选用由国家法定的许可品种，包括天然色素、有机合成色素和无机色素。

粉剂一般不溶于水，是经研磨而成的细粉状固体。粉剂是组成香粉、粉饼、粉质胭脂和牙膏、牙粉等化妆品的基质原料。主要作用是具有覆盖力、遮光力、吸收性、滑爽性、黏着性和艳丽性。

6. 黏稠剂

黏稠剂原料主要是水溶性高分子化合物。它能在水中膨胀成凝胶，在许多化妆品中被用作黏合剂、增稠剂、悬浮剂和助乳化剂等。化妆品中的黏稠剂必备条件是：①高安全性，无色、无味、无臭。②良好的稳定性，不变质、不分解、不受外界条件如光、热、微生物等的影响，贮藏性良好。③溶解性良好，容易操作。

黏稠剂在化妆品中具有以下功效：①在使用粉剂原料的同时，具有一定的相互黏附和保护胶体的作用。②用于乳膏和乳液等产品中，能提高乳化和分散功能，并具有一定的保湿功能。

③用于润肤和发用产品中具有胶化和增粘功能,提供特有的使用感和成膜感。④利用其摇溶性较高特性,可制造凝胶状产品。

7. 其他添加剂

(1)防腐剂和杀菌剂。是为了防止产品腐化或酸化所添加的化学药物。要求含量极少就有抑菌效果,颜色淡、味轻、无毒、无刺激、贮藏期长、配伍性能好,溶解度大。只有这样才能使化妆品在美容的同时,又可保护好消费者的健康。

(2)抗氧剂。在制造化妆品时,为防止化妆品中的动植物油脂、矿物油等成分在空气中自动氧化而使化妆品变质,需要添加抗氧剂。抗氧剂主要有苯酚系、醌系、胺系、有机酸、酯类及其硫磺、磷等无机物。

(3)溶剂。在化妆品中,需要溶剂的种类不多,主要有香水、透明香皂、指甲油等。一般常用的溶剂有醇类、醚类、酯类,还有作喷雾制品用的冷媒溶剂。

(4)特效添加剂。对于强调功效的化妆品,如祛斑、防晒、减肥等,常添加化学、生物或天然提取物作特效添加剂。

四、化妆品的质量评价

安全性、稳定性、使用性和有效性是组成化妆品的四大要素,化妆品长期与皮肤、头发接触,必须保障安全,安全性是化妆品质量的第一要务。稳定性是保证产品在保质期内的质量,一定程度上对使用的安全性打下基础。使用性反应使用者的使用感受,从而提高产品的可信度。有效性是使用化妆品的最终目的,是消费者和产品设计者的共同期望值,也是产品生命力的基本保证。所以,化妆品的四大要素是产品质量优劣的最本质属性。

(一)化妆品内在质量评估

化妆品的内在质量评估要通过理化和微生物等技术和设备检测,参照《中国化妆品卫生管理条例》中的指标规定来完成。

1. 化妆品的安全性评估

2010年8月,国家食品药品监督管理局为指导开展化妆品安全性评价工作,组织制定了《化妆品中可能存在的安全性风险物质风险评估指南》,明确指出化妆品中可能存在的安全性风险物质是指由化妆品原料带入、生产过程中产生或带入的,可能对人体健康造成潜在危害的物质。经常出现的化妆品安全性问题主要有几个表现方面,如毒性、致病菌感染性、刺激性、过敏性等。因此,化妆品安全性的评估涉及面较广,包括安全性试验,原料的安全性,产品的安全性,生产过程、使用方法以及包装容器的安全性等。

2. 化妆品的稳定性评估

从供广大人民群众使用的日化产品的制造、贮存、销售以及使用的角度来说,稳定性都非常重要。产品一旦失去了稳定性,就会出现例如膏霜类产品变粗、冒油和变色,乳液类产品破乳、分层,水剂出现浑浊甚至析出沉淀,粉剂吸潮结块等,产品基本上就算报废了,一般都不能再使用。因此,稳定性是对化妆品质量保证的一个最基本的要求。

3. 化妆品的使用性评估

化妆品的使用者通过描述、交流使用化妆品的感受形成对某种产品的评价和认识,如护肤类产品应该具有一定的流动性,易被皮肤吸收,有滋润保湿作用,使用后无油腻感等。

4. 化妆品的有效性评估

随着市场竞争的日益激烈,对于化妆品的有效性评估越来越重视。因为使用化妆品的最终目的,是为了达到一定的效果,例如,皮肤的防皱、保湿、增白,头发的光滑、易梳理、去屑止痒等,这些就是化妆品的有效性。对于消费者来说,通过使用化妆品,能使自己的身体(包括皮肤和头发)充满活力、恢复青春、保持魅力,在生活中心情舒畅、精神愉快。因此,生产厂家必须在产品的研制过程中,对产品的实际使用效果(即产品的有效性)进行试验,并在试验中不断改进产品的质量,提高产品的效果。

(二)化妆品外在质量评估

化妆品外在质量的评估主要指化妆品的外包装及内在质量的外观、色泽和香气等。消费者可以通过感官检验对化妆品外部质量进行评估。

(1)包装。化妆品的包装应整洁美观、封口严密,没有泄露;商标、图案、文字说明等应清晰美观、配色协调。

(2)使用说明。要标准规范,包括内容有组成成分、使用方法、注意事项、贮存条件、保质期、生产批号及生产企业等内容。特殊用途化妆品必须要有特殊用途化妆品卫生批准文号,进口化妆品要标明进口化妆品卫生许可证批准文号,同时使用规范的汉字标注。

(3)色泽。无色固状、乳膏状化妆品应洁白有光泽,液状应清澈透明;有色化妆品应色泽均匀一致,无杂色。

(4)组织形态。固状化妆品应软硬适宜;粉状化妆品应粉质细腻,无粗粉和硬块;乳膏状化妆品应稠度适当,质地细腻,不能有发稀、结块、干缩和分离出水等现象;液状化妆品应清澈均匀、无颗粒等杂质。

(5)气味。化妆品应具有幽雅芬芳的香气,香型不同但香气应持久,无强烈刺激性。化妆品的外包装本身就是最直观的质量,是产品身价和档次的标志,陈列时还起到一定的广告效果,有利于促进销售。

常用的化妆品评估标准参照有:消费品使用说明化妆品通用标签,见 GB 5296.3—1995;化妆品检验规则,见 QB/T 1684—93;化妆品产品包装外观要求,见 QB/T 1685—93;包装容器喷雾罐,见 GB 13042—91。

【延伸阅读 11-1】

化妆品的发展史

古埃及妇女把泥涂在头上做发型,脸颊上敷胭脂,眉毛和眼角上绿色。

古希腊人用烟黑涂描眼睫毛,然后涂上黄白色的天然橡胶浆,以美化睫毛。妇女们还从指甲花里萃取红色染料,涂抹嘴唇和两颊。到了公元前460年至公元前146年间,希腊文化达到巅峰,人们大量使用香水和化妆品,同时还发明了保养皮肤与指甲的绝佳方法。

在中国,殷商时期已开始烧制"铅白",这是最早的扑粉,丝绸之路把丝绸和香料从东方带到欧洲,也把化妆品带到古希腊和罗马帝国。公元1世纪古罗马帝国著名暴君尼禄和妻子波佩亚就用铅粉和白垩粉抹皮肤,使皮肤白皙,还在眼圈上涂眼圈墨,在面颊和嘴唇上涂胭脂。13世纪之前,波斯人、希腊和罗马人从杏仁、橄榄和其他天然物中提炼油脂,涂抹身体。十字军东征以后,欧洲人从中东带回化妆品、面霜、油彩、染发剂、香水才逐渐流行起来。

中古时期的美容学与医学在英国大学里是一门课程,并不分开教授,美容与医学正式分离是在16世纪末期。

16世纪,英国伊丽莎白一世女王宫廷的贵妇受文艺复兴时期意大利贵妇的影响,大量使用铅白粉抹皮肤,赤褐石粉做胭脂,洋红混合剂做唇膏。到17世纪化妆在社会各阶层流行开来,同时期的中国,扑粉已广为流行,而且传到了日本。但铅白是扑粉的主要成分,有毒,而用来制中口红和胭脂的红花,却是安全的天然原料。直到20世纪以后,以合成方法制造具有自然效果的化妆品才成为一门科学。

资料来源:http://www.39.net/focus/yw/253828.html

第二节 陶瓷制品

一、概述

中国是陶瓷的故乡,陶瓷既是我国最杰出的科技成就之一,又是中华文明的伟大象征之一。远在几千年前的新石器时代,我们的祖先就已经学会利用天然黏土做原料,塑造成各种形状的器皿,再在火堆中烧成坚硬的可重复使用的陶器。大约在东汉晚期,人们利用含铝量较高的天然瓷土为原料,加上釉的发明,以及高温烧结技术的改进,使陶器步入了瓷器阶段,这是陶瓷技术发展史上十分重要的里程碑。

今天随着科学技术的进步和发展,人们对陶瓷有了进一步的认识和利用。陶瓷是以天然矿物或人工合成的粉状化合物为原料,经过原料制备、成型和高温烧结而成,是由无机非金属化合物构成的多晶固体材料。陶瓷是我国的传统产业,产品种类丰富,按常用的分类法,可将陶瓷作如下分类:

(一)按所用原料及坯体的致密程度分类

按原料从粗到精,坯体是从粗松多孔,逐步到达致密,烧结,烧成温度也是逐渐从低趋高,陶瓷制品依次分为土器、陶器、炻器、半瓷器以及瓷器。

1. 土器

土器是最原始最低级的陶瓷器，一般以一种易熔黏土制造。在某些情况下也可以在黏土中加入熟料或砂之混合，以减少收缩。这些制品的烧成温度变动很大，要依据黏土的化学组成所含杂质的性质与多少而定。以之制造砖瓦，如气孔率过高，则坯体的抗冻性能不好，过低又不易挂住砂浆，所以吸水率一般要保持5%~15%之间。烧成后坯体的颜色，决定于黏土中着色氧化物的含量和烧成气氛，在氧化焰中烧成多呈黄色或红色，在还原焰中烧成则多呈青色或黑色。

2. 陶器

陶器可分为普通陶器和精陶器两类。普通陶器即指土陶盆、罐、缸、瓮，以及耐火砖等具有多孔性着色坯体的制品。精陶器坯体吸水率仍有4%~12%，因此有渗透性，没有半透明性，一般白色，也有有色的。精陶按坯体组成的不同，又可分为：粘土质、石灰质、长石质、熟料质等四种。粘土质精陶接近普通陶器。石灰质精陶以石灰石为熔剂，其制造过程与长石质精陶相似，而质量不及长石质精陶，因之近年来已很少生产，而为长石质精陶所取代。长石质精陶又称硬质精陶，以长石为熔剂。是陶器中最完美和使用最广的一种。近代很多国家用以大量生产日用餐具（杯、碟盘等）及卫生陶器以代替价昂的瓷器。熟料精陶是在精陶坯料中加入一定量熟料，目的是减少收缩，避免废品。这种坯料多应用于大型和厚胎制品（如浴盆等）。

3. 炻器

炻器在我国古籍上称"石胎瓷"，坯体致密，已完全烧结，这一点已很接近瓷器。但它还没有玻化，仍有2%以下的吸水率，坯体不透明，有白色的，而多数允许在烧后呈现颜色，所以对原料纯度的要求不及瓷器那样高，原料取给容易。炻器具有很高的强度和良好的热稳定性，很适应于现代机械化洗涤，并能顺利地通过从冰箱到烤炉的温度急变，在国际市场上由于旅游业的发达和饮食的社会化，炻器比之搪陶具有更大的销售量。

4. 半瓷器

半瓷器的坯料接近于瓷器坯料，但烧后仍有3%~5%的吸水率（真瓷器吸水率在0.5%以下），所以它的使用性能不及瓷器，比精陶则要好些。

5. 瓷器

瓷器是陶瓷器发展的更高阶段。它的特征是坯体已完全烧结，完全玻化，因此很致密，对液体和气体都无渗透性，胎薄处呈半透明，断面呈贝壳状，以舌头去舔，感到光滑而不被粘住。硬质瓷具有陶瓷器中最好的性能。用以制造高级日用器皿，电瓷、化学瓷等。

（二）按产品的不同用途分类

1. 日用陶瓷

如餐具、茶具、缸、坛、盆、罐等。

2. 艺术陶瓷

如花瓶、雕塑品、陈设品等。

3. 工业陶瓷

指应用于各种工业的陶瓷制品。又分以下几方面：

（1）建筑、卫生陶瓷：如砖瓦、排水管、面砖、外墙砖、卫生洁具等；

（2）化工陶瓷：用于各种化学工业的耐酸容器、管道、塔、泵、阀以及搪砌反应锅的耐酸砖、灰等；

（3）耐火陶瓷：用于各种高温工业窑炉的耐火材料；

（4）电瓷：用于电力工业高低压输电线路上的绝缘子。电机用套管、支柱绝缘干、低压电器和照明用绝缘子，以及电讯用绝缘子，无线电用绝缘子等。

4. 特种陶瓷

用于各种现代工业和尖端科学技术的特种陶瓷制品，有高铝氧质瓷、镁石质瓷、钛镁石质瓷、锆英石质瓷、锂质瓷、磁性瓷以及金属陶瓷等。

按着以上分类，下面我们将重点介绍和人们日常生活密切相关的日用陶瓷，以及代表陶瓷作为新材料最新应用的特种陶瓷。

二、日用陶瓷

日用陶瓷顾名思义是指：人们日常生活中必不可少的生活用瓷。是日常生活中人们接触最多，也是熟悉的瓷器，如餐具、茶具、咖啡具、酒具、饭具等。历史上，日用瓷器是从日用陶器发展而来的，又因为两者在性能和制造工艺上有相似之处，所以，习惯上把它们放在一起，统称为日用陶瓷。

（一）日用陶瓷制品的优缺点

日用陶瓷器长期以来为广大人民群众所喜爱和使用，因为它有以下优点：

第一，易于洗涤和保持洁净。日用瓷釉面光亮，细腻，使用后容易冲刷。

第二，热稳定性较好，传热慢。日用餐具有经受一定温差的急热骤冷变化时不易炸裂的性能。这一点它比玻璃器皿优越，它是热的不良导体，传热缓慢。用来盛装沸水或滚烫的食物，端拿时不太烫手。

第三，化学性质稳定，经久耐用。这一点比金属制品如铜器、铁器、铝器等要优越，日用瓷具有一定的耐酸、碱、盐及大气中碳酸气侵蚀的能力，不易与这些物质发生化学反应，不生锈老化。

第四，瓷器的气孔极少，吸水率很低。用日用瓷器储存食物，严密封口后，能防止食物中水分挥发、渗透及外界细菌的侵害。

第五，彩绘装饰丰富多彩，尤其是高温釉彩及青花装饰等无铅中毒危害，可大胆使用，很受人们欢迎。

当然日用瓷器也有美中不足之处。最大弱点是抗冲击强度低，不耐摔碰，容易破损，是一种易碎品。此外，一般说来，它不适于明火直烧作炊具用，有的还不耐蒸煮。

(二)日用陶瓷制品的一般检测方法

2009年2月,国家质检总局公布了新的中华人民共和国国家标准《日用瓷器》(GB/T 3532—2009),新标准中规定了日用陶瓷的产品分类、技术要求、试验方法、检验规则和标志、包装、运输、贮存规则。该标准提供了日用陶瓷的内在质量标准和外观质量标准,是陶瓷企业加工出售产品以及消费者购买陶瓷产品时鉴别产品质量等级、按质论价的依据。瓷器的内在质量主要指吸水率、热稳定性和铅、镉溶出量是否符合要求。外观质量主要指产品表面的光泽度、白度、色差以及规格尺寸、配套、花面等和允许的常见缺陷范围。

在陶瓷器的生产过程中,从原料至烧制为成品经过多道工序,稍有疏忽就会造成产品的缺陷。品质优良的日用陶瓷制品应达到五无(无斑点、无落渣、无擦伤、无针孔、无色脏)、一小(变形小)一低(铅溶出量低)、三光滑(釉面光滑、花面光滑、毛口或底足光滑)。检验产品是否达到品质标准,除了专业机构利用仪器进行理化指标的检测外,通常最普通又简便的方法是采用感官的检验,即通过看、听、量三个手段来判断。

1. 看

看是以目测,正看瓷器的顶端(口)和内部,翻看瓷器的底部,转看瓷器的四周(器壁)。检验瓷器的平稳程度和质量。

由于口、底是每件产品的主要关键部位,也是决定产品稳定、规整的基本条件。因此,在检验、挑选时应特别注意。单件产品如盘、碗或其他较规整的产品,如花瓶、坛、罐之类,可将其口部和底足交换位置在较平坦的桌面上(最好是玻璃板上)或平地上,用手轻按,看是否摇晃,借以检查该产品是否平稳,并可用特制阶梯三角形有刻度的钢尺,顺玻璃板轻轻插入瓷器底部量倾斜度,确定是否变形和变形大小。

同时可用"平看水平"、"立看规整(正)"的视觉方法检验。"平看水平"即将产品用手托平,将要检验的部位(口或底)举至与平行位置观看是否平直(在一根线上),有无起伏、倾斜。"立看规整",将产品放置在实现以下,用正俯视的角度查看圆形产品口、底是否正圆,多角形几何形(不是异形)产品是否对称,边是否对等或变形。

造型检验后,再观察瓷器釉面是否光洁莹润。经彩饰的看装饰形绘是否鲜艳绚丽,有无爆花、缺花、断线、不正等。成套产品,如茶具、餐具、酒具等成套产品的釉色、画面、白度等是否一致,各件的器形式样是否相互谐调统一,再看产品表面有无缺陷及其缺陷种类和范围大小。

2. 听

听是根据轻轻敲击瓷器发出的声音来判断瓷器质量好坏的方法。通常是将产品托在手上或放在桌上,用手指甲轻弹或用棍棒轻敲口沿或器壁,注意听发出的声音。如声音清脆,即表明瓷胎致密,完全瓷化,质量良好。如声音沙哑,即表明瓷器有破损、隐伤或没有完全瓷化(未烧熟),瓷质低劣,不可取。对碗类产品,可将同造型、规格的碗,通常是十只碗(一筒碗)摞叠起来,花面对正,然后拿在手中轻轻抖动旋转,这一操作要求快而准。如发现手中瓷器发出清脆声音,即表明碗的质量良好。如夹有喑哑声,则表明其中有破损或隐伤,必须分个逐步进行检查,剔除劣质产品。

3. 量

量是测量成品是否符合规格标准,规格是否一致和表面缺陷的大小。测量的工具,采用国家计量标准尺(公分尺)和三角板。测量产品的内外口径时,内径不包括沿宽,外径包括沿宽。测量带盖产品全高时,可将产品放置在平面上,再将公分尺下部立于同一平面,尺身靠近产品,再利用三角板的直角底边接盖顶端,侧边与直尺平接,其三角板直角顶端与直尺相交处的点为全高。测内深可将产品口沿平置一直尺,再从尺沿垂直量至内底中心,其长度为深。测量底径(足宽),以底外径为标准,用直尺量出。产品腹径用外卡钳卡住,然后用直尺依卡尺量出宽。

经过以上看、听、量的检验后,再根据国家规定的等级划分标准,即可确定产品的优劣和等级。

三、特种陶瓷

近年来,为了改善陶瓷的脆性,在陶瓷基体中添加了金属纤维和无机纤维,这样构成的纤维补强陶瓷复合材料,是陶瓷家族中最年轻但却是最有发展前途的一个分支。陶瓷的研究发展进入了先进陶瓷阶段。先进陶瓷又称现代陶瓷、特种陶瓷,也称高技术陶瓷、精细陶瓷,按其应用功能分类,大体可分为结构陶瓷和功能陶瓷两大类。

特种陶瓷有热压铸、热压、静压及气相沉积等多种成型方法,特种陶瓷不同于普通陶瓷的化学组成和组织结构决定了它不同的特殊性质和功能,如高强度、高硬度、高韧性、耐腐蚀、导电、绝缘、磁性、透光、半导体以及压电、光电、电光、声光、磁光等。由于性能特殊,这类陶瓷可作为工程结构材料和功能材料应用于机械、电子、化工、冶炼、能源、医学、激光、核反应、宇航等方面。一些经济发达国家,特别是日本、美国和西欧国家,为了加速新技术革命,为新型产业的发展奠定物质基础,投入大量人力、物力和财力研究开发特种瓷,因此特种陶瓷的发展十分迅速,在技术上也有很大突破。特种陶瓷在现代工业技术,特别是在高技术、新技术领域中的地位日趋重要。

【知识链接11-1】

如何收藏紫砂器?

紫砂器(壶),曾是中国特有的手工制造陶土工艺品,现也有机器大批量制造的。制作原料为紫砂泥,原产地在江苏宜兴,又名宜兴紫砂壶。其起源可上溯到春秋时代的越国大夫范蠡,已有2 400多年的历史。从明武宗正德年间以来紫砂开始制成壶,名家辈出,500年间不断有精品传世。据说紫砂壶的创始人是中国明朝的供春。紫砂壶的特点是不夺茶香气又无熟汤气,壶壁吸附茶气,日久使用空壶里注入沸水也有茶香。

在市场不太成熟、收藏者热衷于追风的今天,制作者的技术职称、社会认可度固然是评定一件紫砂产品市场价格高低的重要标准。但是,从长远着眼,我认为紫砂陶的制作工艺及造型等自身特点才是最为合理的价格决定因素,就像"料好工精"的和田玉才具有传世的价值一样,而其自身特点又可以用"泥、形、工、款、功"五字来概括。所以,衡量一件紫砂陶产品是否值得收藏也要从这五点入手。

一看"泥",即首先要看紫砂产品泥质的好坏。紫砂泥有紫泥、绿泥及红泥之分,也有老泥和新泥之说。由于这些泥种从色泽到结构都不尽相同,所以带给人的功能效用及感觉也就不尽相同,但以紫泥中的天青泥为最好;

二看"形"。众所周知,紫砂壶之形是存世的各种器皿中最丰富的,素有"方非一式"、"圆不一相"之誉。那么,如何评价这些造型的艺术水准高低呢?当然是"仁者见仁,智者见智"了。在保证紫砂壶作品气格高雅的前提下,一般有古拙、清秀和大度之分,就看您喜欢哪种风格了;

三看"工",即紫砂产品的做工是否十分严谨。我们知道,点、线、面是构成紫砂壶形体的基本元素。在成型过程中,点、线、面的起承转合、抑扬顿挫都必须交代清楚,就是活儿要做到家——面或毛或光,线或直或曲,点或方或圆,而不能有半点含糊;壶嘴与壶把要绝对在一直线上,并且分量要均衡;壶口与壶盖结合要严谨等,都有一套严格的工艺要求;

四看"款",即看紫砂产品上的款识。好壶配好字犹如锦上添花。人们可以根据款识了解制作者和题词镌铭者的身份,由此既可欣赏书法篆刻,又可鉴别壶的优劣;

五看"功"。这是指紫砂陶的使用功能,即强调不能因讲究造型美而忽视了功能美。

资料来源:凤凰网 http://culture.ifeng.com/gundong/detail_2011_01/22

第三节 珠宝玉石

一、珠宝玉石的定义

2003年由国家质检总局公布的中华人民共和国国家标准《珠宝玉石名称》中定义:珠宝玉石是对天然珠宝玉石(包括天然宝石、天然玉石和天然有机宝石)和人工宝石(包括合成宝石、人造宝石、拼合宝石和再造宝石)的统称,简称宝石。"珠宝玉石"、"宝石"不能作为具体商品的名称。《珠宝玉石名称》中进一步定义了几个关键词:

(一)天然珠宝玉石

由自然界产出,具有美观、耐久、稀少性,具有工艺价值,可加工成装饰品的物质统称为天然珠宝玉石。包括天然宝石、天然玉石和天然有机宝石。

1. 天然宝石

定义:由自然界产出,具有美观、耐久、稀少性,可加工成装饰品的矿物的单晶体(可含双晶)。

定名规则:直接使用天然宝石基本名称或其矿物名称。无需加"天然"二字,如:"金绿宝石"、"红宝石"等。产地不参与定名,如"南非钻石"、"缅甸蓝宝石"等。禁止使用由两种天然宝石名称组合而成的名称,如:"红宝石尖晶石"、"变石蓝宝石"等,"变石猫眼"除外。禁止使用含混不清的商业名称,如:"蓝晶"、"绿宝石"、"半宝石"等。

2. 天然玉石

定义:由自然界产出的,具有美观、耐久、稀少性和工艺价值的矿物集合体,少数为非晶质体。

定名规则:直接使用天然玉石基本名称或其矿物(岩石)名称。在天然矿物或岩石名称后可附加"玉"字;无需加"天然"二字,"天然玻璃"除外。不用雕琢形状定名天然玉石。不允许单独使用"玉"或"玉石"直接代替具体的天然玉石名称。

3. 天然有机宝石

定义:由自然界生物生成,部分或全部由有机物质组成可用于首饰及装饰品的材料为天然有机宝石。养殖珍珠(简称"珍珠")也归于此类。

定名规则:直接使用天然有机宝石基本名称,无需加"天然"二字,"天然珍珠"、"天然海水珍珠"、"天然淡水珍珠"除外。养殖珍珠可简称为"珍珠",海水养殖珍珠可简称为"海水珍珠",淡水养殖珍珠可简称为"淡水珍珠"。不以产地修饰天然有机宝石名称,如:"波罗的海琥珀"。

(二)人工宝石

完全或部分由人工生产或制造用作首饰及装饰品的材料统称为人工宝石。包括合成宝石、人造宝石、拼合宝石、再造宝石和仿宝石。

1. 合成宝石

定义:完全或部分由人工制造且自然界有已知对应物的晶质或非晶质体,其物理性质,化学成分和晶体结构与所对应的天然珠宝玉石基本相同。

定名规则:必须在其所对应天然珠宝玉石名称前加"合成"二字,如:"合成红宝石"、"合成祖母绿"等。禁止使用生产厂、制造商的名称直接定名,如"查塔姆(Chatham)祖母绿"、"林德(Linde)祖母绿"等。禁止使用易混淆或含混不清的名词定名,如"鲁宾石"、"红刚玉"、"合成品"等。

2. 人造宝石

定义:由人工制造且自然界无已知对应物的晶质或非晶质体称人造宝石。

定名规则:必须在材料名称前加"人造"二字,如:"人造钇铝榴石","玻璃"、"塑料"除外。禁止使用生产厂、制造商的名称直接定名。禁止使用易混淆或含混不清的名词定名,如:"奥地利钻石"等。不允许用生产方法参与定名。

3. 拼合宝石

定义:由两块或两块以上材料经人工拼合而成,且给人以整体印象的珠宝玉石称拼合宝石,简称"拼合石"。

定名规则:逐层写出组成材料名称,在组成材料名称之后加"拼合石"三字,如:"蓝宝石、合成蓝宝石拼合石";或以顶层材料名称加"拼合石"三字,如:"蓝宝石拼合石"。由同种材料组成的拼合石,在组成材料名称之后加"拼合石"三字,如:"锆石拼合石"。对于分别用天然珍珠、珍珠、欧泊或合成欧泊为主要材料组成的拼合石,分别用拼合天然珍珠、拼合珍珠、拼合欧泊或拼合合成欧泊的名称即可,不必逐层写出材料名称。

4. 再造宝石

定义:通过人工手段将天然珠宝玉石的碎块或碎屑熔接或压结成具整体外观的珠宝玉石。

定名规则:在所组成天然珠宝玉石名称前加"再造"二字,如:"再造琥珀"、"再造绿松石"。

5. 仿宝石

定义:用于模仿天然珠宝玉石的颜色、外观和特殊光学效应的人工宝石以及用于模仿另外一种天然珠宝玉石的天然珠宝玉石可称为仿宝石。"仿宝石"一词不能单独作为珠宝玉石名称。

定名规则:在所模仿天然珠宝玉石名称前冠以"仿"字,如:"仿祖母绿"、"仿珍珠"等。应尽量确定给出具体珠宝玉石名称,且采用下列表示方式,如:"玻璃"或"仿水晶(玻璃)"。当确定具体珠宝玉石名称时,应遵循本标准规定的其他各项定名规则。仿宝石不代表珠宝玉石的具体类别。当使用"仿某种珠宝玉石"(例如"仿钻石")这种表示方式作为珠宝玉石名称时,意味着该珠宝玉石:①不是所仿的珠宝玉石(如"仿钻石"不是钻石)。②具体模仿材料有多种可能性(如"仿钻石":可能是玻璃、合成立方氧化锆或水晶等)。

二、几种主要的天然珠宝玉石

(一)钻石

1. 钻石的特性与评价

钻石号称"宝石之王",矿物学名:金刚石。钻石是由碳元素组成,是碳原子作有规律排列组成的晶体。由于碳原子间的联结十分牢固,导致钻石具有高硬度、高熔点、高绝缘性和强化学稳定性,以及耐强酸、强碱腐蚀等特性。

钻石是自然界最硬的宝石,摩尔硬度为10。据测定,钻石的硬度比红宝石高150倍,比水晶高1 000倍。因此,佩戴宝石饰物时,不必担心它会被磨损,但万不可撞击或摔在地上,因为它有性脆的特点。

自然界的钻石除无色透明的外,还有黄、褐、蓝、红、绿、黑等色,宝石级的钻石应该是洁净、无色透明。据统计,在世界已产出的12亿克拉钻石中,宝石级的钻石仅占20%左右。可琢磨的高质量钻石要求结晶程度高,完全透明,颜色好,无瑕疵,颗粒越大越好。

钻石的评价,应从以下四个方面考虑(4C):

(1)颜色(Colour):以无色为最好,色调越深,质量越差。在无色钻石的颜色分级里,顶级颜色是D色,依次往下排列到Z,我们在这里只说从D到J的颜色级别,D~G是无色级别,G~J是近无色级别,从K往下就基本没有收藏和佩戴意义了。因为从K往下钻石就会逐渐偏黄,我们选钻的时候,尽量选H以上的颜色,I~J的级别虽然也在近无色的范畴,但多少也能察觉到一丝微黄。具有彩色的钻石,如:红、粉红、绿、蓝色等,又属于钻石中的珍品,价格昂贵。其中又以红钻最为名贵。

(2)洁净度(Clarity):洁净度分级的依据是内含物的位置,大小和数量的不同来划分的,级别由高到低可分为 FL,IF,VVS1,VVS2,VS1,VS2,SI1,SI2,SI3,P1、P2、P3。应在十倍显微镜下仔细观察钻石洁净程度,瑕疵越多,所在位置越明显,则质量越差,价格也相应的要降低。

(3)切工(Cut):切工是指成品裸钻各种瓣面的几何形状及其排列的方式。切工分为切割比例、抛光、修饰度三项。每一项都有五个级别,由高到低依次是 EXCELLENT,VERY GOOD,GOOD,FAIR,POOR。一般我们所见的都是标准圆钻型切工。顶级切工的石头,它对于光线的反射可以达到一个最接近完美的比例,也就是我们说的三项 EX(EXCELLENT)切工,三项 EX 的石头的光彩绝对是最绚丽的。

(4)重量(Carat):在其他三 C 相同的情况下,钻石的价格与重量的平方成正比,重量越大,价值越高。钻石的重量是以克拉为单位的。1 克拉(ct)= 0.2 克(g)。把一克拉平均分成一百份,每一份是一分,商场价签上标的 0.3ct,0.4ct 就是我们说的 30 分 40 分。

2. 钻石的鉴别与保养

钻石的最大特点是硬度最高并且具有很强的折射率,在光线下光芒四射,耀眼夺目。但其表面与玻璃,水晶及人工钻石相似,较难辨别。准确的鉴别只有靠仪器测量,而简易的目视鉴别可采用以下几种方法:

(1)硬度检验。

钻石是已知最硬的自然生成物质,没有什么东西可在钻石上划上痕迹,若能划上痕迹的则绝非钻石。

(2)导热性试验。

在待辨钻石和其他相似物品上同时呼一口气,若是钻石则其表面凝聚的水雾应比其他物品上的水雾蒸发得快,这是因为钻石具有高导热性的原因。

(3)观察反射光。

人造氧化锆仿制,硬度较高,折射好,但在转动时会反射较多的彩光,与真品在转动时只反射出微弱的黄、蓝色彩光相比,有明显的差别。

(4)油脂鉴别。

钻石对脂肪的吸附力强,用手触摸后表面会有一层油膜,这一特性也是其他宝石没有的。同样用手触摸钻石和仿钻石,会发现钻石比仿钻石沾到更多的油脂。

钻石虽然是世界上最坚硬的物质,但它同样易碎,当遇到外力的猛烈撞击时或火烤时,钻石可能会出现破损,从而严重影响钻石的美观程度以及它的价值。因此在平时的佩戴使用时,要注意保养。由于钻石极易吸引油脂,容易弄脏,故必须定期清洁,以维持钻石原有的光芒。

（二）珍珠

1. 珍珠的特性与评价

珍珠以她的温馨、雅洁、瑰丽,一向为人们钟爱,被誉为"宝石皇后"。矿物学名:文石。珍珠分为天然珍珠和养殖珍珠,天然珍珠是在贝类或蚌类等动物体内,不经人为因素自然的分泌物。它们由碳酸钙(主要为文石)、有机质(主要为贝壳硬蛋白)和水等组成,呈同心层状或同心层放射状结构,呈珍珠光泽。根据生长水域不同可划分为天然珍珠海水珍珠和天然淡水珍珠。在海水中产出的天然珍珠为天然珍珠海水珍珠。在淡水中产出的天然珍珠为天然淡水珍珠。养殖珍珠是在贝类或蚌类等动物体内珍珠质的形成物,珍珠层呈同心层状或同心层放射状结构,由碳酸钙(主要为文石)、有机质(主要为贝壳硬蛋白)和水等组成。对于所有的养殖珍珠,珍珠层是由活着的软体动物的分泌物形成的。人工干预只是为了开始这一过程,不论是插核的还是插片的。

对珍珠的评价通用的是6个方面,即大小、形状、瑕疵、光泽、珍珠层厚度和颜色。

(1)大小。

珍珠的大小是以其直径来表征的,一般珍珠的大小按直径可分为五个等级:厘珠小于5毫米,小珠5~6毫米,中珠6~7毫米,大珠7~8毫米,特大珠大于8毫米。珍珠越大越贵重,民间有"七分珠,八分宝"的说法,就是说珍珠达到8分重(直径约9毫米的圆珠)就算是"宝"了。

(2)形状。

珍珠越圆越好,最好的为长短径之差不超过1%的正圆珠,古时称"走盘珠",即放在碟中稍稍震动即可滚动自如;次好的是圆形珠(长短径之差不超过5%)、近圆形珠(长短径之差为5%~10%)。

(3)瑕疵。

珍珠或多或少都会有瑕疵,瑕疵的多少,大小,分布位置和严重程度直接影响到珍珠的坚固和美丽,珍珠表面以光滑细腻为最佳。如光滑如镜能照见物像者为上品;若有黑斑、平头、尾巴、花点和小丘疹等瑕疵,影响光洁度时为次品。珠质坚实凝重者为上品,若珍珠层与珠核之间有机质较多,连接松弛,甚至局部有空洞,则为下品。

(4)光泽。

光泽又叫珠光,是珍珠表面反射光与内部透射光发生干涉作用而呈现的迷人光彩。一般而言,珍珠层越厚、文石排列有序度越高、晶粒越细小,则珍珠光泽越强,珍珠表面更显圆润。

(5)珍珠层厚度。

一般来说,珍珠层越厚,珍珠光泽越强,珍珠耐腐蚀的能力也越强,佩戴使用的时间也越长,珍珠价值越高。

(6)颜色。

颜色又称本体色,是影响珍珠价值的重要因素,一般分为五个色系:浅色色系(或白色色系)、粉红色色系、黄色色系、深色色系、杂色色系。从珍珠颜色总体来说,以明丽、纯净、均匀为佳,发暗、呆滞、不均为次。

2. 珍珠的鉴别与保养

珍珠级别有:AAA级别,AA级别,还有A级别。第一个A代表光泽强光,第二个A代表形状正圆,第3个A代表基本无瑕。即便是全A级的珍珠,也不是100%无瑕疵,珍珠的鉴别是为了区分珍珠和人造珍珠(假珠)。除了专业机构的仪器鉴别外。简单的方法如摩擦:两颗珍珠之间互相轻轻摩擦,会有粗糙的感觉,而人造珍珠则产生滑动的感觉;冰凉感:珍珠放在手上有冰凉的感觉,而人造珍珠则没有;看钻孔:珍珠的孔是钻出来的,观察钻孔是否鲜明清晰,人造珍珠的钻孔有颜料积聚。颜色形状:每一颗珍珠的形状颜色都略有不同,而人造珍珠每一颗的颜色形状都完全相同。

人常说珍珠是有生命的,科学地保养才能使珍珠长久地保持绚丽的光彩。珍珠怕酸、怕火、怕磨损,因此要避免与酸碱物质接触,避免用肥皂、洗涤剂等清洗。出汗和香水等化妆品会侵蚀珍珠层,如佩戴时沾了许多汗水或珍珠表面过于污秽,要用软的湿毛巾擦净并晾干。

(三)翡翠

1. 翡翠的特性与评价

翡翠,人称"玉石之冠"。矿物学名:硬玉,属于辉石类矿物组成的纤维状集合体。摩氏硬度6~7,十分坚韧,能耐相当高的撞击力和压力,其制品经久耐用。折光率1.66~1.68,无特殊包体,半透明至不透明,抛光面有玻璃光泽至油脂光泽,断面灰暗。常见颜色:白色、各种色调的绿、黄、红、褐、灰、黑、紫、蓝等。缅甸是当今翡翠的唯一优质品产地。

翡翠的评价要素包括:种、水、色、工、重。种:即翡翠的质地,也就是其结晶颗粒的大小,结晶颗粒越大翡翠的质地越粗糙;结晶颗粒越小,翡翠的质地越细腻。水:即"水头",主要指翡翠的透明度。水头长、水头短,指的是翡翠能被光透过的深度。色:翡翠颜色千变万化,以绿色、红色和紫色为佳,以翠绿色为贵。玉石界素有"红色为翡,绿色为翠"的说法,翡翠中多种深浅红、黄、棕褐色的简称,有时也称为"红翡"、"黄翡"等;翠指的是翡翠中多种深浅绿色的简称,有时也称为"墨翠"、"绿"、"翠绿"等;紫指的是翡翠中紫色部分的简称,有时也称为"紫翠"、"紫罗兰"或"春色"。工:指雕刻的工艺,雕工越精美,价值越高。重:指翡翠的重量,翡翠的重量越重,价值越高,也就越具有收藏的价值。

2. 翡翠的鉴别与保养

翡翠分A货、B货和C货。翡翠的A货是指天然翡翠,只经过机械加工,不作任何化学处理。翡翠的B货是用化学方法处理过的翡翠。翡翠的C货则是纯染色的翡翠。目前鉴别天然翡翠和染色翡翠的方法是使用查尔西滤色镜,此镜大小同普通放大镜一样,使用方便可靠。通过此镜观察染色翡翠会毫无例外地呈现出紫红色,天然翡翠的颜色则不变。另外,目前市场上也有一些纯粹的假翡翠,主要有玻璃、瓷料、塑料和其他类似翡翠的玉石冒充的,除了肉眼能辨别的普通材料外,则需要根据它们的密度、硬度和折光度由仪器鉴别。

天然翡翠的化学性质非常稳定,因此保养相对简单容易。常言道:"玉养人,人养玉",翡翠越戴越美,经常佩带翡翠就是对翡翠最好的保养。日常保养,只需要用清水清洗,去掉尘垢,再用干净柔软的布擦干即可;佩戴时应小心不要跌落,否则翡翠首饰很容易破裂或损伤。翡翠在雕琢之后,往往都上蜡以增强其亮丽程度。所以翡翠饰品不能与酸、碱和有机溶剂接触,即使是未上蜡的翡翠,因为它们是多矿物的集合体,也应该注意不要与酸、碱长期接触。这些化学试剂都会对翡翠首饰表面产生腐蚀作用。

(四)红宝石和蓝宝石

红宝石和蓝宝石都是色美而透明的刚玉,又称为"姊妹宝石",二者都是刚玉矿物,二者的基本化学成分都是三氧化二铝,晶体形态常呈桶状、短柱状、板状等。集合体多为粒状或致密块状。透明至半透明,亮玻璃光泽至亚金刚光泽。折射率:1.762~1.770,摩氏硬度都是9,硬度仅次于钻石,化学性质稳定,很难被酸腐蚀。

红宝石和蓝宝石的首要评价因素是颜色,其次是重量、透明度和净度。一般来说,颜色纯正,颗粒大,透明度高,无或极少包裹体与瑕疵,加工精细,各部分比例匀称的刻面红宝石蓝宝石为上等品。刚玉宝石最大的特点是颜色不均,可见平行六方柱面排列的,深浅不同的平直色带和生长纹。世界红蓝宝石产地不多,主要有缅甸、斯里兰卡、泰国、澳大利亚、中国等,但就宝石质量而言,以缅甸、斯里兰卡质量最佳。缅甸红宝石,多呈鸽血红,色匀,透明度大,粒大,极少瑕疵与裂纹。斯里兰卡红宝石,色浅,主要品种是星光红宝石。泰国尖竹纹红宝石,深红色,颜色不太鲜艳,比较洁净。红宝石和蓝宝石具有脆性,怕敲击、摔打,佩带时应该注意。

(五)水晶

水晶是一种无色透明的大型石英结晶体矿物。它的主要化学成分是二氧化硅,跟普通沙子是同种成分的物质。水晶的折光率为1.544~1.553,摩尔硬度为7,韧性好,无解理,有玻璃光泽。水晶本为无色透明,由于含有不同的混入物而呈多种颜色,含锰和铁者呈紫色,称紫水晶;含铁者呈金黄色或柠檬色,称黄水晶;含锰和钛呈蔷薇色,称蔷薇水晶。水晶怕碱不怕酸(氢氟酸除外),当受热、摩擦、吹气或受打击时,绝无异味。但水晶受热易碎。

水晶有天然水晶和人造水晶之分,天然水晶中,紫水晶以紫红、大红者为优;黄水晶以颜色深浓、均匀而鲜艳者为优;蔷薇水晶以色深而鲜艳者为优,大粒星光蔷薇水晶更佳。

市场上的假水晶一般有以下几种:玻璃制品、熔炼水晶、含铅玻璃、人造合成水晶、再生水晶(养晶)。辨别水晶的真假用简易的偏光器。它是由上下两个偏正光片组成折光夹片,可以区分玻璃与水晶。由于玻璃是均质体,把它放在折光片夹中间,任你无论如何转动,假水晶总是一团漆黑;若在折光片夹中间转动360度时,出现四次有规律地明暗光线变化,则属水晶无疑。

【知识链接 11-2】

赌　石

何谓赌石？翡翠原石在亿万年物理风化、滚动搬动的过程中，表面会形成一层薄厚不均的风化壳，也就是翡翠的皮，整体看起来，是一块近似圆形的硕石。这块硕石让不懂的人看来就是一块石头，但是有眼力的人却能透过表皮的一些特征，来判断里面是否有翡翠，翡翠的成色如何，再下注购买，类似于打赌，所以称为"赌石"。花几千或几万元买来看似普通的一块石头，一刀下去可能一无所获，亦可能一夜暴富。

赌石的依据就是玉石的外壳，不同皮壳的不同表现决定了其内部质地的不同。翡翠原石的外壳品种多样，至少有 16 种主要皮壳值得注意、研究。在石家庄首届赌石文化节上运来的石头皮壳则主要是白盐沙皮和黑乌沙皮两种。据专家介绍，白盐沙皮大小均匀，是白沙皮种的上等货，可以从皮壳的均匀细度来判断里面的玉石成色；黑乌沙皮的石头主要产在老场区、后江场区、小场区的第三层，小件居多，有的皮色略发灰，称为灰乌沙，有的皮色黑如煤炭，表皮还覆有一层蜡壳，称为黑蜡壳。黑乌沙皮的翡翠一般成色不错，但表面的黑蜡壳盖着沙，不易辨认，专家介绍了一个"小窍门"，看蜡的软硬，如果蜡壳粘在没有沙皮的皮壳上，就显得很硬，不易掉；如果蜡壳覆盖在有沙的地方，就软而易掉，有的在水里一泡，就容易掉壳。

好的翡翠原石还可以从外壳的"蟒"和"松花"中判断，"蟒"是在翡翠表面上出现、与其他不同细沙形成的一条或者一片甚至缠绕大半个石头的不同沙粒排列的形态，好似被什么压、烫出来的花纹，看起来像蟒蛇。一般来说，细粒比粗粒结构的抗风化能力强，所以有绿的地方凸出来形成了蟒。如果蟒上有松花，那就是更好的预兆了，松花的颜色有浓有淡，一般来说，越绿越鲜艳的越好，另外还有头发状、丝网状的松花，一丝丝绿就预示着一片绿。

专家建议，赌石是一种乐趣，赌得好，大有上涨空间甚至一夜暴富；但赌石的风险很大，血本无归的事屡见不鲜。

资料来源：http://finance.sina.com.cn/money/collection/fcys/20090511

第四节　金银饰品

一、黄金饰品

黄金是一种贵金属，又称金，纯金为正黄色，具有极佳的抗化学腐蚀和抗变色性能力。化学稳定性极高，在碱及各种酸中不被侵蚀，在空气中不被氧化，也不变色。金能与银和铜以任何比例形成合金。含银量增加，合金颜色会变浅；含铜量增加，合金颜色会变深。金的延展性在任何温度下都比其他金属好，它的延伸率为 39%，可将金碾成千分之一毫米的金箔，看上去几乎透明；还能拉长比头发丝还细的金丝。俗话说"真金不怕火炼"，在 1 000 ℃ 高温下不熔化、不氧化、不变色、不损耗，这是金与其他金属最显著的不同。黄金的用途主要是金融储备、制造货币和制作首饰。

制作首饰的黄金不是纯金，首饰工匠们在黄金中加上一定比例的银、铜等金属，增加黄金的强度与韧性，这种黄金被称为"K 金"。纯金为 24K，1K 代表金首饰中含有的纯金量占 1/24（即含金量为 4.167%），14K 即表示含纯金为 58%。在英国，金首饰为 10K、14K、18K，只有极少数为22K；美国金首饰为9K、14K、18K和22K，在意大利和德国，容许金首饰低于8K，金首饰有各种K数和颜色。我国生产的金首饰有8K、9K、10K、12K、14K、18K、20K、22K、24K（足金）。对于24K的成色来说，不同国家的规定也不相同。日本和前苏联规定黄金纯度只有达到99.99%才能算24K黄金；英国规定黄金纯度只要达到99.5%就算24K黄金；而香港和澳门规定黄金纯度达到94.5%就算24K黄金。需要说明的是，小数点后面的数字变化，代表它们的含量不同，价格不同，理化性能也有差别。另外，金首饰上的标记还有KF，表示仿金，KP表示镀金。

（一）黄金饰品的鉴别

黄金饰品的鉴别方法有物理法，还有化学法。具体介绍如下：

（1）看颜色：黄金首饰纯度和颜色相关：赤黄色成色在95%以上，浅赤黄色90%~95%，正黄色为80%~85%，青黄色65%~70%，黄白带灰色只有50%~60%。通常所说的七青、八黄、九五赤，黄白带灰对半金，可作参考。

（2）掂重量：黄金的比重为19.3，重于银、铜、铅、锌、铝等金属。如同体积的黄金比白银重40%以上，比铜重1.2倍，比铝重6.1倍。黄金饰品托在手中应有沉坠之感，假金饰品则觉轻飘。

（3）看硬度：纯金柔软、硬度低，用指甲能划出浅痕，牙咬能留下牙印，成色高的黄金饰品比成色低的柔软，容易折弯，纯度越低，越不易折弯。

（4）听声音：成色在99%以上的真金往水泥硬地上抛掷，会发出叭嗒声，有声无韵也无弹力。相反，假的或成色低的黄金抛在地上，声音清脆尖长。

（5）用火烧：用火将要鉴别的饰品烧红（不要使饰品熔化变形），冷却后观察颜色变化，如表面仍呈原来黄金色泽则是纯金；如颜色变暗或不同程度变黑，则不是纯金。

（6）看印鉴：国产黄金饰品都是按国际标准提纯配制成的，并打上印鉴，如"24K"、"足赤"或"足金"；18K金，标明"18K"字样；成色低于10K者，按规定就不能打K金印号了。

（二）黄金饰品的保养

有些人的黄金首饰佩戴一段时间会变形、变色或光泽变暗，这就是对金首饰保养不善造成的。一般来说，洗洁精中的化学物质会改变金子的色泽，所以做清洁工作之前应该脱掉金饰品；避免直接与香水、发胶等高挥发性物质接触，否则容易导致金饰褪色；游泳时要取下金饰，以免碰到池水中的化学元素后，表层产生化学变化；保管的时候用绒布包好再放进首饰箱，避免互相摩擦损坏；黄金比较软，所以不要拉扯饰品，以免变形；纯金饰品在遇水银时会产生化学反应，出现白色斑点，要避免接触水银；要经常清洗，佩戴后的金饰常因污渍及灰尘的沾染而失去光泽，清洗会保持首饰表面光亮，延长使用寿命。金首饰清洗只要将金饰置于中性洗洁剂浸泡并清洗，再取出擦拭干即可。清洗后的金饰品若光泽不足，还可以抛光。方法是：用最细的抛光剂沾在羊毛毡上，滴几滴缝纫机油，来回擦拭，首饰即可光泽夺目，整旧如新。

二、白金饰品

白金,又称铂金,色泽呈银白色,质地纯柔,化学性质稳定。因为产出量稀少,价格要高于黄金,白金除了必要的工业使用外,主要用于制作名贵的中高档首饰。首饰行业用 Pt 表示纯白金。现在市场上的白金饰品以 Pt 900 和 Pt 950 较为普遍,即白金含量为 90% 和 95%。

纯白金料质柔软,通常制不成镶嵌珠宝钻石的首饰,主要制作款式有项链、指环、耳环等。制作首饰的白金除纯白金外,还有 K 白金。首饰用 K 白金根本不含铂金。它是用黄金和钯金或镍、银、铜、锌等金属熔炼而成的白色合金,其印鉴代号为"WG",是英语"WHITE GOLD"的缩写,意思是"白色的黄金",确切地说,K 白金应称为白色 K 金。在纯度、稀有度、耐久性以及天然的颜色和光泽上,白色 K 金都无法与铂金相提并论。并且它不能打上"Pt"标志。只能按黄金含量打上"18K"、"14K"等印记。

(一) 白金饰品的鉴别

铂金有三个典型的特质。

(1) 纯净。铂金饰品的一般纯度为 95%,几乎没有杂质,纯度极高,因此不会褪色或变色,能够在时光流逝中仍然保持光泽。

(2) 稀有。据统计西方 10 年开采的铂金只有 80 吨,而同期黄金则有 1 000 吨,白银有 10 000 吨。

(3) 永恒。铂金的密度和重量令它比其他首饰用金属更耐久。所有贵重金属都会留下划痕,铂金也不例外。但是,铂金上的划痕只是移动了金属,不会减少它的体积,而黄金上的划痕会带来磨损,减少黄金的体积。如果铂金上的确出现了肉眼可见的划痕,合格的珠宝商可以为它重新打磨。

如何区分容易混淆的白金、K 白金和白银呢?简单的方法如下:

(1) 掂重量:白金密度高,其比重是白银的 2 倍,用手掂量即可识别。

(2) 看颜色:白金外观呈灰白色,质地比较坚硬;白银色泽洁白,质地光滑细腻。

(3) 化学法:将白金磨些碎屑放在试金石上,滴上少许硝酸、盐酸的混合液,如果碎屑没有消失,则说明试样是白金,如果碎屑消失,则表明试样是白银。

(4) 火烧法:白金用火烧冷却后颜色不变,而白银火烧冷却后颜色呈红色或黑色。

(5) 印记法:白金饰品上印鉴有"PT"、"Plat"或"足铂",而白银饰品上的标记为"S"。白色 K 金要标明 K 数。K 就是指黄金含量,比如标有 18K 白、750G、750 金、Au750 字样的都是表示黄金含量为 18K 的白色 K 金。

(二) 白金饰品的养护

拥有一款优雅美丽的铂金饰品会带来一份美好感受,但只有悉心呵护,铂金首饰才能一直光亮如新。做家务时,最好不要让佩戴的铂金饰品染上油污或漂白水,油污会影响饰品的光泽;漂白水可能会使首饰产生斑点。不要将铂金首饰和黄金首饰同时佩戴,因为黄金质地较软,如果互相摩擦,黄金粉末会吸附在铂金上,使铂金变黄,影响铂金特有的纯净光泽。如果经常佩戴,铂金饰品应该尽量每月清洗一次,以保持闪亮的光泽。可用专用首饰清洁剂清洗,也可自行清洁。正确的方法是:将牙膏挤在毛巾上揉开,用手拿着铂金首饰在其上来回摩擦,去除表面的细纹和尘垢,然后用稀释过的家用洗洁精清洗,再用清水冲洗干净,光泽即可恢复如新。

如果是镶有钻石的铂金饰品,建议每年将铂金饰品送到珠宝店去检验一下,及时进行专业清洁和整修,令铂金钻石首饰常戴常新。

三、白银饰品

纯银具有白色的金属光泽,称之为白银。佩戴银饰品在我国民间有久远的传统,婴儿降生,父母会为孩子准备一对带铃铛的银手镯和代表"长命百岁"白银脖锁,传递父母对儿女的美好祝愿。白银饰品在少数民族地区使用更广,有的地区妇女的银饰品重达数千克。

白银的硬度略高于金,也很柔软;银的延展性仅次于金,在所有金属中居第二位,最薄的银箔能透光,1千克重的银可以拉出1 609米的细丝。由于纯白银太软,制作首饰前,一般要配进7.5%的铜,成为含银量92.5%的银合金,是目前市场上最多的标准银饰品材料,在饰品上打印记"925","Sterling Silver"或打"纹银"、"足银"二字。

(一)白银饰品的鉴别

银饰品种类繁多,包括手镯、戒指、头簪、耳环、项链、空项圈、铃铛、餐具等,银首饰的成色复杂,含有不同程度的杂质,选购时需要鉴别。常用的简易鉴别银饰品的方法有:

(1)看颜色:纯度愈高,银色愈洁白,面档细腻均匀发亮,有润色。如果含铅质,面档发出潮花带有青灰色;如含铜质,面档出现粗糙及烂心,有干燥感。被氧化了的白银尽管表面有"黑锈",但其色泽黑而呈光亮,铅、锡、白铜则没有光泽,其色发暮。

(2)掂重量:白银密度较一般常见金属略大,一般的讲:"铝质轻、银质重、铜质不轻又不重。"因而掂掂重量可对其是否为白银作出初步判断。若饰品体积较大而重量较轻,则可初步判断该饰品系其他金属。

(3)查硬度:白银硬度较铜低,而较铅、锡大,故用大头针稍用力划实物的表面进行测试,如针头打滑,表面很难留下痕迹,则可判定为铜质饰品;如为铅锡质地,则痕迹很明显、突出;如实物留有痕迹而又不太明显,便可初步判定为白银饰品。纯白银饰品用手拉,折就能使之变形。

(4)听声韵:饰品如为高成色白银,则掷地有声无韵、无弹力,声响为"卜哒卜哒"。假的银饰品弹力高,声音尖亮。

(5)看茬口定成色:把白银饰品截开,看茬口颜色,若茬口雪凌白而绵,可断定其成色在98%左右;若茬口粗而柔,微显红色,成色在95%左右;茬口白而带灰,略有微红则成色在90左右;用手弯折较硬,茬口淡红色或带灰色,其成色在80左右;成色在70左右的白银,其表面白黄且干燥,茬口微红、黄兼有,弯折坚硬;若茬口红中带黑,黄中带黑,其成色已在60以下。

（二）白银饰品的养护

白银的化学稳定性不如黄金，会和很多化学元素发生反应使白银出现发黑的现象。因此，佩戴银饰品要学会养护。其实银饰的最佳保养方法是天天佩戴，因人体油脂可使产生自然温润的光泽。佩戴银饰时不要同时佩戴其他贵金属首饰，以免碰撞变形或擦伤。保持银饰的干燥，别戴着游泳，切勿接近温泉和海水。不用时可用棉布或面纸轻拭表面，清除水分和污垢，将它置放于密封的袋子或盒子中，避免与空气接触。如果发现银饰有变黄的迹象，最简单的方法使用牙膏加点水轻洗表面。或用珠宝小刷子清洁银饰品的细缝，然后用擦银布轻擦其表面，马上就可以饰恢复原来的靓丽。

值得一提的是，银饰品中的银筷子、银勺子等银餐具，在水中具有较强的杀菌作用。实验显示，每升水中只要有千亿分之二的银离子，就能在短时间内杀死水中的大部细菌，起到净化水质的作用。

【延伸阅读11-2】

全球最具声望的十大顶级珠宝品牌排行榜

纽约奢侈品研究调查机构近日在高端消费人群中对顶级珠宝品牌进行了"奢侈品价值指数"调查，从而排名发布了2010年世界10大珠宝品牌。

第一名：HARRY WINSTON（哈利·温斯顿）
拥有一枚哈利·温斯顿的珠宝，意味着与传奇为伍。
第二名：BUCCELLATI（布契拉提）
文艺复兴艺术光彩的简洁美，赢得了全世界皇室的青睐。
第三名 Van Cleef &Arpels（梵克雅宝）
莎士比亚诗般浪漫的珠宝花园，精灵居住的梦境国度。
第四名 Graff（格拉夫）
世界上绝无仅有的钻石中的钻石，高级定制中的王者。
第五名 Tiffany &Co.（蒂芙尼）
珠宝界的皇后，以罗曼蒂克的梦幻主题风誉近两个世纪。
第六名 PIAGET（伯爵）
用制表的精湛工艺制作珠宝，擅长研发独一无二的作品。
第七名 Cartier（卡地亚）
皇帝的珠宝商，珠宝商的皇帝，全球时尚人士的奢华梦想。
第八名 Chopard（萧邦）
洋溢动感音乐气息的"快乐钻石"，传统与激情的完美结合。
第九名 BVLGARI（宝格丽）
色彩的王国，意大利风格，独特珠宝镶嵌工艺的创新者。
第十名 MIKIMOTO（御木本）
"珍珠之王"，百年人工育珠史，纯净无暇的珍珠魅力。

资料来源：新华网 http://news.xinhuanet.com/it/2010-12/21

本章小结

化妆品是以涂抹、喷洒或其他类似方法,施于人体表面任何部位(皮肤、毛发、指甲、口唇、口腔粘膜等),以达到清洁、消除不良气味、护肤、美容和修饰目的的日用化学工业品。安全性、稳定性、使用性和有效性是组成化妆品的四大要素,化妆品的四大要素是产品质量优劣的最本质属性。

陶瓷是中国的传统产业,产品线丰富,重点掌握与百姓生活密切相关的日用陶瓷的种类和检验方法。了解陶瓷产业的最新发展——特种陶瓷的实际应用。特种陶瓷作为工程结构材料和功能材料应用于机械、电子、化工、冶炼、能源、医学、激光、核反应、宇航等方面。

珠宝玉石是对天然珠宝玉石(包括天然宝石、天然玉石和天然有机宝石)和人工宝石(包括合成宝石、人造宝石、拼合宝石和再造宝石)的统称,简称宝石。介绍了钻石、珍珠、翡翠、红宝石和蓝宝石、水晶的矿物成分,理化性质,常用的鉴别和保养方法。

黄金、白金和白银饰品种类繁多,鱼目混杂,掌握基本的金银饰品的鉴别和保养常识,了解黄金、白金和白银作为饰品材料的特性和优势。

思考题

1. 化妆品的作用有哪些?
2. 化妆品内在质量评估包含哪些内容?
3. 日用陶瓷的优缺点有哪些?
4. 日用陶瓷常用的鉴别方法有哪些?
5. 对钻石评价的4C是什么?
6. 翡翠商品如何分级?

实训项目

1. 到当地的百货公司的化妆品柜台调查三个不同品牌的化妆品的原料组成。
2. 利用网络或图书馆查阅关于特种陶瓷的日常应用的事例,组成学习小组互相交流。
3. 对照国标《珠宝玉石名称》的规定,观察市场上珠宝玉石商品的名称是否规范,作一份调查报告。
4. 收集整理常见珠宝玉石的鉴别和保养方法。

案例分析 11-1

漂亮陶瓷餐具或成隐形"杀手"

市民施先生说,近日广东省工商局公布了2010年广东省流通领域日用陶瓷商品质量监测情况,其中检测出铅镉溶出量超标的商品8款。这一则新闻让他对扬州的瓷器商品市场很担忧,记者就此展开了调查。

居民反映

彩色陶瓷餐具易掉釉

市民吴先生在网上购买了一套情侣水杯送给女友,可没想到,刚用的第二天,上面的彩釉就开始脱落,女友还喝了混有彩釉的水。

《小孟帮你办·周二出击》栏目也接到不少投诉电话,称买到过掉彩釉的餐具。"就装了几回菜放在微波炉中,没想到上面的'鱼'就掉色了。"兰苑居民陈女士说,她买的菜碟内外都有修饰,碟子中央是个漂亮的"鱼",用了几回,鱼尾就"没"了。

记者调查

不少"三无"陶瓷餐具

接到居民反映后,记者前往市区运河路、东花园等部分市场探访发现,釉上彩餐具不少地方有卖,不少餐具甚至还用贴花纸来装饰。

在探访的市场中,记者拿起一些陶瓷碗碟查看,发现散卖的陶瓷餐具中,很少看到产地和厂家等信息,而只是在一些包装精美的彩釉茶具的产品上,才有产地和厂家等相关信息,很多都是"三无"产品。

暗访中,部分商贩透露,他们都是从上家批发来的,原本就没有什么包装,也不会过问到底是哪里烧制出来的。"陶瓷最安全了,家家户户都用,你能说出自己家的碗碟产自哪里吗?"一商贩说,就连部分包装精美的陶瓷茶具,也多是批发过来后重新包装的。

在市区一高校附近,推着板车叫卖个性陶瓷彩杯的商贩说,"瓷杯颜色越鲜艳学生越喜欢买,还真没听说过陶瓷杯也有毒的。"他称,他还专挑一些带有个性图案的水杯批发,尤其是一些带卡通画的,售价要高一些。当记者询问他车上的产品产自哪里时,他也答不上来。只是向记者透露,这些水杯批发时并不值什么钱,有的10元钱能批发八九个,有的甚至更便宜,而零售多卖到7~12元/个。

质监回应

扬州尚无机构可检测

采访中,市民最关心的,还是家中买的陶瓷餐具、水杯等如何辨别是否有毒。市民王先生来电咨询,扬州是否有专门检验陶瓷餐具的专业机构,他想将家中的陶瓷餐具等产品拿去检验一下。

就此问题,记者咨询了扬州质监部门,工作人员韩先生表示,目前扬州还不能就陶瓷餐具进行检验,尚无检测陶瓷餐具是否有毒的机构。他称,地市一级的质检机构大多没有这方面的检测设备和资质等。

相关提醒

尽量少用釉上彩产品

不过,对于部分市民的担忧,12365质监热线的工作人员则建议,市民在购买陶瓷日用品时,尽量少购买釉上彩的陶具,也不要只贪图花哨和好看,可以选择没有贴花或釉彩的餐具,这样就能尽量少地受些铅镉污染,一般使用中都很安全。

记者查询得知,铅镉溶出的主要来源是陶瓷釉上装饰材料,如釉彩颜料、贴花纸。陶瓷中的铅镉遇热、遇酸最容易溶出,严重危害人体健康。日用陶瓷按花面装饰特色可分三类,即釉上彩、釉中彩和釉下彩。不过,绝大部分釉中彩、釉下彩陶瓷制品可放心选购,而釉上彩陶瓷制品如果在生产过程中达不到国家标准要求的理化指标,则很容易引起铅、镉溶出量超标。

为此,专家提醒消费者,对于盛装食物的用具,一般菜肴都是偏酸性的,而且放入微波炉后铅镉更容易溶出。因此购买纯白、没有装饰的餐具更保险。此外,消费者应尽量少用釉上彩的日用陶瓷制品存放酸性食物。

另外,质监部门相关专家提醒,市民选购时,应选用与食物接触面装饰图案较少的产品,在选用釉上彩陶瓷产品时,应注意图案颜色是否光亮,若不光亮,有可能是烤花时温度未达到要求,此类产品的铅、镉溶出量往往较高。特别应该注意的是那些用手即可擦去图案的产品,掉色的这类产品的铅溶出量或镉溶出量大多数极高。

资料来源:扬州网:帮办记者孟俭　2011.1.18

案例思考题
陶瓷餐具按用途分类属于哪一类陶瓷?这类陶瓷的质量鉴别有哪些方法?

案例分析11-2

如何做个专业的古董珠宝收藏家

神秘的事物一直被人们追求着,从 UFO、埃及金字塔到各种充满神奇色彩的古董,因为它们的相关资料较少,所以更让人们着迷。而古董珠宝也不例外,它们携带着浓重的历史文化和相传已久的特殊工艺来势汹涌,在时尚的珠宝界里掀起了一股股复古风。海外的一些珠宝大牌推出的古董珠宝价格直线飙升,使得一直比较低调的中国古董珠宝也开始受到国内珠宝收藏家的关注。

据了解,所谓古董首饰,是时间概念的范畴。从历史学的角度看,古董珠宝首饰的时间上可至2000年前,下可至20世纪中叶(1945年第二次世界大战结束)。古代珠宝首饰以其材料的贵重、色彩的艳丽、造型的精巧、光泽的璀璨等,反映了人类几千年文明史中所蕴含的丰富而深厚的文化底蕴,具有极其珍贵的收藏价值。正因为如此,古董珠宝首饰才成了众多玩家和藏家热衷追求的对象,经久不衰。

古董珠宝首饰的收藏可分为保值收藏、史料收藏、纪念收藏、宝物收藏等。在收藏的同时,最重要的是掌握一些古董首饰的鉴定方法,鉴定水平越高,收藏的水平和质量才会越高,所取得的经济效益才会更好。总的说来,要具备"五个掌握"。

(1)掌握现代的珠宝鉴定技术。古董珠宝首饰的鉴定首先是珠宝首饰材料和质量的鉴定。掌握现代科学的珠宝鉴定和测试技术非常必要。

(2)掌握珠宝首饰的发展史。古董珠宝首饰涉及的另一个重要问题是如何断代。仅在市面上观望是不行的,还要掌握丰富的历史文化知识,尤其是要了解各个历史时代的制度与风格、首饰材料的运用情况、首饰制作工艺的典型性以及特定时期出现的特殊产品。

（3）掌握野外考古资料和传世的标准器。世界各国的古董鉴定都是建立在考古的基础之上，只有熟知了历史出土的实物或资料，掌握它们的特征，在鉴定中才有根据和佐证来断代。

（4）掌握时代特征。对于古董珠宝首饰的鉴定与鉴赏，除了要了解它的发展脉络、熟悉标准器外，还要掌握它所反映的社会、政治、经济、道德、文化、宗教、民俗等方面的典型特征，即时代特征。

（5）掌握市场信息。要在市场上多看、多听、多想，密切关注新信息、新资料，多看真品、标准器，多分析市场上伪器的特征与制作工艺，多与同行交流，这样才能熟悉市场。成竹在胸、减少失误。

资料来源：深圳珠宝网 http://www.0755zb.com/Texts/2011/1/27

案例思考题

做个专业的古董珠宝收藏家提到的"五个掌握"是什么？你个人对珠宝收藏的看法如何？

第十二章
Chapter 12

电子产品

【学习目标】

本章主要介绍了办公设备、家用电器、计算机与通信产品的基本知识,通过本章的学习要求学生了解认识办公设备、家用电器、计算机与通信产品的分类和构成,了解其质量指标,掌握其工作原理及选购要求。

【关键词】

电子产品 Electronic Products;家用电器 Household Appliances;办公设备 Office Equipments;通信产品 Communication Products。

【引导案例】

2010~2011 中国消费电子领先品牌 TOP10 名单诞生

当前,人类正处于生产和消费变革的新时期,"低碳经济"为核心的产业革命正在缓缓打开低碳时代的大门。在全球各个行业、企业自身都在重视可持续发展的大环境下,我们相信,未来几年,绿色不再将只是一个口号、一个概念,而是变成行业创新的源头,从产品设计、研发、制造、销售等各个环节,按照绿色方式生产产品和服务的具体行动,点亮品牌未来。而消费电子行业,无可厚非地成为绿色环保的先行者。

中国的消费电子品牌和世界名牌在逐渐缩短差距,但中国的消费电子绿色转型之路还很漫长,因为这要求消费电子企业在进行技术创新和新产品研发制造过程中,就要提前预计并减少产品对社会和自然环境造成的负面效应。哥本哈根气候大会已经掀起了低碳经济旋风,而颇受世界人民关注的 2010 年上海世博会的成功举办,我们更是已经感受到了全球倡导绿色理念的迫切性,各种中国的消费电子品牌都在倡导绿色、智能生活的理念,很多绿色产品的使用也成为典范和未来产品设计及应用的风向标,也是我们迎接品牌全球化挑战的基础。

中国消费电子产业领先品牌评选活动被喻为中国消费电子产业"奥斯卡"，由美国国际数据集团和CECC主办，同时联手权威调研机构IDC中国和GFK作为金牌协办方，深入整合国内国际资源共同举办。

从2010年5月拉开帷幕的以"绿色点亮品牌未来"为主题的"第五届中国消费电子领先品牌TOP10"（2010-2011 Top Brands from China）评选活动，吸引了国内及香港、台湾地区众多知名消费电子厂商的积极参与。此次活动，呼吁中国的品牌更多地强调绿色生活理念，重视品牌的可持续发展，以及构筑全新的商业体系和价值体系，提前为人们展示一幅未来消费电子产业的远景蓝图，旨在推动中国的消费电子企业实现绿色创新升级，打造核心竞争力、提高竞争优势，尤其是提升在国际市场上的话语权，成为品牌全球化发展的契机，成就中国品牌的美好未来。

经过近8个月数万名社会各界人士的公开网络投票，IDG旗下的全球权威研究机构IDC等权威数据的严格甄选，以及来自全球知名品牌厂商、专利机构的专家以及国际第三方专业评审委员会的专业评选，从候选的20家中国品牌中，最终评选出最后的中国消费电子品牌TOP10，他们是：海尔、海信、长虹、TCL、长城、康佳、联想、京东方、德赛、创维。这些企业无一不是绿色、低碳生活的倡导者和实践者。

中国消费电子领先品牌TOP10大奖，在经历了五年的成长后，无疑成为世界了解中国消费电子实力的一个重要窗口，同时，也成为中国消费电子企业国际化战略布局的重要平台和渠道。

资料来源：http://www.sina.com.cn/2011年1月8日（经删改）

第一节 办公设备

办公设备（Office Equipments），泛指与办公室相关的设备。办公设备有广义概念和狭义概念的区分。狭义概念指多用于办公室处理文件的设备；广义概念则泛指所有可以用于办公室工作的设备和器具，这些设备和器具在其他领域也被广泛应用。电脑、复印机、扫描仪是日常工作中比较常见的办公设备。

一、复印机

在日常办公活动中，需要对文件、图片、录像节目等资料复制留档或分发，复印机不仅可以让人们方便、快速地得到复印品，而且复印效果清晰、保真度好、方便扩印、保存时间长，可以改善办公条件，提高办公效率，是现代办公必不可少的设备。

（一）复印机的分类

（1）复印机按用途分类：家用复印机、办公复印机、大幅面工程图样复印机、传真复印机和胶印板复印机。

(2)按显影方式分类:干法显影方式复印机和湿法显影方式复印机。
(3)按复印介质分类:可分为特殊图层复印机和数码复印机。
(4)按工作原理分类:普通复印机和数码复印机

(二)复印机的工作原理和关键技术指标

1. 复印机的工作原理

(1)模拟复印机的工作原理是:通过曝光、扫描,将原稿的光学模拟图像通过光学系统直接投射到已被充电的感光鼓上,产生静电潜像,再经过显影、转印、定影等步骤,完成复印过程。

(2)数字复印机的工作原理是:台扫描仪和激光打印机的组合体首先通过CCD(电荷耦合器件)传感器对通过曝光、扫描产生的原稿的光学模拟图像信号进行光电转换,然后经过数字技术处理的图像信号输入到激光调制器,调制后的激光束对被充电的感光鼓进行扫描,在感光鼓上产生由点组成的静电潜像,再经过显影、转印、定影等步骤,完成复印过程。

2. 复印机的技术指标

(1)复印速度。复印速度就是单位时间内复印机能够复印的张数,是衡量复印机档次的最主要指标。由于复印机预热需要时间,首张复印也需要花费比较长的时间,因此复印速度在计数时一般应该从第二张开始,速度越高代表机器越高级,所能承受的复印量也越大。

(2)最大幅面。最大幅面指的是复印机最大的扫描或打印尺寸范围,这个范围取决于复印机的内部机构设计和复印机的外部物理尺寸。办公型的复印机最大幅面一般在A3以上,家用或便携型复印机则一般只有A4。

(3)预热时间。复印机进行复印的基本技术原理利用光导材料的光敏特性和静电电荷库仑力作用。因此复印机在进行复印时首先需要对感光材料进行充电,利用电晕放电的方法使感光材料的表面带上一定数量的静电电荷,从而能够进行正常的复印工作。这个过程所花费的时间就称之为复印机的预热时间。

(4)缩放比例范围。所谓缩放就是复印机对需要复印的文稿进行放大或缩小后再输出,但由于技术问题,复印机只能在一定范围来进行缩放,如果打印机的最大幅面和复印的稿件都是A3大小,稿件则无法再进行放大了。

(5)连续复印能力。连续复印是指对同一复印原稿,不需要进行多次设置,复印机可以一次连续完成的复印的最大的数量。连续复印因为可以避免了对同一复印原稿的重复设置,节省了每次作为首页复印多花时间,因此对于经常需要对同一对象进行多份复印用户是相当实用。

(6)输出分辨率。是衡量复印机打印质量的重要指标,它决定了复印机复印图像时所能表现的精细程度,在一定程度上来说,分辨率决定了输出质量。分辨率越高,其反映出来可显示的像素个数也就越多,可呈现出更多的信息和更好更清晰的图像。

(7)内存。用来存储稿件数据的存储器,类似电脑内存。数码复印机可先将多张稿件扫描至内存,最后再一起复印出,以提高效率。内存越大,可存储的稿件张数越多。

(三) 复印机的日常维护和故障排除

复印机是一个复杂的电子电路与精密的机械、光学的结合体,其中的光学、电器、纸路部分等常出现故障,需进行日常维护。

(1) 光学部分的维护。光学部分的问题主要表现为稿台玻璃脏、反光镜有灰尘、镜面松动、有异物等,它们会造成复印有底灰、斑点、比例变形。反光镜面松动应加固,光路有异物应清除,如以上均无异常,剩下的则是清洁光学系统。

(2) 电器部分的维护。电器部分的主要问题是:各电晕电极的接触不良或者受污染,电极丝断裂或电极上有异物等。这会造成电晕电极放电困难,致使复印品无图像、太淡、有划痕等。如有上述故障,应进行擦拭或更换电晕丝。

(3) 纸路部分的维护。纸路部分的故障主要表现为:卡纸、不能搓纸等。

卡纸是复印机的一种常见故障,卡纸会导致纸张、墨粉的浪费,也会损坏感光鼓本身。造成卡纸的原因:一是输纸系统故障,二是纸张本身的质量原因。因此,应严格按复印机的要求选定复印纸,检查输纸系统的磨损,保持输纸系统的清洁。

不能搓纸主要是复印机使用时间较长后,纸屑、灰尘等附在搓纸轮上,使其表面光滑,摩擦力减小,不能将纸送入复印机。此时,可用一块不起毛的布,蘸水湿润后擦拭搓纸轮,干燥后即可使用。

(四) 使用复印机时应注意以下问题

(1) 摆放复印机的环境要合适,要注意防高温、防尘、防震,还要注意放在不容易碰到水的地方。在复印机上不要放置太重的物品,避免上面板受到重压而变形,影响使用。最重要的是,要把复印机摆放到通风好的场合,因为复印机工作时候会产生微量臭氧,长期接触对操作人员的健康有害。

(2) 还要注意复印机的电源问题,一般复印机额定电压在 200~240 伏间,电源插座电压过高或者过低都会影响复印机的正常工作。无论在进行插拔电源,还是排除卡纸故障等,都应该先关闭复印机的电源开关再操作,否则会缩短复印机使用寿命,造成故障。

(3) 合理预热对延长复印机很有帮助,每天应该先对复印机预热半小时左右,使复印机内保持干燥。而且在长时间没有复印任务时,应该关掉复印机电源节省能耗,平时就应该让复印机工作在节能状态,避免因频繁启动预热对复印机的光学元件带来损害。

(4) 随时注意耗材的剩余量,碳粉量不够发出警告时应该对复印机进行加粉,否则加粉不及时可能造成复印机故障。而且加粉的时候最好不要选择劣质墨粉,如果使用劣质墨粉会直接影响复印效果,而且会对复印机内部的硒鼓造成磨损。

二、扫描仪

扫描仪是一种电脑外部仪器设备,通过捕获图像并将之转换成电脑可以显示、编辑、存储和输出的数字化输入设备。把照片、文本页面、图纸、美术图画、照相底片、菲林软片甚至纺织品、标牌面板、印制板样品等三维对象都可作为扫描对象,提取和将原始的线条、图形、文字、照片、平面实物转换成可以编辑及加入文件中的装置。

(一)扫描仪分类

1. 平板式扫描仪

平板式扫描仪又称为平台式扫描仪、台式扫描仪,是目前办公用扫描仪的主流产品。

从指标上看,这类扫描仪光学分辨率在 300~8 000 dpi 之间,色彩位数从 24 位到 48 位。部分产品可安装透明胶片扫描适配器,用于扫描透明胶片,少数产品可安装自动进纸实现高速扫描。扫描幅面一般为 A4 或是 A3。从原理上看,这类扫描仪分为 CCD 技术和 CIS 技术两种。优点:扫描速度快捷,质量好,最常用的扫描仪。缺点:体积大,而且限制扫描文件的面积。一般为 A4 大小。

2. 名片扫描仪

名片扫描仪顾名思义能够扫描名片的扫描仪,以其小巧的体积和强大的识别管理功能,成为许多办公人士最能干的商务小助手。名片扫描仪是由一台高速扫描仪加上一个质量稍高一点的 OCR(光学字符识别系统),再配上一个名片管理软件组成。

名片扫描仪的主要功能大致上以高速输入,准确的识别率,快速查找,数据共享,原版再现,在线发送,能够导入 PDA 等为基本标准。尤其是通过计算机可以与掌上电脑或手机连接使用这一功能越来越为使用者所看重。此外名片扫描仪的操作简便性和携带便携性也是选购者比较的两个方面。

3. 胶片扫描仪

胶片扫描仪又称底片扫描仪或接触式扫描仪,其扫描效果是平板扫描仪所不能比拟的,主要任务就是扫描各种透明胶片,光学分辨率最低也在 1 000 dpi 以上,一般可以达到 2 700 dpi 水平,更高精度的产品则属于专业级产品。

4. 文件扫描仪

文件扫描仪具有高速度、高质量、多功能等优点,可广泛用于各类型工作站及计算机平台。并能与二百多种图像处理软件兼容。对于文件扫描仪来说一般会配有自动进纸器(ADF),可以处理多页文件扫描。

5. 3D 扫描仪

3D 扫描仪结构原理与传统的扫描仪完全不同,其生成的文件并不是我们常见的图像文件,而是能够精确描述物体三维结构的一系列坐标数据,输入 3DMAX 中即可完整的还原出物体的 3D 模型。

从结构来讲,这类扫描仪分为机械和激光两种,机械式是依靠一个机械臂触摸物体的表面,以获得物体的三维数据,而激光式代替机械臂完成这一工作。

(二)扫描仪的工作原理和技术指标

1. 扫描仪的工作原理

自然界的每一种物体都会吸收特定的光波,而没被吸收的光波就会反射出去。扫描仪就是利用上述原理来完成对稿件的读取的。扫描仪工作时发出的强光照射在稿件上,没有被吸收的光线将被反射到光学感应器上,光感应器接收到这些信号后,将这些信号传送到数模(D/A)转换器,数模转换器再将其转换成电脑能读取的信号,然后通过驱动程序转换成显示器上能看到的正确图像。

2. 扫描仪的技术指标

(1)分辨率。分辨率是扫描仪最主要的技术指标,是指通过扫描元件将扫描对象每英寸可以被表示成的点数。单位是 dpi,dpi 值越大,扫描的效果也就越好。扫描分辨率可分为三种:光学分辨率、机械分辨率和插值分辨率。目前大多数扫描的分辨率在 300～2 400 dpi 之间。

(2)灰度级。扫描仪的灰度级水平反映了扫描时提供由暗到亮层次范围的能力,具体说就是扫描仪从纯黑到纯白之间平滑过渡的能力。灰度级位数越大,相对来说扫描结果的层次就越丰富,效果越好。

(3)色彩位数。色彩位数是指扫描仪所能产生的颜色范围。通常用表示每个像素点上颜色的数据位数(bit)表示。色彩深度越高,就说明颜色的范围越宽,扫描的图像越真实。扫描仪的色彩深度是通过扫描仪内部的模数转换器的精度来实现。现在主流扫描仪的色彩深度已达48位。

(4)扫描速度。扫描仪的扫描速度可分成预扫描速度和扫描速度。在扫描条件设定的情况下,计算扫描所花费的时间。单位以 s/MB 表示。在保证扫描质量的前提下,扫描仪速度越快越好。

(5)扫描幅面。表示扫描图稿尺寸的大小,常见的有 A4、A3、A0 幅面等。

(6)动态范围。动态范围是指扫描仪能记录的色调值宽度的范围——即所探测到的最淡颜色和最深颜色之间的差值,它描述了扫描仪再现色调细微变化的能力。其单位以 D 表示。通常范围越宽越好。

(三)使用扫描仪时应注意的问题

1. 平衡放置

扫描仪应放在平稳、震动少的地方,这样可以避免电机在运转时不会受到额外负荷的干扰,保证扫描仪工作正常。

2. 预热

在扫描开始前应先让扫描仪预热一段时间,以保证光源的稳定性和扫描图像的饱和度。

3. 要保护好光学部件

扫描仪在扫描图像的过程中,不要随便地改动这些光学装置的位置,同时要尽量避免对扫描仪的震动或者倾斜,以免影响扫描质量。

4. 确定合适的扫描方式

"黑白"方式适用于白纸黑字的原稿;"灰度"方式适用于既有图片又有文字的图文混排稿样;"照片"方式适用于扫描彩色照片。

5. 做好定期的保洁工作

扫描仪可以说是一种比较精致的设备,平时一定要认真做好保洁工作。扫描时,要在无尘或者灰尘尽量少的环境下使用扫描仪,用完以后,一定要用防尘罩把扫描仪遮盖起来。当长时间不使用时,还要定期地对其进行清洁。清洁时,可以先用柔软的细布擦去外壳的灰尘,然后再用清洁剂和水对其认真地进行清洁。接着再对玻璃平板进行清洗。

三、传真机

传真机是用于图文远距离传递的设备,它通过通信线路(电话线)将文件、手迹、照片、画纸、图表等静态的图文信息,利用扫描从发送端传输出去,从而在接收端获得与原貌完全一样的复制品。

(一)传真机的分类

目前市场上常见传真机可以分为四大类。

(1)热敏纸传真机(卷筒纸传真机):热敏纸传真机是先扫描即将需要发送的文件,并将需要发送的文件转化为一系列黑白点信息,该信息再转化为声频信号并通过传统电话线进行传送。通过热敏打印头将打印介质上的热敏材料熔化变色,生成所需的文字和图形。热敏纸传真机的价格比较便宜,但产品功能单一。

(2)色带(普通纸)传真机:色带传真机则是通过加热转印色带,使涂敷于色带上的墨转印到纸上形成图像。

(3)激光(普通纸)传真机:激光传真机是利用机体内控制激光束的一个硒鼓,凭借控制激光束的开启和关闭在硒鼓产生带电荷的图像区,此时传真机内部的碳粉会受到电荷的吸引而附着在纸上,形成文字或图像图形。

(4)喷墨(普通纸)传真机:喷墨传真机则是由步进马达带动喷墨头左右移动,把从喷墨头中喷出的墨水依序喷布在普通纸上完成列印的工作。

喷墨传真机和激光传真机现在多数向一体机的方向发展,其特性就是功能的多样化。目前市场上只具备单一功能的传真机为热敏纸传真机和色带传真机。

(二)传真机的工作原理和主要技术指标

1. 传真机的工作原理

传真机的工作原理其实很简单,即先扫描,将需要发送的文件、图表、照片等转化为一系列的黑白点信息,该信息再转化为声频信号并通过传统电话线进行传送。接收方的传真机"听到"信号后,会将相应的点信息打印出来,这样接收方就会收到一份原发送文件的复印件。

2. 传真机的主要技术指标

(1)扫描行距。扫描行距指相邻两扫描线对应之间的距离,即扫描点在图像上扫描一行像素后在扫描的垂直方向上所移动的距离。行距越小,图像被分解的数目越多,分辨率越高,图像就越清晰,但所需发送的像素增加,会导致传输时间变长。

(2)扫描线密度。它是指每毫米内扫描线的条数,扫描线密度是扫描行距的倒数。一般而言,扫描线密度越大,记录的质量就越好。

(3)扫描线长度。扫描点沿扫描方向扫描完一整行的最大长度即为扫描线长度。向传真机内放纸时要考虑扫描线的长度与宽度应相当。

(4)扫描点尺寸。扫描点尺寸即传真机将图像分解的最小像素的大小,扫描点越小,失真越小,所复制的图像与原像就越相似。

(5)扫描线频率。扫描线频率指每分钟能传送的扫描线条数。

(6)图像传送时间。图像传送时间指传送一张完整图像所用的时间。

(7)合作系数。它表示传真机之间的互通性,只有发、收双方合作系数相等,接收的图像与发送的图像才不会发生畸变。

(三)使用传真机时应注意以下问题

(1)传真机应放于水平且平坦之处,避免阳光直射,远离火炉等热源,保证机器散热与热敏纸不变质。

(2)如果被传真的文件纸非常薄或非常厚或文件有折叠、破损或纸张过大、过小等情况,可将原稿用复印机复印后再传送。

(3)发送文件时,文稿放好后,拨打对方号码,等待对方"准备好"信号后,立即按下启动键,挂下话筒,文稿会自动进入传真机,并被发送到对方那里,发送完成后,显示屏会显示"成功"信息。

(4)接收文件时,若传真机自动接收,在电话铃响过若干声后,传真机即转入自动接收状态,接收完毕显示"成功"信息;若传真机处于手动状态,电话铃响后,拿起话筒按下启动键后,挂下话筒便可接收对方传来的传真文稿。

第二节　家用电器

家用电器是生活现代化的基本标志,它能够有效地减少人们的家务劳动,改善生活环境,丰富人们的物质和精神文化生活。家用电器可分为大家电和小家电两大类。

一、大家电

这里的大家电主要介绍电视机、洗衣机、电冰箱和空调器的质量特性与鉴别。

（一）电视机

电视机是电视广播系统的终端接收设备，能够从无线或有线电视网络的同轴电缆上选择接收高频电视信号，并进行一系列的变换和处理，还原成声音、图像及彩色信号，最终通过扬声器的电声转换和显像管的电光转换，让用户听到清晰的声音，看到逼真的图画和色彩。

1. 电视机的分类

（1）按图像显示的颜色，可将电视机分为黑白电视机和彩色电视机两种。

（2）按显像管屏幕对角线的长度，可将电视机分为14寸、17寸、22寸、32寸、37寸和42寸等。

（3）按外形不同，可将电视机分为超平彩电、纯平彩电、液晶电视、等离子电视、投影电视和数字化电视等。

2. 电视机的质量特性

目前，人们常用的主要是彩色电视机，主要品种的质量特性见表12.1。

表12.1　常见电视机品种的质量特性

序号	电视	技术	质量特性
1	超平彩电视	采用超平面彩色显像管的彩色电视机	失真小，色彩更真实，收视效果好，使用寿命是传统电视机寿命的1.7倍
2	纯平彩电视	采用的是纯平彩管，从外观上看是平面的	图像失真更小，可视图像更大，色彩更鲜艳，色纯度更好，清晰度更高，寿命更长
3	液晶电视（LED）	用液晶屏做显示器，实现了以"点"为基础的数字显示技术	还原真实的亮度、色彩度，再现自然纯真的画面，画面稳定，避免了因场、行扫描带来的画面闪烁和不稳定，机身厚度不超过6厘米，外形美观、节省空间；使用寿命长，整机使用寿命超过5万小时
4	等离子电视	用等离子显示屏（PDP）作为显示器	上下、左右视角大于160度，优于液晶电视；图像无任何失真；抗电磁干扰性好
5	投影电视	有正投电视和背投电视两种，家庭中常用背投电视	背投电视图像超级清晰，画面无闪烁；使用寿命长，一般达15年以上；屏幕大，视角超广，规格齐全，屏幕尺寸为43~65寸
6	数字电视	又称数码电视，采用了多种数字化处理技术	获得更好的图像、声音质量，增加了电视机的功能，对眼睛无伤害；提高了图像垂直清晰度；便于实现画中画、画外音、静止画面等

3. 电视机的选购要求

优质电视机应符合以下几方面的要求：

（1）外观。外形应美观大方，色泽协调；表面无划伤，荧光屏上无气泡，旋钮、按键牢固，操作灵便；外观控制元件和天线端通电后都不应带电，机壳通风孔要能够防止外来异物进入内部。

(2)灵敏度。灵敏度是电视机接收弱信号的能力。若在电视信号弱的地方,能够清晰、稳定地收到所选频道的电视节目表明灵敏度高。

(3)选择性和稳定性。当收看所选定的电视节目时,邻台不应窜入干扰;当出现干扰信号时,屏幕上只能出现杂波,图像不应出现扭斜和翻滚;调节行频,图像只发生左右移动,不应扭斜;调节帧频,在一定范围内,图像不应翻滚。

(4)伴音质量。调节音量有明显变化,不应伴有杂音;音量调到最大时,应洪亮悦耳,无失真和交流声,音量调到最小时应无声;屏幕上的图像不应受伴音大小干扰。

(二)电冰箱

1. 电冰箱的分类

(1)按制冷方式不同,电冰箱可以分为压缩式冰箱、吸收式冰箱以及电磁振荡式冰箱,另外,还有极少量在特殊环境下使用的半导式冰箱和太阳能冰箱等。

(2)按冷却方式不同,电冰箱可以分为直冷式冰箱和间冷式冰箱两种。

(3)按使用的制冷剂不同,电冰箱可以分为普通电冰箱和无氟电冰箱。

2. 电冰箱的质量特性

常见电冰箱的质量特性见表12.2。

表12.2　常见电冰箱的质量特性

电冰箱类型		质量特性
按制冷方式分类	压缩式	制冷效率高、耗电少、冷冻速度快、制冷量大、使用寿命长,是我国冰箱的主要形式
	吸收式	可用煤油、煤气等作为能源,结构简单、无噪声,适合在无电地区使用
	电磁振荡式	结构简单,价格便宜,无噪声,但耗电量大
按冷却方式分类	直冷式	又称有霜冰箱,结构简单,价格便宜,耗电量小,但除霜比较麻烦
	间冷式	又称无霜冰箱,温度分布均匀,降温速度快,无霜,但耗电量大,噪声较大,食物容易风干脱水

3. 电冰箱的选购要求

优质电冰箱应符合以下几方面的要求:

(1)外观。箱体、箱门要方正,不歪斜变形,箱体无碰伤、碰坏之处;表面涂层无麻点、气泡和划痕,无小面积涂层脱落现象;冰箱的电镀件应光亮细密,不应有脱落或生锈之处。

(2)内在质量。冰箱门的密封性好,这直接关系到冰箱的保温效果和耗电量,在检查时可以尝试的开关冰箱门多次,看是否会有明显的阻力;冷藏室的温控器是否灵活,化霜按钮按下是否迅速弹回,查看说明书、附件等是否齐全。

(三)家用空调器

空调器的规格是按制冷量或制热量划分的。制冷量是指空调器在制冷运行时,单位时间内从房间内或某个区域内吸收并转移到其他区域的热量。国家标准规定,计量单位是"瓦"或"千瓦",符号为"W"或"kW"。目前也有部分厂家或消费者采用"匹"来表示空调器规格的,一匹约为 2 324 瓦。

1. 家用空调器的分类

(1)按结构不同,可将空调器分为窗式(整体式)空调器和分体式空调器两大类。
(2)按工作方式不同,可将空调器分为冷风型、热泵型和电热型三种。

2. 空调器的质量特性

空调器的质量特性见表12.3。

表 12.3　常见家用空调器的质量特性

空调器类型		质量特性
按结构分类	窗式空调器	安装在窗口、结构紧凑、体积小、安装方便、使用可靠,并装有新风调节装置,能长期保持室内空气新鲜,但噪声较大
	分体式空调器	将产生噪声的压缩机、蒸发器、风机、冷凝器风机移至室外,组成室外机组,其余组成室内机组,中间用管道连接起来,室内机组噪声小,而且室内机组有多种样式样,较为美观
按工作方式分类	冷风型空调器	又称单冷式空调器,只能用于家庭或公共场所制冷降温、除湿,而不能用于冬季制热
	热泵型空调器	既可以在夏季用于制冷除湿,也可在冬季制热
	电热冷风型空调器	俗称冷暖两制式,在压缩和排气管上装有电磁换向阀,可以改变制冷剂流向。该类空调器既可以制冷又可以制热

3. 家用空调器的选购要求

优质空调器应具有以下特征:

(1)外观质量。面板平整光洁,角边平直,表面无裂痕、毛刺、变形等;装饰层无脱落、碰刮现象;喷塑件、电镀件、塑料件表面无明显的气泡、划痕、露底、皱纹等,且平整光滑、色泽均匀;开关、按键、旋钮等操作自如,进风栅、出风栅灵活无阻。

(2)运行状态。通电后,压缩机、风扇电机能迅速进入正常运行状态,振动不大,没有异常的撞击声等;通电数分钟后,夏季有冷风出,冬季有热风出。调节风速选择钮,有不同的风量吹出。此外,使用空调器时,应注意选择适合的制冷量,普通房间所需冷量的推荐值为每平方米 115~145 瓦,可将此值乘以房间面积得出所需空调器的制冷量。根据实际需要,从品牌、经销商、产品的技术水平、空调器性能指标、有关认证等方面综合考虑空调器的质量。

【知识链接 12-1】

从点滴做起 空调日常使用省电法则解析

对于家中的耗电大户,空调在日常使用中的耗电问题一直是很多消费者关心的问题,其实,在日常生活中只需要从细节做起,注重一些小细节,空调将会使用的更加舒适省电。

1. 合理设定温度。在实际设定时尽量让空调的运行温度低2℃或是高2℃,这样就会在冬季或是夏季时节省小额的电费开支。

2. 提升室内空间的密闭情况。如果一个长期开启空调的房间其密闭条件较好那么自然在使用中的制冷热表现也会相对较好,这时就会有效地避免空调因室内密闭条件不够,室内热气、冷气流失而到来的多余电费开支。

3. 保持空调出风口通畅。空调在使用时尽量保持空调出风口的通畅这样不但有利于空调快速制冷暖,同时也避免出风口堵塞带来的运转效率下降等问题。

4. 选择适宜出风角度。制冷时出风口向上,制热时则向下。

5. 对空调进行定期的清理,这样不但让空调的出风保持健康,保证我们的健康使用,同时也减少灰尘积压带来的高耗电等使用问题。

(来源:万维家电网)

(四)洗衣机

1. 洗衣机的分类

(1)按自动化程度不同,分为普通洗衣机、半自动洗衣机和全自动洗衣机三种。

(2)按洗涤方式不同,分为波轮式洗衣机、滚筒式洗衣机和搅拌式洗衣机三种。

2. 洗衣机的质量特性

常见洗衣机的质量特性见表12.4。

表12.4 常见洗衣机的质量特性

洗衣机类型		工作原理	质量特性
按自动化程度分类	普通洗衣机	洗衣机的洗涤、漂洗和脱水三个功能都需人工进行转换	结构简单、价格便宜、使用方便
	半自动洗衣机	洗涤、漂洗和脱水三个功能中任意两个功能可以自动转换	使用比普通洗衣机更方便
	全自动洗衣机	洗涤、漂洗和脱水三个功能的转换均可依照程序自动进行	可自动判断衣服的质量、质地、脏污度和洗涤水温,从而自动选择水位、洗涤时间、脱水时间、水流作用的强度等,可提高洗涤效果,减少耗电量

续表 12.4

洗衣机类型		工作原理	质量特性
按洗涤方式分类	波轮式洗衣机	洗衣桶底有一个表面设有几条凸筋的波轮,电动机驱动波轮转动,形成涡流,带动衣物在水中翻搅、冲击、摩擦,产生洗涤作用	洗净度高,同时磨损率也高,衣物易缠绕,去污均匀度不够,结构简单,价格较低,在亚洲国家使用较多
	滚筒式洗衣机	洗衣桶内有一水平放置的滚筒,在电机的带动下水平旋转,衣服在滚筒中不断地上升、翻滚、摔打,产生洗涤作用	结构合理、使用寿命长,对洗涤物磨损率低,洗涤容量大,耗电耗水量较小,欧洲国家大多使用此类洗衣机
	搅拌式洗衣机	洗衣桶为立式圆桶,其中心有一立轴,轴上有叶片,在电机的带动下,叶片正反交替地翻动水流和衣服,产生洗涤作用	洗净度高,衣物磨损率小,洗涤均匀性好,但结构复杂,制造困难,噪声较大

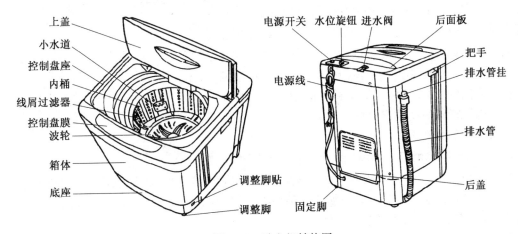

图 12.1 洗衣机结构图

3. 洗衣机的选购要求

(1)外观。外壳无伤痕,喷涂或电镀部分均匀、光亮;功能选择和各个旋钮使用灵活;门封橡胶条有弹性。

(2)洗净度和磨损率。滚筒洗衣机模拟手搓,洗净度均匀、磨损率低,衣服不易缠绕;波轮洗衣机洗净度比滚筒洗衣机高10%,自然其磨损率也比滚筒洗衣机高10%。就洗净度而言,波轮洗衣机和滚筒洗衣机的洗净比大于0.70,波轮洗衣机磨损率小于0.15%,滚筒洗衣机小于0.10%。

(3)耗电量和耗水量。滚筒洗衣机洗涤功率一般在200瓦左右,如果水温加到60℃,一般洗一次衣服都要100分钟以上,耗电在1.5度左右。相比之下,波轮洗衣机的功率一般在400瓦左右,洗一次衣服最多只需要40分钟。在用水量上,滚筒洗衣机约为波轮洗衣机的40%~50%。

(4)噪声和故障率。噪声越低,无故障运行时间越长,洗衣机的质量就越好。

二、小家电

小家电一般是指除了大功率输出的电器以外的家电,一般这些小家电都占用比较小的电力资源,或者机身体积也比较小,所以称为小家电。这里的小家电主要介绍微波炉、电烤箱、电饭锅。

(一)微波炉

微波炉,顾名思义,就是用微波加热食品的现代化烹调灶具。

1. 微波炉的结构

微波炉由电源、磁控管、控制电路和烹调腔等部分组成。电源向磁控管提供大约4 000伏高压,磁控管在电源激励下,连续产生微波,再经过波导系统,耦合到烹调腔内。在烹调腔的进口处附近,有一个可旋转的搅拌器,因为搅拌器是风扇状的金属,旋转起来以后对微波具有各个方向的反射,所以能够把微波能量均匀地分布在烹调腔内。微波炉的功率范围一般为500~1 000瓦。

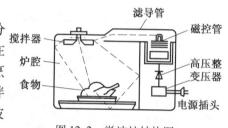

图12.2 微波炉结构图

2. 微波炉的分类

(1)按工作频率可以分为商用大型微波炉和家用微波炉。

(2)按功能分类可以分为单一微波加热型和多功能组合型两大类,也称为普通型和复合型。普通型是指微波炉仅具有微波加热一种功能;复合型是指微波炉除具有微波加热功能外,还有烘烤、蒸汽等传统方式的加热功能。

(3)按结构分类可分为箱柜式和轻便式两大类。箱柜式一般是商用微波炉所采用的结构,家用微波炉多为轻便式。

(4)按控制方式分类可分为机械控制式和微电脑控制式两类。

3. 微波炉的工作原理

当微波辐射到食品上时,食品中总是含有一定量的水分,而水是由极性分子(分子的正负电荷中心,即使在外电场不存在时也是不重合的)组成的,这种极性分子的取向将随微波场而变动。由于食品中水的极性分子的这种运动,以及相邻分子间的相互作用,产生了类似摩擦的现象,使水温升高,因此,食品的温度也就上升了。用微波加热的食品,因其内部也同时被加热,使整个物体受热均匀,升温速度也快。

4. 微波炉的选购要求

(1) 外观质量。微波炉的外观形状、外壳和炉腔内壁,应均无裂痕、变形等缺陷,喷涂层应均匀、平整、光滑;炉门、门锁的开关应灵活自如;各个操作部件的旋钮操作自如;炉门、玻璃转盘是否完整无损等。

(2) 内在质量。微波炉的内在质量检查,是检查微波炉的安全性能和运行情况,一般按以下步骤进行:

①炉门检查。炉门无卡滞现象,按动开门按钮后,炉门应自动弹开一定角度(约15~30度),关门时稍用力才能把门关上为好。门与门框之间的缝隙,不能大于2毫米。

②通电检查。将微波炉接通电源,炉腔内放入两杯凉水,关好炉门,将功率调节器设置在高火位置,定时1~2分钟,微波炉开启加热,此时,从观察窗观察转盘转动是否均匀,有无走走停停的现象,工作时声音不应太大,更不应有"吱吱"的异响。到了设置的时间,铃声一响,微波炉应自动停止工作,这时,打开炉门试着摸摸水杯,水是否热,两杯水温度是否相同,这样可以检查微波炉加热的程度。然后将功率调节器设置在中火、低火挡位上,各工作1~2分钟,工作均应正常。

若是烧烤型微波炉,将控制按钮调到烧烤档,启动微波炉,约过5分钟后,应在炉腔上看到电热元件发出的红光。若是电脑控制式微波炉,接通电源,按动控制按钮,显示窗上应有清晰迅速、明确的反应。

【知识链接12-2】

光波微波炉

光波炉又叫光波微波炉,是一种家用烹调用炉,号称微波炉的升级版,光波炉与微波炉的原理不同。光波炉的输出功率多为七八百瓦,但它具有特别的"节能"手段。首先,光波炉是采用光波和微波双重高效加热,瞬间即能产生巨大热量。又因为加热是直接针对食物本身,不需要通过器皿传热,且内外同时进行,加热时间极短,效率很高,大多食物仅需两三分钟。光波炉和普通微波炉的最大区别,就在于其加热方式。普通的微波炉,内部的烧烤管普遍使用铜管或者石英管。铜管在加热以后很难冷却,容易导致烫伤;而石英管的热效不太高。

光波炉的烧烤管由石英管或者铜管换成了卤素管(即光波管),能够迅速产生高温高热,冷却速度也快,加热效率更高,而且不会烤焦,从而保证食物色泽。从成本上来讲,光波管成本只比铜管或者石英管增加几元钱,所以,现在光波管在微波炉技术上的使用非常普遍。

实质上光波是微波炉的辅助功能,只对烧烤起作用。没有微波,光波炉只相当于普通烤箱。市场上的光波炉都是光波、微波组合炉,在使用中既可以微波操作,又可用光波单独操作,还可以光波微波组合操作。也就是说,光波炉兼容了微波炉的功能。

资料来源:http://baike.baidu.com/view/352213.htm#sub352213

(二) 电烤箱

电烤箱利用电热元件发出的辐射热烤制食物的厨房电器。

1. 电烤箱的结构

电烤箱主要由箱体、电热元件、调温器、定时器和功率调节开关等构成。其箱体主要由外壳、中隔层、内胆组成三层结构,在内胆的前后边上形成卷边,以隔断腔体空气;在外层腔体中充填绝缘的膨胀珍珠岩制品,使外壳温度大大减低;同时在门的下面安装弹簧结构,使门始终压紧在门框上,使之有较好的密封性。电烤箱是利用电热元件所发出的辐射热来烘烤食品的电热器具,根据烘烤食品的不同需要,电烤箱的温度一般可在 50~250 ℃ 范围内调节。

2. 电烤箱的款式

电烤箱的款式主要有立式和卧式两种,其中立式的比较适合于厨房不是很大的家庭;卧式的则适合于厨房面积大一些的家庭。

从电烤箱的外壳上来看,又可分为金属烤漆与喷塑两种。

3. 电烤箱的选购要求

(1)对电烤箱功率的选择。在电表所允许的范围内,考虑家庭人口的多少情况,如果人口较少宜选用 700 瓦以下的电烤箱;如果人口较多可选用 700 瓦以上的电烤箱。

(2)对电烤箱类型的选择。

①简易型电烤箱。价格较为便宜,但不带定时装置,操作麻烦,升温较慢、穿透性较差。

②全功能电烤箱。使用方便,升温迅速,穿透性强,节电;但机械强度较差,体脆,碰撞时易裂。全功能电烤箱与简易型电烤箱相比价格较贵。

③电子电烤箱。可以按预先编制好的程序改变加热方式、加热时间以及食品的转动等。烤制范围更广,烤制效果更好。

(三)电饭锅

电饭锅是一种能够进行蒸、煮、炖、煨、焖等多种加工的现代化炊具。它不但能够把食物做熟,而且能够保温,使用起来清洁卫生,没有污染,省时省力,是家务劳动现代化不可缺少的用具之一。

1. 电饭锅的分类

(1)按照加热形式不同,可以分为间接加热式电饭锅和直接加热式电饭锅。

(2)按照结构形式不同,可以分为组合式电饭锅和整体式电饭锅。整体式电饭锅由于锅体的结构不同,又可分为单层电饭锅、双层电饭锅和三层电饭锅三种。

(3)按照控制方式不同,可以分为保温式自动电饭锅、定时启动保温式电饭锅、电脑控制式电饭锅。

2. 保温式自动电饭锅工作原理

保温式自动电饭锅的工作原理是将电能通过电热元件转化为热能,利用控温元件达到控温和保温的目的。具体过程是:电饭锅接通电源,按下按键开关,开关触点接触,电热盘通电发热,不断将热量传给内胆,使温度逐渐上升,当温度升到65℃时,保温器工作,常闭触点断开,由于磁钢限温器仍然接通电源,电路仍导通,电热盘继续发热。直到饭熟水干后,温度上升到

103℃时,磁钢限温器工作,自动切断电源,电热盘停止发热,电饭锅转入保温状态。当温度降至65℃以下时,保温器触点自动闭合,电热盘又通电发热。由于保温器设定的温度为65℃,因此温度上升至65℃时自动断电。如此反复上述过程,使电饭锅内食物的温度保持在65℃左右。

3. 电饭锅的选购要求

(1)规格的选择。电饭锅的规格是按额定功率划分的。选择多大功率的电饭锅,要根据经济条件、人口多少确定。

(2)电热盘和内胆。电热盘和内胆底的配合面必须相吻合,否则将严重影响电饭锅的使用性能。电热盘和内胆的工作表面应有较高的光洁度,不应有孔眼、凹凸不平、明显砂痕、氧化腐蚀斑点等缺陷。

(3)自动开关。自动开关固定在电热板的中央,并稍凸出,拿掉内锅即可看见。选购时,用手按压,应有一定弹性,这样才能确保电热板表面与内锅表面紧密接触。

(4)电气性能。选购时,可通电并按下按键开关进行试验,此时黄色指示灯应亮,电热板有微热。要特别注意锅体和电源引线是否有漏电现象。

(5)其他方面。外壳表面应光洁平整、无划痕和脱漆现象;锅盖无扭曲碰伤,并与内胆和外壳的密封良好;电源线、量杯、整架、使用说明书、保修卡等齐全无损;电源线应接插灵活,不宜过紧或过松。

第三节　计算机与通信产品

一、计算机

计算机是一种利用电子学原理根据一系列指令来对数据进行处理的机器。

(一)计算机的分类

(1)按处理讯号可以分为:数位式计算机、类比式计算机、混合式计算机。日常所见的计算机都是数位计算机。

(2)按用途或以分为:一般用途计算机和特殊用途计算机。我们常用的个人计算机属于一般用途计算机。

(3)按效能可以分为:微计算机、迷你计算机、大型计算机、超级计算机。一般常见的个人计算机属于微计算机,由于个人计算机发展快且价格便宜,渐渐的衍生出很多不同的形态,例如:笔记本型计算机、平板计算机等。

(二)计算机的组成

计算机是由软件系统和硬件系统两部分组成。软件系统包括:操作系统、应用软件等。硬

图 12.3　计算机

件系统包括：机箱（电源、硬盘、磁盘、内存、主板、CPU（中央处理器）、CPU 风扇、光驱、声卡、网卡、显卡）、显示器、键盘、鼠标等（另可配有耳机、音箱、打印机、视频等）。家用计算机一般主板都有板载声卡、网卡。部分主板装有集成显卡。

（三）计算机的功能

计算机是对输入的各类信息，如数值、文字、图像、电信号等，自动高效地进行加工处理并输出结果的电子装置。它主要就用在以下几个方面：

1. 数值计算

计算机可以用在科学研究和工程设计等领域中，高速度、高精度地计算复杂的数学问题，进行大量繁琐、复杂的数值计算。

2. 数据处理

计算机可以用来加工、管理和操作各种形式的数据资料。与数值计算有所不同，数据处理着眼于对大量的数据进行综合分析处理。一般不涉及复杂的数学问题，只是要求处理的数据量极大而且经常要求在短时间内处理完毕。

3. 实时控制

实时控制也叫做过程控制，就是用计算机对连续工作的控制对象实行自动控制。要求计算机能及时搜集检测信号，通过计算处理，发出调节信号对控制对象进行自动调节。实时控制在工业生产自动化、军事等方面应用十分广泛。

4. 计算机辅助设计

计算机可以用来进行产品的设计。这种技术已广泛地应用于机械、船舶、飞机、大规模集成电路版图等方面的设计。利用 CAD 技术可以提高设计质量，缩短设计周期，提高设计自动化水平。随着技术的迅速发展，应用范围的日益扩大，又派生了计算机辅助制造（CAM），计算机辅助教学（CAI）等。

5. 模式识别

模式识别是一种计算机在模拟人的智能方面的应用。利用计算机对人的声音进行分解、合成，使机器能辨识各种语音，或合成并发出类似人的声音。又如，利用计算机来识别各类图像甚至人的指纹等。

6. 娱乐及游戏

在普通家用计算机领域,娱乐游戏几乎成为家用计算机的主要用途,影音播放、游戏、是家用计算机的主要娱乐方式。

【延伸阅读 12-1】

绿色计算机

所谓"绿色计算机",最初指的是美国环保署"能源之星"计划规定标准的个人计算机,现在已扩展为具有节能、低污染、低辐射、易回收等多方面特征的计算机。其实质是力争将耗电量、原材料以及对健康和环境的危害减少到最低限度。现在,国产计算机已经唱响了"绿色"进行曲。其中联想、金长城、海尔、海信、浪潮、TCL 等主打品牌计算机,无论在电磁兼容性还是节能方面,都令人耳目一新,完全可以与国际知名品牌相媲美。其主要特征有如下几点。

首先,计算机的辐射有了最大限度地降低。电磁辐射对人体的危害已是众人皆知,从前几年对移动电话的辐射进行论证、实验,到今天将这种防辐射的意识扩展到计算机,已是消费领域的重要进步。由于目前的计算机通常采用的是 CRT 显示器,无法完全克服 X 射线辐射和静电,长期面对计算机,对人体尤其是眼睛会造成一定程度的损害,要使目前的计算机类产品完全实现没有任何辐射并非易事,但是,国内品牌计算机厂家都十分注意采用新技术,将其对人体的危害降到最低限度。

其二,突出了计算机的人性化设计。为了实现这个目的,联想、长城、海信等厂商都为自家的个人计算机加上了人性化的"门户软件",像联想的"幸福之家",打开计算机最先接触的是一个温馨的家,由门厅到客厅到书房,你所要操作的东西有序地摆放于各处,用鼠标点击它们即可实现所思所想。

其三,努力控制计算机噪声。目前国内一些厂商正在朝着这样的方向努力。例如国家关于台式计算机的噪声指标为 60 分贝,而国内部分品牌台式计算机的噪声控制达到了 45 分贝以下,并且正在向 33 分贝的目标努力。

其四,注意到综合处理技术。制造一台计算机需用 700 多种原材料和化学物质,包括对环境造成长期污染的汞、镍、铬等重金属,开机时耗电量一般在 100 瓦以上。由于计算机换代周期短、淘汰率高,大量被废弃的计算机设备正逐渐成为"计算机垃圾",成为未来环境保护中的新隐患。因此,就更广泛的环保意义而言,国内品牌计算机厂家对绿色计算机的设计制造已注意到"制造、使用过程中对资源和能源的消耗,以及对废弃物的处置"。

综上所述,绿色计算机现在已扩展为具有节能、低污染、低辐射、易回收等多方面特征的计算机,其实质就是一种安全型、节能型计算机。

资料来源:http://wenwen.soso.com/z/q65303854.htm? sp=2001

二、笔记本计算机和平板计算机

(一)笔记本计算机

英文名称为 NoteBook,俗称笔记本计算机,又称手提计算机或膝上型计算机,是一种小型、可携带的个人计算机,通常重 1~3 千克。其发展趋势是体积越来越小,重量越来越轻,而功能却越发强大。

与台式机相比,笔记本计算机有着类似的结构组成(显示器、键盘/鼠标、CPU、内存和硬盘),但是笔记本计算机的优势还是非常明显的,其主要优点有体积小、重量轻、携带方便。一般说来,便携性是笔记本相对于台式机计算机最大的优势。一般的笔记本计算机的重量只有2千克左右,无论是外出工作还是旅游,都可以随身携带,非常方便。

超轻超薄是时下笔记本计算机的主要发展方向,但这并没有影响其性能的提高和功能的丰富。同时,其便携性和备用电源使移动办公成为可能。由于这些优势的存在,笔记本计算机越来越受用户推崇,市场容量迅速扩展。

1. 笔记本计算机的分类

不同的笔记本型号适合不同的人,通常,厂商会对其产品进行型号的划分以满足不同的用户需求。

按用途上分,笔记本计算机一般可以分为四类:商务型、时尚型、多媒体应用、特殊用途。商务型笔记本计算机的特征一般为移动性强、电池续航时间长;时尚型外观特异也有适合商务使用的时尚型笔记本计算机;多媒体应用型的笔记本计算机是结合强大的图形及多媒体处理能力又兼有一定的移动性的综合体,市面上常见的多媒体笔记本计算机拥有独立的较为先进的显卡,较大的屏幕等特征;特殊用途的笔记本计算机是服务于专业人士,可以在酷暑、严寒、低气压、战争等恶劣环境下使用的机型,多较笨重。

2. 笔记本计算机维护

(1)不要划损外壳。不要将笔记本计算机放到粗糙的桌面上,以保护外壳的光亮常新,建议可以使用湿纸巾来进行外壳的擦拭。

(2)定期清洁液晶显示屏。对液晶显示屏要定期清洁,最好用蘸了清水(或纯净水)的不会掉绒的软布轻轻擦拭。除此之外,在软件上运用全黑屏幕保护亦有利于 LCD 的寿命。

(3)爱护键盘。键盘是使用得最多的输入设备,按键时要注意力量的控制,不要用力过猛。在清洁键盘时,应先用真空吸尘器加上带最小最软刷子的吸嘴,将各键缝隙间的灰尘吸净,再用稍稍蘸湿的软布擦拭键帽,擦完一个以后马上用一块干布抹干。

(4)保护光驱。光驱除需要进行必要的定期清洗光头之外,还要注意在携带笔记本计算机出门之前,将光驱中的光盘取出来,否则,在发生坠地或碰撞时,盘片与磁头或激光头碰撞,会损坏盘中的数据或者光驱。

(5)硬盘注意防震与备份。尽管笔记本计算机都标榜着其硬盘拥有非常好的防震系数。但震荡对于笔记本计算机硬件的危险还是相当大的,因此应尽量在平稳的地方进行工作,并且定期进行数据的整理与备份。

(6)保持电源的稳定性。笔记本都可以使用室内交流电来进行工作,这时需要注意电压是否稳定的问题,有条件的话可以配合稳压器。

(二)平板计算机

平板计算机这个概念是由微软提出的,是指应用 WINDOWS、LUNIX 等系统的一体式设备。是一种小型、方便携带的个人计算机,以触摸屏作为基本的输入设备。平板计算机是新一代移动商务个人计算机的代表。从微软提出的平板计算机概念产品上看,平板计算机就是一款无须翻盖、没有键盘、小到足以放入女士手袋,但却功能完整的个人计算机。和笔记本计算机相比,它除了拥有其所有功能外,还支持手写输入或者语音输入,移动性和便携性都更胜一筹。平板计算机集移动商务、移动通信和移动娱乐为一体,具有手写识别和无线网络通信功能,被称为笔记本计算机的终结者。

图 12.4　平板计算机

1. 平板计算机的分类

(1)纯平板计算机。纯平板计算机是将计算机主机与数位液晶屏集成在一起,将手写输入作为其主要输入方式,它们更强调在移动中使用,当然也可随时通过 USB 端口、红外接口或其他端口外接键盘/鼠标(有些厂商的平板计算机产品将外接键盘/鼠标作为可选件)。

图 12.5　纯平板计算机

(2)可变式平板计算机。可变式平板计算机是将键盘与计算机主机集成在一起,计算机主机则通过一个巧妙的结构与数位液晶屏紧密连接,液晶屏与主机折叠在一起时可当做一台"纯平板计算机"使用,而将液晶屏掀起时,该机又可作为一台具有数字墨水和手写输入/操控功能的笔记本计算机。总体上看,相比于"纯平板计算机","可变式平板计算机"("双用"平板计算机)更接近于笔记本计算机。

(3)工业用平板计算机。工业用平板计算机就是工业上常说的触摸屏,整机性能完善,具备市场常见的商用计算机的性能。区别在于内部的硬件,多数针对工业方面的产品选择都是工业主板,性能要求也不高,产品型号比较稳定,但因非大量生产,故工业主板的价格较商用主板价格高。

图 12.6　可变式平板计算机

图 12.7　工业用平板计算机

2. 平板计算机的特点

（1）平板计算机的优点。

①输入方式多样，移动性能好：平板计算机采用手写和触摸的方式进行操作，因此无论是站立还是在移动中都可以进行操作。如果是纯平板式平板计算机则可以做得更加轻薄，因此在移动性能上较好。

②全屏触摸，人机交互更好：在平板计算机全触摸屏上，可以通过一根或两根手指对窗口进行拖放、放大或者缩小照片等。

③手捧阅读，可用作电子书：平板计算机尤其是纯平板式平板计算机，较为轻便的体积和重量，可以直接捧在手上进行阅读和操作。目前，已研制出适合阅读的双屏平板计算机，使阅读更为方便。

④手写识别，文字输入方便：平板计算机可以像掌上计算机那样用手写笔输入文字和进行画图，还支持数字墨水技术，即用户手写笔输入的文字形状不用转换成文本，就像我们用普通的笔在纸上写下的字一样，大大提高了工作效率。

（2）平板计算机的缺点。

①同等配置，价格较高：由于平板计算机采用了触摸式液晶屏，以及还未能形成规模性的销量，从而使得其开发成本较高。

②使用习惯改变，需要时间适应：通过手指操作还是语音控制，使用平板计算机的用户都会感到明显不适应。

③受限于机身尺寸，电池续航不足：电池技术的发展一直是笔记本性能提升的瓶颈之一，续航时间与体积不可兼得。平板计算机为了保持轻薄的特点，不得不放弃虽续航时间长却很厚重的大容量电池。

④散热问题亟须解决：由于平板计算机将屏幕与主机结合在一起，高发热量会导致系统运行不稳定；平板计算机多采用放在膝上或者手捧进行操作，因此较大的发热量会影响操作体验甚至灼伤皮肤。

【延伸阅读 12-2】

手本和"iPad"

"手本"的概念,是由英国的芯片及操作系统集成商"速霸科技"携手 netbee 公司等无线互联网手本技术联盟共同提出的,旨在为人们提供一种专门的无线互联网设备。Netbee 公司采用速霸科技专为移动互联网设备制定的 N5 芯片板和 woowuo 云操作系统的软硬件一体化解决方案,并率先提出在笔记本和手机之间,建立一个全新的品类——手本。

互联网自从问世以来,一直是个人计算机的附属产物,只是作为工作站式的计算机的一个附属功能,而人们只能在固定的台式机前上网,或者在待机时间很短的笔记本前稍微体会互联网的乐趣,另外,笔记本的重量让它与便携性完全不沾边,拿着至少 1 000 克以上的砖头一般重的笔记本四处寻找无线网络信号对于喜欢随时随地上网的人来说简直是噩梦。上网本的出现,让人们体会到,上网的工具不再需要个人计算机那样的高级配置,重量也可以足够轻,它的出现曾经风靡一时。可惜,它被 wintel 拉回了越来越高的配置,越来越大的重量,越来越不能忍受的非便携性的特点。上网本的方案已经成了鸡肋。"手本",该词来源于手机的"手",和笔记本的"本",兼具"手"机的便携,和笔记"本"的丰富内容,"手本"概念的问世,将为人们重新进入随时随地体会互联网乐趣提供了可能。

而 iPad 是由史蒂夫·乔布斯于 2010 年 1 月 27 日在美国旧金山欧巴布也那艺术中心发布。iPad 的成功让各 IT 厂商将目光重新聚焦在了"平板计算机"上,iPad 被很自然地归为"平板计算机"一族。但是,平板计算机是由比尔盖茨提出来的,必须能够安装 X86 版本的 Windows 系统、Linux 系统或 Mac OS 系统,即平板计算机最少应该是 X86 架构。而 iPad 系统是基于 ARM 架构的,根本都不能做个人计算机,乔布斯也声称 iPad 不是平板计算机。但是人们终究还是把它归为了平板计算机。为什么?因为乔布斯没有定义一个全新的品类。而"手本"的出现,让 iPad 找到了归宿——iPad 就是"手本"。今后将会出现越来越多的手本,手本将是移动互联网时代的新宠儿。

资料来源:http://baike.baidu.com/view/1418669.htm#sub1418669

三、移动电话

移动电话,即我们通常所说的手机。在日本及中国香港、中国台湾地区通常称为手提电话、手电、携带电话,早期又有大哥大的俗称,是可以在较广范围内使用的便携式电话终端。目前已发展至 3G 时代。

(一)手机的构成

手机主要由以下几部分组成:

(1)CPU:板载处理器,一般用主频 100 赫兹左右的低功耗处理器,各大手机厂商均有自己的手机处理器。

(2)电源芯片:负责提供手机主板的电源控制。

(3)音频 IC:负责电话的声音输出以及转换,典型的比如雅马哈芯片。

(4)字库:内建的字体以及字库,供显示。

(5)放大芯片:把微波基站的信号放大。

(6)天线:收发信号。

(7)内存:手机内部储存数据的地方,有的手机提供外接口可扩展。

(8)摄像头:有镜头以及感光芯片,有很多手机的摄像头是可以外接的,就是摄像头处理光信号然后把数据转储到手机的内存里。

(二)手机的类型

(1)手机根据功能的不同,可以分为:音乐手机,智能手机,拍照手机,导航手机,商务手机等。

(2)手机根据样式的不同,可以分为折叠式(单屏、双屏)手机、直立式手机、滑盖式手机、旋转式手机、侧滑式手机等。

(三)手机的工作原理

手机的结构可分为三部分,即射频处理部分、逻辑/音频部分以及输入输出接口部分。

1. 射频部分

射频部分一般指手机射频接收与射频发射部分,主要电路包括:天线、天线开关、接收滤波、高频放大、接收本振、混频、中频、发射本振、功放控制、功放等。

2. 逻辑和音频部分

(1)逻辑处理部分。

手机射频、音频部分及外围的显示、听音、送语、插卡等部分均是在逻辑控制的统一指挥下完成其各自功能。

(2)音频处理部分。

发送音频处理过程,来自送话器的话音信号经音频放大集成模块放大后进行 A/D 变换、话音编码、信道编码、调制,最后送到射频发射部分进行下一步的处理。

接收音频处理过程。从中频输出的 RXI、RXQ 信号送到调制解调器进行解调,之后进行信道解码、D/A 变换,再送到音频放大集成模块进行放大。最后,用放大的音频信号去推动听筒发声。

3. 输入输出部分

输入输出部分主要指:显示、按键、振铃、听音、送话、卡座等部分,有时也称界面部分。手机射频、音频部分及外围的显示、听音、送语、插卡等部分均是在逻辑控制的统一指挥下完成其各自功能。

(四)手机真伪的鉴别

1. 进网许可

看手机背壳上是否贴有信息产业部"进网许可"标志,一般是用针式打印机打印的,数字清晰,颜色较浅,仔细看有针打的凹痕。水货上也会贴上假的信息产业部"进网许可"标志,一般是用普通打印机打印的,数字不十分清晰,颜色较浅,没有凹痕。

2. 手机的配置

主要检查手机的电池、充电器是不是厂家的原配。正品手机商品包装盒中均附带有原厂合格证、原厂条码卡、原厂保修卡;水货则没有,即使有也是字迹不十分清晰,似复制品。

3. 电子串号

每台手机都有统一的电子串号。检查电子串号是否一致,即IMEI码是否一致。其查询方法是:首先在手机上按＊＃06＃,一般会在手机上显示15个数字,这就是本手机的IMEI码;记住串号后关机,然后打开手机的电池盖,在手机里有一张贴纸,上面也有一个IMEI码,这个码应该与手机上显示的IMEI码完全一致;接下来,检查手机的外包装盒上的贴纸,上面也应该有一个IMEI码,这个码也应该与手机上显示的IMEI码一致。如果三个码有不一致的地方,这部手机就有问题。

4. 查入网证号

如果所购买手机的网证号有假,可以到该手机维修服务中心查询或拨打信息产业部电信管理局的查询电话010-82058756或82056285查询,也可登陆信息产业部通信标准与质量信息网,在设备进网板块下的进网设备查询栏目中输入这部手机入网证的号码,则可以查到该手机的型号、生产时间和产地;假的入网号查不出这些信息。消费者也可以拨打大的手机厂商的售后服务中心电话,查询该手机串号是不是翻版或走私机。

5. 通过电话或互联网进行查询

用电话查询手机机身的真假情况,可以拨打中国电子信息产业发展研究院(CCID)新开通的手机机身号查询热线"95121315"电话进行查询。还可以直接登录中国移动通信网的手机机身号查询页面(http://www.chinamobile.gov.cn)对手机机身号进行查询。

本章小结

办公设备常用的主要有计算机、复印机、传真机,扫描仪等,应熟悉掌握这些设备的分类、工作原理、特点和技术指标与维护要求等。

家用电器的种类很多,包括大家电和小家电。比较常见的大家用电器包括电视机、电冰箱、空调器、洗衣机,而小家电包括微波炉、电烤箱、电饭锅等,这些电器的分类、质量特性、选购要求各不相同。

通信产品是现代社会人们联系的工具,要掌握它们的分类、组成、工作原理和选购要求。

思考题

1. 简述计算机的组成和功能。
2. 简述笔记本计算机的组成和维护。
3. 平板计算机的分类和特点是什么?
4. 简述复印机的工作原理和技术指标。

5. 简述扫描仪的工作原理和技术指标。

6. 液晶电视机、冰箱、空调器和洗衣机的质量特性有哪些方面？

7. 微波炉、电饭锅的工作原理和选购要求有哪些？

8. 电烤箱的选购要求有哪些？

9. 简述手机的工作原理。

10. 简述传真机的工作原理和主要技术指标。

实训项目

1. 选择任一件家用电器，说一说购买时应如何挑选。

2. 进行一次家用电器市场或通信市场的调查，包括分类品种、主要品牌、质量状况等，写出调查报告。

3. 选择任一件办公设备，说一说购买时应如何挑选。

案例分析

低碳智能成为家电发展风向标

世博所倡导的节能、环保、科技等深层理念不仅改变了人们的家电生活，亦成为2011年家电业发展的风向标。

业内人士称，家用电器的环保将不仅仅体现在使用时的节电、节水和排放上，还体现在其设计、制造、使用、报废以及回收的整个生命周期。

绿色家电并非局限于节能，它涉及产品设计和制造过程的环境保护、产品使用材料所含有毒有害物质的多少、产品使用寿命的长短、性能指标的高低以及零部件的循环使用和原材料的回收利用率。这才是对家电行业真正的挑战。

随着消费者环保理念和健康意识的提高，节能风潮席卷家电业。

国家对节能家电的推广更是在一定程度上限制了其此前在价格上的高门槛。国美相关负责人表示，如今节能家电已然从概念产品走向主流产品，各大品牌的变频空调、LED电视、滚筒洗衣机、无氟节能冰箱、环保计算机等成为主角，加上国家节能产品惠民工程的推动，以往"物美价高"的节能家电日益平民化、大众化。

如今，消费者对于家电生活的要求远非简单的"功能性"，高端科技化的智能技术将是家电行业的主旋律。太阳能空调、物联网冰箱、空气能热水器、智能电视等新产品、新技术层出不穷的背后，是一大批中国家电企业在技术模仿和技术创新后的不断尝试与探索。

业内人士称，未来智能家电主要将朝多种智能化、自适应进化、网络化三个方向发展。多种智能化是家用电器尽可能在其特有的工作功能中模拟多种人的智能思维或智能活动的功能；自适应进化是家用电器根据自身状态和外界环境自动优化工作方式和过程的能力；网络化的家用电器可以由用户实现远程控制，在家用电器之间也可以实现互操作。（据家电网）有关专家指出，随着消费升级、高收入群体扩容，家电不再是冷冰冰的摆设，而应该是可以满足消费者审美需求和情感需求的产品,而这也正是高端产品的独特魅力。鉴于此,个性化家电成为企业满足消费者的需求、扩大市场的利器。

国美相关负责人称,除了家电"四件套",小家电同样在功能与造型上更为个性化。随着消费者文化素养、审美能力的不断提高,人们对家电产品的外观和设计越来越重视,也会有越来越多的消费者希望在家电选择上彰显自己鲜明的个性主张。个性化定制融入产品设计之中,这是家电市场未来发展的必然趋势。企业要不断推出技术含量更高、更新颖的产品,才能真正满足消费者对产品升级、追求时尚的需求。

资料来源:2011年1月24日　拉萨晚报

案例思考题

试分析低碳智能成为家电的现状和发展趋势。

参考文献

[1] 张晓炎. 商品学概论[M]. 北京:航空工业出版社,2011.
[2] 袁长明. 现代商品学[M]. 北京:北京师范大学出版社,2010.
[3] 孙参运. 商品学基础[M]. 武汉:武汉理工大学出版社,2008.
[4] 刘敏. 商品学基础[M]. 北京:科学出版社,2008.
[5] 张智请. 商品学基础[M]. 北京:电子工业出版社,2008.
[6] 郭洪仙. 商品学[M]. 上海:复旦大学出版社,2006.
[7] 张烨. 现代商品学概论[M]. 北京:科学出版社,2005.
[8] 万融. 商品学概论[M]. 北京:中国人民大学出版社,2005.
[9] 晏维龙. 现代商业技术[M]. 北京:中国人民大学出版社,2005.
[10] 谈留芳. 商品学[M]. 北京:科学出版社,2004.
[11] 诸鸿等. 日用工业品商品学[M]. 北京:中国人民大学出版社,1995.
[12] 曹汝英. 商品学基础[M]. 北京:高等教育出版社.2003.
[13] 戴诗琼. 检验检疫学[M]. 北京:对外经济贸易大学出版社.2002.
[14] 丁立言,张铎. 仓储规划与技术[M]. 北京:清华大学出版社.2002.
[15] 冯毅,郭清山. 进出口商品检验实务[M]. 北京:对外经济贸易大学出版社.2002.
[16] 冀连贵. 商品学概论[M]. 北京:中国财政经济出版社.1999.
[17] 李晓慧,等. 服装商品学[M]. 北京:中国纺织出版社.2000.
[18] 梁燕君. 现代商品学[M]. 北京:科学出版社.1997.
[19] 刘爱珍. 现代商品学基础与应用[M]. 上海:立信会计出版社.1998.
[20] 刘北林. 海关商品学[M]. 北京:中国物资出版社.2003.
[21] 刘联辉. 超市物流[M]. 北京:中国物资出版社.2003.
[22] 刘培刚. 商品知识与质量鉴别[M]. 北京:中国商业出版社.1997.
[23] 俞仲文. 物流运输技术与实物[M]. 北京:人民交通出版社.2001.
[24] 苗述凤. 外贸商品学概论(修订版)[M]. 北京:对外贸易教育出版社.2003.
[25] 牛变秀. 现代商品学基础[M]. 北京:人民邮电出版社.2002.
[26] 任商言. 如何识别假冒伪劣商品[M]. 北京:北京民族出版社.1993.
[27] 万融. 商品学概论[M]. 北京:中国财政经济出版社.2000.
[28] 万融,等. 现代商品学概论[M]. 北京:中国财政经济出版社.1996.

[29] 汪永太. 商品学概论[M]. 北京:中国商业出版社. 1997.
[30] 汪永太,等. 商品经营知识[M]. 合肥:安徽科学技术出版社. 1996.
[31] 吴广清. 商品学概论[M]. 北京:中国商业出版社. 1996.
[32] 谢瑞玲. 商品学知识[M]. 北京:高等教育出版社. 1999.
[33] 尹章伟. 商品包装知识与技术问答[M]. 北京:化学工业出版社. 2001.
[34] 于立和. 常见伪劣商品识别[M]. 北京:经济科学出版社. 1997.
[35] 张志强. 商品养护与保管[M]. 北京:中国商品出版社. 1996.
[36] 赵仁德. 商品学分论[M]. 北京:中国商业出版社. 1998.
[37] 梁燕君. 现代商品学[M]. 北京:科学出版社,1997.
[38] 刘培刚. 商品知识与质量鉴别[M]. 北京:中国商业出版社,1997.
[39] 汪永太. 商品检验与养护[M]. 大连:东北财经大学出版社,2004.
[40] 汪永太. 商品学概论[M]. 大连:东北财经大学出版社,2005.
[41] 张智清. 商品知识[M]. 北京:中国物资出版社,1999.
[42] 温继勇. 食品营养与卫生[M]. 大连:东北财经大学出版社,2000.
[43] 黄梅丽,江小梅. 食品化学[M]. 北京:中国人民大学出版社,1986.
[44] 李琦业,刘莉. 纺织商品学[M]. 北京:中国物资出版社,2005.
[45] 郁增基. 新编假冒伪劣商品鉴别手册[M]. 北京:工商出版社,2001.
[46] 中国物品编码中心. 条码技术与应用[M]. 北京:清华大学出版社. 2003.

读者反馈表

尊敬的读者：

您好！感谢您多年来对哈尔滨工业大学出版社的支持与厚爱！为了更好地满足您的需要，提供更好的服务，希望您对本书提出宝贵意见，将下表填好后，寄回我社或登录我社网站（http://hitpress.hit.edu.cn）进行填写。谢谢！您可享有的权益：

☆ 免费获得我社的最新图书书目　　☆ 可参加不定期的促销活动
☆ 解答阅读中遇到的问题　　　　　☆ 购买此系列图书可优惠

读者信息

姓名_____ □先生 □女士　年龄_____ 学历_____
工作单位_____ 职务_____
E-mail_____ 邮编_____
通讯地址_____
购书名称_____ 购书地点_____

1. 您对本书的评价

内容质量　□很好　□较好　□一般　□较差
封面设计　□很好　□一般　□较差
编排　　　□利于阅读　□一般　□较差
本书定价　□偏高　□合适　□偏低

2. 在您获取专业知识和专业信息的主要渠道中，排在前三位的是：
①_____　②_____　③_____
A. 网络 B. 期刊 C. 图书 D. 报纸 E. 电视 F. 会议 G. 内部交流 H. 其他：_____

3. 您认为编写最好的专业图书（国内外）

书名	著作者	出版社	出版日期	定价

4. 您是否愿意与我们合作，参与编写、编译、翻译图书？
_____

5. 您还需要阅读哪些图书？
_____

网址：http://hitpress.hit.edu.cn
技术支持与课件下载：网站课件下载区
服务邮箱 wenbinzh@hit.edu.cn　duyanwell@163.com
邮购电话 0451-86281013　0451-86418760
组稿编辑及联系方式　赵文斌（0451-86281226）　杜燕（0451-86281408）
回寄地址：黑龙江省哈尔滨市南岗区复华四道街10号　哈尔滨工业大学出版社
邮编：150006　传真 0451-86414049